DIE GROSSEN REVOLVERHELDEN

PROCLAMATION

OF THE

GOVERNOR OF MISSOURI!

REWARDS

FOR THE ARREST OF

Express and Train Robbers.

STATE OF MISSOURI, }
EXECUTIVE DEPARTMENT. }

WHEREAS, It has been made known to me, as the Governor of the State of Missouri, that certain parties, whose names are to me unknown, have confederated and banded themselves together for the purpose of committing robberies and other depredations within this State; and

WHEREAS, Said parties did, on or about the Eighth day of October, 1879, stop a train near Glendale, in the county of Jackson, in said State, and, with force and violence, take, steal and carry away the money and other express matter being carried thereon; and

WHEREAS, On the fifteenth day of July 1881, said parties and their confederates did stop a train upon the line of the Chicago, Rock Island and Pacific Railroad, near Winston, in the County of Daviess, in said State, and, with force and violence, take, steal, and carry away the money and other express matter being carried thereon; and, in perpetration of the robbery last aforesaid, the parties engaged therein did kill and murder one WILLIAM WESTFALL, the conductor of the train, together with one JOHN MCCULLOCH, who was at the time in the employ of said company, then on said train; and

WHEREAS, FRANK JAMES and JESSE W. JAMES stand indicted in the Circuit Court of said Daviess County, for the murder of JOHN W. SHEETS, and the parties engaged in the robberies and murders aforesaid have fled from justice and have absconded and secreted themselves:

NOW, THEREFORE, in consideration of the premises, and in lieu of all other rewards heretofore offered for the arrest or conviction of the parties aforesaid, or either of them, by any person or corporation, I, THOMAS T. CRITTENDEN, Governor of the State of Missouri, do hereby offer a reward of five thousand dollars ($5,000.00) for the arrest and conviction of each person participating in either of the robberies or murders aforesaid, excepting the said FRANK JAMES and JESSE W. JAMES; and for the arrest and delivery of said

FRANK JAMES and JESSE W. JAMES,

and each or either of them, to the sheriff of said Daviess County, I hereby offer a reward of five thousand dollars, ($5,000.00,) and for the conviction of either of the parties last aforesaid of participation in either of the murders or robberies above mentioned, I hereby offer a further reward of five thousand dollars, ($5,000.00.)

IN TESTIMONY WHEREOF, I have hereunto set my hand and caused to be affixed the Great Seal of the State of Missouri. Done

[SEAL.] at the City of Jefferson on this 28th day of July, A. D. 1881.

THOS. T. CRITTENDEN.

By the Governor:

MICH'L K. McGRATH, Sec'y of State.

BUNCH & FERGUSON, STATE PRINTERS, JEFFERSON CITY, MO.

WILDER WESTEN

DIE GROSSEN REVOLVER-HELDEN

Marshals, Sheriffs, Outlaws Männer, die Legenden wurden

Von Paul Trachtman

NAUMANN & GÖBEL

Dieser Band gehört zu der Reihe
Wilder Westen

Bisher sind erschienen:

Die Welt der Indianer
Die Welt der Cowboys
Die großen Revolverhelden
Der Aufbruch in den Wilden Westen

Die großen Revolverhelden

Lizenzausgabe für
© Naumann & Göbel Verlagsgesellschaft mbH in der VEMAG
Verlags- und Medien Aktiengesellschaft, Köln

Gesamtherstellung: Naumann & Göbel Verlagsgesellschaft mbH, Köln
ISBN 3-625-10761-9

INHALT

1 | Tödliche Waffenbrüderschaft
7

2 | Freibeuter der Grenzstaaten
52

3 | Hüter der Ordnung
95

4 | Vom ungeschriebenen zum geschriebenen Gesetz
136

5 | Skrupellose Meister des Mordens
166

6 | Die Lynchjustiz der Vigilanten
194

Glossar 232 Quellennachweis 233 Danksagungen 235 Register 236

Wenn Revolver sprechen, macht der Tod dem Streit ein Ende – so nannte Charles Russell seine Darstellung einer Schießerei im Wilden Westen.

1 Tödliche Waffenbrüderschaft

Den Männern auf diesem Bild sieht man an, daß sie dem schillerndsten Menschenschlag des Westens angehören – den Revolverhelden. Ob Polizisten, Banditen oder Killer, sie alle hatten eine tödliche Entschlossenheit gemein. Bat Masterson, ein Namhafter aus dieser Gruppe, erinnerte sich später, daß, wenn immer es darum ging, einen Streit beizulegen, keiner der zahlreichen Revolverhelden, die er kannte, „jemals auch nur einen Augenblick gezögert hätte, sein Leben aufs Spiel zu setzen".

Auf diesem Gemälde und auf den Bildern der folgenden Seiten halten Künstler aus dem Westen die plötzlich ausbrechenden gewalttätigen Aktionen fest, die diese Männer bereits zu ihren Lebzeiten zur Legende machten.

Nach einem Streit beim Kartenspiel tötet ein Cowboy einen Spieler auf der Stelle und verwundet einen anderen in Russells Gemälde *Tod eines Spielers*.

LICENS
CAN
$1000
REWARD

In Deckung seines gestürzten Pferdes versucht ein Pferdedieb, seine Verfolger abzuwehren, während sein Kumpan sich ihnen entgegenstellen will.

When Horseflesh Cames High (Ausschnitt), C. M. Russel. Mit frdl. Gen. Amon Carter Museum, Fort Worth.

Mindestens zwei Menschenleben fordert dieses Feuergefecht, mit dem die Kontrahenten einen Streit nach einem Saufgelage schlichten wollten.

Smoke of a .45, C.M. Russel.
Mit frdl. Genehmigung. Amon Carter Museum, Fort Worth, Texas.

Das legendäre Gefecht an O.K. Corral

An einem stürmischen Oktobertag des Jahres 1881 war die Stadt Tombstone in Arizona Schauplatz der wohl berühmtesten Schießerei in der Geschichte des Wilden Westens. Der Schußwechsel fand auf einem leeren Grundstück hinter dem O.K. Corral statt. City Marshal Virgil Earp, seine Brüder Wyatt und Morgan und ein Freund, der Spieler Doc Holliday, standen vier Cowboys aus der Umgebung, den Brüdern Clanton und McLaury, gegenüber. „In einem einzigen Augenblick drei Mann in die Ewigkeit befördert!" verkündete die Schlagzeile des ersten Berichts über das Ereignis in *The Tombstone Epitaph*. Der Augenblick dauerte, genaugenommen, nur etwas mehr als eine halbe Minute, doch ein tödliches Stackato rächender Revolverschüsse hallte monatelang nach.

Dabei war der Zusammenstoß durchaus nicht einzigartig. In den Grenzgebieten war der Besitz von Waffen weitaus verbreiteter als im Osten der USA, und die Zeitungen des Westens brachten Artikel über Revolverkämpfe aller Art – Krawalle in Saloons, Überfälle durch Outlaws, Vigilanten-Kriege und gelegentlich auch einen Zweikampf im Stil europäischer Duelle. Nur gibt es über das Feuergefecht am O.K. Corral genauere Berichte als über die meisten anderen Schießereien, und sein Ruf als klassischer Zusammenprall von Revolverhelden ist auch deshalb wohlverdient, weil hier einige der für das Grenzland typischen Konfrontationen zutage traten: Outlaw gegen Law and Order Man, professioneller Kartenspieler gegen Cowboy, Abenteurer aus der Stadt gegen Siedler aus der Wildnis.

Diese Gegensätze waren jedoch keineswegs eindeutig, wie die Schießerei ebenfalls anschaulich macht. Die Grenze zwischen den Guten und den Bösen war durchaus fließend. Die Feinde, die sich da ins Auge sahen, hatten gewöhnlich mehr gemeinsam, als sie zugeben mochten. Die meisten Männer waren starrsinnig und kannten wenig Mitleid oder Skrupel. Wenn zwei eine Rechnung zu begleichen hatten, kam es kaum noch darauf an, auf welcher Seite des Gesetzes sie standen; ihr Gesetz war der Revolver, die Stellung, die sie unwillkürlich bezogen, die des Revolverhelden. In Tombstone wie überall im Westen Amerikas paßte das Etikett „Revolverhelden" auf Sheriffs ebenso wie auf Pferdediebe, auf Männer, die in ihrer Gemeinde respektiert wurden, genau wie auf solche, die man verachtete. Ihre Motive unterschieden sich, aber ihre Ziele waren im Grunde immer dieselben. Wyatt Earp faßte das nach der Schießerei kurz und bündig so zusammen: „Ich wollte einfach nicht", sagte er, „daß mir irgendeiner von der Bande zuvorkam."

Solche Aufrichtigkeit erkannten sogar seine kritischsten Zuhörer an. Man lebte im letzten Viertel des 19. Jahrhunderts, doch Law and Order hatten mit den Wellen der Besiedlung des Westens einfach nicht Schritt gehalten. Zwar waren die meisten Bürger des Landes anständig und friedlich, doch gehörten zur Bevölkerung des Grenzlands auch viele Herumtreiber: umherziehende Cowboys, Goldsucher und Eisenbahnarbeiter, jugendliche Draufgänger aus dem Osten, die noch ein paar übermütige Jahre genießen wollten, ehe sie seßhaft wurden, und verschiedene Glücksritter, die ihr Geld auf leichte Art verdienten.

Gewöhnlich lebten sie in einer Grenzstadt, die – gleichgültig, ob es sich um eine Rinder-, Eisenbahn- oder Goldgräberstadt handelte – selten besonders attraktiv war. Sie hatte eine breite, ungepflasterte Hauptstraße, im Sommer ausgedörrt, im Winter frosthart, gesäumt von Zelten oder Holzbuden. Verstreut dazwischen lagen die Saloons, die Tanzhallen und die Bordelle. Der Saloon war häufig nur ein Zelt, mit einer Theke, die aus einer auf zwei Bierfässern ruhenden Holzplanke bestand, oder auch ein festes Etablissement mit glitzernden Spiegeln und Kronleuchtern, aufreizenden Aktbildern und einer pompösen, geschnitzten Mahagoni-Bar, die die weite Reise von St. Louis gemacht hatte. Das Bordell war eine kleine Hütte oder eine große Tanzhalle mit mehreren Hinterzimmern. Ob mit oder ohne Dekoration – für einen Minenarbeiter nach der Schicht oder einen Cowboy, der direkt von der Ranch kam, waren diese Stätten alle Oasen des

---

Drei Rinderdiebe, die in den siebziger Jahren des 19. Jahrhunderts New Mexico unsicher machten, posieren für eine Aufnahme im Photo-Atelier mit ihren Waffen – eine Gepflogenheit vieler Revolverhelden.

Die Brüder Earp, ein schneidiges und zugleich tödliches Trio: Sie ließen sich am O.K. Corral mit ein paar von Tombstones übelsten Cowboys ein. Zwar waren sie Hüter des Gesetzes, das sie aber um eigener Interessen willen locker auslegten.

WYATT EARP

MORGAN EARP

VIRGIL EARP

Vergnügens mit einem Überfluß an Sex, Alkohol und Geld. Eines dieser drei Dinge spielte fast immer eine Rolle, wenn Revolverhelden aneinandergerieten.

Von Anfang an versprach Tombstone so lebendig zu werden wie jede andere Stadt im amerikanischen Westen. Es war zehn Monate alt, als es Wyatt Earp und seine Brüder im Dezember 1879 zum erstenmal erblickten – eine staubige Ansammlung von Zelten und Buden, die sich auf einem Hochplateau zwischen den Dragoon- und Whetstone-Bergen drängten. Doch Reichtum floß aus den Silberminen der nahen San-Pedro-Hügel, und die Einwohnerzahl der Stadt sollte innerhalb von zwei Jahren von Null auf 5600 hochschnellen. An dem Tag, an dem die Earps ankamen, wimmelte die Hauptstraße von Goldsuchern, die sich Werkzeuge kauften, von Kaufleuten, die neue Geschäfte errichteten, und von Zimmerleuten, die Ladenfronten mit hölzernen Gehsteigen vor jeder Eingangstür bauten. Schwindler lagen auf der Lauer, um Fremde mit Angeboten von Baugrundstücken zu locken, die ihnen nicht gehörten, oder mit Anteilen an Minen, in denen es kein Erz gab. Ohne Zweifel betrachteten sie die drei langbeinigen, schnurrbärtigen Earps erwartungsvoll. Die Brüder in schwarzen Gehröcken und steifkrempigen Hüten, die ihren Frauen höflich aus den ramponierten Wagen halfen, sahen so respektabel wie Geistliche aus.

Sie waren von weither gekommen: Wyatt und James 1200 Kilometer von Dodge City in Kansas, mit einem Umweg über Prescott in Arizona, um Virgil abzuholen, der dort Gold gesucht hatte. Nach Tombstone hatte sie das gleiche gelockt wie die meisten anderen auch: die angeblich unbegrenzten Möglichkeiten. James, mit 38 Jahren der älteste von ihnen, hoffte vom Barkeeper zum Saloon-Besitzer aufzusteigen. Virgil, ein schwergewichtiger Mann von 36 Jahren, der in Iowa und Kansas Postkutscher gewesen war, wollte Silber schürfen oder zumindest Claims abstecken, die die Earps mit schnellem Gewinn verkaufen konnten. In letzter Zeit hatte er dazu noch einen Nebenberuf angenommen: In Prescott war er zeitweilig als Deputy Sheriff tätig gewesen, und auf dem Wege nach Tombstone war er vom U.S. Marshal für das Territorium Arizona als Deputy U.S. Marshal vereidigt worden.

Wyatt Earp 31 Jahre alt, hatte eigene Pläne. Er verfügte über vielfältige Erfahrungen, die annehmen ließen, daß seine Einstellung zum Gesetz recht widersprüchlich war. Acht Jahre zuvor hatte man ihn und einen Freund in der Nähe von Fort Gibson im heutigen Oklahoma des Pferdediebstahls beschuldigt und beide vor einem Schwurgericht angeklagt. Doch Wyatt floh, bevor es zur Verhandlung kam. Bei seiner nächsten Berührung mit dem Gesetz stand er auf der anderen Seite. Er arbeitete als Polizist in Wichita, Kansas, wo ihn die Stadtväter ermahnen mußten, die von ihm eingenommenen Strafgelder in den Stadtsäckel zu überführen – andernfalls würde er keine Bezahlung erhalten. Wyatt zog nach Dodge City weiter und wurde dort Assistant Marshal. Sein Gehalt als Polizist verdoppelte er mehr als reichlich im führenden Saloon am Platze, dem Long Branch, wo er nebenbei als Kartengeber bei Faro und Monte, den populärsten Kartenspielen des Grenzlands, tätig war. Dafür erhielt er von den Gewinnen des Hauses Prozente; als Hüter des Gesetzes sorgte er dafür, daß verärgerte Verlierer das Haus mit Anstand verließen. In Tombstone beabsichtigte er, seine Energien ähnlich zu verteilen.

Als sie in der Stadt auftauchten, waren die Earps als Revolverhelden kaum bekannt. James hätte diesen Ruf in keinem Fall verdient. Er hatte einen lahmen Arm seit seiner Verwundung im Bürgerkrieg (1861–1865) und war ein zurückhaltender Mensch; bei der Schießerei am O.K. Corral sollte er keine Rolle spielen. Virgil und Wyatt waren aus anderem Holz geschnitzt. Beide hatten Übung mit Waffen und kaum Bedenken, sie auch zu benutzen. Insbesondere Wyatt hatte sich in Kansas den Ruf eines gefährlichen und furchtlosen Gegners erworben.

Daß in Tombstone gute Schützen benötigt würden, zeigte sich bald, nachdem die Earps sich dort niedergelassen hatten. James entzog sich möglichen Schwierigkeiten, indem er sich ganz dem Geschäft des Kneipenwirts widmete. Aber Virgil und Wyatt gerieten sogleich mitten ins heiße Geschehen. Virgil mußte seinen Plan, dem Gesetz nur nebenberuflich zu dienen, aufgeben, als eines Nachts ein Viehdieb, der sich einen Abend lang in der Stadt besaufen wollte, zufällig den City Marshal erschoß. Man bat Virgil, seine Stellung vorübergehend zu übernehmen, und man verlängerte später seine Amtszeit. Wyatts ursprüngliche Pläne blieben davon unberührt. Er kaufte sich in die Spielkonzession des luxuriösesten und profitabelsten Etablissements der Stadt ein, des Oriental Saloon, und eröffnete einen Farotisch in einem Saloon gegenüber, der Eagle Brewery. Daneben diente er als Ordnungshüter, zuerst als Deputy Sheriff und später, als Virgil City Marshal wurde, als Helfer seines Bruders.

Anfang des Jahres 1880 stieß ein vierter Bruder, der 28jährige Morgan, zu den drei Earps in Tombstone. Er war ein Hitzkopf; von seinen früheren Betätigungen wußte man nur, daß er Arbeiter und gelegentlich Polizist gewesen war. Wyatt brachte Morgan mit dem örtlichen Vertreter der Expreß-Spedition Wells, Fargo & Co. zusammen, der ihn als berittenen und bewaffneten Wächter für die Postkutsche nach Tucson einstellte, die elf Stunden unterwegs war. Zwischendurch fand Morgan, wie Wyatt, zusätzlich Anstellung bei der städtischen Polizei.

Die eng verbundene Earp-Sippe erhielt bald Verstärkung in der Person eines Freundes von Wyatt aus alten Tagen in Dodge City: John Holliday. Er war ein leidenschaftlicher Kartenspieler und ein ehemaliger Zahnarzt, der einmal eine Praxis mit der dubiosen Zusicherung eröffnet hatte: „Bei Unzufriedenheit Geld zurück." Holliday kam kurz nach den Earps in Tombstone an; er hatte sich in Prescott etwas verspätet, weil ihm das Glück beim Faro-Spiel hold war. Er war 28 Jahre alt, Alkoholiker und tuberkulös, dazu leicht aufbrausend, kaltblütig und immer zum Töten bereit.

In jedem Monat, der verging, wurde Tombstone zivilisierter. Das glaubte zumindest Wells Spicer, ein ernsthafter junger Advokat, der eine Vorliebe für Statistiken hatte. In einem Brief Anfang der achtziger Jahre berichtete er, Tombstone besitze zwei Tanzhallen, ein Dutzend Spielhöllen und mehr als 20 Saloons. „Dennoch", so schrieb er, „gibt es Hoffnung, denn ich weiß von zwei Bibeln in der Stadt." In den folgenden Monaten gaben Schlemmerlokale, wie Julius Caesars New Yorker Coffee House und das Maison Doreée des Cosmopolitan Hotels, ihre Eröffnung bekannt, ihre Spezialitäten waren Rinderbrust *à la flamande* und Schinken in Champagner-Sauce. Das Bird Cage Theatre führte neben weniger geistreichen Unterhaltungsstücken auch *Pinafore* auf (*Seite 23*), und nach der Vorstellung konnten die Damen und ihre Begleiter eine der beiden Eisdielen des Ortes aufsuchen, während junge Burschen durch die Straße spazierten und Operettenmelodien sangen. Eine Ära der Wohlanständigkeit schien sich anzukünden.

Zunächst allerdings blieb Tombstone ein Ort, in dem wilde, rohe Sitten vorherrschten, der aber seine Schattenseite zu verstecken verstand. Erst als eines Sonntagabends ein paar leichte Mädchen und ihre Freunde auf der Straße eine Feier improvisierten und dabei mit Revolvern in die Gegend feuerten, hatte der Herausgeber des Lokalblatts *Nugget* das Gefühl, daß die Dinge außer Kontrolle gerieten. „Die meisten von uns hier oben wohnen in Zelten", schrieb er wütend, „und wenn Wahnsinnige herumtoben und ziellos um sich ballern wie in der vergangenen Nacht, gibt es für keinen mehr Sicherheit."

Es war klar: Wer die Stadt unter Kontrolle bringen wollte, mußte entweder dem Gesetz mit Nachdruck Geltung verschaffen – oder Einfluß auf die zerstrittene Unterwelt von Tombstone gewinnen. Virgil und Wyatt Earp hatten plötzlich – eher dank der Umstände als durch Planung – in beiden Sphären die Zügel der Macht in der Hand. Diese unerwartet günstige Situation brachte beiden Brüdern Vorteile, die sie vollständig auszunutzen – und zu wahren gedachten, notfalls mit gezogenem Revolver.

Wie vorauszusehen war, hatten die Earps bald Feinde. Die größten waren die Rancher, Cowboys und Viehdiebe, die außerhalb Tombstones lebten. Die Feindschaft beruhte zum Teil auf der Antipathie, die zwischen vielen Stadt- und Landleuten bestand. Für die Rancher und ihre Anhänger, von denen einige bereits in der zweiten Generation dort

Tombstone 1879: Das Städtchen schoß auf einem baumlosen Plateau im Südosten Arizonas aus dem Boden, dank des Silbers in den Hügeln der Umgebung. Innerhalb von fünf Jahren wurde in den Silberminen, von denen eine ganz rechts auf dem Bild zu erkennen ist, Erz im Wert von 25 Millionen Dollar gefördert – und Abenteurer aller Art strömten um des raschen Verdienstes willen aus allen Gegenden herbei.

lebten, waren die Einwohner von Tombstone nur Neulinge, ja Eindringlinge, die Stadt selbst ein Schmutzfleck in einer bis dahin grenzenlos weiten Landschaft. Den Bürgern von Tombstone wiederum galten die Männer, die hin und wieder in die Stadt einritten, lediglich als Rabauken, als Verwilderte, die Ordnung nicht anerkannten. Obendrein gingen sie viel zu freizügig mit ihren Revolvern um, vor allem nach einer Nacht in den Saloons; sie feuerten sogar – wie der *Tombstone Epitaph* rügte – „auf Mond und Sterne". Wyatt Earp verabscheute diese Leute. Als er Schutzpolizist in den Rinderstädten von Kansas war, machten sie ihm das Leben zur Plage, und auch hier bedeuteten sie nur Ärger.

Bald stellte sich heraus, daß die aufsässigsten von ihnen zwei Gruppen von Brüdern waren, die Clantons und die McLaurys. Sie waren seit den frühen siebziger Jahren miteinander befreundet und hatten am Fluß San Pedro bereits Vieh gezüchtet, bevor es die Stadt gab. Ursprünglich verkauften sie die Rinder an die amerikanische Regierung, die damit die Apachen im Reservat San Carlos versorgte; jetzt war Tombstone der Hauptabnehmer für ihr Vieh. Gewöhnlich kamen sie in die Stadt, um Rechnungen zu begleichen oder auf einem der Fleischmärkte ein neues Geschäft abzuschließen. Aber sie verkauften nicht nur ihre eigenen Rinder. Ein großer Teil des Viehs, das am San Pedro graste, war in Mexiko gestohlen worden.

Der wildeste unter den drei Clanton-Brüdern – Ike, Phineas und Billy – war Ike; er widmete sich auch dem Nachtleben von Tombstone am intensivsten. Wo er auftauchte, führte er sich gern als erfolgreicher Viehhändler und ehrlicher Kämpfer ein. Die Earps erfaßten sehr schnell, was die Clantons unter Ehrlichkeit verstanden: Ike hatte sich ein paar schnelle Pferde in Texas beschafft und war immer bereit, sich mit anderen im Rennen zu messen. Wyatt Earp besaß ein Pferd, das er für das schnellste der Gegend hielt – er war aber nicht in der Lage, das zu beweisen, weil jemand es ihm gestohlen hatte. Als er Monate später das Pferd wiederentdeckte, saß Billy Clanton im Sattel.

Diese Affäre wurde als Mißverständnis ausgegeben – wahrscheinlich, weil Wyatt in bezug auf Pferdediebstahl allen Grund hatte, nachsichtig zu sein. Ein ernsteres Problem entstand durch die Freunde der Clantons, die McLaurys: Eines Tages waren sechs Maultiere von einer nahe gelegenen Armeestation verschwunden. Virgil Earp, der als Deputy U.S. Marshal die Befugnis hatte, gestohlenes Staatseigentum wieder herbeizuschaffen, ging mit Wyatt, Morgan und einem Sonderkommando der Armee unter Leitung eines Leutnants auf die Suche. Sie fanden die Tiere auf der McLaury-Ranch, und zwar gerade in dem Augenblick, als die Brüder anfingen, das Brandzeichen „U.S." zu ändern. Sie versprachen, die

Ein Hahnenkampf wird hier am Stadtrand von Tombstone in den achtziger Jahren des 19. Jahrhunderts ausgetragen. Die Menschenmenge an der improvisierten Arena wollte die Federn fliegen – und das Blut fließen – sehen. Dieses blutrünstige Spektakel war ein beliebter Zeitvertreib der Rancher dieser Gegend und spiegelt die rauhen und häufig gewalttätigen Sitten des Grenzlandes von Arizona wider.

Ein ärztliches Attest bescheinigt einer Prostituierten, daß Rheumatismus die Ausübung ihrer „Tätigkeit" ausschließe. Was hier zartfühlend umschrieben wird, galt in Tombstone als ein Gewerbe, das gegen eine Lizenzgebühr von sieben Dollar im Monat frei betrieben werden durfte.

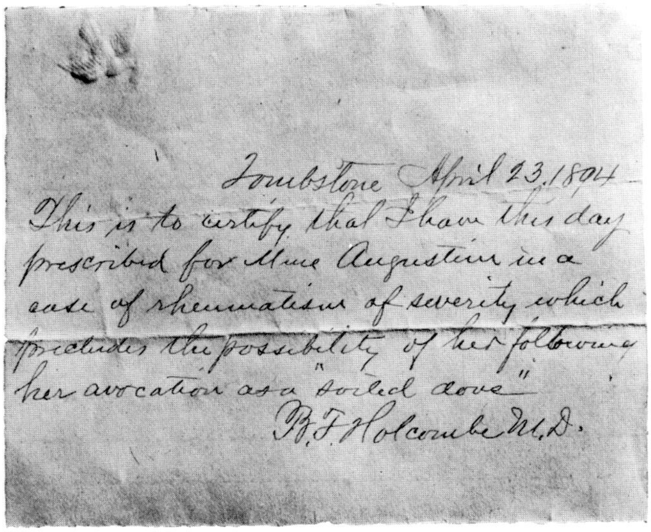
Tombstone April 23, 1894
This is to certify that I have this day
prescribed for Mme Augustine in a
case of rheumatism of severity which
precludes the possibility of her following
her avocation as a "soiled dove"
B. F. Holcombe M.D.

Maultiere zurückzugeben, woraufhin die Earps davonritten – nur um später zu erfahren, daß die Brüder es irgendwie nicht fertiggebracht hatten, einige ihnen befreundete Viehdiebe davon abzuhalten, mit dem Fang zu verschwinden. Damit waren die Beweisstücke beseitigt, und man konnte die Täter nicht anklagen.

Die Clantons und McLaurys konnten ihren dubiosen Viehhandel weiterführen, weil sie einen Freund am richtigen Platze hatten: John Behan, den Sheriff von Cochise County, dessen Bezirkshauptstadt Tombstone war. Behan, im Februar 1881 vom Governor des Territoriums Arizona, John C. Frémont, zum Sheriff ernannt, mußte sich nach Ablauf seiner Amtszeit einer Wahl stellen, so wollte es das Gesetz. Ihm war völlig klar, daß er nur dann eine Chance hatte, im Amt zu bleiben, wenn er unter den Cowboys eine Mehrheit fand. Folglich war er eifrig auf die Wahrung ihrer Interessen bedacht, der gesetzlichen wie auch der anderen.

Die Earps hielten wenig von Behan, weil er die Cowboys unterstützte, und er erwiderte ihre Gefühle. Virgil Earp war natürlich sein Rivale, da er als City Marshal von Tombstone die Polizei der Stadt befehligte und nicht Behan. Auch Wyatt Earp war ein Rivale von Behan. Er fand das Amt des Sheriffs begehrenswert und wollte gegen Behan kandidieren. Außerdem machte er neuerdings einer hübschen jungen Schauspielerin den Hof, die in dem Stück *Pinafore* mitspielte. Sie hatte bis dahin mit Behan gelebt, aber Wyatt konnte sie ganz für sich einnehmen.

Allmählich entwickelte sich aus dem Zwist zwischen den Earps und den Cowboys tiefer Haß. Im Juli 1881 ließ Behan Doc Holliday, den Kumpan der Earps, festnehmen. Er verdächtigte ihn, bei einem Anschlag auf die Postkutsche einige Meilen außerhalb der Stadt den Kutscher getötet zu haben. Zwar wurde das Verfahren aus Mangel an Beweisen eingestellt, doch Holliday gehörte nicht zu den Männern, die vergeben und vergessen. Ebensowenig konnten die Earps die Ohren vor Gerüchten unbestimmten Ursprungs verschließen, daß sie den Anschlag organisiert und sich dabei der intimen Kenntnis von Morgan bedient hätten, der ja Kurier bei Wells, Fargo & Co. war. Die Brüder machten sich nichts aus diesem Gerede, aber – wie sie später vor Gericht über die Fehde aussagten – sie bekamen auch zu hören, daß die Clantons und die McLaurys es begrüßen würden, wenn die Earps aus dem Wege geräumt wären.

Im September 1881 konnten die Earps den Cowboys und Behan zweimal eins auswischen: Virgil Earp ordnete in seiner Eigenschaft als Deputy U.S. Marshal die Festnahme eines Stellvertreters von Behan, Frank Stilwell, und eines Freundes der Clantons, Pete Spence, wegen Überfalls auf eine Kutsche an. Ike Clanton erschien vor Gericht und hinterlegte eine Kaution für die Gefangenen. Auch Frank McLaury kam in die Stadt, als er von der Festnahme hörte: Die Freunde der Clantons waren auch seine Freunde. Auf dem Gehsteig traf er zufällig Morgan Earp und forderte ihn wütend auf, sich zur Straßenmitte zu begeben, wo sich Ike Clanton mit einigen Kumpanen versammelt hatte. Sie standen einander eine Weile stumm gegenüber, dann sagte Frank McLaury zu Morgan Earp: „Falls du mich jemals verfolgst – du wirst mich nicht kriegen."

Das war eine öffentliche Herausforderung, und eine blutige Entscheidung schien unvermeidbar. Offensichtlich gingen die Cowboys davon aus, daß sie Zeit und Ort dafür bestimmen würden – doch die Earps dachten nicht daran, ihnen einen Vorteil zu geben.

Am 25. Oktober – also einen Tag vor der tödlichen Begegnung – kamen Ike Clanton und Tom McLaury mit einem Wagen nach Tombstone, ließen ihn mit dem Gespann auf einem Corral, der Sheriff Behan gehörte, und begaben sich in zwei verschiedene Hotels. Billy Clanton und Frank McLaury sollten am nächsten Tag in der Stadt ankommen. Die McLaury-Brüder wollten von Bauer's Union Market ihr Geld abholen, das sie für den Verkauf von Vieh bekommen hatten. Billy Clanton hatte vielleicht nur die Aufgabe, am Morgen Ike abzuholen. Billy war der jüngere, aber reifere von beiden, er überwachte seinen Bruder gerne mit fast väterlichem Auge; und Ike erklärte, der Zweck seines Besuches in Tombstone sei eine Nacht in den Saloons.

Ike begann seine Runde früh am Abend des 25., und er kippte den Whisky Schluck um Schluck bis nach Mitternacht. Um ein Uhr früh ging er in den Alhambra Saloon, setzte sich hinten im Speiseraum an einen Tisch und bestellte sich etwas zu essen. Er bemerkte weder Wyatt Earp,

Tombstone bei Nacht: Frauen und Fusel

Eines der verruchtesten und explosivsten Nachtlokale von Tombstone war das Bird Cage Theatre (Vogelkäfig-Theater). Es bot eine reiche Palette von Vergnügungen an, von importierten Varieté-Programmen bis zur Prostitution. Das verräucherte Etablissement wurde, mit dem deftigen Humor des Westens, nach den 12 winzigen Balkon-Logen benannt, in denen lockere Vögel hinter Vorhängen ihrem Gewerbe nachgingen. Außerhalb der Käfige hatten die Damen weniger gewinnträchtige Beschäftigungen, zum Beispiel zum Trinken zu animieren und mit den Männern zu tanzen.

Die Besitzer des Theaters, Billy und Lottie Hutchinson, waren klug genug, eintretende Gäste aufzufordern, ihre Schießeisen unbenutzt zu lassen. Die Regel wurde kaum eingehalten: Bald waren Decke und Wände des Theaters von über 100 Geschoßlöchern durchsiebt, ja selbst das Gemälde zur Rechten, das die populäre Tänzerin Fatima darstellte.

Die Todesopfer jener Revolvergeplänkel sind niemals gezählt worden; ein Gast behauptete, er sei Zeuge einer Schießerei gewesen, die 12 Tote hinterließ. Artisten und Gäste hatten guten Grund, um ihre Sicherheit zu bangen. Ein zweitrangiger Zauberer, Charles Andress, verkündete einmal dem Publikum, er könne Geschosse mit den Zähnen auffangen; ein Assistent schoß mit Platzpatronen, und er spie Bleikugeln aus, die er in seinem Mund versteckt hatte. Plötzlich zog ein trunkener Besucher seinen Sechsschüsser und brüllte: „Fang die mal, Professor!" Geistesgegenwärtig schlug ein anderer Zuschauer dem Mann auf den Arm. Die Kugel ging daneben und verhalf der schlotternden Zielfigur zu einem Abgang mit wenig Würde und viel Hast.

Ein Bild der berühmten Fatima, die 1882 im Bird Cage Theatre auftrat, schmückte das Nachtlokal.

Sheriff John Behan aus Tombstone, hier mit seiner Frau Victoria, war der bedeutendste Rechtsvertreter im County und ein Erzfeind von Wyatt Earp. Nach dem Ausscheiden aus seinem Amt zog er angeblich weiterhin Steuern ein, wurde jedoch nie offiziell angeklagt deswegen.

der an der Imbißtheke saß, noch Morgan Earp, der dahinter am Tresen stand. Dann kam Doc Holliday herein. Der Anblick des Feindes brachte ihn sofort in Rage, und er wollte eine Entscheidung gleich an Ort und Stelle provozieren. Mit großen Schritten ging er an Clantons Tisch und fauchte ihn an: „Du Dreckskerl von einem Cowboy, nimm deinen Revolver und fang an!"

„Ich habe keinen Revolver", antwortete Ike. Während die Männer stritten, rief Wyatt Earp seinen Bruder am Tresen. Morgan Earp war gerade im Dienst, und Wyatt empfahl ihm, die Streithähne zu trennen. Morgan schwang seine langen Beine über die Imbißtheke, ergriff Holliday am Arm und zerrte ihn auf die Straße. Ike stand auf und folgte ihnen. Wyatt, wie immer etwas bedächtiger, beendete erst seine Mahlzeit und ging dann hinaus.

Draußen auf dem Gehsteig kochte Doc Holliday immer noch vor Wut. „Haste keine Waffe, dann hol dir eine", sagte er zu Ike. Morgan schürte das Feuer: „Ihr könnt euern Kampf ja haben, jetzt", bot er den beiden an. Ike fühlte sich benachteiligt, weil er keinen Revolver bei sich hatte, lehnte ab und ging davon. Aber nicht zu Bett; ein Pokerspiel in einem anderen Saloon, das die ganze Nacht dauerte, nahm seine Aufmerksamkeit in Anspruch – ein verhängnisvoller Zeitvertreib, denn bei Sonnenaufgang war er streitsüchtig und konnte kaum mehr aus den Augen sehen.

An jenem Vormittag wurde Wyatt Earp um 11.30 Uhr von Ned Boyle, dem Barkeeper vom Oriental Saloon, geweckt. Er hatte Ike auf der Straße getroffen, und der hatte ihm anvertraut: „Sobald diese verdammten Earps auf der Straße erscheinen, geht der Tanz los." Wyatt eilte zum Saloon und erfuhr dort, daß Ike inzwischen mit einem Gewehr und einem Revolver bewaffnet war; er machte sich auf die Suche nach Virgil. Zusammen sahen sie sich nach Ike um. Das Vorspiel zum Endkampf hatte begonnen.

Virgil entdeckte Ike in einer Seitengasse, schlich sich von hinten an und ergriff sein Gewehr. Ike versuchte, seinen Sechsschüsser zu ziehen, aber Virgil schlug ihm einen Revolver auf den Schädel und zwang ihn damit in die Knie.

„Warste hinter mir her?" fragte Virgil in mildem Ton.

„Hätte ich dich eine Sekunde eher gesehen, wärste jetzt tot", sagte Ike. Virgil nahm ihn auf der Stelle wegen des Tragens von Feuerwaffen innerhalb der Stadtgrenzen fest. In dem Augenblick kam Morgan Earp dazu, und beide Brüder führten ihn zum Friedensrichter A. O. Wallace ab.

Als Wyatt Earp von dem Vorfall erfuhr, ging er zum Gerichtssaal. Dort sah er, daß Ike außerhalb der Schranken saß und sich das Blut mit einem Taschentuch vom Kopf wischte. Wyatt ging an ihm vorbei und setzte sich auf eine Bank innerhalb der Schranken, um auf den Richter zu war-

Ein Bericht über Cochise County

Im September 1881, genau einen Monat vor der Schießerei am O.K. Corral, schickte John Gosper, in Abwesenheit von John C. Frémont kommissarisch amtierender Governor des Territoriums Arizona, einen Bericht nach Washington, der sich ausführlich mit den gesetzlosen Zuständen befaßte, die zu jenem Ausbruch von Schießwut führten. Gosper hatte festgestellt, daß sich die Cowboys in Cochise County zügellos gebärdeten – Kutschen überfielen, Rinder stahlen und nur selten erwischt wurden. Sein Lagebericht, hier auszugsweise wiedergegeben, basierte auf persönlichen Gesprächen; er gibt vor allem der Untätigkeit von Ordnungshütern die Schuld.

Das Cowboy-Element gewinnt zeitweilig restlos die Oberhand, und die Ordnungskräfte sind entweder nicht fähig oder nicht willens, diese Klasse von Outlaws unter Kontrolle zu bringen, manchmal aus Angst, manchmal in der Hoffnung auf Belohnung. In Tombstone, dem Verwaltungssitz von Cochise County, habe ich mit dem Sheriff über die Frage konferiert, wie man diese Outlaw-Banden zerschlagen könne, und zu meinem Bedauern muß ich mitteilen, daß er mir nur wenig Hoffnung machte, er könne in seinem Bereich mit der Macht der Cowboys fertig werden. Er stellte es mir so dar, daß der Deputy U.S. Marshal, ein Bewohner von Tombstone, und der City Marshal gleichermaßen nicht willens seien, bei der Ergreifung dieser Outlaws mit ihm zusammenzuarbeiten und sie vor Gericht zu bringen.

In einer Unterhaltung mit dem Deputy U.S. Marshal, Mr. Earp, entdeckte ich bei ihm genau dieselbe Haltung in bezug auf Mr. Behan (den Sheriff) und seine Deputies. Viele der allergesetzestreuesten und friedliebendsten Bürger haben kein Vertrauen in die Bereitwilligkeit der städtischen Behörden, die Banditen, die in so großem Maße das Gefühl der Sicherheit zunichte machen und so häufig Straßenraub und kleinere Diebstähle begehen, zu verfolgen und vor Gericht zu bringen. In Tombstone und in anderen Teilen des Territoriums herrscht die Meinung vor, daß die städtischen Bediensteten weithin mit den Anführern dieser erschreckenden und gefährlichen Elemente verbündet sind.

Es muß etwas geschehen, und das recht bald, oder es werden sich schwerwiegende Folgen einstellen. Die derzeitigen Zustände sind eine öffentliche Schande für Amerikas Freiheit und den Frieden und die Sicherheit seiner Bürger.

Virgil Earp, Tombstones oberster Gesetzeshüter, war – was die Einschätzung der Situation betraf – allzu optimistisch. Er beantragte die Reduzierung der Polizeitruppe von sechs auf zwei Mann. Nur wenige Wochen später verlor er wegen der Schießerei am O.K. Corral sein Amt.

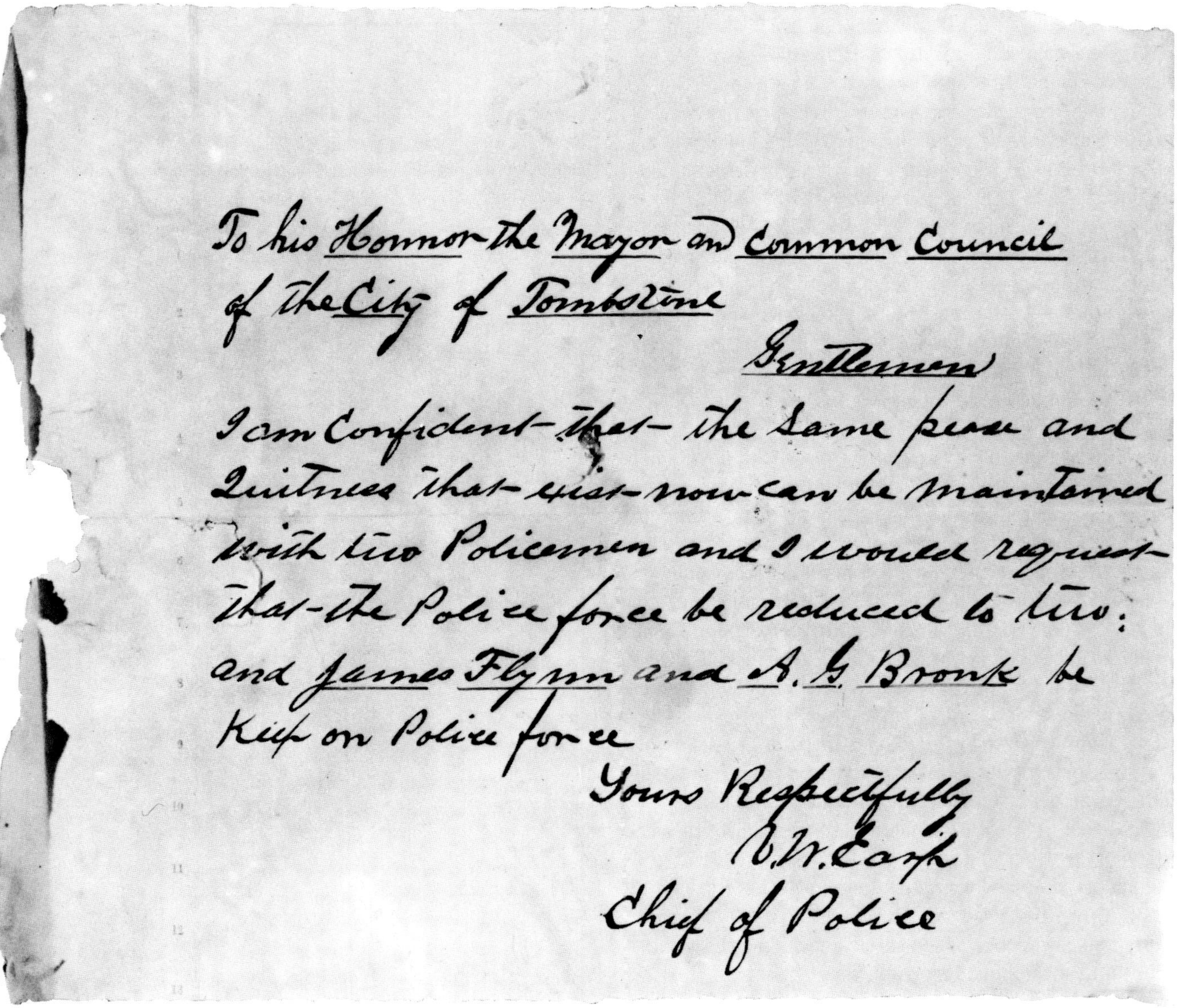

To his Honnor the Mayor and Common Council
of the City of Tombstone

Gentlemen

I am Confident that the same peace and Quitness that exist now can be maintained with two Policemen and I would request that the Police force be reduced to two: and James Flynn and A. G. Bronk be Keep on Police force

Yours Respectfully
V. W. Earp
Chief of Police

ten. Dann drehte er sich zu Ike um und sagte: „Du hast mich zwei- oder dreimal bedroht. Ich will, daß das aufhört.“ Ike murmelte ein paar Worte. „Du verdammter mistiger Kuhdieb“, fuhr Wyatt fort, „wenn du unbedingt kämpfen willst – ich warte auf dich!“ – „Wir treffen uns, wenn ich hier fertig bin“, antwortete Ike.

In diesem Augenblick nahm Morgan Earp Ikes Gewehr und den Revolver an sich, die als Beweismittel hereingebracht worden waren. Er hielt die Winchester, ihre Schaftkappe befand sich am Boden, und bot höhnisch an, Ikes Strafe zu bezahlen, wenn er mit ihm kämpfen wolle. „Ich mache dich überall und auf jede Art fertig“, erwiderte Ike.

Bevor er seine Zeugenaussage gemacht hatte, verließ Wyatt nun den Gerichtssaal und lief beinahe Tom McLaury in die Arme, der gerade eintreten wollte, um sich um Ike zu kümmern. Es ergab sich ein kurzer, wütender Wortwechsel. McLaury sagte: „Wenn du scharf bist auf einen Kampf – ich liefere dir einen, überall.“ Wyatt zog seinen Revolver und antwortete: „In Ordnung, kämpf' doch hier“, schlug McLaury mit der linken Hand ins Gesicht und mit der rechten den Revolverlauf über den Schädel. McLaury blieb auf der Straße liegen, ausgestreckt und mit glasigen Augen, und Wyatt ging davon.

Zufällig war an diesem Tage ein Freund der Clantons und der McLaurys in der Stadt, ein hochaufgeschossener junger Postkutschenfahrer namens Billy Claibourne. Als er von Ikes Verhaftung erfuhr, eilte er zum Gerichtssaal. Ike hatte seine Strafe bezahlt; jetzt mußte seine Kopfwunde verbunden

John „Doc" Holliday, Zahnarzt von Beruf und Spieler aus Passion, kämpfte in Tombstone an der Seite der Earps. Ein anderer Revolvermann sagte ihm nach, er sei „unbezähmbar und auch dem Trunk und der Streitsucht verfallen".

werden. Claibourne nahm ihn mit zu Dr. Gillinghams Praxis und ließ ihn dort allein. Wenige Minuten später lief er Billy Clanton und Frank McLaury in die Arme, die gerade in der Stadt angekommen waren, und berichtete ihnen die Neuigkeiten. Billy Clanton war wütend, daß sein Bruder schon wieder einmal in der Patsche saß. „Ich will, daß Ike nach Hause geht", sagte er. „Ich bin nicht hergekommen, um mit irgend jemandem zu kämpfen." Ein paar Minuten später kam Ike daher, sein Kopf war verbunden. „Hol dein Pferd und reite nach Hause", herrschte Billy ihn an.

„Ich reite schon los", beruhigte ihn Ike. Die Männer gingen zusammen zu Bauers's Market in der Fremont Street.

Zu dieser Zeit saß Sheriff Behan beim Barbier in der Allen Street und ließ sich rasieren. Von seinem Platz aus konnte er sehen, wie sich an der Ecke eine Menge versammelte. Wyatt und Morgan Earp standen mit Doc Holliday zusammen; Virgil Earp hielt sich in der Nähe auf, an seiner Seite hatte er eine Schrotflinte. Der Barbier stellte fest, sicherlich gäbe es nun wirklich Ärger zwischen den Earps und den Cowboys. Behan hörte damit zum erstenmal etwas über die Ereignisse des Tages. Er eilte nach draußen und sagte Virgil, er wolle die Cowboys entwaffnen, wenn ihn die Earps ein paar Minuten mit ihnen allein ließen. Die Earps blieben, wo sie waren, aber kurz nachdem Behan weggegangen war, erfuhren sie, daß die Cowboys immer noch in der Fremont Street waren und ihre Waffen trugen. Die Earps gingen los und kündigten an, daß sie die Clantons und die McLaurys nunmehr verhaften würden.

Die Earps, in schwarzen Mänteln und Stetson-Hüten, mit Krawatten vorne über ihren weißen Hemden, bewegten sich langsam und vorsichtig, beinahe gemessenen Schrittes. Doc Holliday, in einem langen grauen Mantel, mit einem Rohrstock in der Hand, folgte ihnen.

„Doc, das ist unser Kampf", sagte Wyatt über die Schulter zu John Holliday. „Kein Mensch hat dich gebeten, dich hier einzumischen."

„Daß du mir das sagst, finde ich übel", antwortete Doc. Er war beleidigt; Wyatt war sein bester Freund. Virgil hielt inne und ernannte Doc auf der Stelle zu seinem Stellvertreter. Er nahm Docs Rohrstock, übergab ihm seine eigene Schrotflinte, sagte ihm, er solle sie unter dem Mantel tragen, und die vier Männer marschierten weiter.

Von der Ecke der Fourth Street aus sahen sie in der Fremont Street die Clantons und die McLaurys – Frank McLaury hatte die Zügel seines Pferdes in der Hand. Sie standen auf dem Gehsteig hinter dem Geschäft von Camillus Fly, das gleichzeitig Pension und Photo-Atelier war. Sheriff Behan bemühte sich, sie zur Übergabe der Waffen zu überreden. Ike Clanton betonte, er sei gar nicht bewaffnet, was Behan überprüfte, indem er Ikes Taille abtastete. Tom McLaury schlug seine Weste auf, um zu zeigen, daß auch er unbewaffnet sei. Aber Billy Clanton und Frank McLaury trugen Sechsschüsser, und an Franks Pferd hing in einem Gewehrschuh ein Gewehr. „Jungs, ihr müßt mir eure Waffen geben", sagte Behan zu ihnen. „Nur wenn du die Earps auch entwaffnest", sagte Frank.

„Bleibt hier", befahl ihnen Behan und ging auf die näherkommenden Earps zu. Sie trafen sich unter der Markise von Bauer's Meat Market. „Earp, um Himmels willen, geh nicht weiter", sagte Behan zu Virgil.

„Ich werde sie entwaffnen", fuhr ihn Virgil an.

Die Earps und Doc Holliday drängten an Behan vorbei. „Zurück! Ich bin der Sheriff von diesem County!" brüllte er und rannte ihnen hinterher.

Als die Earps und Doc Holliday bei Flys Laden ankamen, zogen sich die Clantons und die McLaurys auf das leere Grundstück daneben zurück, das auf der anderen Seite von einem kleinen Privathaus begrenzt wurde; es gehörte einem William Harwood. Die Clantons und die McLaurys reihten sich mit den Rücken gegen die Hauswand auf, Frank McLaury hatte sein Pferd neben sich. Die Earps kamen einige Schritte näher. Virgil, mit Docs Stock in der Rechten, war vorn. Hinter ihm standen Wyatt und Morgan, dahinter Doc. Die Schrotflinte von Virgil war deutlich erkennbar, weil sich sein Mantel im Winde öffnete. Als die beiden Gruppen sich mit weniger als zwei Meter Abstand gegenüberstanden, verdrückte sich Sheriff Behan an die Seite von Flys Haus, wohin ihm eilig Billy Claibourne folgte.

Die Clantons und die McLaurys waren, ohne es zu merken, selbst in eine Falle geraten. Vorne riegelten die Earps das Grundstück ab, die Häuser von Fly und Harwood begrenzten es an den Seiten. Nur nach hinten konnte man sich bewegen, dort lagen freies Gelände und die offenen Boxen des O.K. Corral. Das Grundstück selber – ein verwil-

Die Allen Street in Tombstone, tagsüber eine Geschäftsstraße, läßt nicht ahnen, welcher Hexenkessel nach Einbruch der Nacht losbrechen wird. In den zahlreichen Saloons gärte der Streit, und die Stadt brüstete sich in aller Öffentlichkeit damit, „einen Toten jeden Morgen zum Frühstück zu haben".

M.C.ALISHER
LUMBER
& BUILDING MATERIALS
NEVADA BOOT & SHOE STORE
GENTS FURNISHING GOODS

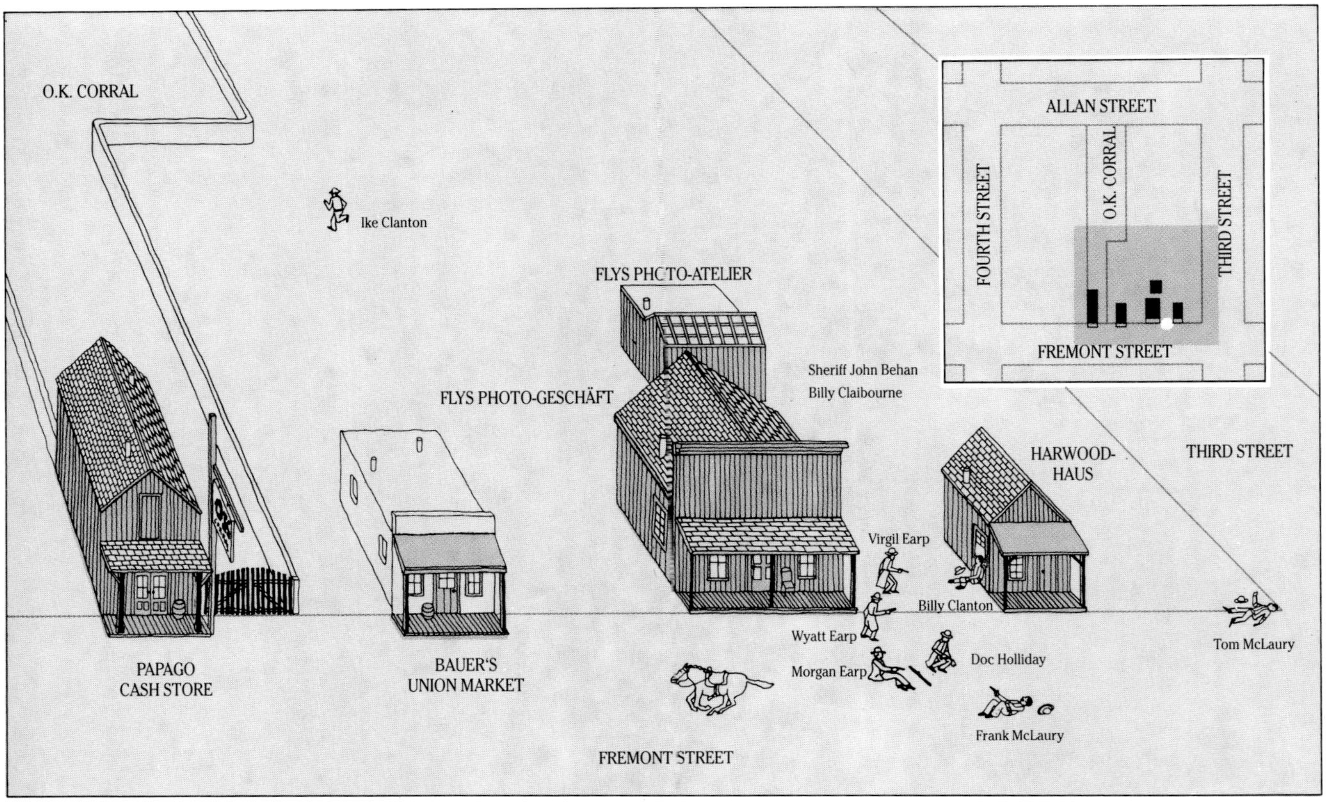

DER BLUTIGE HÖHEPUNKT DER SCHIESSEREI in der Fremont Street am O.K. Corral in Tombstone (*Vogelperspektive, Ausschnitt*) ist in der Zeichnung oben rekonstruiert. Frank McLaury, von Wyatt und Morgan Earp beschossen, liegt sterbend auf der Straße, nachdem er Doc Holliday verwundet hat. Tom McLaury, von Hollidays Schrotflinte getroffen, liegt an der Ecke zur Third Street. Billy Clanton ist nach zwei Treffern von Morgan Earp an der Wand des Harwood-Hauses zusammengesunken, schießt weiter und streift Morgan und Virgil Earp. Wyatt ist unverletzt. Ike Clanton, unbewaffnet, rennt davon. Auch Frank McLaurys Pferd flieht in Panik. Sheriff John Behan und Billy Claibourne gehen in Flys Photo-Atelier in Deckung und sehen machtlos zu, wie der Streit zwischen den feindlichen Parteien ausgetragen wird.

dertes, leeres Stück Land von etwa sechs Metern Breite – ließ keine Ausweichmanöver zu, bot keine Deckung.

Möglicherweise fühlten sich die Cowboys gefangen, aber sie zeigten das nicht. Durch die zahlreichen mehr zufälligen Zusammenstöße der letzten Stunden waren sie an einem Punkt, von dem aus es kein Zurück mehr gab, an einem Ort der Entscheidung, der für die Earps günstiger war als für sie selbst. Dennoch übernahmen sie – unvorbereitet, wie sie waren – die Initiative. In die Stille hinein machte es Klickklick, als Billy Clanton und Frank McLaury ihre Sechsschüsser im Halfter spannten. „Halt! Gebt mir eure Kanonen", rief Virgil Earp. Da brüllte jemand: „Du Hundesohn" – und die nächsten Worte gingen im ersten Schußwechsel unter. Augenzeugen haben das Schwirren der Kugeln und den tödlichen Tumult später beschrieben.

Billy Clanton richtete seinen Revolver mit ausgestrecktem Arm auf Wyatt Earp. Wyatt achtete nicht auf ihn, zog einen Sechsschüsser aus der Manteltasche und feuerte auf Frank McLaury, der als der beste Schütze der vier Cowboys galt. Billy verfehlte Wyatt, aber Wyatt traf: Frank McLaury taumelte, in den Bauch getroffen, auf die Straße. Als Tom McLaury sah, daß sein Bruder verwundet war, riß er seine Weste auseinander und rief: „Ich habe nichts!" Vergeblich hatte er nach dem Gewehr im Gewehrschuh an Franks Pferd gegriffen, jetzt nahm er hinter dem Tier Deckung.

Billy Clanton, Ziel von Morgan Earps Sechsschüsser, erwischte es als nächsten. Eine Kugel durchschlug sein rechtes Handgelenk, eine andere traf ihn in die Brust. Er schwankte, fiel nach hinten gegen ein Fenster des Harwood-Hauses und sank langsam auf die Erde. Doch dabei nahm er noch seine Waffe in die linke Hand, legte den Lauf auf den rechten Arm und feuerte – wenn auch unsicher – weiter.

Billys Bruder Ike suchte unterdessen seine eigene Haut zu retten: Gleich nach den ersten Schüssen hatte sich Ike auf

DAILY EPITAPH
Thursday Morning ..... Oct. 27, 1881

LOCAL SPLINTERS.

YESTERDAY'S TRAGEDY.

Three Men Hurled into Eternity in the Duration of a Moment.

The Causes that Led to the Sad Affair.

TUCSON SMALL TALK.

CITY ITEMS

HOTELS AND RESTAURANTS.

RUSS HOUSE,
CORNER OF FIFTH AND TOUGH NUT STREETS.
Tombstone, Arizona.
UNDER A NEW MANAGEMENT.

U. S. HOUSE.
112 Allen Street.
J. B. Soolary & Co., Props.
112 Allen Street, below Fourth.

THE COSMOPOLITAN,
ALLEN STREET, TOMBSTONE A. T.
Headquarters for All Stage Companies.
C. BILICKE, Proprietor.

BOOTS AND SHOES.

Pioneer Boot and Shoe Store
The only exclusive Boot and Shoe House in Tombstone, has on hand
A COMPLETE ASSORTMENT OF
BOOTS AND SHOES!
LADIES', MISSES' AND CHILDREN'S
SLIPPERS & SANDALS.
In fact, everything belonging to a First-Class
BOOT AND SHOE STORE.
Fine Ladies' Shoes and Slippers
MADE TO ORDER ON SHORT NOTICE.
Repairing Neatly Done.
POSITIVELY ONE PRICE | GIVE US A CALL.
H. KAYSER & CO.

HAWKINS, BOARMAN & CO.,
WHOLESALE DEALERS IN
WINES, LIQUORS, OILS AND CIGARS,
No. 116 Fourth St.
HAWKINS, BOARMAN & CO.
116 Fourth Street, between Allen and Toughnut.

CLAPP & MURRAY,
GENERAL
INSURANCE AGENCY
508 Allen Street.
COMBINED ASSETS
$75,000,000!

FRENCH RESTAURANT,

BARNETT & BLOCK

CALIFORNIA TIN SHOP,
205 FOURTH STREET | W. FESENFELD, Manager.
PLUMBING, TIN, COPPER,
—AND—
Sheet-Iron Work and Tin Roofing.
Call before Purchasing Elsewhere—205 Fourth St.

G. F. SPANGENBERG,
PIONEER GUNSMITH AND Locksmith.
212 FOURTH STREET, NEAR BROWN'S HOTEL.
The Only Complete Gun and Locksmithing Shop in Arizona.

VIGORIT POWDER!
Risks of Accidents Will Be Very Greatly Lessened,
CALIFORNIA VIGORIT POWDER COMPANY.

GROCERIES.
GROCERIES!
FOR EVERYBODY.
Notwithstanding there has been an advance in prices of many goods in our line, we are still selling
GROCERIES
—AT—
Bottom Prices!
And we invite you to call and get our figures before purchasing elsewhere.
Do Not Forget!
That we are Sole Agents for the sale of
LOS GATOS FLOUR!
Acknowledged the very best Flour in the Territory.
SPECIAL.
50 cs. Tomatoes, gal. cans, 75c. each—regular price 90c.
Good Japan Tea, 50c. per lb.—regular price 75c.
Better Japan Tea, 70c. per lb. —regular price $1.
Best Japan Tea, 90c. per lb.— regular price $1.25.
H. E. HILLS & CO.,
Cash Grocers,
217 FOURTH STREET.

Capitol Saloon.
THOMAS MOSES.

"THE GROTTO,"
Under the Grand Hotel,

Tombstone Corral,

H. H. TUTTLE

—AT—
THE TIVOLI,

STOP! STOP!
GO INTO THE
IXL AUCTION HOUSE

Am Tage nach der Schießerei am O.K. Corral füllen die Berichte darüber zwei ganze Spalten des Lokalblatts, doch die Anzeigen überwiegen.

Die Opfer der Schießerei, Tom und Frank McLaury und Billy Clanton, liegen in silberbeschlagenen Särgen, die ihre Familien besorgt haben. Ganz Tombstone konnte sie betrachten, denn sie wurden im größten Schaufenster der Stadt aufgebahrt.

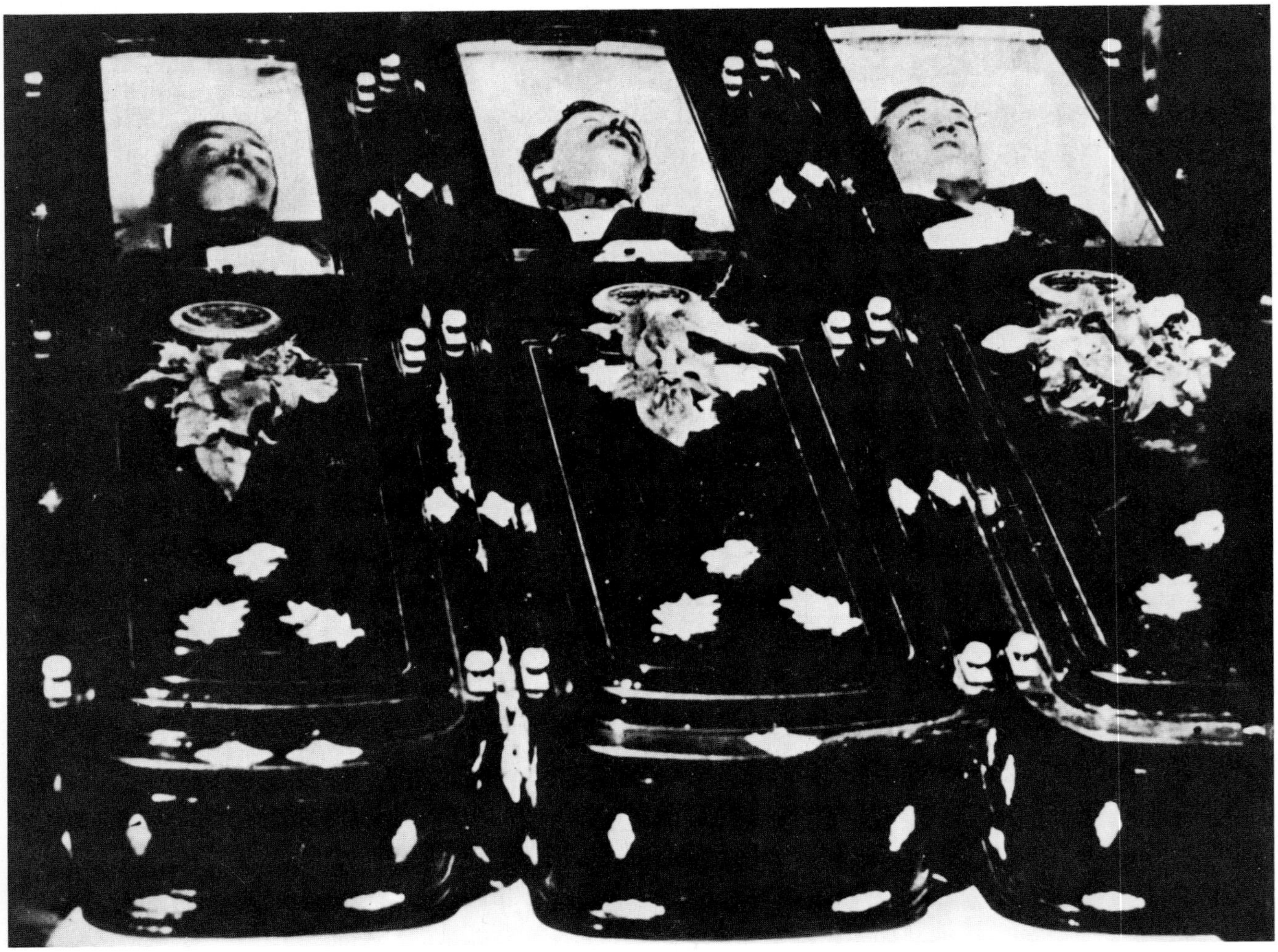

Wyatt Earp gestürzt. Dabei blieb unklar, ob er Wyatt die Waffe entwinden oder eine Feuerpause erzwingen wollte. Jedenfalls ergriff er Wyatts Arm und versuchte, dessen Schulter zu umklammern. Als Wyatt sah, daß Ike keinen Revolver in der Hand hatte, schob er ihn kalt mit den Worten beiseite: „Schieß oder hau ab!“ Ike rannte auf die Tür von Flys Laden zu. Doc Holliday schickte ihm eine Schrotladung nach, aber er konnte unversehrt ins Haus gelangen. Behan, der wie angewurzelt dagestanden hatte, sprang mit einem Satz ebenfalls in Deckung. Er zog Billy Claibourne mit sich zur Hintertür von Flys Haus und folgte ihm hinein. Gleich darauf stürzte Ike aus dieser Tür und verschwand hinter den Boxen des O.K. Corral. Er rannte weiter, ohne anzuhalten, bis er eine mexikanische Tanzhalle in der Allen Street erreichte, wo er Unterschlupf fand.

Auf dem Platz hinter dem Corral war inzwischen Franks Pferd auf die Straße gestürmt. Tom McLaury hatte keine Deckung mehr. Doc Holliday zielte auf ihn und schoß. Die Schrotflinte ließ ihn diesmal nicht wie bei Ike im Stich. Die Ladung schlug durch Toms Weste in seine rechte Seite. Tom taumelte die Fremont Street hinunter bis zur Ecke der Third Street, wo er zusammenbrach und starb.

In Sekundenschnelle war Ike geflohen, die drei anderen Cowboys waren verwundet. Zwei von ihnen gaben noch nicht auf. Der erste der Feinde, der das zu spüren bekam, war Virgil Earp. Er hatte sich an der Schießerei nicht beteiligt. Zu Beginn hatte er Docs Rohrstock in die linke Hand genommen und seinen Revolver gezogen, um auf Billy Clanton zu schießen, aber Morgan war ihm zuvorgekommen. Er stand auf dem Platz, als ihn eine Kugel in die Wade traf. Virgil sank zu Boden – ungefähr drei Meter von Billy entfernt, der über seinen Arm hinweg weiterfeuerte.

Auch Frank McLaury war nicht bereit aufzugeben, trotz seiner Bauchverletzung. Als sein Pferd auf die Straße gestürmt kam, versuchte er noch, sein Gewehr aus dem Gewehrschuh zu ziehen, aber das verschreckte Tier scheute

Ein gläserner Leichenwagen für 8000 Dollar ist einer aufblühenden Stadt würdig. Billy Clanton wurde darin von seinen Freunden zu Grabe gefahren. Auf diesen Wagen folgte ein fast ebenso pompöses Gefährt für die beiden McLaurys.

und rannte davon. Da zog McLaury seinen Sechsschüsser – und sah die Augen von Doc Holliday aus kaum zwei Metern Entfernung auf sich gerichtet. Doc hatte sich der unhandlichen Schrotflinte von Virgil Earp entledigt und hielt seinen eigenen Revolver in der Hand. Beide Männer schossen gleichzeitig, ein dritter Schuß kam von links – von Morgan Earp. McLaury krümmte sich, unterm Ohr getroffen. Sein eigener Schuß jedoch war durch Doc Hollidays Hüfte gegangen. Man hatte immer gesagt, auf Doc könne man nicht leicht zielen, weil er von Tuberkulose und Whisky so ausgezehrt war, daß man ihn von der Seite kaum sehen könne. Dies hatte Frank McLaury in der letzten halben Sekunde seines Lebens widerlegt.

Billy Clanton, der die Schießerei niemals gewollt hatte, sollte den letzten Schuß für die Cowboys abgeben. Er zielte auf Morgan Earp, und es gelang ihm, ihn an der Schulter zu treffen. Er taumelte und fiel hin. Billy versuchte aufzustehen. Morgan und Wyatt Earp feuerten gemeinsam; unterhalb der Rippen getroffen, brach Billy wieder zusammen.

Plötzlich war die Schießerei beendet; über eine stille Szenerie zog Pulverrauch. Camillus Fly kam aus seinem Haus, überquerte das Grundstück und lief zu Billy Clanton, der noch im Sterben versuchte, seinen Sechsschüsser zu spannen. „Gib mir noch ein paar Patronen", flehte er. Fly nahm ihm die Waffe aus der schlaffen Hand.

Der Kampf war vorbei. Drei der acht Teilnehmer waren tot, zwei verwundet und zwei – Ike Clanton und Wyatt Earp – unverletzt. Der Sekundenzeiger der Uhr hatte noch nicht einmal eine Runde gedreht, und eine Feindschaft war durch ein Ritual bereinigt, dem sich kein Beteiligter entziehen konnte. Aber die Rechnung war noch nicht völlig beglichen.

Bis zum späten Nachmittag war Tombstone in hellem Aufruhr. In den Minen der Umgebung schrillten Pfeifen, die Arbeiter bewaffneten sich und marschierten in die Stadt, damit die Ordnung gewahrt blieb. Die Häuser der Earps wurden von ihren Verbündeten bewacht, um sie vor den Freunden der Clantons und McLaurys zu schützen. Man vermutete, sie würden eilends in die Stadt reiten, um Rache zu nehmen. Die Leichen der drei Männer wurden zu Ritter & Ream, dem Beerdigungsinstitut, geschafft. Zwei Tage nach der Schießerei zog der Leichenzug durch die von Menschen gesäumten Straßen, angeführt von der städtischen Blaskapelle. An einer Stelle hielt ein Freund der Opfer ein Schild hoch, als die Prozession vorüberzog. Es trug die Worte: Ermordet in den Straßen von Tombstone.

Die Frage von Schuld und Unschuld wurde von ganz Tombstone wochenlang debattiert. Die Leichenschaukommission kam zu keinem klaren Spruch. Sheriff Behan sperrte Wyatt Earp und Doc Holliday nach der Untersuchung unter Anklage des Mordes ins Gefängnis. (Virgil und Morgan Earp, die sich noch von ihren Wunden erholten, wurden nicht festgenommen, aber Virgil wurde als City Marshal suspendiert.) Der Fall kam vor den Polizeirichter Wells Spicer, den Mann, der Hoffnung auf Verbesserung der Lage hatte, als zwei Bibeln in der Stadt zu finden waren. Zum Schluß, nach 30tägiger Beweisaufnahme, entschied der Richter, daß das Vorgehen der Angeklagten gerechtfertigt gewesen sei. Sie waren, so urteilte er, „Beamte, die den Auftrag hatten, tapfere und entschlossene Männer festzunehmen und zu entwaffnen – Männer, die blitzschnell und todsicher schossen und die zuvor ihre Absicht verkündet hatten, sich weder festnehmen noch entwaffnen zu lassen".

Spicer sprach jedoch die Earp-Clique nicht völlig von Schuld frei. Er stellte fest, daß Virgil Earp als Polizeichef einen „unüberlegten und sträflichen Akt" begangen habe, als er Wyatt und Doc veranlaßte, ihm bei der Festnahme und Entwaffnung der Clantons und der McLaurys zu helfen. Immerhin, fuhr Spicer fort, gäbe es auch mildernde Umstände. Mit der Aufzählung dieser Umstände war auch Tombstone treffend gekennzeichnet: „Zu berücksichtigen ist der Stand der Dinge in einem Siedlungsgebiet: die Gesetzlosigkeit und die Geringschätzung von Menschenleben; das Vorhandensein von Menschen, die das Gesetz herausfordern; die überall vorhandene Angst und das Gefühl der Unsicherheit; die Vermutungen, daß hier vorwiegend schlechte, verzweifelte und rücksichtslose Männer lebten, die das Land terrorisierten. Zu bedenken sind auch die vielen Drohungen, die gegenüber den Earps geäußert wurden. Ich kann deshalb dieser unklugen Handlung kein verbrecherisches Motiv unterstellen."

Diese Entscheidung befriedigte die Freunde der Opfer nicht. Schon zwei Monate nach der Schießerei wurde Virgil Earp, der wieder auf den Beinen war, mit Schrot beschossen, als er bei Dunkelheit die Fifth Street überquerte. Die Angreifer entkamen unerkannt. Virgils linker Arm war zerschmettert. Er wurde in ein Zimmer des Cosmopolitan Hotels gebracht, und bald versammelten sich seine Frau Allie und einige Freunde um ihn. Virgil versuchte, seine Frau zu trösten: „Laß mal", sagte er, „ich habe ja noch einen Arm, mit dem ich dich umarmen kann."

Drei Monate später, an einem Samstagabend im März 1882, befanden sich Wyatt und Morgan Earp in einem Billardsaal in der Allen Street. Als Morgan sich mit seinem Billardstock über den Tisch beugte, wurde zweimal durch das Glas einer Hintertür gefeuert. Morgan fiel zu Boden, sein Rückgrat war von einer Kugel zerschmettert. Er versuchte zu scherzen, als man ihn zur Couch trug: „Das soll mein letztes Billardspiel gewesen sein." Aber innerhalb einer halben Stunde war er tot. Augenzeugen hatten drei Männer vom Tatort wegrennen sehen – zwei davon waren Pete Spence, der Freund der Clantons, und Frank Stilwell, Sheriff Behans Stellvertreter, den Virgil Earp im September des Vorjahres wegen eines Überfalls auf eine Kutsche festgenommen hatte; der dritte war angeblich ein Indianer.

Drei Tage danach bestiegen Virgil Earp und seine Frau den Zug in Richtung Westen; sie geleiteten Morgans Sarg nach Kalifornien, wo die Eltern der Earps sich niedergelassen hatten. Wyatt Earp und Doc Holliday kamen bis Tucson mit, um Virgil zu schützen. Als der Zug in Tucson hielt, wurde Frank Stilwell, bewaffnet mit einem Revolver, im Hintergrund gesichtet. Am nächsten Morgen fanden Eisenbahner den toten Stilwell. Er hatte sechs Kugeln in Brust und Beinen und war aus nächster Entfernung erschossen worden; seine Kleidung zeigte Brandflecken vom Mündungsfeuer. Als die Leiche gefunden wurde, waren Wyatt Earp und Doc Holliday auf dem Weg zurück nach Tombstone.

Noch in derselben Nacht versammelte Wyatt eine Menge Freunde um sich, um Jagd zu machen auf Pete Spence und den anonymen Indianer, die seinen jüngeren Bruder getötet hatten. Während sie hinaus in die Wildnis ritten, brachte Sheriff Behan selber eine Gruppe von Männern auf die Beine, um Wyatt Earp und Doc Holliday zu finden und wegen des Mordes an Stilwell zu verhaften. Am nächsten Morgen, dem 22. März, fanden und töteten Wyatts Leute den „Indianer", der in Wahrheit ein mexikanischer Holzfäller war, in Pete Spences Holzlager in den Dragoon-Bergen. Spence selbst konnte Wyatts Rache entgehen. Während Behans Mann-schaft auf der Suche nach ihnen die Hügel durchstreifte, flohen Wyatt Earp, Doc Holliday und einige ihrer Kumpane. Ungefähr eine Woche später stiegen sie in Albuquerque in New Mexico vom Pferd. Sie waren erschöpft und wundgeritten, aber an einem Ort, den das Gesetz von Arizona nicht erreichen konnte.

Für Tombstone war endlich alles vorbei: die Fehde, die Schießerei, das Nachspiel. Aber die Legende über diese blutigen Tage sollte erst entstehen. Überall im Westen veröffentlichten die Zeitungen Berichte über den Krieg der Earps in Tombstone, die auch die Presse im Osten übernahm. Genau wie jede andere Schießerei festigte das Drama am O.K. Corral den Ruf der Revolverhelden im amerikanischen Westen: Sie waren die kraftstrotzenden, grobschlächtigen Abenteurer, deren Kühnheit – nicht aber deren Tugend – außer Zweifel stand.

Viele andere Städte des Grenzlands, die nach Tombstone – oder vorher – aufblühten, brüsteten sich damit, die verruchteste Stadt des Westens zu sein und jeden mit offenen Armen zu empfangen; diesen Anspruch leiteten sie meistens allein aus der Zahl der Schießereien auf ihren Straßen und in ihren Saloons ab. Man versuchte auf verschiedene Weise, den Ruf des Westens als eines wilden und gewalttätigen Landes zu vergrößern; denn im Grunde war man stolz auf das gefährliche Leben. Obendrein wollte man im eigenen Interesse Leute anlocken: Cowboys, Minenarbeiter, Büffeljäger, Soldaten. Für sie war die Grenzlandgemeinde ein Ort, wo man sich wunderbar betrinken, bei losen Weibern Quartier finden und am Spieltisch Bündel von Scheinen gewinnen konnte. Eine besondere Würze gab all dem die Aussicht auf ein Spiel mit Revolvern.

Selbst solidere Städte waren stolz, wenn sie zu ihren Bewohnern ein paar Revolverhelden zählen konnten. „Der Gentleman, der seinen Mann getötet hat, ist durchaus kein seltener Vogel in Kansas City", prahlte 1881 eine Lokalzeitung. Einen solchen Mann, so bemerkt der Schreiber, kann man hinter der Bar eines Saloons in der Hauptstraße wie hinter dem Rosenholzschalter einer Bank finden; er könnte im Prominentenviertel residieren oder sich ein Zimmer für 15 Cents pro Nacht gemietet haben.

Die Spezies der Revolverhelden, ganz gleich, ob sie für oder gegen das Gesetz fochten, kam aus allen nur denkbaren Verhältnissen. Jesse James und sein ebenso gefährlicher Bruder Frank waren Söhne eines Predigers in Missouri. Wahrscheinlich haben die Slums von New York Billy the Kid ausgespien, einen Einzelgänger, dessen Schießfreudigkeit von den einen als heroisch, von den anderen als irrsinnig bezeichnet wurde. Bill Tilghman, der als Deputy U.S. Marshal mit seinen Revolvern half, das Indianer-Territorium Oklahoma zu befrieden, war Büffeljäger, ehe er Jagd auf Outlaws machte. Der geheimnisumwitterte Dave Mather, ein umherziehender Revolverheld, der in verschiedenen Städten des Grenzlands als Marshal diente – und ebensoviel Zeit in ihren Gefängnissen zubrachte –, behauptete, Nachkomme eines berühmten Hexenjägers aus Salem, Cotton Mather, zu sein.

Zwei in einer Schießerei getötete Kavalleristen liegen vor einer Tanzdiele in Kansas. Die Frauen in der Stadt reagieren mit Verachtung. Am Zahltag der Armee floß häufig Blut, wenn die Soldaten ihr Geld in Saloons und Bordellen verpulverten.

John Ringo, ein Desperado aus Texas, der als Teilnehmer an Sheriff Behans Abordnung Wyatt Earp aus Arizona vertrieb, war angeblich das schwarze Schaf einer vornehmen Familie aus den Südstaaten.

So verschiedenartig all diese Männer auch waren: Der Revolver, von dem sie lebten und starben, machte sie einander ähnlich. Die Gesellschaft im Westen betrachtete sie als eine ganz besondere Schicht – und sie sahen sich selbst auch so; sobald einer von ihnen auf der Bildfläche erschien, genügte allein seine Anwesenheit, um Furcht und Ehrfurcht hervorzurufen. Wenn schon ein einzelner Revolverheld Angst einflößen konnte, so versetzte die Ankunft von mehreren in derselben Stadt zur selben Zeit ein ganzes Gebiet in Schrecken. Das geschah zum Beispiel im Frühjahr 1883 in Kansas: Ein flinker kleiner Spieler und Saloonkeeper namens Luke Short war von seinen Konkurrenten aus Dodge City vertrieben worden. Ein paar Wochen später ritt eine Gruppe mit ihm befreundeter Revolverhelden in Richtung Dodge, während Luke in Kansas City blieb.

Ein Lokalblatt, über Shorts Rachedrohungen informiert, prophezeite die bevorstehende Unruhe: „Kurze Lebensläufe dieser Herren, die morgen hier eintreffen, können den Ernst der Lage erklären. Bat ist der berüchtigtste von allen Mastersons. Er soll so viele Menschen getötet haben, wie er Lebensjahre zählt. Das mag übertrieben sein, aber gewiß gehen ein Dutzend oder mehr Tote auf seine Kappe. Er ist ein beherrschter, mutiger Mann mit guten Manieren, aber im Kampf flößt er Furcht ein. Auch Doc Holliday ist ein berühmter Killer. Die verwegenen Männer des Westens respektieren und fürchten ihn zugleich, denn er hat in einem einzigen Kampf nicht weniger als acht Desperados getötet. Er spielte eine sehr wichtige Rolle in dem Kampf in Tombstone. Dort erledigten die gefeierten Brüder Earp mit Hollidays Hilfe die gefährlichen Pferdediebe."

„Wyatt Earp ist ebenso berühmt in dem heiteren Geschäft der Entvölkerung unseres Landes. Soweit uns persönlich bekannt ist, hat er sechs Männer getötet, aber allgemein sagt man ihm nach, mindestens zehn Mitmenschen unter die

SALOON

Die Spontan-Justiz des Wilden Westens hat einen Saloon-Besitzer in New Mexico gerichtet, der bei einer Auseinandersetzung mit seinem Partner vier Menschen getötet hatte. Eine wütende Menge knüpfte ihn kurzentschlossen auf.

Erde befördert zu haben. Flinten-Collins war Kurier bei Wells, Fargo & Co.; seinen Namen bekam er von der Waffe, die er benutzte, einer abgesägten, doppelläufigen Schrotflinte. Er hat zwei Leute in Montana und zwei in Arizona getötet, seine sonstigen Taten sind unbekannt. Luke Short, für den diese Männer hier zusammenkommen, ist selbst berühmt. Er hat mehrere Menschen getötet und kennt keine Angst."

Die anreitenden Revolverhelden hatten aus ihrem Ziel kein Geheimnis gemacht. Bat Masterson sagte, er wolle in Dodge City alte Freunde besuchen. Earp und Holliday behaupteten dasselbe. Flinten-Collins gab an, er wolle den anderen nur Gesellschaft leisten. Luke Short ließ wissen, daß er geschäftlich nach Dodge City zurückkehren werde. Auf dem Weg dorthin vergrößerte sich die Gruppe der Revolverhelden durch ein halbes Dutzend weniger berühmter Sympathisanten, die der Geschichtsschreibung nur als Black Jack Bill, Cold Chuck Johnny, Dynamite Sam, Dark Alley Jim, Three-Fingered Dave und Six-Toed Pete überliefert sind. Der Sheriff, in Panik, bombardierte die Hauptstadt des Staates mit telegraphischen Hilferufen. Der Gouverneur von Kansas, George Washington Glick, entsandte Tom Moonlight, den Generaladjutanten des Staates, er sollte einen Krieg verhindern; eine Kompanie der Miliz wurde bereitgestellt, um einzugreifen. Als die Revolverhelden in der Stadt eintrafen – sie sahen aus, als ob sie über die Vergänglichkeit des Menschenlebens sinnierten –, wurden Shorts Konkurrenten konziliant. Sie bedienten sich der Dienste des Tom Moonlight und handelten mit Short eine Regelung aus. Daraufhin verzogen sich die Revolverhelden sofort; ihre Aura von Unschuld blieb unangetastet.

Bemerkenswerter als der friedliche Ausgang war die Bereitschaft in Dodge City, alles zu glauben, was man über die Revolverhelden gehört hatte. In Wahrheit war ihr Ruf, zumindest in zwei Fällen, ziemlich stark übertrieben. Zwar sollte Bat Masterson als Sheriff von Ford County in Kansas ein Dutzend Männer erledigt haben, es gibt aber keinen Beweis dafür, daß er überhaupt irgend jemanden erschossen hätte. Wyatt Earps Ruhm beruhte im großen und ganzen auf der Episode am O.K. Corral.

Die meisten Revolverhelden waren überhaupt nicht daran interessiert, solche Zahlen zu berichtigen, denn bei einem Duell mit einem nervösen Opponenten war Ruhm von Vorteil. Oft bauten sie diesen Vorteil aus, indem sie ihre Taten selber ausschmückten. Der kaltblütigste Lügner unter den Revolverhelden des Westens war wahrscheinlich Wild Bill Hickok. Er hatte als Kundschafter der U.S. Army an Kämpfen gegen die Indianer teilgenommen, und im Bürgerkrieg hatte er hinter den Linien der Konföderierten einige Beutezüge gemacht. Später war er in einige Schießereien verwickelt, doch behaupten viele, er habe sich nur mit Amateuren und Betrunkenen eingelassen.

Im Jahre 1867 wurde Hickok von einem abenteuerlustigen Reporter namens Henry M. Stanley aufgespürt – dem berühmten Afrikareisenden übrigens. Als Stanley Wild Bill traf, war er offensichtlich verwirrt – und das war bei ihm nicht üblich: „Hören Sie, Bill oder Mr. Hickok, wieviel Weiße haben Sie Ihres Wissens getötet?" Hickok antwortete höflich: „Ich könnte morgen einen Eid auf die Bibel schwören, daß ich über hundert getötet habe." Die hohe Zahl gab Stanley nicht eine Sekunde lang zu denken. Er zitierte sie in seinem Zeitungsartikel ohne Vorbehalt und erging sich in einem wahren Schwall von Heldenverehrung. Wild Bill, so schrieb er, „ist mit außergewöhnlicher Macht und Vitalität ausgestattet. Er scheint dazu geschaffen, verwegene Taten zu vollbringen".

Doch nicht alle Revolverhelden übertrieben gerne. Einige zogen es vor, die Kampfszene mit so wenig Aufsehen wie möglich zu verlassen. Typisch dafür ist eine spektakuläre Schießerei im Jahre 1871 in Newton, Kansas, bei der es sechs Tote gab. In Newtons Bordell-Distrikt, passenderweise Hide Park genannt (was zugleich „Hautpark" und „Versteckpark" bedeutet), hatte sich in der Nähe der Atchison-, Topeka- und Santa-Fe-Eisenbahn eine Gruppe von Cowboys vor einer Tanzhalle versammelt. Drinnen war ein ehemaliger Eisenbahnarbeiter, McCluskie, der einige Tage zuvor einen Cowboy im Streit erschossen hatte, im Gespräch mit Bahnangestellten. Die Cowboys drängten in den Saal, angeführt von dem Texaner Hugh Anderson, und feuerten beim Eindringen um sich. McCluskie wurde in den Hals getroffen, aber während er zu Boden ging, schoß er mit seinem Revolver weiter und verwundete Anderson. In diesem Augenblick verriegelte ein hagerer junger Mann – er sah nicht älter als 18 aus – die Tür zur Tanzhalle und schoß wild in die Gruppe der Cowboys; vier von ihnen tötete er. Als sich der Rauch verzogen hatte, war McCluskies Rächer nicht auffindbar. Niemand wußte irgend etwas über ihn, außer daß er Riley hieß – und Tuberkulose hatte.

Häufig umgaben sich die Revolverhelden des Westens nicht absichtlich mit Geheimnissen. Doch die Wege der ruhelosen Gesellen waren schwer zu verfolgen und deshalb Gerüchte, daß sie gesichtet worden seien, häufig im Umlauf. Im März 1873 berichtete eine Zeitung in Kansas City über die Verwirrung, die der derzeitige Aufenthalt von Wild Bill Hickok bereitete. Die verschiedenen Meldungen aus jüngster Zeit besagten, er sei in Galveston, Texas, getötet worden; er befinde sich auf Verwandtenbesuch in Springfield, Missouri; er „ließe sich sein langes Haar in New York durchpusten"; er habe westlich von Omaha, Nebraska, drei Indianer umgebracht; und wiederum, er sei erschossen worden, aber diesmal in Fort Dodge in Kansas. Wenige Tage später sorgte ein ungehaltener Brief von Hickok dafür, daß die Presse versprach, „Wild Bill oder jeden anderen, der in unseren Spalten versehentlich getötet wurde, durch Antrag auf dem Postwege prompt wieder auferstehen zu lassen".

Wild Bill wußte sehr wohl, daß zu anderer Zeit an anderem Ort die Nachricht von seinem gewaltsamen Tod stimmen könnte. Weit mehr als gewöhnliche Männer waren Revolverhelden täglich der Gefahr ausgesetzt, in den Stiefeln zu sterben. Beim Schußwechsel wurde ihr Talent unwiderruflich auf die Probe gestellt. Dabei konnte ein wenig mehr an Geschicklichkeit den Ausgang bestimmen. Und Glück spielte eine fast so große Rolle wie die Geschicklichkeit, wenn man berücksichtigt. mit welchen Waffen die Kämpfe ausgetragen wurden.

Die Single-Action-Colt-Revolver (*Seite 42–44*), die bevorzugten Handfeuerwaffen des Wilden Westens, mußten vor jedem Schuß mit der Hand gespannt werden. Die Munition bestand aus Bleikugeln, die aus einer pulvergefüllten Patronenhülse getrieben wurden. Sie hatte mehrere große Nachteile. Das Schwarzpulver absorbierte die Feuchtigkeit, was manchmal Fehlschüsse zur Folge hatte. Jeder Schuß wurde von einer dicken, dunkelgrauen Rauchwolke begleitet, die ein genaues Zielen beim nächsten Schuß erschwerte. (Rauchloses Pulver fand erst um 1895 allgemeine Verwendung.) Lösten sich der Pulverdampf und die Legenden auf, stand eines fest: Ein erfahrener Revolverheld hielt sich für einen Meister, wenn er in einem echten Entscheidungskampf einen Mann auf gut zwölf Meter Entfernung treffen konnte.

Wer eine Karriere als Revolverheld anstrebte, überließ so wenig wie möglich dem Zufall und verbrachte viele Stunden damit, seine Fertigkeiten beim Umgang mit Waffen zu verfeinern. Bat Masterson beschrieb in reiferen Jahren das rigorose Training, das nötig war, damit ein Mann schnell und exakt und gleichsam instinktiv „Blei spucken" konnte: „Der Mann, der einen Ruf erlangen wollte, mußte früh anfangen, um seine Hände mit den Revolvern jener Tage vertraut zu machen, und er hatte mit seinen Revolvern genauso trainieren müssen wie der Falschspieler mit seinen Karten, oder er mußte üben wie der Jongleur, der Meisterschaft erlangen will. Wenn er dann in einer fließenden, blitzschnellen Bewegung ziehen, spannen und feuern konnte, brauchte er sich nicht mehr auf diese Bewegung zu konzentrieren und konnte Treffsicherheit üben."

Schon die Übung, die diese blitzschnelle Bewegung allein erforderte, konnte einen weniger hartnäckigen Schüler entmutigen: Der Revolver mußte mit nach unten gedrehtem

Handgelenk am Griff angefaßt werden; gleichzeitig langte ein Finger im Winkel von 45° zum Abzug, und der Daumen spannte den Hahn. Diese Kunst war so schwierig, daß die angeblichen Leistungen von Männern wie Wild Bill Hickok nicht im Bereich des Möglichen liegen können. Es wurde behauptet, er habe bei einer Gelegenheit durch einen Schuß über seine linke Schulter einen rivalisierenden Revolverhelden hinter sich getötet und gleichzeitig mit seinem anderen Revolver einen Mann vor sich getroffen.

Ein Revolverkampf wurde selten durch Schnellschießen entschieden. Laut Wyatt Earp galt unter Revolverhelden der Grundsatz, daß nur der die Schießerei gewann, der sich Zeit nahm. Auf jemanden zu schießen, der das gleiche vorhatte, bedeutete nach Wyatt, „mit der größten Schnelligkeit handeln, deren die Muskeln eines Menschen fähig sind, sich aber nicht durch die geforderte Schnelligkeit oder von den Anspannungen der Nerven und Muskeln nervös machen zu lassen, die die Schießkunst erfordert".

Ein schießfreudiger Spieler, Turkey Creek Jack Johnson, war berühmt dafür, daß er sich Zeit nahm. Bei einem Streit in einem Saloon in Deadwood, South Dakota, im Jahre 1876 forderte er zwei Männer auf, die Sache mit dem Schießeisen zu bereinigen, und zwar auf der Straße, die am städtischen Friedhof entlangführte. Jeder seiner Gegner gürtete sich zwei Sechsschüsser um. Johnson ging von einem Ende des Friedhofszauns auf sie zu. Sie näherten sich vom anderen Ende, knapp 50 Meter entfernt, und fingen an zu schießen. Als sie kaum 10 Meter gegangen waren, hatte jeder die Trommel eines Revolvers leergeschossen und griff nach dem zweiten. Johnson, mit einem gezogenen Coltrevolver bewaffnet, hatte immer noch nicht gefeuert. Auf eine Entfernung von knapp 30 Metern tötete sein erster Schuß einen der Männer. Johnson blieb stehen, wartete, bis der zweite Mann ein paar Schritte näher gekommen war, erlaubte ihm zwei oder drei Schüsse – und feuerte ein zweites Mal. Der Tote hatte den Finger noch am Abzug seines gespannten Sechsschüssers, als ihn jemand auf der Straße umdrehte.

Viele Schießereien fanden auf engerem Raum statt und ließen dadurch den Schützen weniger Möglichkeiten, bedächtig zu handeln. Im Long Branch Saloon von Dodge City geriet an einem Abend des Jahres 1879 ein Spieler namens Cock-Eyed Frank Loving mit einem Postkutschenfahrer namens Levi Richardson in Streit um eine Frau. Die beiden Männer jagten sich um einen Spieltisch und feuerten auf so kurze Distanz, daß sich ihre Revolver fast berührten. Der Kutscher starb an einer Brustwunde. Wie in solchen Fällen üblich, kam Cock-Eyed Frank ungeschoren davon: Ein Schnellrichter bestätigte ihm, daß er aus Notwehr gehandelt habe. Die örtliche Zeitung gab zu dieser Affäre folgenden vernünftigen Kommentar: „Beide Männer oder jeder von beiden hätte, glauben wir, die Schießerei vermeiden können, falls einer von ihnen das hätte tun wollen. Aber da beide absichtlich ihr Leben riskierten und jeder Selbstvertrauen hatte, kämpften sie, weil sie kämpfen wollten." Selbstvertrauen war in der Tat für die Spezies der Revolverhelden ein unentbehrlicher Charakterzug, doch so regellose Zweikämpfe entsprachen – bei aller Wildheit – nicht den Vorstellungen jener Männer über ihr Handwerk. Ein Revolverheld aus Texas, Clay Allison, sagte einmal einfach über sich: „Ich bin ein Kunstschütze" – und seine Feststellung beinhaltete genausoviel Statusbewußtsein und Stolz, wie sie jedem anderen ehrbaren Beruf zukamen.

Von Zeit zu Zeit kreuzten sich die Wege der berühmtesten Revolverhelden, die alle gerne reisten, in den lebendigen Städten des Grenzlands. Aber es kam fast nie vor, daß sie aufeinander schossen. Ein Außenseiter hätte sie für ein Rudel von Raubtieren halten können, sie selbst aber fühlten sich alle bedroht von Männern, die weniger darstellten als sie. Als Jesse und Frank James sich 1871 auf der Flucht vor dem Gesetz in Abilene, Kansas, einschlichen, einigten sie sich schnell mit Marshal Wild Bill Hickok: Sie ließen Wild Bill einfach wissen, daß sie während ihres Aufenthalts in der Stadt keine „falschen Bewegungen" machen würden, fügten jedoch hinzu, sie hätten sein Begräbnis vorbereitet für den Fall, daß er versuchen sollte, sie einzufangen. Hickok zog es vor, es nicht zu versuchen.

Aber Revolverhelden gehörten einer Spezies an, die ihre eigene Zerstörung heraufbeschwor, denn sie setzten bereitwillig, ja eifrig ihr Leben für jede Sache aufs Spiel, die sie für wichtig hielten. Abgesehen von der romantischen Verklärung ihrer Heldentaten und ihrer Motive, ist festzustellen, daß sie mutig, einfallsreich und sogar mit einer Art von grimmigem Humor auftraten, so daß die Legenden kaum noch übertreiben konnten. In einer beliebten Geschichte der achtziger Jahre werden diese Eigenschaften der Revolverhelden exemplarisch aufgezeigt. Darin wird von einem Zweikampf erzählt, der sich in einem Saloon entspann. Den beiden Gegnern wurde Platz gemacht. Einer von ihnen war ein unscheinbarer kleiner Mann, dünn wie eine Bohnenstange – aber ein professioneller Revolverheld. Der andere war ein großer Kerl, kampflustig und fast zwei Zentner schwer. „Warte mal", sagte der Große plötzlich und unterbrach die Vorbereitungen. „Der da schießt ja auf ein viel größeres Ziel. Das ist doch kein fairer Kampf." Der Kleine fand rasch einen Weg, das Problem zu lösen. Er wandte sich an den Besitzer des Saloons und sagte: „Mal dem Kerl da mit Kreide einen Mann von meiner Größe auf den Körper. Alles, was da nicht reintrifft, zählt nicht."

Das Rüstzeug der Revolverhelden

„Nicht Gott hat alle Menschen gleichgemacht“, hieß es oft im Wilden Westen, „das hat Colonel Colt getan.“ Was aber die Schießeisen betraf, so waren manche Menschen gleicher als andere. So wählten die Revolverhelden ihre Waffen mit peinlicher Sorgfalt aus. Wie die folgenden Seiten zeigen, hatten sie reiche Auswahl.

Tausende von Männern im Grenzland hatten aus dem Bürgerkrieg Handfeuerwaffen mitgebracht, wie sie auf den nächsten Seiten dargestellt sind – Revolver, deren rotierende Trommelkammern mehrere Schuß enthielten. Aus ihnen wurde eine Art selbstgebastelte Munition abgeschossen, die aus einer Kugel, dem Schießpulver und einem Zündhütchen bestand. Doch war diese Munition allzu anfällig; wenn nicht sehr sorgfältig geladen wurde, konnte es Versager gehen, sogar Kettenreaktionen, bei denen die Patronen der danebenliegenden Kammern auch noch explodierten.

Diese Probleme wurden bald durch die Entwicklung von Metallpatronen gelöst. Der erste Metallpatronen-Revolver, der sich als Standard-Handfeuerwaffe in der Nachkriegsarmee durchsetzte, war der bösartig als Colt's Peacemaker 1873 (Friedensstifter) bezeichnete (*Seite 42–43*). Dieser Single-Action-Revolver (sein Hahn mußte von Hand gesondert gespannt werden), in großer Zahl auf dem freien Markt und im Versandhandel verkauft, wurde ganz schnell zu der Waffe, die am häufigsten von Revolverhelden gezogen wurde.

Doch der zuverlässige Peacemaker hatte einen Nachteil. Der verhältnismäßig kurze Lauf – 20 Zentimeter oder weniger – verminderte die Geschoßenergie und die Treffgenauigkeit. Ein Experte konnte zwar durchweg ein stehendes, mannshohes Ziel auf fast 40 Meter Entfernung treffen, im Chaos des Kampfes betrug die effektive Reichweite des Revolvers jedoch weniger als die Hälfte. Deshalb erweiterten die meisten Revolverhelden ihr Arsenal um ein Gewehr oder eine Schrotflinte.

Selbst mit diesen größeren Waffen und ihrer tödlichen Feuerkraft und den Revolvern für den Nahkampf hielten sich einige Revolverhelden für ziemlich schlecht gerüstet, so daß sie ihrem Eisenvorrat noch eine Westentaschen-Pistole hinzufügten. So eine kleine versteckte Feuerwaffe war zwar ungenau, aber sie besaß einen unvergleichlichen Überraschungseffekt hei den Kämpfen jener Westernhelden.

Eine Luxuskassette für einen Colt, Modell 1860, Kaliber .44 enthält eine verzierte Pulverflasche, eine Kugelzange (das meißelförmige Gerät) und Zündhütchen (unten rechts und im Behälter oben rechts), dazu fünf Schachteln mit vorgefertigten Papierpatronen (eine von ihnen ist offen).

COLT NAVY .36

Die amerikanische Marine verwandte ein kleineres Kaliber als die Armee. Damit wurde dieses leichte 1851er Modell bei Zivilisten beliebt; ab 1873 wurde es nicht mehr hergestellt.

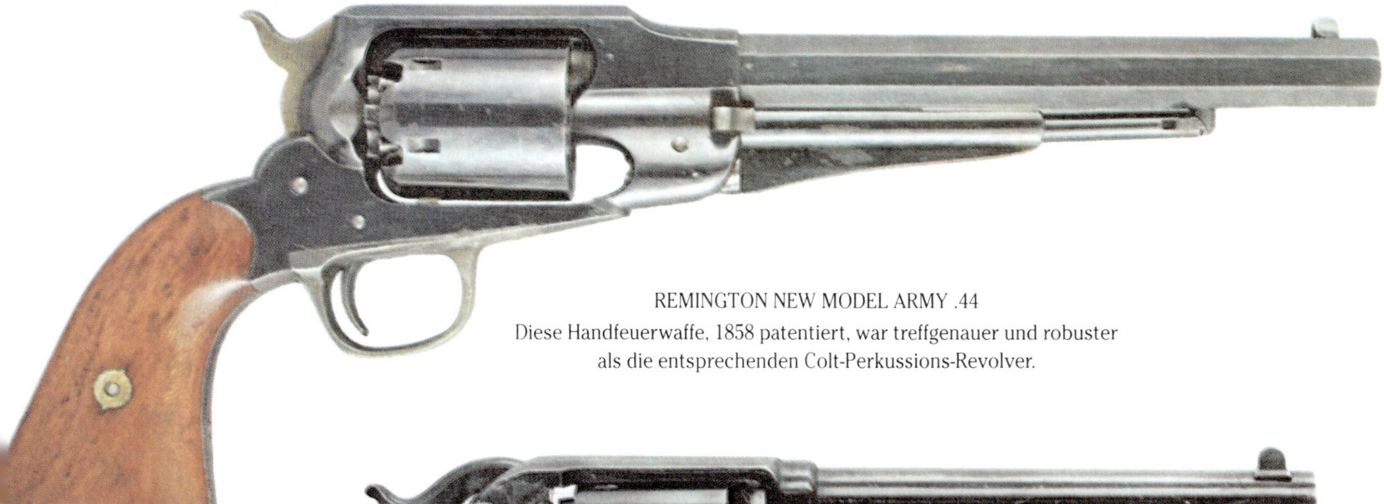

REMINGTON NEW MODEL ARMY .44

Diese Handfeuerwaffe, 1858 patentiert, war treffgenauer und robuster als die entsprechenden Colt-Perkussions-Revolver.

STARR DOUBLE-ACTION ARMY .44

Dieses Modell kam 1860 auf den Markt und war einer der ersten Revolver mit Selbstspannabzug.

CLASSIC PEACEMAKER .45
Das Modell mit dem 19-cm-Lauf (7½ inches) kostete im Versandhandel 17 Dollar.

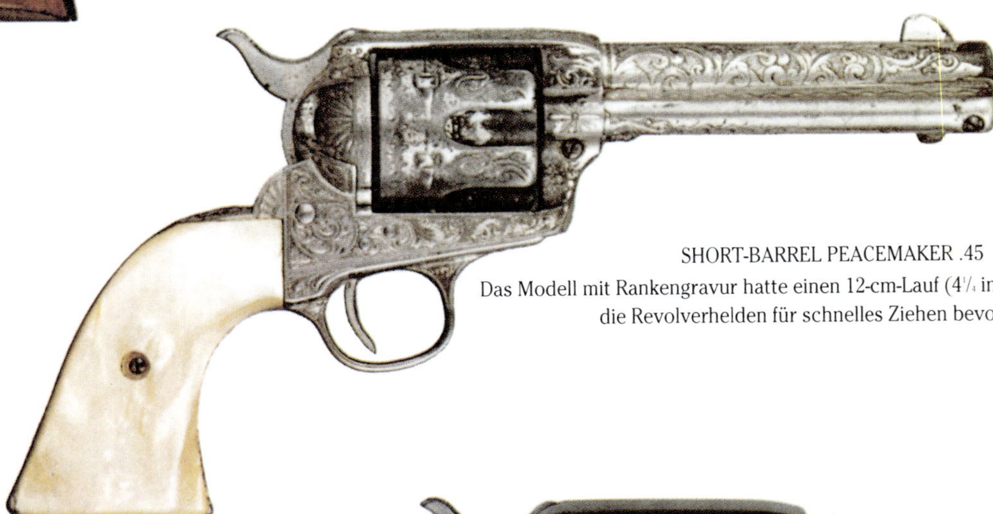

SHORT-BARREL PEACEMAKER .45
Das Modell mit Rankengravur hatte einen 12-cm-Lauf (4¾ inches), eine Lauflänge, die Revolverhelden für schnelles Ziehen bevorzugten.

SHERIFF'S MODEL PEACEMAKER .45
Diese besonders kurzläufige Variante (ohne Hülsenausstoßer) wurde manchmal auch als Ladentisch-Modell bezeichnet.

EAGLE-BUTT PEACEMAKER .45
Der Perlmutt-Griff zeigt den mexikanischen Wappenadler.

PEACEMAKER .45 MIT SCHNELLSCHUSSGÜRTELGELENK
Diese Waffe wurde mit einer Hahnachsverlängerung in den Führungsschienen einer Gürtelplatte des Trägers befestigt und konnte mit einer Drehung aus der Hüfte geschossen werden.

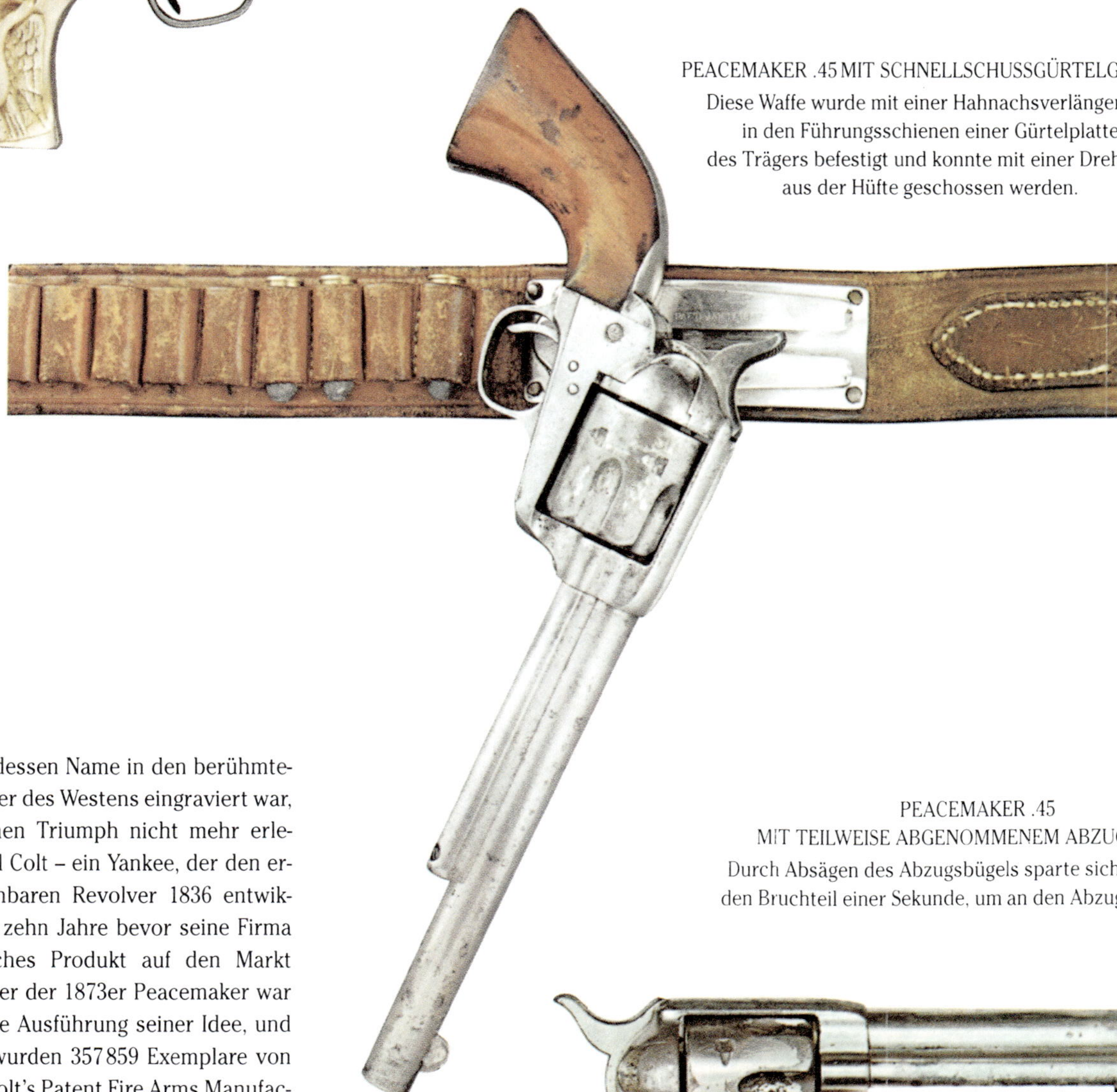

PEACEMAKER .45
MIT TEILWEISE ABGENOMMENEM ABZUGSBÜGEL
Durch Absägen des Abzugsbügels sparte sich der Schütze den Bruchteil einer Sekunde, um an den Abzug zu kommen.

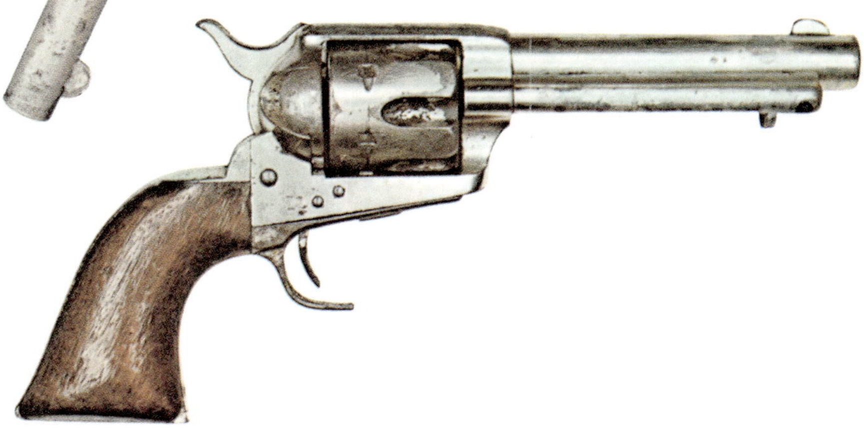

Der Mann, dessen Name in den berühmtesten Revolver des Westens eingraviert war, konnte seinen Triumph nicht mehr erleben. Samuel Colt – ein Yankee, der den ersten brauchbaren Revolver 1836 entwickelte, starb zehn Jahre bevor seine Firma ihr klassisches Produkt auf den Markt brachte. Aber der 1873er Peacemaker war eine würdige Ausführung seiner Idee, und insgesamt wurden 357859 Exemplare von der Firma Colt's Patent Fire Arms Manufacturing Company in Hartford hergestellt.

Waffentragende Männer allerorten hielten den Peacemaker an Ausgewogenheit und Robustheit allen anderen Revolvern jener Tage für überlegen. Sie drückten ihre Anerkennung dadurch aus, daß sie eine Vielzahl von Varianten wünschten – manche sollten dekorativ, manche einfach, manche zum besonders schnellen Zielen geeignet, alle aber tödlich sein.

PEACEMAKER .45 ZWILLINGE

Wenn Geld keine Rolle spielte, konnte der stilbewußte Revolverheld ein Paar gravierte Sechsschüsser mit Elfenbein-Griffen in verzierten Holstern tragen. Preis: 100 Dollar.

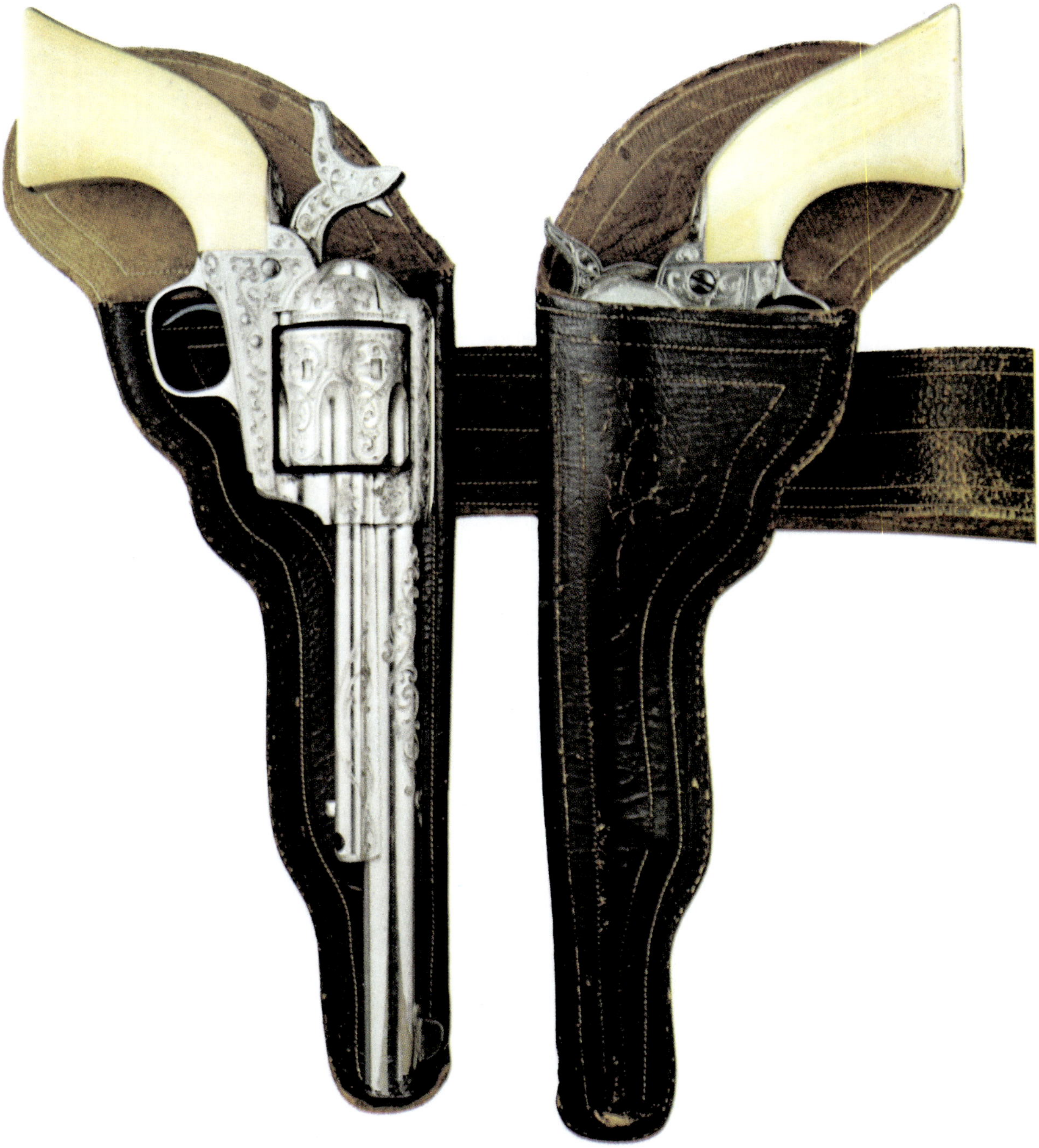

SMITH & WESSON SCHOFIELD .45
Dieser Single-Action-Revolver wurde 1875 zum erstenmal hergestellt.
Auf ihn fiel die Wahl von Jesse James.

Die Winchester Company preist ihr überaus gewinnbringendes Patronen-Angebot für alle möglichen Gewehre, Flinten und Faustfeuerwaffen an.

SMITH & WESSON AMERICAN .44
Auch die Konkurrenz von Colt bot Luxusmodelle an – hier versilbert, mit Rankengravur und Elfenbeingriff.

COLT FRONTIER DOUBLE-ACTION .45
Die Anhänger des Peacemaker fanden dieses neuere Modell (1878) von Colt – ein Exemplar ist im Holster, eines unverhüllt gezeigt – wegen des hohen Spannabzugsgewichts weniger treffgenau.

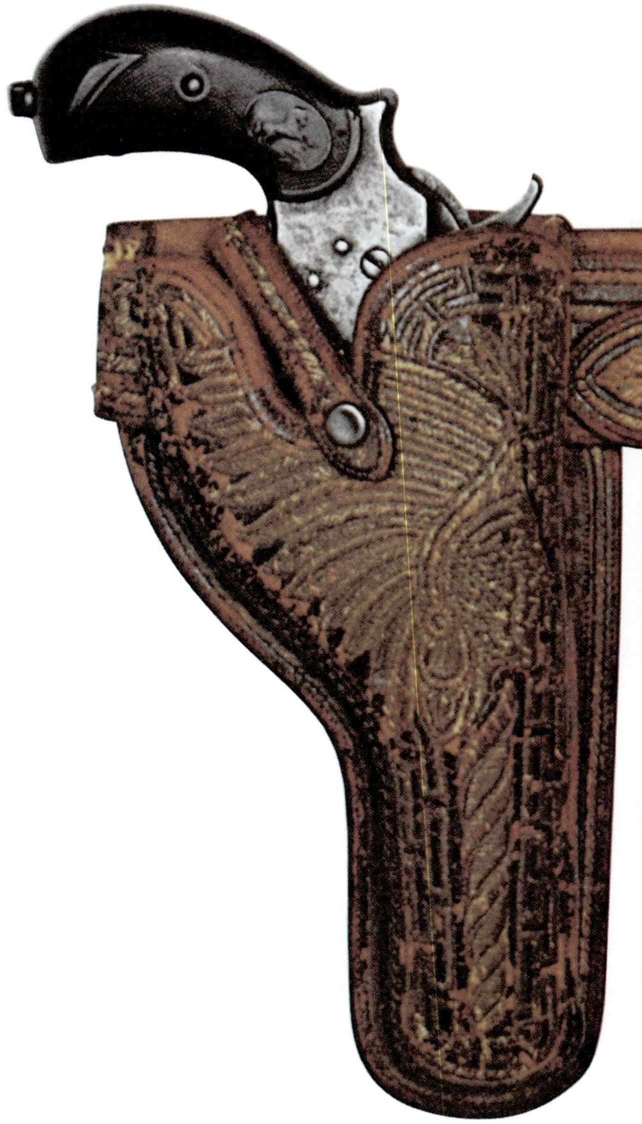

Colts Konkurrenten versuchten mit allen Mitteln, den Marktanteil des Peacemaker zu verringern. Smith & Wesson konnten sich ein Anerkennungsschreiben von William Cody, genannt Buffalo Bill, einholen und Remington eine Empfehlung von Frank James. „Die Remington ist der härteste und sicherste Revolver, den es gibt", erklärte er – obwohl sein Bruder, Jesse James, ein Produkt der Konkurrenz bevorzugte (*oben links*).

Die Firma Colt und andere Revolver-Fabrikanten buhlten mit einer neuen Art Revolver um die Kunden: dem mit Selbstspannerabzug (Double-Action). Dabei wurde durch das Abziehen der Hahn gespannt und ausgelöst und gleichzeitig die Trommel gedreht. Aber selbst diese kleine Vereinfachung – und ein bißchen mehr Schnelligkeit – konnten den Peacemaker noch lange nicht zum alten Eisen machen.

SMITH & WESSON FRONTIER .44-.40
Dieses Modell mit Spannabzug,
seit 1886 auf dem Markt, wurde als plump
im Aussehen und im Schießgefühl kritisiert.

Die Waffenwerbung lieferte das Abenteuer mit.

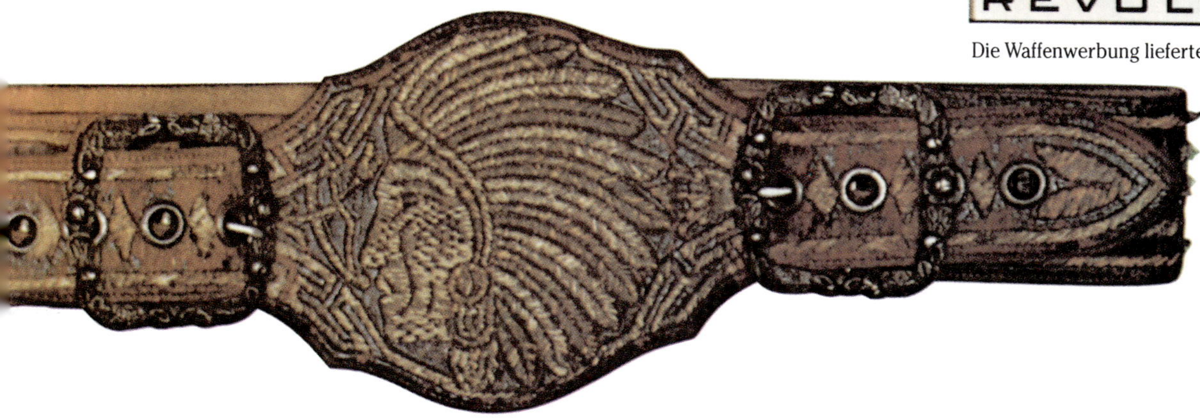

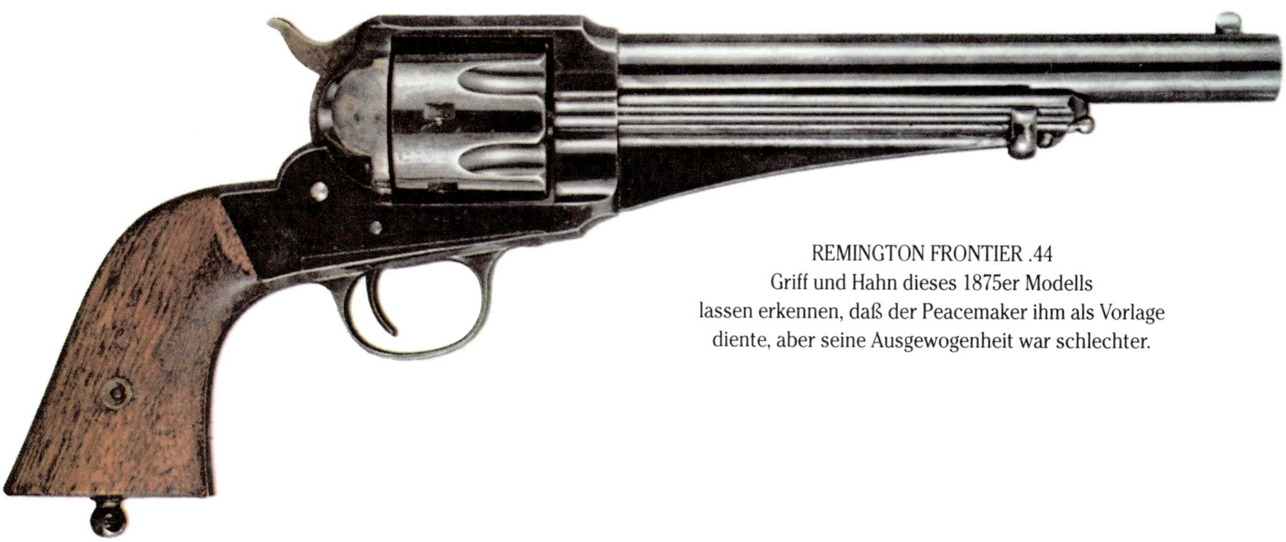

REMINGTON FRONTIER .44
Griff und Hahn dieses 1875er Modells
lassen erkennen, daß der Peacemaker ihm als Vorlage
diente, aber seine Ausgewogenheit war schlechter.

SMITH & WESSON POCKET .38
Ein Single-Action-Revolver
mit 8-cm-Lauf ($3\frac{1}{4}$ inches).

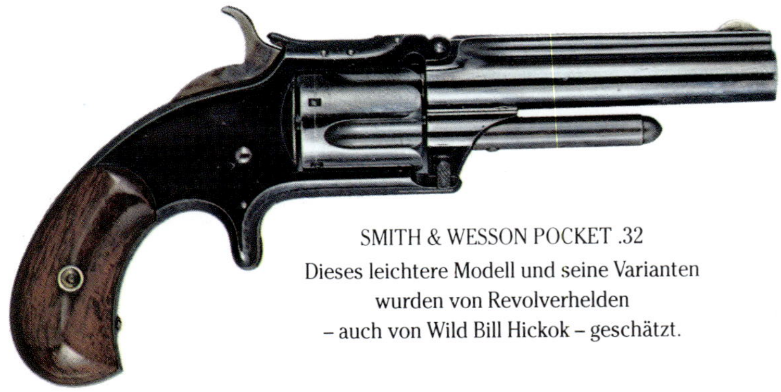

SMITH & WESSON POCKET .32
Dieses leichtere Modell und seine Varianten
wurden von Revolverhelden
– auch von Wild Bill Hickok – geschätzt.

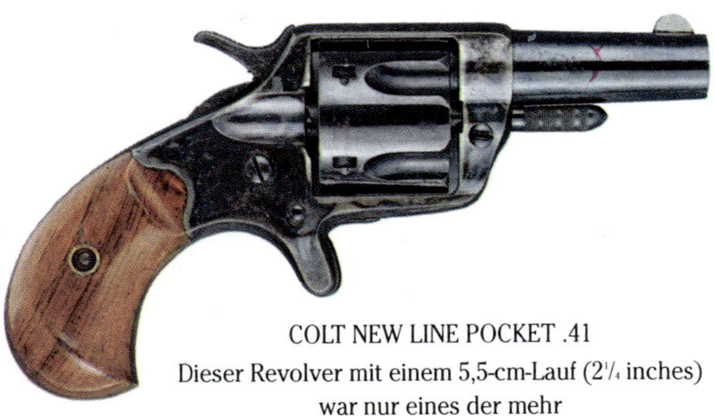

COLT NEW LINE POCKET .41
Dieser Revolver mit einem 5,5-cm-Lauf ($2\frac{1}{4}$ inches)
war nur eines der mehr
als 12 Taschenmodelle, die die Firma anbot.

REMINGTON ELLIOT .22
Bei dieser fünfschüssigen Pistole
diente der Ring als Abzug und der gebogene
feststehende Bügel als Abzugsstopp.

REID'S „MY FRIEND“ KNUCKLEDUSTER .32
Dieses Modell besaß keinen Lauf und schoß
direkt aus den Trommelkammern
– zugleich diente es als Schlaginstrument.

Handfeuerwaffen, die leicht zu verstecken waren – ob nun Taschenrevolver oder die ein- bis zweischüssigen Waffen, die nach ihrem Hersteller Henry Deringer aus Philadelphia benannt wurden –, waren häufig im Mieder der Barmädchen oder im Ärmel der Faro-Geber verborgen. Selbst der gewiefteste Revolvermann verwendete sie häufig als Rückversicherung.

Aber die kleine Größe dieser Revolver ging auf Kosten von Genauigkeit und Reichweite. Mark Twain, der auf seinen Reisen durch den Westen ein Taschenmodell Smith & Wesson .22 mit sich führte, machte sich nur geringer Übertreibung schuldig, als er schrieb: „Sie war großartig. Sie besaß nur den einen Fehler – man konnte mit ihr überhaupt nichts treffen.“

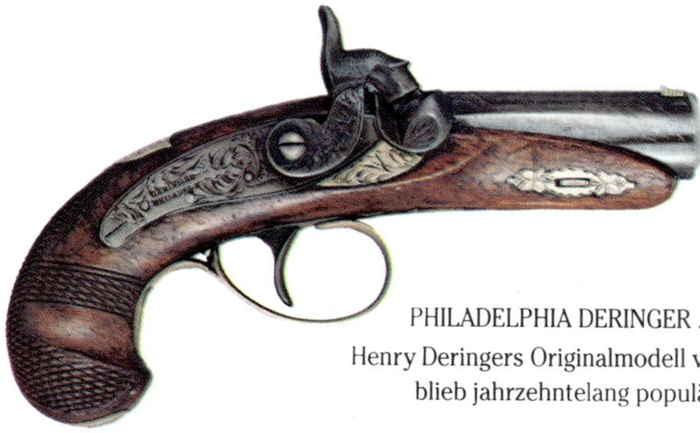

PHILADELPHIA DERINGER .41
Henry Deringers Originalmodell von 1825 blieb jahrzehntelang populär.

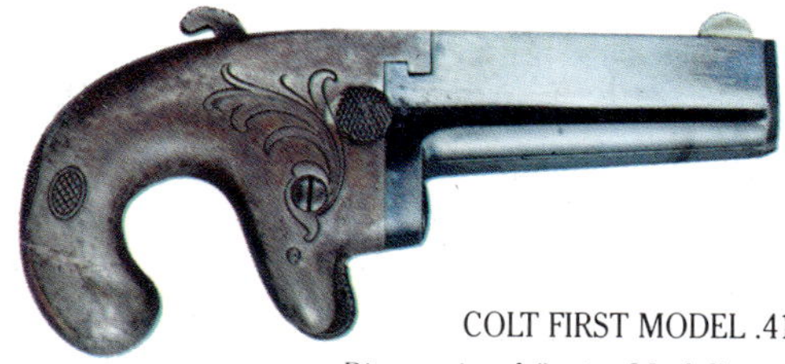

COLT FIRST MODEL .41
Dieses einschüssige Modell wurde durch seitliches Abschwenken des Laufs geladen.

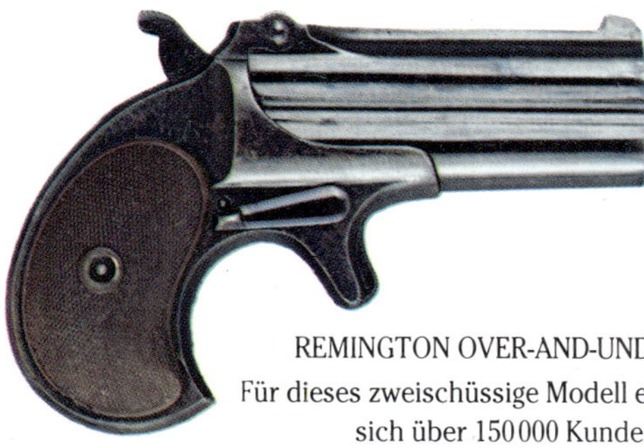

REMINGTON OVER-AND-UNDER .41
Für dieses zweischüssige Modell entschieden sich über 150000 Kunden.

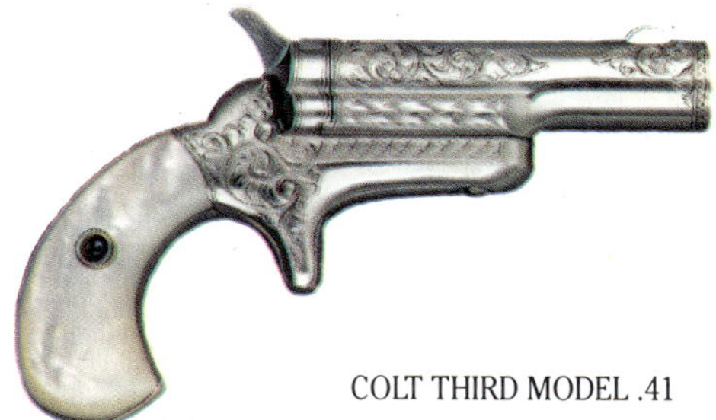

COLT THIRD MODEL .41
Colts meistverkauftes Deringer-Modell wurde geladen, indem man den Lauf seitlich umschwenkte.

Handlich versteckte Waffen

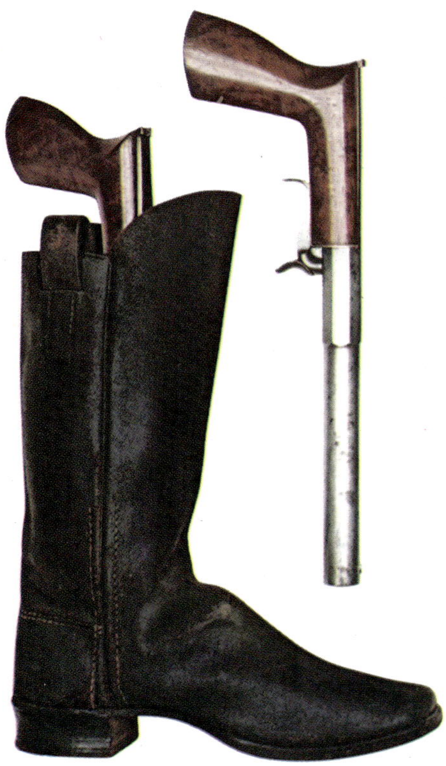

BARNS .50 STIEFELPISTOLE
Diese Waffe wurde mit einem Kugelgeschoß geladen.

SPIES .38 IN HOSENTRÄGER-HOLSTERN
Eines der ersten Waffenverstecke, für einschüssige Deringer gedacht.

Ein Revolverheld konnte einen möglichen Gegner vielleicht allein durch sein Auftreten abschrecken. Aber wenn ein Kampf unvermeidlich war und die Umstände die Wahl der Waffen zuließen, dann griff jeder Schütze nach Gewehr oder Schrotflinte – vorzugsweise nach letzterer.

Gewehre und Karabiner (leichte Gewehre mit kürzerem Lauf) waren oft noch bei einer Reichweite von mehr als 200 Metern genau und einfach zu benutzen. Zwar hatte die Schrotflinte nur etwa ein Fünftel der Reichweite von Gewehren – oder noch weniger, wenn zur leichteren Handhabung der Lauf abgesägt war –, aber keine andere Waffe war gefährlicher, denn eine Schrotladung aus kurzer Entfernung konnte einen Menschen in Stücke reißen.

HENRY .44 RIFLE
Dieses Modell aus dem Jahre 1860 war das erste praktische Unterhebel-Repetiergewehr.

WINCHESTER .44 CARBINE
Mit seinem 50-cm-Lauf (20 inches) war dieser Karabiner aus dem Jahre 1866 um 10 cm kürzer als das Gewehr unten.

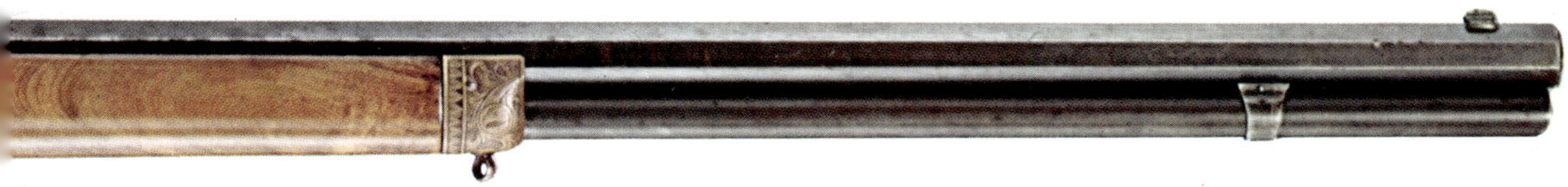

WINCHESTER .44 RIFLE
Das nach dem Geschmack des Besitzers phantasievoll gravierte Gewehr hatte mit 17 Schuß vier mehr als der Karabiner.

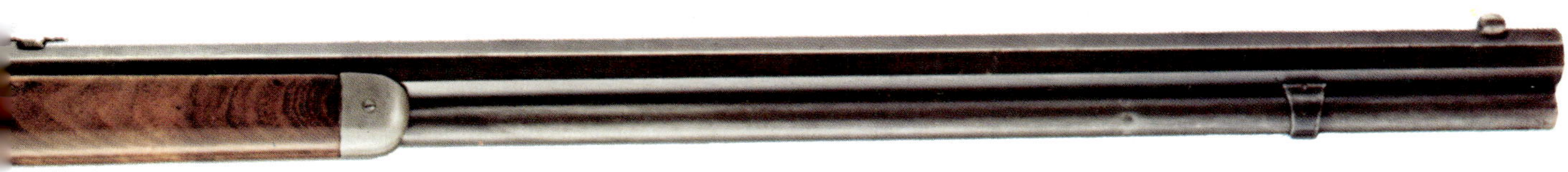

WINCHESTER .44-.40 RIFLE
Dieses Exemplar des 1873er Modells verfügte über eine verstellbare Mikrometer-Lochkimme zur größeren Treffsicherheit. Es war das meistgekaufte Repetier-Gewehr des Wilden Westens.

REMINGTON 10-GAUGE SHOTGUN
Das Standardmodell der Firma besaß einen 70-cm-Doppellauf (28 inches).

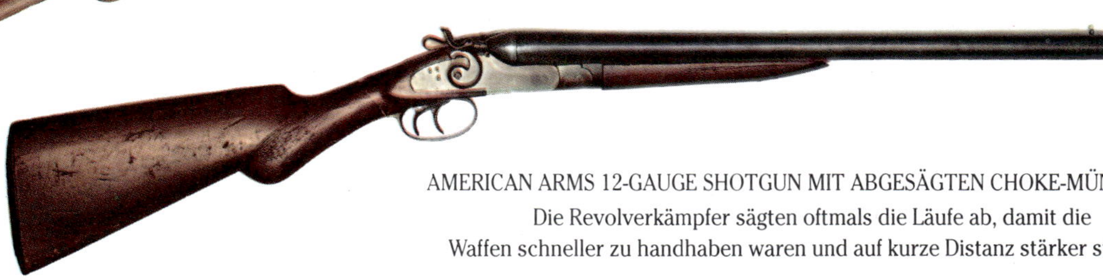

AMERICAN ARMS 12-GAUGE SHOTGUN MIT ABGESÄGTEN CHOKE-MÜNDUNGEN
Die Revolverkämpfer sägten oftmals die Läufe ab, damit die Waffen schneller zu handhaben waren und auf kurze Distanz stärker streuten.

2 | Freibeuter der Grenzstaaten

Unter den vielen Arten von Revolverhelden im Wilden Westen waren die furchterregendsten jene Männer, die in Banden ritten. Sie fielen über Banken, Züge und Kutschen her. Keine der Banden war dreister – und berühmter – als jene, die die Brüder Jesse und Frank James anführten.

Die James-Brüder waren auf die Laufbahn des Banditen gut vorbereitet. Sie hatten während des Bürgerkriegs in Guerillabanden der Südstaaten gekämpft und mit ihren Überraschungsangriffen auf die Nordstaaten-Truppen das Grenzgebiet zwischen Kansas und Missouri terrorisiert. Als der Friede kam, faßten die beiden jungen Rebellen ehemalige Guerillas zu einer Truppe zusammen, die zu verschiedenen Zeiten aus bis zu 12 Männern bestand. Sie planten die Angriffe mit militärischer Präzision, schlugen so schnell zu, daß sie eine ganze Stadt lähmen konnten, und verschwanden dann im Umland. Die James-Bande florierte 15 Jahre lang, von 1866 bis 1881, verübte 26 verwegene Überfälle in und außerhalb von Missouri und erbeutete dabei eine Gesamtsumme von etwa einer halben Million Dollar.

Ihr Erfolg rief Dutzende von Nachahmern auf den Plan – die meisten fanden nach einigen Jahren voller Gefahren ein blutiges Ende. Aber immer wieder lockte der Köder mit leicht zu erbeutendem Geld neue Banden an – denn es gab nicht nur materielle Reize. Henry Starr, der als Banden-Anführer im Indianer-Territorium arbeitete, stellte den Reiz des Banditen-Daseins so dar: „Leben im Freien, nächtliche Ritte, die Würze der Gefahr, die Herrschaft über Menschen, der Stolz, eine Menschenmasse in Schach halten zu können – das prickelt mir in den Adern. Ich liebe das. Es ist ein wildes Abenteuer."

Jesse James (*ganz links*) war in den siebziger Jahren des 19. Jahrhunderts so stolz auf seine Bande – und so sicher, jede Verfolgung abschütteln zu können –, daß er einen Photographen in das Höhlenversteck in Missouri kommen und diese Aufnahme machen ließ.

Die wilden Söhne der Witwe James

An einem Februartag des Jahres 1866, kurz vor zwei Uhr, ritt ein Dutzend Männer in Liberty ein, dem Verwaltungssitz von Clay County am Westrand des Staates Missouri. Es war Valentinstag, aber keiner der Reiter sah aus wie ein Liebhaber, der gerade zu seiner Angebeteten wollte. Sie waren alle in lange Soldatenmäntel gehüllt, einige von ihnen trugen Perkussions-Revolver über dem Mantel. Die ersten drei Mann saßen ab, als sie den Stadtplatz erreicht hatten, und postierten sich so, daß sie alle umliegenden Straßen im Auge hatten. Die anderen hielten ihre Pferde vor der Clay County Savings Association, der Bezirkssparkasse, an. Zwei stiegen ab und betraten die Bank.

Ein Schreiber und ein Kassierer saßen an Tischen hinter dem hölzernen Schalter über Zahlen gebeugt. Der Kassierer, Greenup Bird, sah die beiden Fremden am Ofen halt machen, um sich die Hände zu wärmen. Sein Sohn William, der Schreiber, fuhr mit seiner Arbeit fort. Einen Augenblick später ging einer der Männer zum Schalter und schob eine Zehn-Dollar-Note über das polierte Holz. „Ich möchte den Schein gewechselt haben", sagte er. Als William nach dem Schein griff, zog der Fremde einen Revolver und weitete, als sei ihm das nachträglich eingefallen, sein Ersuchen aus. „Ich möchte das ganze Geld in der Bank", sagte er.

Dies oder ähnliches hatte bisher noch niemand zu einem amerikanischen Bankangestellten gesagt. Mit Ausnahme eines Überfalls auf eine kleine Bank in Vermont während des Bürgerkriegs, den eine Bande von Südstaaten-Guerillas verübte, hatte auch noch niemand eine Bank beraubt, während sie geöffnet war. Ungläubig trat William Bird zurück, als die Räuber über den Schalter sprangen. Einer von ihnen richtete seinen Revolver auf Greenup Bird und warnte ihn: „Ein Geräusch – und wir schießen dich nieder!"

Jesse James, Ausbund an jugendlichem Anstand, schien ein Bursche zu sein, auf den sein Vater, ein Baptisten-Prediger, hätte stolz sein können. Selbst als Bandit bewahrte er sich einen Rest von Frömmigkeit. Dieses Photo wie die Aufnahmen der Seiten 57 und 70–71 werden hier zum ersten Male veröffentlicht.

Sein Partner versetzte William Bird mit dem Revolver einen Hieb und schob ihn zu dem offenstehenden Tresorraum der Bank. „Verdammt, beweg dich doch", sagte er, drängte den Schreiber in den Tresorraum und folgte ihm. William raffte Gold- und Silbermünzen von einem Regal und stopfte sie in einen Getreidesack, den der Räuber unter seinem Mantel hervorgezogen hatte.

Der zweite Räuber, der an Greenup Birds Tisch stand, fragte ihn, wo das Papiergeld sei. „In dem Kasten da", antwortete der Kassierer und deutete auf einen großen Blechbehälter auf einem anderen Tisch. Mit dem Revolver in der Hand ging der Räuber daran, den Inhalt zusammenzuraffen – Wechsel, Wertpapiere, Banknoten und Steuermarken. Als sein Partner aus dem Tresorraum kam, wurde auch das noch in den wohlgefüllten Sack gestopft; nach späteren Schätzungen lag der Gesamtwert der Beute bei 60 000 Dollar. Der Kassierer mußte zu seinem Sohn in den Tresor, und die Tür wurde zugeschlagen. „Da drin bleibt ihr", rief einer der Räuber den Birds zu, „Vögel gehören nämlich in den Käfig!" („Bird" bedeutet Vogel.) Offenbar war der Witzbold mit der Bank und ihren Angestellten vertraut.

Der Käfig erwies sich jedoch als wenig wirksam; das Schloß der Tresortür war nicht eingeschnappt. Vater und Sohn warteten noch einen Augenblick, schoben dann die Tür auf und schauten vorsichtig hinaus. Durch das vordere Fenster der Bank sahen sie mehrere Reiter vorbeigaloppieren, sie johlten und feuerten in die Luft. Die Birds öffneten das Fenster und wollten um Hilfe rufen – da wurden sie Zeugen eines entsetzlichen Schauspiels: Ein neunzehnjähriger Student des William Jewell College in Liberty, George Wymore, war auf dem Wege zum Unterricht die Straße entlanggegangen. Als die Männer auf ihn zu ritten, rannte er los, um Deckung zu suchen. Da schoß einer der Reiter viermal, der junge Mann fiel zu Boden – er war sofort tot. Bei der späteren Untersuchung der Leiche stellte sich heraus, daß jede einzelne der Kugeln tödlich gewesen wäre – ein Beweis für die Treffsicherheit des Schützen.

Ein Aufgebot wütender Männer aus der Stadt ritt hinter den Banditen her, ausgerüstet nur mit den wenigen Waffen, die sie in der Eile ergreifen konnten. In einer Dorfkirche fanden sie Schnitzel von Bankpapieren, dort hatten die Räuber eine Pause gemacht, um sich die Beute zu teilen. Von da an führte die Spur zu einer Fähre am Missouri River, aber ein Schneesturm zwang die Verfolger zur Umkehr.

Die Suche wurde später westlich bis nach Kansas fortgesetzt; doch auf die Idee, auf einer schäbigen kleinen Farm in Kearney, Missouri, eine einzige Eisenbahnstation nördlich von Liberty entfernt, nachzuforschen, kam niemand. Die Farm gehörte einer Frau Zerelda Samuel, der früheren Witwe James. Ihre beiden Söhne aus erster Ehe waren erst kürzlich aus dem Krieg gekommen, sie hatten als Guerillas bei den Südstaaten gedient. Von Jesse James glaubten die Nachbarn, er kuriere eine Kriegsverwundung aus. Von seinem älteren Bruder Frank hieß es, er stecke den ganzen Tag seine Nase in Bücher, anstatt auf dem Hof zu helfen. Daß die James-Brüder Anführer einer Gangsterbande waren, blieb der Öffentlichkeit fast vier Jahre lang verborgen, und da hatten sie bereits sechs Banküberfälle hinter sich.

Sie blieben noch 15 Jahre lang auf freiem Fuß, und ihre Raubzüge machten eine lange Liste aus, die zwölf Überfälle auf Banken, sieben auf Züge und fünf auf Kutschen verzeichnet, verübt in 11 Staaten und Territorien der USA. Sie wurden von anderen Banden nachgeahmt, von denen aber keine auch nur annähernd so lange existierte und keine ihren zweifelhaften Ruhm und ihre teuflische Originalität erreichte. Der Überfall in Liberty war nur der Anfang, und allmählich setzten die Brüder James und ihre Bande neue Maßstäbe dafür, wie weit es Revolverhelden treiben konnten, ohne geschnappt zu werden.

Sie waren Neuerer; aber in gewissem Sinne setzten sie nur das für ihre Privatinteressen um, was sie im Krieg als Guerillakämpfer in Missouri und den anliegenden Staaten und Territorien gelernt hatten: Die Truppen der Südstaaten waren in Missouri früh zerbröckelt; seit 1862 beherrschte die Nordstaaten-Armee den Staat; aber bis zum Ende des Krieges operierten Guerillabanden gegen die Besatzer und überfielen die von ihnen unbewachten Städte. Eine berüchtigte Bluttat sah so aus: Im August 1863 fielen 450 Mann unter dem Kommando von William Clarke Quantrill in der Dämmerung über die Stadt Lawrence, Kansas, her, von der aus Unionstruppen Nachbargemeinden an der Grenze von Missouri sporadisch angriffen. Die Guerillas schossen auf jeden Mann oder Burschen, auf den ihr Auge fiel, und setzten dann die Stadt in Brand. Ein Teilnehmer dieses Angriffs, der in seiner Brutalität unübertroffen blieb, war Frank James.

Frank war zu jener Zeit 20 Jahre alt, ein junger Mann mit Hakennase, blauen Augen und mattblonden Haaren, kantigem Kinn und auffallend abstehenden Ohren. Frank war ungefähr 1,78 groß, schlank gebaut, langsam in seinen Bewegungen, einsilbig in der Sprache; und er hatte bereits jenen Bildungswillen, der ihn zu einem eifrigen Leser von Shakespeare und Francis Bacon machte. 1864 verließ er vorübergehend Quantrills Kommando und ging zu einer Guerillabande, die von Bloody Bill Anderson geführt wurde. In demselben Jahr trat Jesse, erst 17 Jahre alt, bei Anderson ein. Jesse war der energiegeladene Führer. Auch er war blauäugig; mit seiner Stupsnase und den schmalen ausdrucksvollen Lippen soll er ausgesehen haben wie ein Schulmädchen, und er zwinkerte oft auch so – als Nachwirkung eines Augenleidens in seiner Kindheit. Er war etwas kleiner und robuster als Frank und sehr kräftig und schnell. Anderson sagte über ihn: „Er ist ein harter und echter Kämpfer wie keiner sonst im Kommando."

Höhepunkt im Kriegsdienst der Brüder James war der 27. September 1864: 225 Guerillakämpfer unter Anderson stürmten Centralia in Missouri. Nachdem sie die Stadt geplündert hatten, hielten sie einen Zug der Wabash, St. Louis & Pacific Railroad auf, holten aus den kleinen Päckchen, die im Postwagen aufgestapelt waren, 3000 Dollar heraus und schossen dann 25 Unionssoldaten nieder, die als Fahrgäste im Zug waren. Später am selben Tag ritten die Guerillas 200 Unionssoldaten, die hinter ihnen her waren, auf einem Grashügel entgegen und metzelten die feindliche Truppe beinahe bis auf den letzten Mann nieder. Jesse James erschoß den Kommandeur, und Frank James meinte später, der Angriff sei eines der großartigsten Ereignisse seines Lebens gewesen. „Die einzigen Schlachten der Weltgeschichte, die Centralia übertreffen", sagte er Jahre später, „waren die bei den Thermopylen und die von Alamo."

Bei Kriegsende wurde den Guerillas in Missouri die Amnestie verweigert; anders als die Soldaten der Südstaaten-Armee gingen sie als Outlaws, als Geächtete, nach Hause. Dreieinhalb Monate nach General Lees Kapitulation in Appomattox ergab sich Frank James in einem Militärdepot und wurde bald darauf auf Bewährung entlassen. Auch Jesse versuchte sich zu ergeben, aber als er nach Lexington, Missouri, mit einer weißen Fahne, die seine Absicht kundtat, reiten wollte, schossen ihn Soldaten des Bundesheeres in die Brust. Schwer verwundet entkam er in ein Wäldchen. Ein Farmer brachte ihn nach Lexington; der Ortskommandant der Armee bezahlte einen Postkutschenfahrer, der ihn nach Hause fahren sollte, damit er in Frieden sterbe. In Kearney jedoch heilte die Wunde allmählich. Nach wenigen Monaten begleitete Jesse seine Mutter bereits wieder sonntags in den Gottesdienst (schon als Kind hatte er einen Hang zum Religiösen: Einmal erhob er sich in der Kirche und bat die Gemeinde, für die Seele seines Bruders zu beten). Wochentags

Stolz posieren Frank und Jesse James mit ihren langläufigen Perkussions-Revolvern; noch sind sie Anfänger. Frank (links), drei Jahre älter als sein Bruder, war still und recht belesen, Jesse hingegen, wie ein Freund sagte, „verwegen und rücksichtslos".

1863, bei einem grausamen Angriff auf die Stadt Lawrence, Kansas, die mit den Nordstaaten sympathisierte, töteten die Südstaaten-Guerillas unter William Clarke Quantrill – Frank James gehörte zu ihnen – 150 Zivilisten und setzten ihre Häuser in Brand. Bei Kriegsende fielen die Terroristen nicht unter die Amnestie.

vertrieb sich Jesse die Zeit mit anderen Guerillaveteranen, schürte den Groll gegen den früheren Feind, erzählte Geschichten von kühnen kriegerischen Taten – und plante eine Verbrecherkarriere.

Diese drei Aspekte standen offenbar im Zusammenhang: Der Groll saß tief, denn die Herrschaft der Nordstaatler im westlichen Missouri war hart. Um die Gegend von Guerillas zu säubern, hatte der Kommandeur der Nordstaaten-Truppen seinen berüchtigten Befehl Nr. 11 (*Seite 60*) erlassen. Danach hatten Sympathisanten der Südstaaten-Armee in vier Randbezirken 15 Tage Zeit, die Gegend zu räumen. Als sie fort waren, wurden ihre Häuser dem Erdboden gleichgemacht, ihr Getreide verbrannt und ihre Habe zerstört.

Die Guerillas hatten diese drastischen Maßnahmen aber überlebt. Obwohl sie, Hunderte von Meilen von der nächsten Linie der Südstaaten-Armee entfernt, den Nordstaaten-Truppen zahlenmäßig unterlegen waren und von ihnen unbarmherzig gejagt wurden, hatten sie einen erfolgreichen Überfall nach dem anderen unternommen. Während sie in der Erinnerung an ihre alten Taten schwelgten, wurde Jesse und seinen Freunden klar: Dieselbe Taktik könnte auch im Frieden von einer Bande von Outlaws angewandt werden.

Quantrill und Anderson waren Meister des Guerillakampfes. Sie hatten Leute vom Lande angeworben, die mit Pferden und Revolvern bereits umgehen konnten, und sie als Partisanen unentwegt im Reiten und Scharfschießen gedrillt – bis sie alle so genau schießen konnten wie der Mörder von George Wymore in Liberty. Quantrill und Anderson hatten komplizierte Nachrichtennetze unterhalten, um Konzentrationen und Bewegungen der feindlichen Truppen auszumachen; die Bankräuber in Liberty kannten sogar die Personen, die dort arbeiteten. Und die wichtigsten Methoden eines Guerillaüberfalls schienen genau den Banditen zu Pferde angemessen: Überrumpelt den Feind wie der Blitz, zerstreut euch in der Landschaft und verkriecht euch in Verstecken, die vorher ausgekundschaftet worden sind. Seit die James-Brüder mit ihrer Verbrecherkarriere begonnen hatten, waren sie nie ihrer Guerillagewohnheit untreu geworden: Sie suchten versteckte Täler, in denen die gejagten Männer ihre Pferde weiden konnten, und sie hielten Ausschau nach Höhlen, in denen ganze Banden notfalls wochenlang verborgen bleiben konnten.

Wohl die wichtigste Bedingung für den Guerillakampf war es, die Unterstützung der Einheimischen zu gewinnen – und die James-Brüder sollten diese Unterstützung in reichem Maße finden. Nicht nur, weil sie selber Farmersöhne waren, sondern weil sie in den Augen der Farmer mutig und entschlossen für die verlorene Sache der Südstaaten eintraten. In den Jahren nach dem Kriege waren diese Farmer ver-

Der Befehl Nr. 11 und seine fatalen Folgen

Nur vier Tage nachdem die Stadt Lawrence in Kansas von Quantrills Südstaaten-Guerillas verwüstet worden war (*Seite 56*), ergriff der Bezirkskommandeur der Nordstaaten-Armee, Brigadier General Thomas Ewing, eine drastische Vergeltungsmaßnahme, die die breite Unterstützung der Angreifer in den angrenzenden Counties von Missouri unterbinden sollte. Ewings Befehl Nr. 11, ausgegeben am 25. August 1863, war ein Ausweisungsdekret von erschreckendem Ausmaß. Darin wurden den Zivilpersonen in drei Counties und dem Teil eines vierten 15 Tage Zeit gegeben, ihre Häuser und Ewings Bezirk zu räumen, sofern sie nicht ihre Verbundenheit mit der Sache des Nordens beweisen konnten – und nur wenige konnten das.

Die Bewohner, kaum fähig zu erfassen, was ihnen da geschah, luden ihre Habe auf Wagen und machten sich auf den Weg ins Ungewisse. Zum Chaos gesellte sich das Grauen, als Nordstaaten-Guerillas aus Kansas einbrachen, denen sich einige von Ewings Truppen anschlossen und sich lustvoll dem Rauben, Brandschatzen und Morden widmeten. Ein Nordstaaten-Offizier, der Maler George Caleb Bingham, war derart von Abscheu über das Gemetzel erfüllt, daß er Ewing erklärte, er würde mit Hilfe des Pinsels seinen Ruhm verdunkeln; fünf Jahre später schuf er die Szene unten.

Ewings Dekret machte buchstäblich eine ganze Region dem Boden gleich: Die Bevölkerung von Cass County sank von 10000 auf 600, und Bates County war so gut wie menschenleer. Trotzdem versagte seine Strategie der Vergeltung. Die Südstaaten-Guerillas hielten sich mit Hilfe verirrter Rinder und Hühner leicht am Leben; wenige Monate später zogen sie sich aus Missouri zurück, aber nur wegen eines Kälteeinbruchs. In den folgenden Jahren kehrten die irregulären Truppen wieder, um mit unverminderter Wildheit zu operieren, und sie hatten die Sympathie von mehr entrüsteten Bürgern im ganzen Staat Missouri als je zuvor. Am Ende des Bürgerkriegs übertrug sich diese Sympathie sofort auf die ehemaligen Guerillas der James-Bande, in denen viele von den Nordstaaten gedemütigte Landbewohner nur zu gern die letzte, unverlöschliche Flamme der gerechten Sache der Südstaaten lodern sahen.

Rauchwolken ziehen über die Stätte des Mordens, während General Ewing, Mitte halblinks zu Pferde, die Durchführung seines Befehls überwacht.

zweifelt auf Kredite angewiesen, damit sie ihre verwüsteten Ländereien wieder in Ordnung bringen konnten; sie lernten die Bankiers in der Stadt wegen ihres kleinlichen Geschäftsgebarens und der hohen Zinsen hassen. Als die Brüder James gegen die Banken auszogen, begleiteten sie die besten Wünsche von vielen ihrer Landsleute.

Am Anfang lief nicht alles ganz einfach. Nach ihrem Triumph am Valentinstag in Liberty machte die Bande die Erfahrung, daß die Banken in Missouri bei Räubern fast so geizig waren wie bei den Farmern. Im Oktober 1866 schlenderten vier Mitglieder der Bande in das Bankhaus Alexander Mitchell & Company in Lexington, zwei mit gezogenen Revolvern. Sie nahmen etwa 2000 Dollar aus der Kasse und forderten den Schlüssel zum Tresorraum. Der Kassierer protestierte. Es sei weniger Geld im Tresor, als sie annähmen, so versicherte er ihnen, und im übrigen habe er gar keinen Schlüssel. Die Banditen kontrollierten seine Taschen, fanden den Schlüssel nicht, sahen ein, daß das Erschießen des Kassierers den Tresor auch nicht öffnen würde, und ritten mit ihrer spärlichen Beute davon.

Im darauffolgenden Mai stieß die Bande in Richmond, Missouri, auf weitaus lebensgefährlicheren Widerstand. Inzwischen hatte sich ihre Taktik herumgesprochen; als sie also wild johlend und in die Luft schießend, auf den Stadtplatz ritten, schloß in der Hughes & Wasson Bank ein Kassierer rasch die Eingangstür ab. Während sechs Mann der Bande die Stadt in Schach hielten, stiegen sechs andere ab und zerschossen das Türschloß. Dann füllten sie eilig einen Sack mit 4000 Dollar in Gold. Aber das Entkommen wurde zum Problem. Als erstes kam der Bürgermeister von Richmond mit einem Revolver in der Hand auf die Bank zugerannt; die Reiter vor der Tür schossen ihn nieder. Dann ritten die Banditen zum Stadtgefängnis, in dem einige ehemalige Guerillakämpfer festgesetzt waren, weil sie weiterhin für die Unabhängigkeit der Südstaaten eintraten. Hier gerieten sie unter den Beschuß des Gefängniswärters und seines Sohnes. Dieser hatte sich hinter einer großen Ulme im Hof des benachbarten Gerichtsgebäudes versteckt und konnte noch einige Schüsse abgeben, ehe mehrere Banditen ihn umzingelten und von allen Seiten auf ihn schossen. Als der Gefängniswärter seinen Sohn stürzen sah, rannte er verzweifelt auf ihn zu. Von Kugeln durchlöchert, fiel er sterbend auf die Leiche seines Sohnes. Inzwischen hatten die Städter angefangen, aus den Fenstern der umliegenden Häuser zu schießen. Mit einem Kugelhagel trieben die Räuber sie von den Fenstern weg und ritten davon.

Drei Tage lang ruhte das Geschäftsleben in Richmond, bis die Toten begraben waren und schwerbewaffnete Suchtrupps sich aufmachen konnten, um die Outlaws zu verfolgen. Die Jagd dauerte mit Unterbrechungen vier Monate, und nächtliche Überfälle und Schießereien fanden statt, sobald die Verfolger den einen oder anderen Verdächtigen aufgespürt hatten. Die James-Brüder selbst kamen davon, aber mindestens drei ihrer Kameraden wurden gefangen und anschließend gelyncht.

Die Lynchjustiz brachte die James-Sympathisanten allerorten auf. Als in Kentucky ein junger Mann namens Bud Pence auf Ersuchen der Behörden in Richmond verhaftet wurde, weil er des Bankraubs verdächtig war, drängte der *Louisville Courier* den Governor, seine Auslieferung zu verweigern. „Wenn der Governor von Missouri unsere Bürger nicht beschützen kann“, verkündete das Blatt, „dann ist es an der Zeit, daß sich der Governor unseres Staates weigert, sie zu übergeben.“ Bis ein Sheriff aus Missouri eingetroffen war, um den Gefangenen zu übernehmen, war Bud Pence auf rätselhafte Weise entkommen.

Vermutlich, weil sich hier Kentucky so tolerant zeigte, beschlossen die James-Brüder, diesen Staat aufzusuchen. Anfang 1868 tauchten sie auf der Farm ihres Onkels George Hite auf, die etwa 17 Kilometer von Russellville, dem Verwaltungssitz von Logan County, entfernt lag. Ganz in der Nähe wohnte George Shepherd, ein Freund aus Guerillatagen. George Shepherd zeigte ihnen Russellville, und es stellte sich in ganz kurzer Zeit heraus, daß ihr Interesse vor allem der Bank galt. Die drei Männer beschlossen, die Bank auszurauben, und Shepherd ritt nach Missouri, um „ein paar Leute auf die Beine zu stellen“.

Er brachte drei Mann mit zurück. Einer von ihnen war ein weiterer ehemaliger Waffenbruder, ein fettleibiger, großer Mann namens Cole Younger. Cole, inzwischen 24 Jahre alt, hatte zusammen mit Frank James an dem Massaker von Lawrence teilgenommen; außerdem wurde ihm nachgesagt, daß er einmal mehrere gefangene Yankees zusammengebunden, gegen einen Baum gelehnt und in den Rücken geschossen habe – nur um zu sehen, wie viele Körper eine einzige Gewehrkugel durchschlagen könne. Als George Shepherd ihn auf der Farm seiner Mutter in der Nähe des Lee's Summit aufsuchte, war er gerade bei der Arbeit. Lee's Summit bot einem jungen Kriegshelden wenig Zerstreuung; Cole war sofort bereit, mit nach Kentucky zu reiten.

Jesse und Frank James waren begeistert, als er kam, und sie wählten ihn aus, beim Überfall auf die Bank von Russellville vorneweg zu gehen. Am 20. März 1868 legte Cole, städtisch gekleidet, dem betagten Bankdirektor Nimrod Long eine 50-Dollar-Note zum Wechseln vor. Während der Bankmann den Schein noch prüfte – er war gefälscht –, zog Cole einen Revolver und hielt ihm die Mündung an die Schläfe. „Raus mit dem Geld!“ zischte er.

Long eilte trotzdem zur Hintertür. Ein anderes Bandenmitglied traf ihn mit einem Streifschuß am Kopf und schlug dann den alten Mann mit dem Revolverlauf zu Boden. „Der hat ausgedient“, sagte er zu seinen Kumpanen, als er ihnen in den Tresorraum folgte. Aber er irrte sich. Long kam wieder auf die Füße, konnte zur Hintertür hinauslaufen und vor die Bank. Die Banditen, die dort Wache standen, schossen auf ihn, aber er lief weiter die Straße entlang und rief um Hilfe. Ein paar bewaffnete Bürger kamen angerannt und schossen zurück, aber die James-Bande konnte sich leicht einen Weg aus der Stadt freischießen.

Doch Russellville reagierte rasch: Die Stadt bildete ein großes Aufgebot von Männern, die sich die Pferde von Karren, Fuhrwerken und Pfosten holten, wie sie sie fanden. Ihre Suche blieb zwar fruchtlos, aber die Banker von Russellville waren starrsinnig. Sie ergriffen ganz neue Maßnahmen: Aus Louisville holten sie sich einen Detektiv, D. G. Bligh, um dem Verbrechen auf die Spur zu kommen – das widerfuhr der James-Bande zum erstenmal. Blighs Nachforschungen führten zu einer Razzia auf George Shepherds Haus. Shepherd wurde erst nach einem Feuergefecht festgenommen und verschwand für drei Jahre im Gefängnis. Frank und Jesse James jedoch ritten unbehelligt nach Hause zu ihrer Mutter in Clay County.

Zerelda Samuel war in jeder Beziehung eine bemerkenswerte Frau. Einige Jahre vor dem Bürgerkrieg wurde sie Witwe, und sie heiratete anschließend einen Arzt aus Kentucky. Ein Reporter, der sie in späteren Jahren interviewte, beschrieb sie als „graziös in Haltung und Gestik, ruhig und ausgeglichen im Wesen, das hin und wieder feurig erregt werden kann“. Sie war auch fromm. Kurz nach dem Bankraub in Russellville erlebte sie zu ihrer Freude, daß Jesse sich in der Baptistenkirche von Kearney taufen ließ. Zur Vorbereitung dieser Zeremonie hatte ihr Sohn lange und intensiv für die Vergebung seiner Sünden gebetet. Falls jemand in der Gemeinde seinen Entschluß anzweifelte – er mußte nicht lange warten, bis seine Zweifel bestätigt wurden. Nach einem Jahr war Jesse vom Pfad der Redlichkeit abgekommen, in Versuchung geführt von der Aussicht auf fette Beute aus der Daviess County Savings Bank, der Bezirkssparkasse in Gallatin, Missouri.

Dieser Raub wurde im Dezember 1869 von den beiden James-Brüdern im Alleingang, ohne Unterstützung einer Bande, ausgeführt. Während Frank draußen die Pferde hielt, ging Jesse hinein und bat den Kassierer, ihm eine 100-Dollar-Note zu wechseln. Bisher hatte diese Methode funktioniert, aber diesmal ging etwas schief. Als der Kassierer den Schein wechseln wollte, explodierte der normalerweise ruhige Jesse: Er merkte, daß der Mann jenem Yankee-Offizier ähnlich sah, dessen Truppen im Krieg Bloody Bill Anderson getötet hatten. Dieser unglückliche Zufall kostete den Kassierer das Leben. Jesse riß ihm wütend den Schein aus der Hand, erschoß ihn, raffte aus dem offenen Safe und der Bargeldkasse 700 Dollar zusammen und rannte auf die Straße. Frank schoß sich mit einem Dutzend Bürgern von Gallatin, die zum Tatort geeilt waren. Als Jesse herauskam, ritt Frank los. Doch Jesses Stute, durch die Schüsse in Panik geraten, stob davon, gerade als er in den Sattel springen wollte. Er blieb mit dem Absatz im Steigbügel hängen und wurde kopfüber fast zehn Meter mitgeschleift, ehe er sich befreien konnte. Als das Tier davonraste, machte Frank mit seinem Pferd scharf kehrt und galoppierte zurück, dem Feuer der Städter direkt entgegen. Jesse sprang hinter ihm auf. So knapp waren die Brüder noch nie davongekommen. Eine Meile außerhalb der Stadt erleichterten sie einen Farmer um sein Pferd und ritten nun wieder bequemer heimwärts.

Jesses eigensinnige Stute wurde bald identifiziert, und die James-Brüder – bisher nur verdächtigt – waren offen als Outlaws gebrandmarkt. Eine Woche nach der Gallatin-Affäre fanden sie in der Presse von Missouri zum erstenmal namentlich Erwähnung. Die *Kansas City Times* erwähnte auch ihre Karriere als Guerillas und beschrieb sie als „zu allem fähige Männer, die viel Erfahrung im Umgang mit Pferden und Revolvern“ hätten. Doch obwohl Belohnungen in der Gesamthöhe von 3000 Dollar für ihre Ergreifung ausgesetzt wurden, waren sie noch ein halbes Jahr später auf freiem Fuß. Jesse schickte der *Kansas City Times* sogar einen Brief, in dem er abstritt, den Überfall auf die Bank von Gallatin verübt zu haben. Seit Kriegsende, so schrieb er, „habe ich stets als friedfertiger Bürger gelebt und die Gesetze der Vereinigten Staaten nach bestem Wissen befolgt“.

Mit dieser hochtrabenden Unschuldserklärung setzte die Familie James eine Art Werbekampagne um die Gunst der Öffentlichkeit in Gang: Auf jede weitere Tat der Bande folgte eine förmliche Distanzierung, die Jesse schrieb und die manchmal von seiner Mutter persönlich in den Zeitungsredaktionen von Missouri abgeliefert wurde. Der Chefredakteur der *Kansas City Times*, in Treue fest zur Sache der Südstaaten haltend, lieferte dazu die Leitartikel, in denen Jesse und Frank als alte Kriegshelden geschildert wurden, auf die der Staat wegen ihrer Guerillatätigkeit während des Krieges nun Jagd mache.

Jesse und Frank trugen das Ihre dazu bei, ihr Ansehen zu vermehren: Sie lieferten wirkungsvolle Auftritte, die ihres großen Zeitgenossen P. T. Barnum, „König des Humbugs“ genannt, würdig gewesen wären. Anfang Juni 1871 beraubte die James-Bande eine Bank in Corydon, Iowa, während die

Die Youngers – Cole (*links*) und Jim – erlernten genau wie die Brüder James die Banditen-Strategie als Guerillakämpfer des Südens im Bürgerkrieg. Später waren sie dann mit zwei weiteren Brüdern die zuverlässigsten Komplizen der James-Bande.

Mehrzahl der Bewohner vor einer nahen Methodistenkirche einer politischen Ansprache lauschte. Als sie sich um 6000 Dollar bereichert hatten, verbargen Jesse, Frank, Cole Younger und die übrige Bande ihre Gesichter hinter Dreieckstüchern und ritten zur Kirche hin. Jesse unterbrach die Rede und teilte der Menge mit: „Wir waren soeben drüben in der Bank, und haben jeden Dollar aus der Kasse genommen." Die Bürger von Corydon standen wie vom Donner gerührt. Jesse und seine Begleiter lüfteten höflich die Hüte, stießen ein paar Schreie aus und galoppierten davon.

Ein noch größeres Publikum fanden Jesse, Frank und der achtzehnjährige Bob Younger – der sich zu seinem Bruder Cole gesellt hatte – im darauffolgenden Jahr auf dem Jahrmarkt von Kansas City. An dem Tag, an dem er am meisten besucht war, entrissen sie einem Kartenverkäufer am Eingang die Geldkassette, trieben die Pferde direkt durch die Menschenmassen und schossen dabei in die Luft. Als der Aufruhr beendet war, stellte sich heraus, daß die Räuber mit der Tageseinnahme von 10 000 Dollar entkommen waren und daß sie ein zehnjähriges Mädchen erschossen oder niedergetrampelt hatten.

Trotzdem fand der Chefredakteur der *Kansas City Times* schmeichelhafte Worte. In einem Artikel auf der ersten Seite der Zeitung wurde der Überfall zu „einer Tat, die mit solchem Mutwillen, solchem diabolischen Wagemut und absoluter Geringschätzung von Gefahr ausgeführt wurde, daß wir nicht umhin können, die Täter zu bewundern und zu verehren". In einer späteren Ausgabe wurde die Bande in einem Leitartikel über „Das Rittertum des Verbrechens" als König Arthurs Tafelrunde in Missouri hochgejubelt. Und dann brachte die *Kansas City Times* den üblichen Brief von Jesse, in dem er in milden Worten abstritt, daß er oder Frank zum Zeitpunkt des Verbrechens auch nur in der Nähe des Jahrmarkts gewesen seien.

Das Buhlen der James-Brüder um Presse und Öffentlichkeit hatte den erwünschten Effekt: Die immer größer werdende Armee von Detektiven rannte gegen eine Mauer des Schweigens. Inzwischen hatten die Bankleute verschiedener Staaten der Pinkerton National Detective Agency, einer Detektei (*Seite 73*), den Auftrag gegeben, bei der Jagd mitzuhelfen, aber die Männer, die von Pinkertons Hauptgeschäftsstelle in Chicago entsandt wurden, kamen im ländlichen Missouri schlecht an. In den Augen der Farmer hatten die Pinkertons als Spione der Nordstaaten-Armee gegen die Südstaatler und als Helfer der Großunternehmer gegen die Arbeiter gedient; nun sollten sie also für die Banken den James-Brüdern nachspüren. Eine solche Reputation war nicht geeignet, das tief verwurzelte Mißtrauen der Menschen vom Lande gegen die gerissenen Großstädter zu beseitigen.

Die Arbeit der Pinkertons wurde noch dadurch erschwert, daß sie keine Ahnung hatten, wie die Brüder James oder andere Bandenmitglieder eigentlich aussahen. Sie besaßen keine Photos von Jesse und Frank, und die Beschreibung der Bande, die Opfer oder Augenzeugen ihrer Überfälle lieferten, waren skizzenhaft, ungenau oder widersprüchlich. So wurde denn auch in Clay County manche Plauderrunde durch Geschichten belebt wie die, daß Jesse oder Frank einmal einen der Detektive angehalten und ein Gespräch mit ihm angefangen habe, um dann eine kleine Information anzubringen, die den Verfolger fehlleitete.

Als Allan Pinkertons Agenten nach ihren ersten Versuchen, die James-Bande zu schnappen, mit leeren Händen zurückkamen, war das für den Chef der berühmten Agentur eine persönliche Beleidigung, und alsbald eröffnete er in Kansas City ein Zweigbüro zur Überwachung der Menschenjagd. Doch auch die James-Brüder fanden im Sommer 1873 einen neuen Gewerbezweig. Gestützt auf ihre Guerillaerfahrung von Centralia im Jahre 1864, wo sie einen Zug zum Halten gebracht und ausgeplündert hatten, beschlossen sie, ihre Überfälle von Banken auf Eisenbahnen auszudehnen.

Neugierige Touristen inspizieren 1890 eine Sandsteinhöhle, die die Younger-Brüder aus ihrer Kindheit kannten und als Banditen gern zum Versteck wählten. Als sie bereits gejagt wurden, ritten sie noch ungeniert nach Monegaw Springs, Missouri, einem Kurort in der Nähe, um dort das fröhliche Leben zu genießen.

Die James-Bande plant in der Sicherheit ihres Waldverstecks einen neuen Raubzug. Die Zeichnung stammt aus dem Buch *Outlaws of the Border*, einem von vielen, die im 19. Jahrhundert eine breite Leserschaft mit Wildwest-Geschichten fütterten.

An einer kurvenreichen Strecke der Rock-Island-Linie in der Nähe von Council Bluffs, Iowa, verbogen Jesse, Frank und fünf weitere Banditen eine Schiene. Als der Zug sich der Stelle näherte, entdeckte der Lokomotivführer, John Rafferty, die Sabotage und versuchte zu halten, aber die Lokomotive polterte von den Gleisen und wurde zerstört. Die Waggons schoben sich ineinander; dabei wurde ein Dutzend Passagiere verletzt, Rafferty selbst zu Tode gequetscht. Die Banditen durchwühlten die Waggons und den Postwagen, ohne zu finden, was sie suchten: Die große Goldladung, auf die sie es abgesehen hatten, kam erst 12 Stunden später mit einem anderen Zug hier vorbei. Diesmal hatte die Bande kein Glück beim Auskundschaften gehabt.

Allan Pinkerton empfand über diese Niederlage der James-Brüder keinerlei Befriedigung. Er tobte vor Wut; der Überfall in Iowa bedeutete für ihn eine direkte Herausforderung. Die Brüder James waren sich dessen durchaus bewußt. Sechs Monate später, als die Bande einen Zug bei Gads Hill, Missouri, überfiel, brachte einer der Räuber ein leises Lächeln in die erstarrten Gesichter der Passagiere, indem er den Schaffner fragte: „Wo ist Mr. Pinkerton?" Diesmal hatten die Gangster bedeutend mehr Können bewiesen als bei ihrem ersten Eisenbahnüberfall.

Gads Hill bestand aus ein paar primitiven Behausungen, einem Lagerhaus und einer Sägemühle, die sich neben den Gleisen der Iron Mountain Railroad drängten. Am Spätnachmittag des 31. Januar 1874 kamen fünf Mann angeritten; ihre Gesichter waren mit schulterlangen Tüchern aus dünnem weißem Stoff verhüllt, festgehalten von Schals, die sie um den Hals gewickelt und turbanähnlich um den Kopf geschlungen hatten. Sie ergriffen den Stationsvorsteher und stellten eine Weiche so, daß der demnächst fällige Expreß nach Süden auf das Rangiergleis der Sägemühle fahren mußte. Damit der Zug nicht auf den Prellbock raste, verlangsamte einer der Banditen die Fahrt, indem er eine rote Fahne schwenkte, während sich die anderen in der Nähe versteckt hielten.

Der Lokomotivführer brachte den Zug auf dem Rangiergleis zum Stehen. Der Schaffner sprang ab, um zu sehen, was los sei, und wurde sofort von Gangstern mit gezogenen Revolvern umringt. Ein Angestellter der Eisenbahngesellschaft und der Kofferträger erfaßten bei einem Blick aus dem Fenster sogleich die Lage und riegelten sich mit den

Ein Mitglied der James-Bande, von zwei Komplizen flankiert, schießt während eines Banküberfalls einen flüchtenden Bankangestellten nieder. Ein Kollege von ihm liegt tot am Boden, während ein dritter die rettende Tür bereits erreicht hat.

Erster-Klasse-Passagieren im Schlafwagen ein. Die Passagiere fürchteten jedoch, daß die Räuber die Tür aufschießen würden, und verlangten, sie müsse geöffnet werden. Das geschah; der erste Räuber, der hereinkam, ging zielstrebig auf den Eisenbahnangestellten zu und warnte ihn: „Nicht so langsam, sonst knallt's." Er verstand sofort und zog eiligst den Schlüssel zum Safe im Gepäckwagen hervor. Gegenüber den Passagieren kündigte der Räuber an, er würde die Hände jedes Mannes betrachten, ehe er sein Geld nehme, und beraubt würden nur „Herren im Zylinder". „Männer mit harten Händen haben für ihr Geld gearbeitet", sagte er. „Die mit den weichen Händen sind Kapitalisten, Professoren und andere, die ihr Geld auf leichte Art verdienen."

Der Zug stand 40 Minuten auf dem Rangiergleis, bis die Räuber endlich fertig waren. Als sie bereits aufsaßen, nahm einer noch den Schaffner beiseite. „Gib das der Zeitung", sagte er und überreichte ihm einen Zettel. Es handelte sich um eine Presseerklärung, die Jesse im voraus geschrieben hatte: Die äußere Erscheinung der Räuber war darin absichtlich irreführend dargestellt, die Höhe der Beute begreiflicherweise offengelassen, der Rest aber sehr genau:

DER GEWAGTESTE RAUBÜBERFALL DER GESCHICHTE

Der Zug der Iron Mountain Railroad, der in Richtung Süden fuhr, wurde heute abend hier von fünf schwerbewaffneten Männern erklettert und um . . . Dollar beraubt. Die Räuber erreichten den Bahnhof wenige Minuten vor Ankunft des Zuges, nahmen den Bahnhofsvorsteher in ihre Gewalt und bewachten ihn, dann ließen sie den Zug auf ein Nebengleis fahren. Es waren große Männer, keiner von ihnen unter 1,80 Meter. Sie waren alle maskiert und ritten nach Süden davon, nachdem sie den Expreß ausgeraubt hatten. Alle ritten edle Vollblutpferde. Es herrscht fürchterliche Aufregung in diesem Teil des Landes.

Die blanke Unverfrorenheit dieses Kommuniqués ließ bei Pinkerton und seinen Leuten keinerlei Zweifel an der Identität der Täter. Fünf Wochen nach dem Überfall machte ein sechsundzwanzigjähriger Pinkerton-Agent namens John W. Whicher halt in Liberty, er war auf dem Weg zur Samuel-Farm in Kearney. Er suchte einen Banker und einen ehemaligen Sheriff auf und bat sie um ein paar Hinweise, denn

Diese Illustration aus *Life and Times of Jesse and Frank James* zeigt, wie ihre Bande den Fahrgästen eines Zuges die Wertsachen abnimmt. Der Autor behauptet, Jesses Frau und Mutter hätten ihm das Buch diktiert – was beide bestritten.

er wolle bei Mrs. Samuel als Landarbeiter unterkommen, um ihre Söhne zu überraschen, wenn sie auftauchten. Die beiden Männer versuchten, ihm das auszureden. „Wenn die Jungs Sie nicht töten, erledigt das die alte Frau", warnte ihn einer. Aber Whicher erreichte einen Zug nach Kearney und wurde dort am selben Abend gesehen, wie er sich zu Fuß auf den gut sechs Kilometer langen Weg zur Farm machte. Seine Leiche entdeckte man am nächsten Tag, Kopf und Herz durchschossen.

In derselben Woche forderte eine Schießerei in der Nähe von Monegaw Springs, Missouri, das Leben von zwei weiteren Pinkerton-Männern. Sie hatten zunächst zu dritt bei einem Haus in der Nähe von Springs gerastet, in der Hoffnung, etwas über den Aufenthalt der Youngers zu erfahren. Ihre Fragen hörten zwei Männer mit, die dort zu Gast waren – niemand anders als John und Jim Younger, die wie ihre Brüder Cole und Bob Gangster geworden waren. Als die drei Fremden wegritten, kamen die Youngers hinterher und befahlen ihnen, stehenzubleiben. John Younger, 28 Jahre alt, trug eine doppelläufige Flinte, Jim, 26 Jahre alt, einen Revolver. Einer der Detektive gab seinem Pferd die Sporen und brachte sich in Sicherheit; die beiden anderen blieben stehen und ließen ihre Revolver fallen.

„Was macht ihr in dieser Gegend?" fragte einer der Youngers. „Nur so rumreiten", erwiderte Detektiv Louis Lull aus Chicago. „Ihr wart bei Springs und habt nach uns gefragt", entgegnete ihm barsch der Bandit. „Wir waren bei Springs, aber nach euch haben wir nicht gefragt, weil wir euch gar nicht kennen", widersprach der Detektiv. Sein Partner, Edwin Daniel, mischte sich ein und versicherte, daß er gar kein Detektiv sei. (Er war ein ehemaliger Deputy Sheriff aus Osceola in Missouri, von den Pinkertons in Dienst genommen, weil er die Gegend kannte.) „Warum zum Teufel reitest du dann mit den vielen Revolvern herum?" fragte Jim Younger.

Plötzlich langte Lull hinter seinen Rücken, zog einen Reserverevolver und schoß John Younger durch den Hals. Johns Flinte aber dröhnte fast gleichzeitig los: Lull fiel, tödlich getroffen, aus dem Sattel, einen Moment später taumelte John Younger vom Pferd und blieb regungslos auf der Straße liegen. Daniel spornte sein Pferd an; Jim Younger raste hinter ihm her und tötete ihn mit einer einzigen Kugel.

Die meisten zeitgenössischen Darstellungen von Taten der James-Bande sind übertrieben, aber dieser Überfall hat 1880 in Kentucky so stattgefunden, wie hier gezeigt. Die Uhr eines der Postkutschen-Fahrgäste wurde später in Jesses Haus gefunden.

Dann galoppierte er zu dem Haus zurück, in dem er mit seinem Bruder übernachtet hatte, bat den Wirt, Johns Leiche zu begraben, und verschwand.

Drei Morde an Pinkerton-Männern innerhalb einer Woche – das stürzte die Regierung von Missouri in eine politische Krise. Die Republikaner, die im benachbarten Kansas regierten, beklagten „Missouris Demütigung". Die den Demokraten nahestehende Presse in Missouri konnte daraufhin lediglich abgedroschene Phrasen hervorkramen. „Im demokratischen Missouri sind Räuber Outlaws", klagte die *Kansas City Times*, „während im radikalen Kansas Räuber in die höchsten Staatsämter gewählt werden."

Wirklich vonnöten war aber mehr als bloße Rhetorik. Das Parlament von Missouri bewilligte 10 000 Dollar für ein Sonderkommando von bewaffneten Geheimagenten, das direkt Governor Silas Woodson unterstand und sich allein der Verfolgung der James-Bande in Missouri widmen sollte. Die Entscheidung für Law and Order war keineswegs eindeutig; mehr als ein Drittel der Abgeordneten verweigerte die Zustimmung. Eine andere Gesetzesvorlage – die Zahlung einer Pension an die Witwen und Waisen solcher Männer, die „von jetzt an bei dem Versuch, die Brüder Younger und James festzunehmen, getötet werden" – kam gar nicht erst zur Abstimmung; und eine Gesetzesvorlage zur Mobilmachung der Staatsmiliz gegen die kriminelle Bande fand keine Mehrheit.

Immerhin hatte Governor Woodson jetzt seine Geheimagenten. Nur wußte er nicht, daß die Gesuchten den Staat bereits verlassen hatten. Im April 1874 gingen Cole Younger und seine noch lebenden Brüder nach Dallas, Texas. Die Youngers waren hier keine Unbekannten. Acht Jahre zuvor war Cole schon einmal kurz dagewesen und hatte durch seine Affäre mit der achtzehnjährigen Myra Belle Shirley einen Skandal verursacht. Sie war die Tochter eines bekannten Pferdezüchters, der während des Bürgerkriegs als Anhänger der Südstaaten aus Missouri ausgewiesen worden war. Myra Belle brachte eine Tochter von Cole zur Welt. Als er nun wieder in Texas auftauchte, hatte sie bereits zwei Ehen hinter sich – erst mit einem texanischen Pferdedieb, dann, nachdem er getötet worden war, mit einem feschen Desperado vom Stamm der Cherokees, Sam Starr –, und nun war sie auf dem Wege zu zweifelhaftem Ruhm als Belle Starr (*Seite 162*).

Atempause zwischen zwei Überfällen: Jesse (*rechts*) und Frank stehen inmitten neuer Bandenmitglieder vor der Farm eines Freundes in Iowa.

Ungeachtet der früheren Verfehlungen von Cole konnten die Youngers während ihres zweijährigen Aufenthalts in Dallas einen Ruf ehrbarer Bürger erwerben. Gelegentlich – wenn sie Geld brauchten – kehrten sie nach Missouri zurück, um an den Bank- oder Eisenbahnüberfällen der James-Bande teilzunehmen. Doch der Staatsanwalt des Bezirks Dallas County bescheinigte den Youngers in einer eidesstattlichen Erklärung an die Pinkertons einen anständigen Lebenswandel in Texas. „Cole, Bob und Jim Youngers haben im Kirchenchor der Baptisten gesungen", sagte er aus. „Oft wurden die Jungs vom Sheriff zu Hilfe gerufen, wenn wilde Typen festzunehmen waren."

Nach der Ermordung der Pinkerton-Männer im Jahre 1874 verschwanden auch Jesse und Frank James aus Missouri und kehrten nur zurück, um ihre eigenen Hochzeiten zu feiern. Im April heiratete Jesse eine Jugendliebe, seine Cousine Zee Mimms. Damit beendete er eine neunjährige Verlobungszeit. Jesse fuhr mit seiner Braut nach Texas in die Flitterwochen. Währenddessen warb Frank um Annie Ralston, die Tochter eines Farmers in Missouri. Im Juni bestieg Annie einen Zug nach Kansas City – um Verwandte zu besuchen, wie sie selbst sagte –, und bald darauf kam ein Brief bei den Eltern Ralston an. Er enthielt die denkbar kürzeste Heiratsanzeige: „Liebe Mutter, ich bin verheiratet und gehe in den Westen."

Frank James zitierte zwar gern Francis Bacons berühmte Bemerkung, daß ein Mann mit Weib und Kind sein Glück aufs Spiel setze, doch änderten die häuslichen Angelegenheiten am Leben der James-Bande so wenig wie an ihrem Ruf. In den beiden ersten Jahren nach der Hochzeit wurden ihnen Überfälle auf Kutschen in Texas und Missouri, auf Züge in Kansas und Missouri und auf Banken in West Virginia und Mississippi zugeschrieben. Ob sie alle diese Unternehmungen persönlich angeführt haben, ist nicht bewiesen, aber ihre Namen – wie auch die Younger-Brüder – tauchten unvermeidlich auf, sobald irgendein anderes bekanntes Mitglied ihrer Bande identifiziert oder verdächtigt wurde. Inzwischen war die Bande zu einer großen lockeren Gruppe ehemaliger Guerillas angewachsen, die aus Missouri, Kansas, Kentucky, Arkansas und Texas herbeiströmten, wann immer die Brüder James verlauten ließen, daß sie vorhätten, etwas „aufzureißen". Ohne Zweifel waren diese Revolverhelden nicht abgeneigt, gelegentlich ein Ding auf eigene Rechnung zu drehen, aber die Öffentlichkeit interessierte sich für sie nur als Randfiguren in der spannenden Geschichte der Brüder James und Younger.

Gerade als es so schien, als könne die Bande nichts mehr tun, um ihren Ruhm – oder die Reihen ihrer Bewunderer – noch zu vergrößern, halfen die Pinkertons ihnen dabei. Die Agentur konnte schließlich einen „Landarbeiter" – einen Pinkerton-Agenten namens Jack Ladd – auf dem Grund und Boden eines gewissen Daniel Askew einschleusen, der in Kearney gegenüber der Samuel-Farm wohnte. Von der Veranda seines Arbeitgebers aus konnte Ladd den Vorgarten von Mrs. Samuel einsehen. Im Januar 1875 entdeckte er dort die Brüder James; und am 26. Januar brachte ein Sonderzug bei Nacht einen Trupp von Detektiven herbei. Sie umzingelten das Samuel-Haus und warfen einen runden Metallgegenstand hinein. Die Art dieses Objekts ließ sich niemals näher bestimmen. James-Anhänger behaupteten, es sei eine Handgranate, die Pinkertons sagten, es sei lediglich eine Leuchtkugel gewesen, die das Innere des Hauses erhellen sollte. Sicher ist nur, daß eines der Familienmitglieder jenes Objekt in den Kamin beförderte, wo es blitzartig explodierte. Der rechte Unterarm von Mrs. Samuel wurde zerfetzt und mußte später amputiert werden, ihr neunjähriger Sohn Archie aus der Ehe mit dem Arzt wurde durch einen Splitter des Metallgehäuses getötet.

Zerelda Samuel rächte sich mit ihrer eigenen Waffe – mit raffinierter Propaganda. Sie ließ wissen, Jesse und Frank seien nicht einmal zu Hause gewesen, als die Pinkertons angriffen. Eine aufgebrachte Öffentlichkeit sah die Brüder James in ganz neuem Lichte: als Märtyrer. Immerhin keine hilflosen Märtyrer: Wenige Monate nach der Attacke wurde Farmer Askew auf der Schwelle seines Hauses erschossen.

So wie die James-Brüder nichts Unrechtes tun konnten, machten die Pinkertons nichts recht. Da sie ohnehin immer verhaßter wurden, ließen sie alle Tarnung fallen. Nach dem Überfall der Bande auf einen Zug der Missouri Pacific Railroad im Juli 1876 bei Rocky Cut in Missouri veranstalteten die Detektive Razzien in mehreren Teilen des Staates, umzingelten Häuser, die als Unterschlupf in Frage kamen, trieben die Bewohner heraus und verursachten in einem Fall sogar den Tod einer Frau, weil eine Pistole versehentlich losging. Die Bewohner von Missouri betrachteten solche hilflosen Verfahrensweisen mit wachsendem Zorn und manchmal auch mit Verachtung. So zum Beispiel, als 12 Pinkertons sich über die Farm von Annie Ralstons Vater hermachten, in der Hoffnung, ihren Mann Frank James zu schnappen. Sie stürmten bei Tagesanbruch das Haus und durchsuchten es. Das war nicht nur vergeblich, sondern auch unsinnig. Ralston hätte Frank James kaum versteckt gehalten; er sprach ja nicht einmal mit dem Mann, der ihm seine Tochter gestohlen hatte.

Und dennoch: Mit der dauernden Belästigung von Freunden, Nachbarn und Verwandten der beiden James- wie auch Younger-Brüder halfen die Pinkerton-Detektive eine entscheidende Wende herbeiführen: die Bande beschloß, ihre

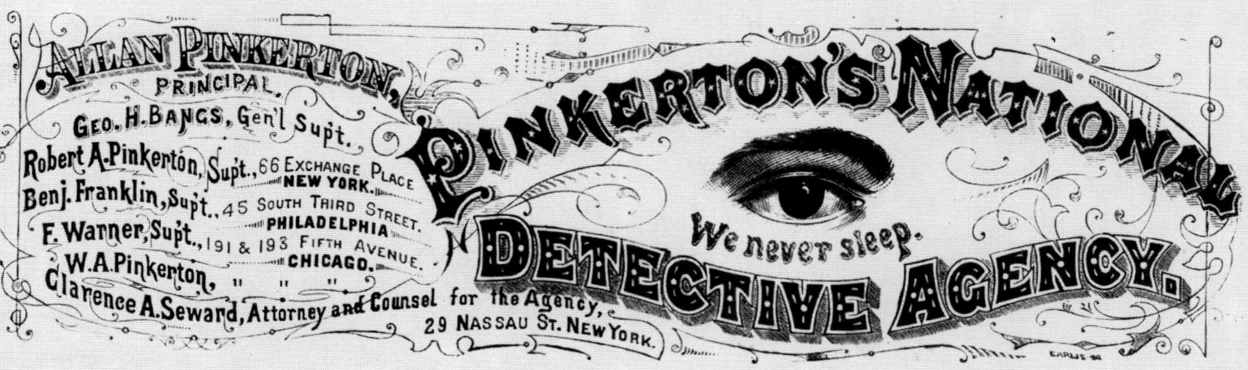

Allan Pinkerton im Jahre 1867

Im Jahre 1871 nahmen die verzweifelten Bankleute der Grenzstaaten Allan Pinkerton in Dienst, der mit seiner Armee von Detektiven der James-Bande entgegentreten sollte; sie glaubten, nun seien sie ihre Sorgen mit den Überfällen los. Im Detektiv-Geschäft war Pinkerton konkurrenzlos. Einem Helfer schrieb er einmal: Ich kenne die Bedeutung des Wortes ‚Mißerfolg' nicht."

Pinkerton hatte sein Können für diese lange Menschenjagd in den verschiedensten Geheimaufträgen gestählt. In seiner Heimat Schottland war er revolutionärer Agitator für Reformen zugunsten der Arbeiter und entging 1843 der Verhaftung durch Emigration. In Amerika ließ er sich in Illinois nieder und wurde ein glühender Anhänger der Sklavenbefreiung. Viele entlaufene Sklaven brachte er über die Grenze nach Kanada in Sicherheit. Seine Vorliebe für Tätigkeiten im Geheimdienst veranlaßte ihn als nächstes, der Chicagoer Polizei als deren erster Detektiv beizutreten; im Jahre 1850 baute er seine eigene Detektiv-Truppe auf.

Die Agentur gewann schnell einen Ruf für ihre gewagten neuen Methoden, zu denen auch eine Art psychologischer Kriegführung gehörte. In einem Fall, dem Mord eines Bankkassierers im Jahre 1856, ließ Pinkerton einen Verdächtigen namens Drysdale von einem Detektiv beschatten, der dem Toten verblüffend ähnlich sah. Drysdale fühlte sich Tag und Nacht von dem Phantom verfolgt, brach schließlich zusammen, legte ein Geständnis ab und verübte Selbstmord. Solche Praktiken sorgten dafür, daß Verbrecher allerorten Pinkerton fürchten lernten. Sie gaben ihm den Spitznamen „The Eye", das Auge, das auch schon das Symbol der Agentur (*oben*) war.

Eine andere Erfindung von Pinkerton – er rüstete die Illinois Central Railroad mit einer Schutztruppe aus – verschaffte dem Agenturchef eine Traumaufgabe. Pinkertons Gesprächspartner bei der Eisenbahn waren ein ehrgeiziger Manager und ein Provinzanwalt, die später berühmt wurden als General George McClellan und Präsident Abraham Lincoln. Über ihre Büros erhielt ein Major E. J. Allen – einer der vielen Decknamen von Pinkerton – im Jahre 1861 den Auftrag, einen Geheimdienst für die Nordstaaten-Armee aufzubauen. Er verteilte seine Spione aufs geschickteste, und als sie eines Tages auf ein Komplott stießen, Lincoln im Zug von Baltimore nach Washington zu ermorden, vereitelte Pinkerton den Plan, indem er den Präsidenten einen Zug früher fahren ließ.

Als Folge solcher Taten erlangte die Pinkerton-Agentur allgemein den Ruf, ein ergebener Diener der Wirtschaftsbosse des Nordens und eine inoffizielle Zweigstelle der Zentralregierung zu sein. Die Pinkerton-Leute wurden insbesondere von den verarmten Südstaatlern im Grenzland verflucht. Sie durchkreuzten die Jagd auf die James-Bande in jeder Hinsicht – und zum erstenmal lernte Pinkerton „Mißerfolg" kennen.

Obgleich die Agentur die James-Bande nicht knacken konnte, verlängerte sich die Liste ihrer Erfolge beständig, selbst nach dem Tod des Gründers im Jahre 1884. Seine Söhne William und Robert erfreuten sich 1896 eines Triumphes, als ihre Leute die berüchtigte Bande „Wild Bunch" in einer Schießerei in Bedrängnis brachten; die Bandenführer Butch Cassidy und Sundance Kid mußten später nach Südamerika fliehen. Die Organisation sollte als Modell für eine neue, bundeseigene Behörde dienen – das FBI.

Zerelda Samuel, Mutter und Mitstreiterin der James-Brüder, wirkt noch im hohen Alter kampfeslustig, obwohl sie seit einem Überfall der Pinkerton-Männer auf ihre Farm im Jahre 1875 mit einem amputierten rechten Unterarm zurechtkommen mußte.

Operationen in größerer Entfernung auszuführen. Im August 1876 stiegen Jesse, Frank und die drei Youngers – Cole, Jim und Bob – in den Zug nach Minnesota, das knapp 600 Kilometer von Clay County entfernt und so weit nördlich im Land der Yankees lag, wie sie sich nie zuvor gewagt hatten. In ihrer Gesellschaft reisten drei Outlaws: Clell Miller und Charlie Pitts, zwei Veteranen von Quantrills Guerillatruppe und ein Mann aus Minnesota, Bill Chadwell. Von ihm stammte auch die Idee zu dieser Fahrt; er hatte die Banken seiner Heimat mit einer Begeisterung geschildert, die jeden der Bande angesteckt hatte.

In Minnesota machte die Bande eine große Tour, hauptsächlich mit der Eisenbahn, und suchte mindestens zehn Städte auf. Sie gaben sich als eine Gruppe von Grundstücksspekulanten und Viehhändlern aus; unter diesem Deckmantel konnten sie Banken taxieren und Fluchtwege auskundschaften. Aber sie hatten keine besondere Eile. In St. Paul nahm Jesse die Männer mit in ein Bordell, das Mollie Ellsworth leitete; sie erinnerte sich an ihn noch aus früheren Tagen in einem Etablissement in St. Louis, und die Banditen gingen auch noch in eine Spielhölle. Sie ließen 200 Dollar an den Tischen, aber der Verlust war offensichtlich kein Problem für sie. In Mietställen und bei Pferdehändlern zogen sie so viel Geld hervor, daß sie sich das Beste an Pferden, Sätteln, Zaumzeug und Zubehör leisten konnten, was sich finden ließ. Dann verließen die Banditen die Stadt paarweise und machten einen langen, gemütlichen Ritt am Minnesota-Fluß entlang Richtung Süden nach Mankato, einer blühenden Bezirkshauptstadt.

Jesse ritt mit drei anderen Banditen nach Mankato hinein. Einer von ihnen besuchte die First National Bank und berichtete, sie eigne sich ausgezeichnet als Ziel. Die Bank blieb jedoch durch eine unerwartete Wendung verschont: Als Jesse die Hauptstraße entlangritt, begrüßte ihn ein Arbeiter, der einmal in Missouri gelebt hatte. „Hallo, Jesse, was machst du denn hier oben?“ rief er. Jesse hielt an und lächelte. „Mensch! Ich kenne dich nicht“, sagte er, ritt weiter und signalisierte seiner Truppe, daß sie ihm folgen sollte. Sie ließen Mankato hinter sich und ritten der Stadt Northfield entgegen – und der schlimmsten Schießerei ihres Lebens.

Cole Younger und Bill Chadwell ritten voraus, um die Lage zu prüfen. Sie erkundigten sich rundum, ob es in der Stadt irgendwelche Waffengeschäfte gäbe; es gab keine. Dann gingen sie in die beiden Eisenwarenhandlungen der Stadt und untersuchten das dürftige Waffenlager, warfen kurz einen Blick auf die First National Bank und ritten wieder weg. Am Treffpunkt in einem Gasthaus außerhalb von Northfield entschied die Bande noch am selben Abend, daß Zeitpunkt und Ort günstig seien.

Am Morgen des 7. September 1876 machten sich die Männer auf den Weg nach Northfield, in gemächlichem Tempo, gekleidet in Leinenhosen, wie Viehtreiber sie üblicherweise trugen. Jesse auf einem auffallenden Rotfuchs mit weißen Beinen, Bob Younger und Charlie Pitts auf edlen Braunen erreichten als erste die Stadt. Sie stiegen am Mill Square bei einer kleinen Eisenbrücke, die den Cannon-Fluß überspannte, von den Pferden und sahen sich um. Das hintere Ende des Platzes wurde von einem zweistöckigen Steingebäude beherrscht, Scriver Block genannt. In diesem Haus befand sich, mit Blick zum Platz, die große Warenhausfirma Lee & Hitchcock. Ein anderer Mieter des Hauses war die First National Bank, sie hatte aber nur eine kleine Tür zum Platz hin – der Haupteingang war um die Ecke in der Division Street. Die drei Banditen gingen zur Vordertür der Bank und überprüften die gegenüberliegenden Häuser, von denen Ärger kommen konnte: Wheeler & Blackman's Drugstore, ein kleines Hotel, das sich Dampier House nannte, und eine Reihe von Bürohäusern.

Jesse, Bob und Charlie, zufrieden, daß Younger und Chadwell tags zuvor keine Risiken übersehen hatten, begaben sich über die Brücke zu J. G. Jeft's Restaurant. Sie bestellten Schinken mit Ei – vier Eier für jeden – und hielten sich eine Weile beim Essen auf. Kurz nach zwei Uhr nachmittags ritten sie über die Brücke zurück.

Diesmal stiegen die drei in der Division Street ab und machten ihre Pferde direkt vor der Bank fest. Ein paar Minuten lang blieben sie an der Tür stehen; dann ritten plötzlich noch drei Männer donnernd über die Brücke, überquerten den Mill Square und bogen schießend und johlend in die Division Street ein. Von der anderen Seite der Division Street kamen andere Reiter mit gezogenen Revolvern. Die erschreckten Bürger stoben auseinander. Jesse, Bob und Charlie rasten in die Bank und riefen: „Hände hoch!“ Der Kassierer, Joseph Heywood, und die Angestellten A. E. Bunker und Frank Wilcox drehten sich um und sahen die drei mit gezogenen Revolvern über den Schaltertisch klettern. Heywood rannte zum Tresorraum und versuchte, die Tür zuzuwerfen, ehe Charlie Pitts sie erreichte, aber da tauchte Jesse auf und entdeckte noch den Safe im Inneren.

„Aufmachen!“ verlangte er.

„Der hat ein Zeitschloß. Man kann ihn nicht öffnen“, erwiderte der Kassierer.

„Das ist eine gottverdammte Lüge“, schrie Jesse ihn an und schlug ihn mit seinem Revolver nieder.

Bob Younger hatte inzwischen den beiden Angestellten befohlen, sich auf den Boden zu knien, und wollte von ihnen wissen, wo die Kasse sei. Bunker wies darauf. Als Younger die Münzrollen und die losen Geldscheine betrachtete,

Boots Shoes

Northfield, Minnesota, bietet 1870, sechs Jahre vor dem mißglückten Überfall der James-Bande, das Bild eines friedlichen Mühlenstädtchens. Die Bürger passieren die Brücke, über die später die Banditen einritten, auf dem Weg zu ihren täglichen Besorgungen. In dem Haus mit Bogenfenstern befindet sich die Bank.

Die Mitglieder der James-Bande galoppieren total verwirrt durch die Straßen von Northfield, als sie von den unerwartet streitbaren Bewohnern bedrängt werden. Zwei Banditen sind tot, ein dritter – dessen Pferd erschossen ist – rennt in Deckung.

Eine Ansichtskarte zur Erinnerung an die Straßenschlacht in Northfield: drei Einwohner der Stadt (*oben*) die getötet wurden, die drei Younger-Brüder, lebend aufgenommen, und drei weniger glückliche Komplizen, als Tote photographiert.

machte Bunker einen Satz zur Hintertür der Bank. Charlie Pitts, noch an der Tresortür stehend, wirbelte herum und schoß auf ihn, traf ihn nicht, rannte zur Tür, schoß noch einmal und verletzte Bunker, als er die Treppe zur Hintergasse hinunterrannte.

Die fünf Reiter, die am Haupteingang in der Division Street Wache standen, gerieten unerwartet unter Feuer. Ihre kugelspeienden Revolver hatten die Bürger von Northfield nicht eingeschüchtert; obgleich es nicht viele Waffen gab, lieferten sie den Gangstern einen harten Kampf mit den wenigen Gewehren und Schrotflinten, die sie eilig von den beiden Eisenwarengeschäften herbeigeschafft hatten. Einer von ihnen, Elias Stacy, rannte in die Division Street und schoß auf Clell Miller. Stacy hatte seine Flinte in der Aufregung mit Feinschrot für Vögel geladen, doch der Anprall riß Miller vom Pferd. Mit heftig blutendem Gesicht stieg der Bandit wieder auf und griff an.

Stacy schien in tödlicher Gefahr, doch da schaltete sich der junge Henry Wheeler ein, ein Medizinstudent an der Universität von Michigan. Er hatte gerade Ferien und hielt sich im Drugstore seines Vaters auf, als die Schießerei begann. Ihm fiel ein, daß sich im Gepäckraum des Dampier-Hotels ein alter Armeekarabiner befand; er rannte hin, fand das Gewehr und trug es hinauf in ein zur Straße hin gelegenes Zimmer. Von da aus sah er Clell Miller gegen Stacy Attacke reiten. Henry schoß, und der Bandit fiel vom Pferd. Cole Younger galoppierte zu ihm hin, sprang ab und sprach ihn an. Miller versuchte, sich auf seine Arme zu stützen, und rollte zur Seite – tot. Younger ergriff seinen Patronengurt und die Revolver und rannte davon.

Mitten in der Schießerei kam ein schwedischer Einwanderer, der gerade erst in Northfield angekommen war, die Division Street heruntergelaufen. Einer der Reiter rief ihm noch zu, er solle aus dem Weg gehen; da der Schwede nicht verstand, lief er weiter – und wurde durch den Kopf geschossen. Plötzlich erschütterte ein einzelner Schuß in der Bank die Stille, die in den Räumen bis dahin geherrscht hatte. Jesse war auf dem Weg nach draußen an dem Kassierer vorbeigekommen, der benommen am Boden lag. Er drehte sich abrupt um, hielt dem Mann die Revolvermündung an die Schläfe und zerschmetterte ihm das Gehirn.

Als die Räuber hinausdrängten und sich in den Sattel schwangen, war es klar, daß der übliche schnelle Rückzug diesmal nicht in Frage kam. Dafür sorgten die Bürger von

Haywood . Cashr
August . Suborn . Swede Boy
Glispin . Sheriff
Chadwell . Miller
Cole Younger
Bob Younger
Jim Younger
Charly . Pitts
Jacoby Photo
Minneapolis

Northfield. Elias Stacy war eine Außentreppe an der Ecke vom Scriver Block hochgerannt, hatte sich hinter ein Fenster geduckt, das zur Division Street ging, und schoß weiter mit dem leichten Vogelschrot auf die Eindringlinge. Auf der Treppe stand A. E. Manning, ein Eisenwarenhändler, und richtete ein Remington-Repetiergewehr auf Bill Chadwell, der gerade die Straße hinunterritt. Manning zielte und warf Chadwell, dem er eine Kugel durchs Herz schoß, vom Sattel. Mit einem weiteren Schuß traf er Cole Younger an der Schulter, dem zur gleichen Zeit Henry Wheeler aus dem Hotelfenster den Hut vom Kopf blies.

Jetzt war in der Division Street eine große Schießerei im Gange. Frank James wurde am Bein getroffen und Jim Younger im Gesicht; das Blut schoß ihm aus dem Mund. Aber die Bande ritt immer noch in der Straße auf und ab und schoß in Türen und Fenster. Bob Younger sprang von seinem Pferd, benutzte es als Deckung und zielte auf den Kaufmann Manning auf der Treppe am Scriver Block. Manning seinerseits zielte auf den Kopf des hübschen Braunen und schoß ihn nieder. Younger tauchte hinter einen Stapel Kisten, aber er war immer noch im Blickfeld von Henry Wheeler im oberen Stock des Dampier. Hotels. Henry schoß und traf Younger in den rechten Oberschenkel.

Da rief plötzlich einer der Banditen: „Wir sind geschlagen, abhauen!" Bob Younger humpelte auf die Straße und schrie: „Halt, laßt mich nicht allein, ich bin getroffen!" Cole Younger drehte auf der Stelle um, gerade als ein anderer Bürger von Northfield mit einer Ladung Schrot Bobs rechten Ellbogen zerschmetterte. Cole riß Bob auf sein Pferd und raste hinter seinen Freunden her, die gerade geräuschvoll über die Brücke des Cannon-Flusses ritten.

So zerschlugen die Männer von Northfield praktisch in 20 Minuten eine Bande, die die ganze Nation ein Jahrzehnt lang in Atem gehalten hatte. Sechs der acht Räuber waren lebend entkommen – aber die Abrechnung stand bevor. Nach dieser Schießerei brachten Telegramme den ganzen Staat in Bewegung; Hunderte von Bewohnern Minnesotas machten sich auf, um das zu vollenden, was in Northfield begonnen hatte. Die Outlaws wurden bald gesichtet, sie ritten durch Dundas, ein Dorf in der Nähe. Bob Younger trug seinen zerschossenen Arm in der Schlinge. Jim Younger hatte um den Mund einen Verband aus Leinenstreifen. Frank James hatte ein Stück Stoff um sein Bein gewickelt.

Die Bande kam nur langsam voran, denn Spähtrupps durchkämmten die Wälder, an den Brücken waren Wachen aufgestellt, und Männer zu Pferde patrouillierten auf den Straßen. Als sie vier Tage nach der Schießerei von einem Trupp aus einer Waldschlucht aufgescheucht wurden, waren sie erst 25 Kilometer weitergekommen. Doch sie hielten Abstand zu ihren Verfolgern. Wenige Tage später, nach einigen Geplänkeln, hieß es, sie seien in den Blue Earth Woods, auf dem Weg nach Mankato. Hier trennte sich die Bande. Jesse – der unverletzt aus der Northfield-Episode hervorgegangen war – zog spät abends zusammen mit Frank auf einem einzigen Pferd los. Sie konnten eine Reihe bewaffneter Posten durchbrechen. Einer der Männer gab einen Schuß ab, der Franks Knie durchschlug und in Jesses Oberschenkel steckenblieb. Sie ritten aber weiter, stahlen zwei Pferde und strebten auf das Territorium Dakota zu.

Einige Tage nach der Trennung von den Brüdern James gerieten die Youngers und Charlie Pitts bei Madelia, etwa 40 Kilometer von Mankato entfernt, in einem Gebüsch von Weiden und Pflaumenbäumen in die Falle. Sie kämpften, bis nur noch Bob Younger auf den Beinen stand. Er schrie: „Die Jungs sind alle in Stücke geschossen. Um Himmels willen, laßt mich am Leben!" Charlie Pitts war tot, die Youngers waren alle drei verwundet. Sie wurden festgenommen und waren überzeugt, sie würden gelyncht werden. Als sie von einem Richter in Minnesota zu lebenslänglichem Gefängnis verurteilt wurden, schienen sie beinahe dankbar zu sein.

Jesse und Frank James schafften es ins Territorium Dakota. Ihre Spur verliert sich bei Sioux Falls. Dort fand das Fiasko von Northfield eine Fortsetzung: Sie stahlen zwei Pferde vom Hof eines Farmers, das eine war auf einem Auge, das andere auf beiden Augen blind. Trotzdem konnten die Brüder auf ihnen entkommen.

Nach diesem Minnesota-Abenteuer tauchten Jesse und Frank unter. Sie versuchten, ihre Bande mit neuen Leuten wieder aufzubauen, und sie raubten in späteren Jahren noch drei Züge aus, aber ihre große Zeit war vorüber. Ihr eigentliches Kunststück bestand darin, Jahr für Jahr auf freiem Fuß zu sein und dabei einen gewissen Glanz, einen gewissen Stil zu bewahren.

Einige Monate nach dem Überfall in Northfield tauchte Jesse in seinem Heimatstaat auf. In Fulton suchte er Dr. Martin Yates auf, um die Schußwunde im Oberschenkel behandeln zu lassen. Am Abend aßen der Arzt und der Bandit zusammen im Whaley-Hotel in Fulton – mit ihnen am Tisch mehrere Pinkerton-Männer, die auf der Jagd nach Jesse James waren. Das war ein für Jesse typisches Husarenstück; so etwas amüsierte ihn immer. Später einmal, in Louisville, Kentucky, stieß er auf D. G. Bligh – den ersten Detektiv, der auf die James-Bande losgeschickt worden war. Jesse schwatzte mit dem arglosen Mann und schickte ihm anschließend eine Postkarte, auf der er ihm mitteilte, er sei nun doch noch an Jesse James geraten.

Jahrelang suchten Detektive und geheime Staatsagenten die James-Brüder in Kentucky, Texas und ihrer Heimat

Bob Ford, ein abtrünniger Kumpan, erschießt Jesse James, als er ihm den Rücken zukehrt, um ein Bild in seinem Hause von der Wand zu nehmen. Bobs Bruder hält sich in Bereitschaft. Die Darstellung ist in einem Punkt falsch: Bob Ford schoß im Sitzen.

Kurz nach der Tötung von Jesse James erschien in einer texanischen Zeitung diese Karikatur. Sie stand bei einem Artikel, in dem der Pfarrer, der Jesse getauft hat, dafür getadelt wird, daß er versäumt habe, den Banditen dabei zu ertränken.

Missouri. Der Sheriff von Clay County verbrachte mehr Nächte, als er zählen mochte, frierend hinter Sträuchern bei der Samuel-Farm. Aber Jesse und Frank mieden im allgemeinen ihre früheren Schlupfwinkel. Wenn sie doch nach Missouri kamen, blieben sie gewöhnlich in Kansas City. „Das beste Versteck für einen Mann mit Geld ist eine große Stadt", sagte Frank James viel später einmal zu einem Zeitungsreporter. „Da sehen die meisten Leute gleich aus."

Zum ständigen Wohnort wählten die Brüder Nashville in Tennessee. Jesse und seine Frau mieteten sich ein Haus in der Boscobel Street im Osten der Stadt, wo man ihn als J. D. Howard kannte und für einen Weizenhändler hielt. Frank lebte als B. J. Woodson mit seiner Frau auf einer Farm in der Nähe. Mr. Howard und Mr. Woodson waren manchmal wochenlang von zu Hause abwesend, was aber bei den Nachbarn keinen Verdacht weckte, denn beide schienen ehrenwerte Familienväter zu sein. Bald nachdem sie sich in Nashville niedergelassen hatten, kam das erste Kind von Jesse und Zee zur Welt, ein Sohn, den sie Jesse Edwards tauften; Annie gebar Frank im Jahre 1878 einen Sohn, Robert genannt. Ein Jahr später bekam Zee eine Tochter, sie erhielt den Namen Mary.

Im Oktober 1879 kehrte Jesse nach Missouri zurück, um ein Comeback zu versuchen. Auf einer Farm östlich von Clay County erläuterte er einer eilig zusammengestellten Bande die Kunst des Zugraubs und teilte Schrotflinten und Masken aus. In der Nacht zum 8. Oktober überfielen sie die Chicago & Alton-Eisenbahn bei Glendale, Missouri, und entkamen mit 6000 Dollar. Jesse ging wieder nach Tennessee – aber ein stockarmer Farmer, der beim Überfall dabei war, wurde identifiziert und festgenommen. Er gestand schon nach wenigen Verhören seine Teilnahme an dem Raub und nannte Jesse James als den Anführer.

Dieses Geständnis war der Anfang vom Ende der James-Brüder. Wenn sie ihren eigenen Kumpanen keine Angst und kein Zusammengehörigkeitsgefühl mehr einflößen konnten, war das unvermeidbar. 1881 machten sie einen letzten, verzweifelten Versuch, ihren Ruf in Missouri wiederherzustellen. Im Juli dieses Jahres überfielen sie einen Zug der Chicago, Rock Island and Pacific-Line bei Winston und töteten dabei den Schaffner und einen Passagier. Zwei Monate später stoppten und überfielen sie bei Blue Cut, Missouri, einen Zug der Chicago & Alton-Line und schlugen den Bahnangestellten, der ihnen den Safe geöffnet hatte, bewußtlos. Ehe Jesse den Zug verließ, drückte er – nach alter Manier – dem Lokomotivführer zwei Silberdollar in die Hand und sagte: „Hier, zwei Dollar für Sie. Trinken Sie morgen früh auf das Wohl von Jesse James."

Mehrere Mitglieder der Bande wurden aufgespürt, und sie plauderten. Die Behörden gewannen allmählich ein Bild über die Rivalitäten und das Durcheinander in der neuen James-Bande. Der Governor von Missouri, Thomas Crittenden, wollte sich die Gelegenheit zunutze machen. Er überredete die Eisenbahngesellschaften, eine Prämie von 5000 Dollar für jedes Mitglied der Bande auszusetzen – und für Frank und Jesse James noch je 5000 Dollar zusätzlich. Dieses Angebot reizte bald zwei Brüder, die erst seit kurzer Zeit bei der Bande waren.

Anfang 1882 erklärte einer von ihnen, Bob Ford, dem Governor, er sei mit Jesse James gut bekannt und wolle bei seiner Festnahme behilflich sein. Er hatte Jesse über einen gemeinsamen Freund, Dick Liddil, kennengelernt, der ebenfalls ein Mitglied der Bande war und seinerseits heimlich über die Bedingungen verhandelte, unter denen er sich stellen würde; bald darauf stellte er sich wirklich. Bob Ford, ein drahtiger 21jähriger, traf sich mit dem Sheriff von Clay County, und gemeinsam heckten sie einen Plan aus. Ford sollte sich vorläufig Jesses Vertrauen erhalten. Das war sicher nicht einfach; sobald bekannt würde, daß Dick Liddil sich gestellt hatte, würde Jesse bestimmt gegenüber dessen Freund Bob Ford mißtrauisch werden. Doch ehe es soweit war – falls alles nach Plan lief –, sollte Ford dem Sheriff Zeit und Ort des nächsten Unternehmens der Bande mitteilen.

Im November 1881 hatte Jesse, immer noch unter dem Namen Howard, seine Frau mit den Kindern nach St. Joseph in Missouri gebracht, wo sie ein kleines Haus auf einem Hügel bezogen, von dem aus sie alles beobachten konnten, was sich auf der Straße näherte. Jesse war unruhig; vielleicht spürte er, daß man ihm auf den Fersen war. Als dann spät im März 1882 zwei freundliche Gesichter auftauchten – Bob Ford und sein Bruder Charlie –, begrüßte er sie herzlich und nahm sie in seinem Haus auf. Charlie kannte Bobs Plan und wollte ihm dabei helfen. Aber er war lediglich Zuschauer am 3. April, als das Unglaubliche schließlich geschah.

Noch zeigt Bob Ford stolz den .44er Revolver mit Perlmuttgriff, mit dem er Jesse James erschossen hat – übrigens ein Geschenk des berühmten Bandenführers. Zehn Jahre später wird das abtrünnige Bandenmitglied Ford in Colorado von einem Anhänger der Brüder James mit einer Schrotflinte selber getötet.

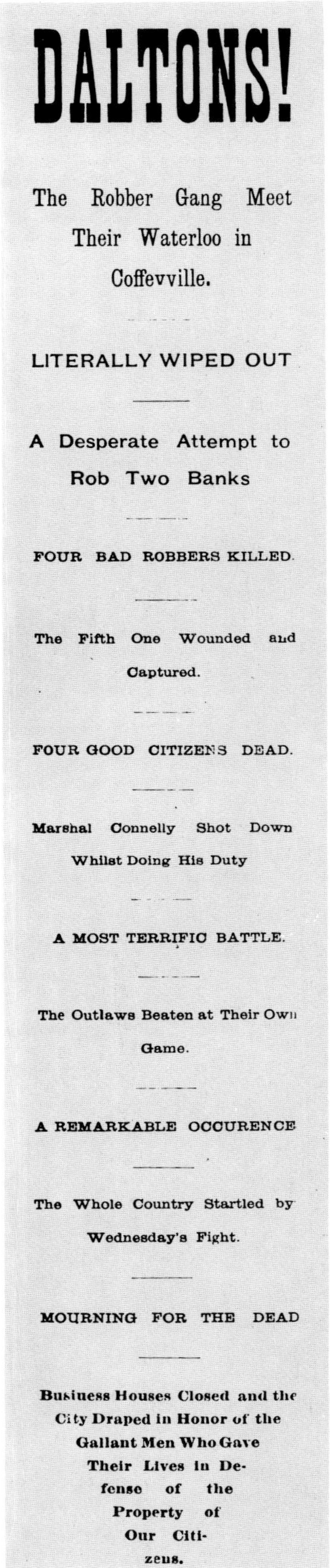
DALTONS!

The Robber Gang Meet Their Waterloo in Coffevville.

LITERALLY WIPED OUT

A Desperate Attempt to Rob Two Banks

FOUR BAD ROBBERS KILLED.

The Fifth One Wounded and Captured.

FOUR GOOD CITIZENS DEAD.

Marshal Connelly Shot Down Whilst Doing His Duty

A MOST TERRIFIC BATTLE.

The Outlaws Beaten at Their Own Game.

A REMARKABLE OCCURENCE

The Whole Country Startled by Wednesday's Fight.

MOURNING FOR THE DEAD

Business Houses Closed and the City Draped in Honor of the Gallant Men Who Gave Their Lives in Defense of the Property of Our Citizens.

Diese Bank und eine andere gegenüber an der Hauptstraße waren gleichzeitig Ziel der Daltons.

Blutiges Fiasko in Coffeyville

Als die James-Bande längst in der einen oder anderen Weise von der Gerechtigkeit eingeholt worden war, fand sie noch immer viele Nachahmer. Darunter waren auch die Brüder Dalton: Bob, Emmett und Gratton. Sie waren Vettern der Youngers und wuchsen in der Nähe des verschlafenen Städtchens Coffeyville in Kansas auf, wo ihre berühmten Verwandten und die James-Brüder Lokalgrößen waren.

1890 bildeten die Daltons ihre eigene Bande und begannen damit, Züge zu überfallen. Dann heckten sie ein Projekt aus, das ihnen mit Sicherheit Schlagzeilen einbringen würde: Sie wollten die erste Bande sein, die zwei Banken gleichzeitig ausraubte – und zwar in ihrer Heimatstadt. Als die Brüder und zwei Komplizen am 5. Oktober 1892 in Coffeyville einritten, ging der Plan daneben: Die Straße, an der die beiden Banken lagen, wurde gerade repariert, und sie mußten ihre Pferde einige Häuser weiter entfernt anbinden. Zur Tarnung hatten sie sich falsche Bärte angeklebt, aber die Stadtleute erkannten sie trotzdem wieder. Waffenhändler gaben an Kaufleute und Passanten Waffen aus.

In der First National Bank nahmen zwei Dalton-Brüder den Angestellten 20000 Dollar ab. Aber bei Condon & Co., gegenüber, wurden die drei Räuber von einem gewitzten Kassierer überlistet, der ihnen weismachte, daß der Tresorraum mit einem Zeitschloß versehen sei und nicht geöffnet werden könne. Als die beiden Gruppen zu ihren Pferden rannten, gerieten sie unter heftigen Beschuß. Die Bande konnte zwar vier Männer töten, aber zwei Daltons und die beiden Komplizen wurden erschossen und der dritte Dalton-Bruder schwer verwundet. So waren sie schließlich zu ihren Schlagzeilen gekommen – Schlagzeilen wie den links abgedruckten, die von einem großen Debakel künden.

Zerschossene Scheiben und durchlöcherte Wände zeugen von den Schüssen, die auf die Banditen gerichtet wurden, noch ehe sie die Bank verließen.

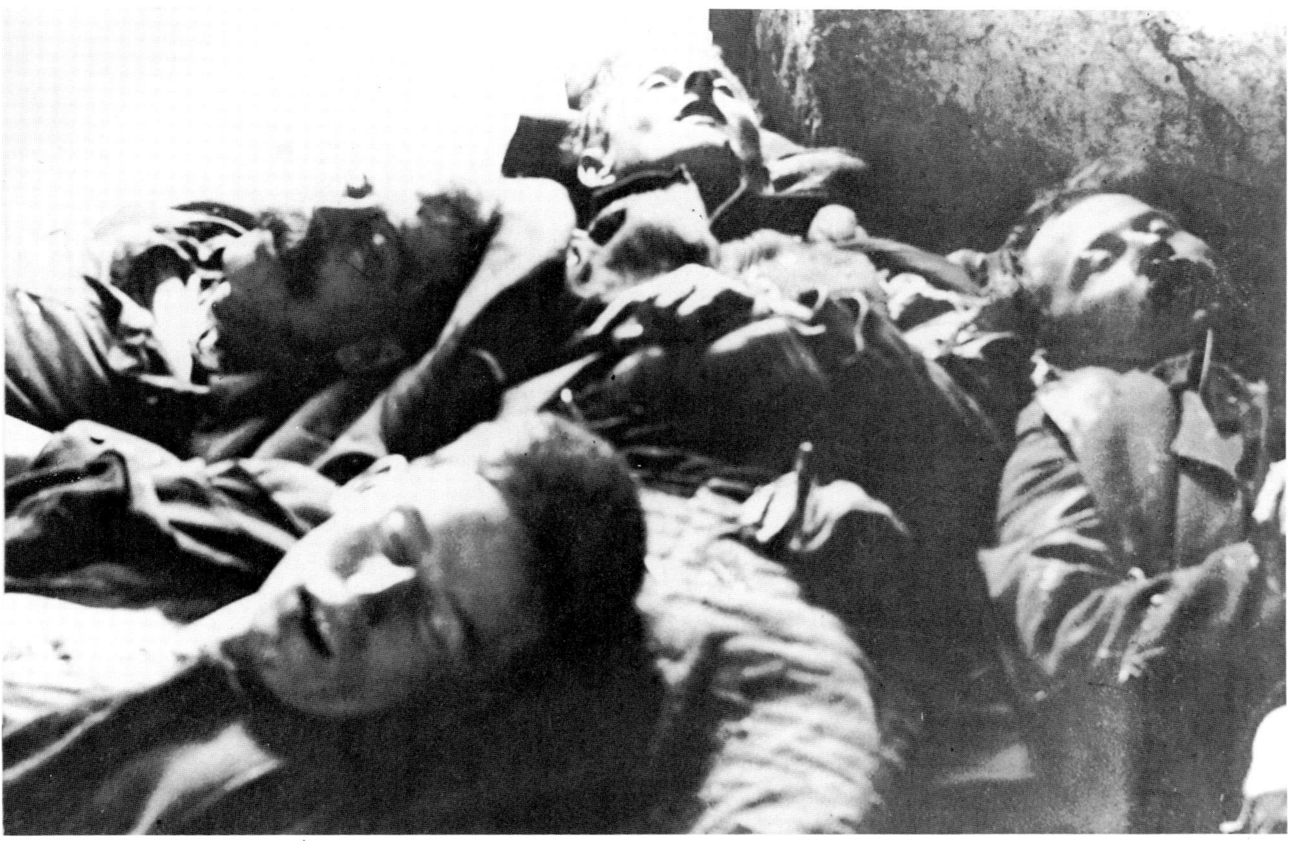

Vier Banditen liegen tot auf der Straße – ein schauerlicher Anblick für die Passanten. Emmett Dalton, der fünfte, saß 15 Jahre im Gefängnis.

Cole Younger saß wegen des verpfuschten Raubzugs in Northfield 25 Jahre in Minnesota im Gefängnis, wurde auf Bewährung entlassen und hielt einträgliche Vorträge über seine Reue.

Mit einer erstaunlichen Gabe für simple Anschaulichkeit schilderte Ford später dem Governor Crittenden die Ereignisse. Niemand hat seitdem den Bericht jemals besser fassen können:

„Am Morgen des 3. April gingen Jesse und ich wie üblich vor dem Frühstück runter in die Stadt, um Zeitungen zu kaufen. Gegen acht kamen wir zum Haus zurück und setzten uns ins Vorderzimmer. Jesse saß mit dem Rücken zu mir und las den *Republican* aus St. Louis. Ich nahm die *Kansas City Times* zur Hand, und das erste, was mir in dicken Schlagzeilen ins Auge fiel, war die Nachricht, daß Dick Liddil sich gestellt hatte. In diesem Augenblick kam Mrs. James herein und sagte, das Frühstück sei fertig. Neben mir stand ein Stuhl, auf dem ein Schal lag, den hob ich blitzschnell auf und schob die Zeitung drunter. Jesse konnte dies nicht gesehen haben, aber er stand auf, ging zu dem Stuhl hinüber, hob den Schal auf und warf ihn aufs Bett, nahm die Zeitung und ging dann ohne zu zögern in die Küche. Ich spürte, das Spiel war aus, aber ich folgte ihm und setzte mich ihm gegenüber an den Tisch.

„Mrs. James goß Kaffee ein und setzte sich an einem Ende des Tisches hin. Jesse breitete die Zeitung vor sich auf dem Tisch aus und überflog die Schlagzeilen. Und plötzlich sagte er: ‚Hallo, sieh an. Dick Liddil hat sich gestellt.' Und er sah mich mit einem Funkeln in den Augen an.

„‚Junger Freund, mir ist, als hättest du mir gesagt, du wüßtest nichts davon, daß Dick Liddil sich gestellt hat.'

„Ich sagte ihm, daß ich es nicht gewußt hätte.

„‚Na', sagte er, ‚das ist sehr merkwürdig. Er hat sich vor drei Wochen ergeben, und du warst da ganz in der Nähe des Kerls. Die Sache stinkt.'

„Er sah mich weiter mit funkelnden Augen an, und ich stand auf und ging ins Vorderzimmer. Eine Minute später hörte ich, wie Jesse seinen Stuhl zurückschob und zur Tür ging. Er kam lächelnd herein und sagte heiter: ‚Na ja, Bob, ist schon in Ordnung.'

„Sofort schoß mir durch den Sinn, was er wirklich wollte. Ich wußte, daß ich ihn nicht zum Narren halten konnte. Dazu war er zu schlau. Er wußte in dem Augenblick genausogut wie ich, daß ich hier war, um ihn zu verraten. Aber er wollte mich nicht vor den Augen seiner Frau und seiner Kinder töten. Er ging quer durchs Zimmer zum Bett, schnallte bedächtig seinen Gurt auf, in dem vier Revolver steckten, und ließ ihn aufs Bett fallen. Das war das erste Mal in meinem Leben, daß ich ihn ohne diesen Waffengurt gesehen habe, und ich wußte auch, daß er ihn abgelegt hatte, um mein etwaiges Mißtrauen weiter zu beschwichtigen.

„Er schien sich mit irgendwas beschäftigen zu wollen, um bei mir den Eindruck zu erwecken, er habe den Zwischenfall am Frühstückstisch vergessen, und sagte: ‚Das Bild ist schrecklich staubig.' Ich konnte keinen Staubfleck auf dem Bild erkennen, aber er stellte sich einen Stuhl hin, stieg drauf und begann, das Bild an der Wand zu putzen.

„Als er da so unbewaffnet stand, mit dem Rücken zu mir, überkam es mich plötzlich: ‚Jetzt oder nie! Das ist die Chance! Wenn du ihn jetzt nicht erwischst, kriegt er dich heute abend.' Ohne weitere Gedanken oder eine Sekunde des Zögerns zog ich meinen Revolver und zielte. Er hörte das Klicken, als ich den Hahn mit dem Daumen spannte, und drehte sich gerade um, als ich abdrückte. Die Kugel traf ihn genau hinter dem Ohr, er fiel um – tot."

Bob Ford wurde schnell vor ein Schwurgericht gestellt, dem nur Bürger von St. Joseph angehörten. Er erklärte sich für schuldig und wurde zum Tode verurteilt. Zwei Stunden nach dem Urteilsspruch traf telegraphisch die Begnadigung durch Governor Crittenden ein. Einige Monate später schickte Frank James, der sicher war, daß er auch hinterrücks ermordet werden würde, einen Brief an den Governor und bot an, sich zu stellen, wenn er dafür begnadigt würde. Der Governor wies ihn darauf hin, daß er ihn nicht begnadigen könne für Verbrechen, für die er noch nicht verurteilt sei, aber er sicherte ihm eine faire Verhandlung zu.

Am 5. Oktober 1882 rief Crittenden Reporter und Mitarbeiter in sein Büro: Er habe eine wichtige Mitteilung zu machen. Als alle versammelt waren, trat seelenruhig Frank James in den Raum. „Governor", sagte er, „ich bin Frank James. Ich übergebe Ihnen meine Waffen. Ich liefere mich Ihnen und dem Gesetz aus."

Frank wurde mit dem Zug nach Independence gebracht. Auf den Bahnhöfen entlang der Strecke drängten sich jubelnde Mengen. Eine Zeitung in St. Louis stellte die Frage, ob eigentlich Frank sich dem Staat Missouri ergeben habe oder der Staat sich ihm. Er kam wegen Mordes an einem

Auch Frank James – hier als rüstiger Siebzigjähriger – beutete seine Vergangenheit geschickt aus: Er öffnete sein Geburtshaus für Touristen. Sie zahlten nicht nur Eintritt, sondern ließen auch für Andenken, wie Steine von Jesses Grab, die Münzen klingen.

Fahrgast während des Zugüberfalls in Winston in Untersuchungshaft. Die Verhandlung fand im vollbesetzten Opernhaus in Gallatin statt – Tatort eines Bankraubs der Bande vor 14 Jahren. Der Staat, der es nicht fertiggebracht hatte, Frank zu fassen, schaffte es auch nicht, ihn zu verurteilen. Ein letztes Mal schützten die Menschen von Missouri den Mann, den sie als einen Helden im Kampf der Südstaaten ehrten.

Noch ehe die Vernehmung begonnen hatte, sah der Ankläger, William Wallace, wie der Fall laufen würde. Er blickte zur Geschworenenbank und sagte: „Das Urteil der Geschworenen, die hier ausgewählt worden sind, ist bereits gefällt." Die Verhandlung war beinahe eine Farce. Als ein General der ehemaligen Südstaaten-Armee, Joseph O. Shelby, als Leumundzeuge aufgerufen wurde, rief er laut: „Wo ist mein Freund und Waffenbruder? Ah, dort sehe ich ihn! Wenn Sie gestatten, möchte ich dem Kameraden die Hand schütteln, der an meiner Seite für die Rechte des Südens gefochten hat!" Nach einer derart ergreifenden Erklärung konnten bloße Tatsachen nur läppisch wirken. Frank James wurde freigesprochen.

Er war 40 Jahre alt und lebte noch 32 Jahre lang – Zeit genug zu sehen, wie andere Banditen die Taten der James-Bande nachzuahmen suchten. Der Westen war voll von Gangstern, die beweisen wollten, daß sie noch verwegener waren als die ersten und berühmtesten Outlaws. Aber Frank brauchte nichts mehr zu beweisen. Die einzigen Schüsse, die er je wieder abgab, kamen aus einem Revolver, mit dem er Pferderennen startete oder ländliche Jahrmärkte eröffnete – zwei von den zahlreichen Jobs, die er annahm, um sich nunmehr seinen Lebensunterhalt auf ehrenwerte Art und Weise zu verdienen.

Mit der Zeit entwickelte er sich zu einem politischen Philosophen in Kleinformat. Die Banker und Großunternehmer, die er einst so wirksam beraubt hatte, kanzelte er nun ab. „Sollte es in diesem Land jemals wieder einen Krieg geben", sagte er im Jahre 1897, „wird es ein Krieg zwischen Kapital und Arbeit, zwischen Besitzgier und Brüderlichkeit sein. Und ich bin heute genauso bereit, für Brüderlichkeit in Amerika einzutreten, wie ich in meiner Jugend für die Verteidigung der Südstaaten eingetreten bin."

Um 1890 wurden Bühnenstücke über die James-Bande zu Dutzenden aufgeführt. Fast alle gingen mit der Wahrheit so sorglos um wie dieses

Plakat: Jesse (*links*), unterstützt von einem schwarzen Komplizen und einer blonden Revolverbraut, hält vier Polizisten in Schach.

Butch Cassidys Wild Bunch: Die letzte Bande alten Stils

Im Jahre 1866 wurde in Beaver, Utah, ein Knabe geboren, der einmal der letzte Bandenführer des Westens werden sollte. Sein Name war Robert LeRoy Parker, den er später in Butch Cassidy verwandelte – als Zeichen der Bewunderung für seinen Freund Mike Cassidy, der ihn in der Kunst des Rinder- und Pferdediebstahls unterwiesen hatte. Genau wie die James-Brüder stammte er aus einer streng religiösen Familie, aber er hielt sich nur an wenige Gebote seines Glaubens.

Als Jugendlicher trat Butch einer Bande bei, aber nachdem er an einigen Zug- und Banküberfällen teilgenommen hatte, ging er seine eigenen Wege. 1893 wurde er wegen Pferdediebstahls festgenommen und verbrachte anderthalb Jahre im Gefängnis von Rawlins, Wyoming – ohne sich zu bessern. Als er mit 30 Jahren entlassen wurde, bildete er prompt seine eigene Bande. Nach einigen erfolgreichen Unternehmungen ehrten die einheimischen Zeitungen Cassidys Bande mit dem Beinamen Wild Bunch (Wilder Haufen).

In einer Hinsicht war dieses Etikett irreführend, denn Cassidy selbst legte sein Leben lang Wert darauf, unnötige Gewalt zu vermeiden. Wenn er verfolgt wurde, schoß er immer auf die Pferde, nie auf die Reiter. Er sagte „Ich habe niemals einen Mann getötet." Seine Bande führte er demokratisch, indem er die Mitglieder bei seinen Plänen um Rat befragte. Sogar auf den Steckbriefen wurde er als „heiter und umgänglich" beschrieben.

Aber die Art, in der die Bande ihre Taten beging, rechtfertigte ihren Namen „Wild Bunch" durchaus – besonders, seit sie ihre Aufmerksamkeit der Eisenbahn widmete. Am 2. Juni 1899 um 2.30 Uhr morgens schwenkten sie bei Wilcox, Wyoming, eine Laterne, um einen Zug der Union Pacific's Overland Limited zum Stehen zu bringen. Die Bande koppelte den Paketwagen ab und legte einen Dynamitstab darunter – ausreichend, um ihn aufzubrechen wie eine Eierkiste, aber nicht so viel, daß der Wächter, der hartnäckig drin blieb, verletzt worden wäre. Mit weiterem Dynamit sprengten sie den Safe, der Tausende von Münzen in die Nachtluft spie. Die Outlaws schaufelten hastig 30000 Dollar zusammen und ritten davon.

Cassidy (*rechts sitzend*) und Komplizen lassen 1901 in Fort Worth eine Atelier-Aufnahme machen. Um nach dem Schaden für den Spott zu sorgen, schickten sie einer Bank, die sie kurz vorher in Winnemucca, Nevada, ausgeraubt hatten, höhnisch einen Abzug davon.

Auf diesem Verbrecherphoto, während eines kurzen Aufenthalts im Staatsgefängnis von Wyoming aufgenommen, wirkt Cassidy hartgesotten. In Wahrheit hatte er den klaren Vorsatz, nie einen Menschen zu erschießen – wie es sich für den Enkel eines Mormonen-Bischofs ziemte.

Bei ihrem ersten Zugüberfall räumten Cassidys Leute den Safe im Gepäckwagen aus, den sie erst sorgfältig von den Personenwagen getrennt hatten, ehe sie ihn mit Dynamit in die Luft gehen ließen. Der Safe ist noch erkennbar.

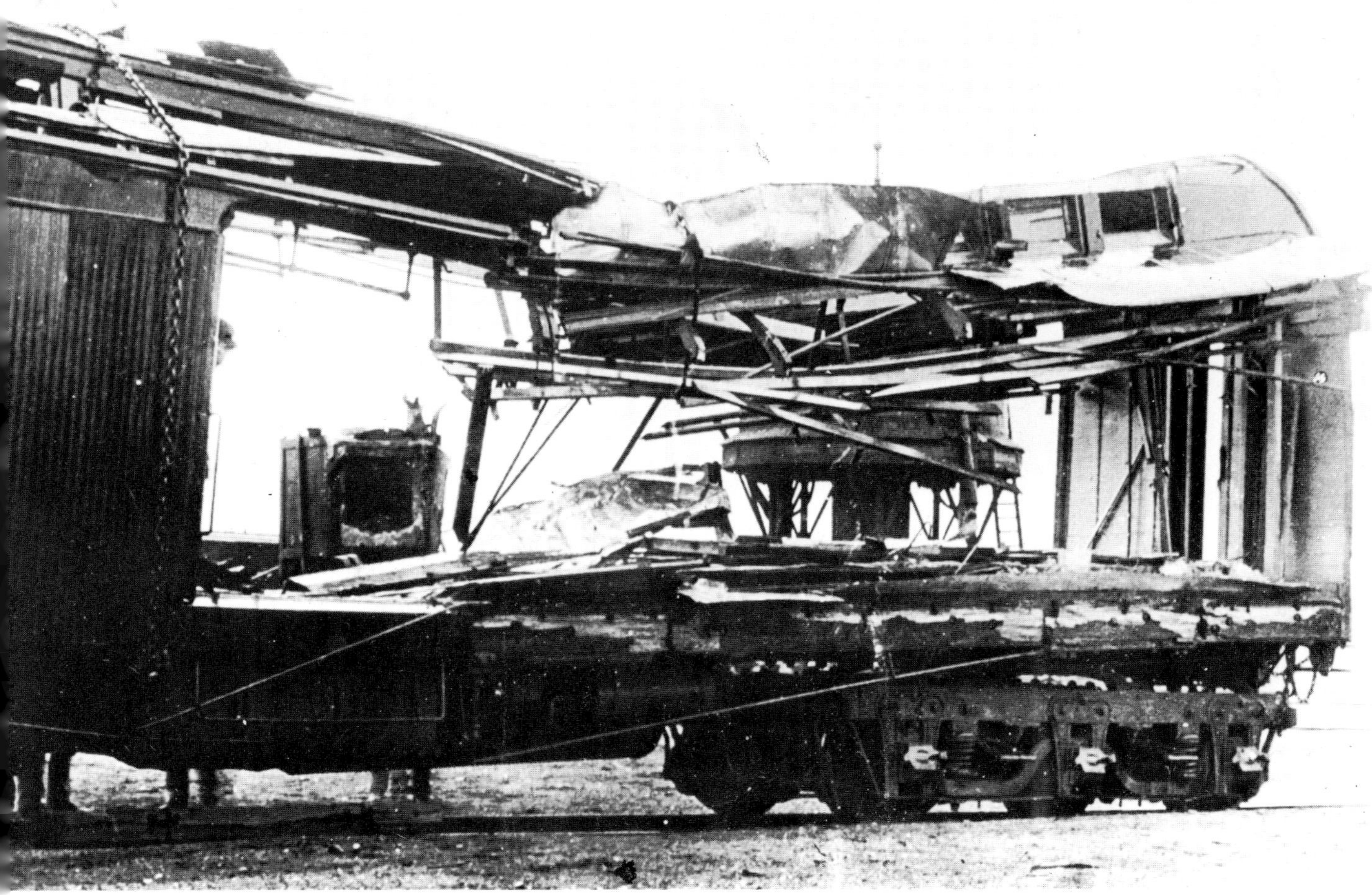

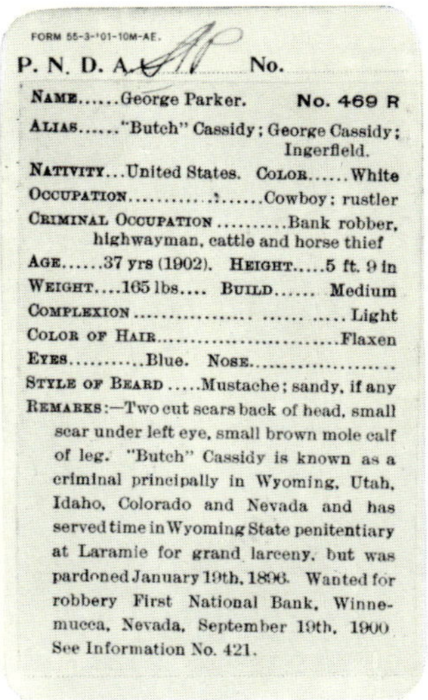

FORM 55-3-'01-10M-AE.

P. N. D. A. No.

NAME......George Parker. No. 469 R

ALIAS......"Butch" Cassidy; George Cassidy; Ingerfield.

NATIVITY...United States. COLOR......White

OCCUPATION............Cowboy; rustler

CRIMINAL OCCUPATION..........Bank robber, highwayman, cattle and horse thief

AGE......37 yrs (1902). HEIGHT.....5 ft. 9 in

WEIGHT....165 lbs.... BUILD...... Medium

COMPLEXION.......................Light

COLOR OF HAIR.........................Flaxen

EYES..........Blue. NOSE...................

STYLE OF BEARD.....Mustache; sandy, if any

REMARKS:—Two cut scars back of head, small scar under left eye, small brown mole calf of leg. "Butch" Cassidy is known as a criminal principally in Wyoming, Utah, Idaho, Colorado and Nevada and has served time in Wyoming State penitentiary at Laramie for grand larceny, but was pardoned January 19th, 1896. Wanted for robbery First National Bank, Winnemucca, Nevada, September 19th, 1900 See Information No. 421.

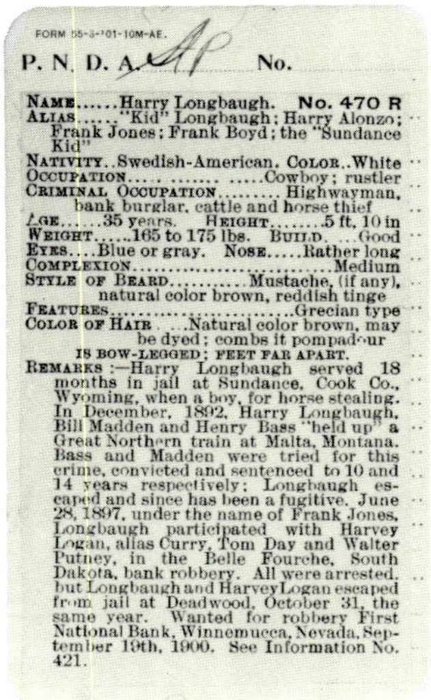

FORM 55-3-'01-10M-AE.

P. N. D. A. No.

NAME......Harry Longbaugh. No. 470 R

ALIAS......"Kid" Longbaugh; Harry Alonzo; Frank Jones; Frank Boyd; the "Sundance Kid"

NATIVITY..Swedish-American. COLOR..White

OCCUPATION.................Cowboy; rustler

CRIMINAL OCCUPATION.........Highwayman, bank burglar, cattle and horse thief

AGE......35 years. HEIGHT........5 ft. 10 in

WEIGHT......165 to 175 lbs. BUILD....Good

EYES....Blue or gray. NOSE.....Rather long

COMPLEXION..........................Medium

STYLE OF BEARD..........Mustache, (if any), natural color brown, reddish tinge

FEATURES.......................Grecian type

COLOR OF HAIR....Natural color brown, may be dyed; combs it pompadour

IS BOW-LEGGED; FEET FAR APART.

REMARKS:—Harry Longbaugh served 18 months in jail at Sundance, Cook Co., Wyoming, when a boy, for horse stealing. In December, 1892, Harry Longbaugh, Bill Madden and Henry Bass "held up" a Great Northern train at Malta, Montana. Bass and Madden were tried for this crime, convicted and sentenced to 10 and 14 years respectively; Longbaugh escaped and since has been a fugitive. June 28, 1897, under the name of Frank Jones, Longbaugh participated with Harvey Logan, alias Curry, Tom Day and Walter Putney, in the Belle Fourche, South Dakota, bank robbery. All were arrested, but Longbaugh and Harvey Logan escaped from jail at Deadwood, October 31, the same year. Wanted for robbery First National Bank, Winnemucca, Nevada, September 19th, 1900. See Information No. 421.

Pinkertons National Detective Agency verbreitete Photos und ausführliche Beschreibungen von Cassidy (*links*) und Sundance Kid im ganzen Land.

Auf diesen Schlag ließ die Bande drei weitere Zugüberfälle folgen. Obwohl Pinkertons Männer ihr schon im Nacken saßen, erwog die Union Pacific, dem Problem auf kaufmännische Weise beizukommen, indem sie Cassidy anbot, ihm eine Begnadigung zu erkaufen und ihm einen Posten als Zugbewacher zu geben.

Nachdem dieser Handel gescheitert war und Cassidy einen weiteren Zug ausgeraubt hatte, organisierte die Eisenbahngesellschaft eine eigene Bande von Revolverhelden, rüstete sie mit Hochleistungsgewehren aus und schickte sie per Expreßzug der Wild Bunch entgegen. Cassidy sah ein, daß er von derart entschlossenen Verfolgern eines Tages doch geschnappt werden würde, und beschloß, seine Operationen nach Südamerika zu verlegen. Gegen Ende des Jahres 1901 reiste er in Begleitung eines Vertrauten, Harry „Sundance Kid" Longbaugh aus Sundance in Wyoming, und dessen Geliebter Etta Place nach New York. Nachdem sie alle Sehenswürdigkeiten betrachtet hatten, machten sie sich nach Buenos Aires zu neuen Taten auf.

Im Lauf des nächsten Jahrzehnts raubten Cassidy, Sundance Kid und Etta Banken und Züge überall in Südamerika aus. Pinkertons Agenten hielten ihre Spur; in einem ihrer Berichte hieß es: „Sobald Cassidy ein Indianerdorf betrat, spielte er mit den Kindern. Wenn die Polizei ihn bedrängte, fand er stets ein Versteck bei den Eingeborenen."

Welches Ende das Trio nahm, bleibt ein Geheimnis. Man erzählte sich, sie seien in einem Gefecht mit Soldaten in Bolivien oder Uruguay getötet worden, aber zuverlässiger klingen die Berichte, wonach sie in die USA zurückkehrten und dort alt wurden. Wie auch immer – Longbaugh hatte seine Zukunft vorausgesehen, als er in den großen Tagen der Wild Bunch einmal sagte: „Lebend schnappen sie mich nie."

Bandenmitglied Ben Kilpatrick empfand Zuneigung zu Laura Bullion, einem „lockeren Vogel".

Eine Abteilung entschlossener Schützen der Union Pacific (*links*) fährt im Sonderzug durchs Land, um Cassidys Wild Bunch zur Strecke zu bringen und ihre Raubzüge zu beenden.

Bevor Sundance Kid mit Cassidy nach Südamerika ging, ließ er sich mit seiner Freundin Etta Place, einer hervorragenden Schützin, in einem New Yorker Atelier stilvoll photographieren.

Das Gewehr und den Sechsschüsser griffbereit, bricht Deputy U.S. Marshal Joe Cheeseman zur Menschenjagd ins Indianer-Territorium auf.

3 | Hüter der Ordnung

Law and Order wurden im Wilden Westen unter vielen Titeln verteidigt: Town Marshal, County Sheriff, State oder Territorial Ranger, Federal Marshal. Sheriff Bat Masterson betrachtete seine Kollegen als „ganz einfache, schlichte Männer, die geradeaus schießen konnten und das Äußerste an Mut und Nerven besaßen – und einen wachen Sinn für Recht und Unrecht“.

Wohl aus Höflichkeit ließ Bat Masterson eine Reihe von Dingen ungesagt. Der wache Sinn für Recht und Unrecht, den er den Ordnungshütern nachrühmte, hielt manche von ihnen nicht davon ab, sich eine zweite Karriere als praktizierende Banditen aufzubauen. Sie als „schlichte Männer“ zu bezeichnen, traf den Kern wahrscheinlich besser, denn sie verbrachten die meiste Zeit mit prosaischen Aufgaben wie Schreibarbeiten und Steuereintreibung.

Dennoch, bei zahlreichen Gelegenheiten bewiesen sie Tapferkeit und außerordentliche Geschicklichkeit mit dem Revolver: Sie prägten die Justiz des Westens.

Stern und Halbmond symbolisieren die Amtsgewalt des obersten Gesetzeshüters von El Reno im Territorium Oklahoma, vermutlich John Marshall.

Joe Mason, Deputy Marshal von Dodge City, fing als Army Scout an.

Deputy U.S. Marshal T. Thompson ritt Streife durch ganz Oklahoma.

T. J. Carr diente sechs Jahre lang als Sheriff im Territorium Wyoming.

L. C. Hartman war in Dodge City Polizist im unteren Dienststrang.

Deputy Sheriff C. H. Farnsworth (*links*) und Ranger K. Foster bei einer Patrouille auf einem Paß in der Wildnis von Arizona.

SHERIFF.
UTAH
BUCK GARRETT
CHIEF OF POLICE
ARDMORE I.T.
U.S.
MARSHAL
DEPUTY
U.S.
MARSHAL
POLICE
OKLA
CITY
ESMERALDA, Co.
SHERIFF
W. R. Phillips
DEPUTY
SHERIFF

Im Dienste von Gesetz und Ordnung

Nicht alle Siedler des Grenzgebiets beklagten sich, daß Law and Order ein bißchen spät bei ihnen Einzug hielten. Einige begrüßten die Verzögerung sogar. 1878 blickte der Herausgeber einer Zeitung im halbzivilisierten Territorium New Mexico gen Osten auf die noch weniger zivilisierten Ebenen von Texas und berichtete einfach neidisch über die Art, wie die Texaner die Einhaltung des Gesetzes erzwangen. „In Potter County in Texas gibt es keine Kreisverwaltung", bemerkte er. „Noch besser ist: Keine öffentliche Gewalt mischt sich dort in die unbegrenzte Freiheit ein, die die Einwohner dieses County genießen. Wenn dort Pferdediebe oder Schurken auftauchen, werden sie an den Pappeln aufgehängt."

Solche Wildwest-Justiz wich der Staatsmacht nur nach und nach und manchmal auffallend informell. Als die ersten Siedler von Cheyenne, Wyoming, Ärger mit Straßenräubern und Banditen hatten, bildeten sie eine Vigilanten-Truppe unter Nathaniel Kimball Boswell, der von weither – aus New Hampshire an der Ostküste – gekommen war, um in Wyoming einen Drugstore aufzumachen. Mit dem Segen der rechtschaffenen Leute in der Gemeinde nahm es Old Boz, wie er liebevoll genannt wurde, auf sich, Viehdiebe einzusperren und eine Einwohnerschaft im Zaum zu halten, die sich zum größten Teil aus „Spielern, Dieben, Straßenräubern, skrupellosen Halsabschneidern und Frauen der Halbwelt" zusammensetzte, wie eine Zeitung schrieb. Boswells Initiative entzückte John Campbell, Governor von Wyoming, so daß er sich entschloß, ihn zum County Sheriff zu ernennen. Dabei störte es Campbell nicht, daß man in Wyoming für solche Zwecke keine Formalitäten kannte. Er nahm einfach ein Blatt Papier und schrieb eigenhändig: „Jedermann zu wissen: Im Vertrauen auf die Vaterlandsliebe, die Rechtschaffenheit und die Tüchtigkeit von N. K. Boswell ernenne ich, John A. Campbell, ihn zum Sheriff des Albany County in Ausübung und kraft der durch mich vertretenen Staatsgewalt." Zu jener Zeit – im Mai 1869 – bestand Wyoming überhaupt nur aus vier Counties, jedes über die ganze Länge des Territoriums ausgedehnt, im Norden bis nach Montana und im Süden bis nach Colorado und Utah. So wurde Nat Boswell mit ein paar Federstrichen der oberste Gesetzeshüter eines Amtsbezirks, der 43 500 Quadratkilometer umfaßte.

Genauso beiläufig liefen die Amtsgeschäfte auch in den Grenzstädten selbst ab. Wenn eine Siedlung so groß geworden war, daß sie Stadtrecht bekam, war die erste Amtshandlung im allgemeinen die Wahl des Ortspolizisten. Mindestens in einem Fall erfolgte dieser Schritt entschieden zu früh. Als Ellsworth in Kansas 1871 Stadtrecht bekommen hatte, ernannten der Bürgermeister und der Stadtrat sofort einen Marshal zur Wahrung der Gesetze. In ihrer Eile versäumten es die Stadtväter jedoch, die Gesetze zu erlassen, die der Marshal wahren sollte. Eine Woche später kamen sie verzagt erneut zusammen, um ihren Fehler gutzumachen.

Selbst wenn es geschriebene Gesetze gab und ein rechtmäßig eingesetzter Polizist durch die Straßen patrouillierte, blieb es, vorsichtig ausgedrückt, eine schwierige Angelegenheit, die Ordnung in einer Stadt des Grenzlands aufrechtzuerhalten. Dabei halfen oft mehr der Mut des Polizisten und seine Schießfertigkeit als ein verbreiteter Respekt vor der Staatsgewalt. Denn in dieser Welt war der Grundsatz, jeder muß sich auf sich selbst verlassen, weit verbreitet, und Schußwaffen standen hier jedem zur Verfügung. Auf einem solchen Pulverfaß ließ sich das Gesetz am besten dann durchsetzen, wenn der Mann mit dem Stern mit dem Revolver umgehen konnte. Entwaffnete er eine Gruppe außer Rand und Band geratener Cowboys oder trennte er ein paar streitende Spieler oder hielt er eine lynchwütige Menge am Gefängnistor auf, so wußten die Bürger, daß es sein Sechsschüsser war, der Frieden und Ordnung sicherte.

In einer Gesellschaft, in der Saloon- und Spielhöllenbesitzer als respektable Bürger zählten – und manchmal als Bürgermeister und Stadträte fungierten –, war es nicht verwunderlich, daß Revolverhelden und Spieler auch Polizisten

Zu den Abzeichen, die von Marshals und Sheriffs des Wilden Westens getragen wurden, gehörten auffallend verzierte ebenso wie schlichte Exemplare. Die einfachste Plakette trug der ranghöchste Polizeioffizier – der U.S. Marshal.

George Ruffner, in den neunziger Jahren Sheriff von Yavapai County, Arizona, hatte ein Büro, das mit einer Schreibmaschine ausgestattet war. Viele Sheriffs erledigten nur Schreibarbeiten und überließen die harte Arbeit gewöhnlich den Deputies.

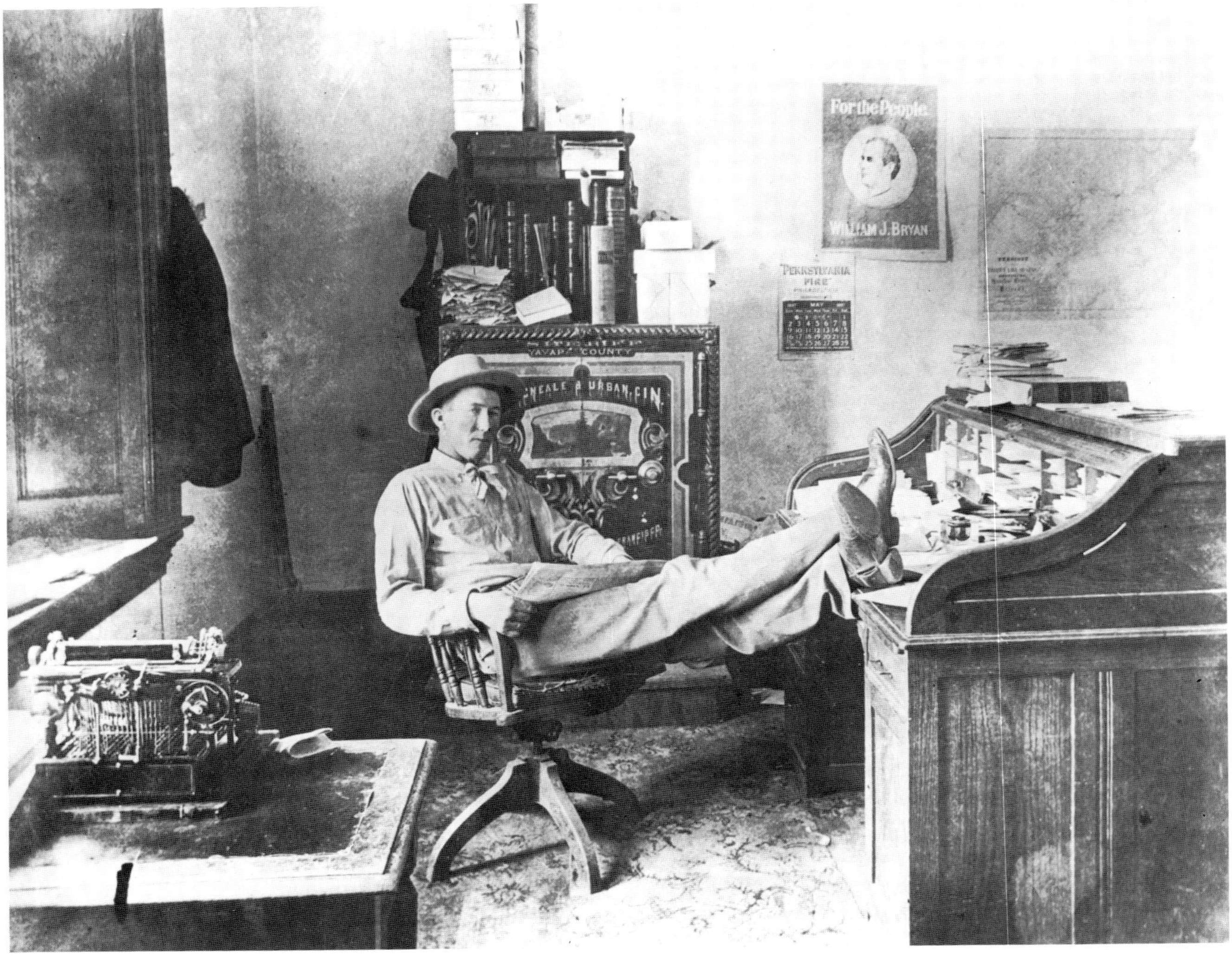

werden konnten. Manchmal übten sie ihre Berufe gleichzeitig aus. Als er Marshal von Abilene, Kansas, war, verbrachte Wild Bill Hickok (*Seite 123*) einen großen Teil seiner Zeit am Pokertisch. Wer ihn in einer öffentlichen Angelegenheit sprechen wollte, mußte sein Hauptquartier in „The Alamo" aufsuchen, einem Hotel mit einer riesigen Bar, allen Einrichtungen für Glücksspiele, einer Musikkapelle und Ölgemälden von nackten Schönen an den Wänden. Wie die meisten Revolverhelden, die Gesetzeshüter waren, sah Hickok keinen Grund, seine private Tätigkeit aufzugeben, solange er für Frieden sorgte. Er führte sein Amt im Auftrag des Bürgermeisters und des Stadtrats und wußte, daß er den Posten wahrscheinlich verlieren würde, wenn der nächste Bürgermeister seinen eigenen Mann aufstellte.

Verglichen mit einigen anderen Town Marshals war Wild Bill dabei ein Muster von Tugend. Die Bürger von Laramie in Wyoming zum Beispiel sahen sich gezwungen, ihren obersten Gesetzeshüter zu hängen, als herauskam, daß er in seiner gleichzeitigen Eigenschaft als Saloonbesitzer seine Kunden betäubt und ausgeraubt hatte. Eine Anzahl von County Sheriffs – die in der Hierarchie der Gesetzeshüter einen Rang über den Town Marshals standen – fand das gleiche Ende wegen ihrer außerdienstlichen Tätigkeit. Wütende Vigilanten in Ada County in Idaho entledigten sich ihres Sheriffs mit Hilfe des Stricks, als sie herausfanden, daß er nebenbei noch Pferdedieb war.

Solche Männer blieben freilich die Ausnahme, doch ein Dilemma, vor dem die friedliebenden Bürger des Grenzlands standen, war weit verbreitet: Oft hatten sie bei der Suche nach einem Hüter von Gesetz und Ordnung nur die Wahl zwischen einem aufrechten, aber schwachen Mitbürger oder einem neu Zugezogenen mit zwielichtiger Vergangenheit, der aber vor nichts zurückschreckte. Das war der Fall in Wild Bill Hickoks eigenem Amtsbereich in Abilene. 1870 galt diese Stadt als eine der wildesten Rinderstädte in Kansas. Die provisorische Stadtverwaltung ernannte einen Lebensmittelhändler zum Marshal, der das Amt nur ungern annahm, und raffte sich obendrein auf, ein Gefängnis zu errichten. Als es sich noch im Bau befand, kam eines Tages ein Haufen vergnügungssüchtiger Cowboys in die Stadt, nachdem sie auf einem langen, ermüdenden Weg Vieh aus den Ebenen von Texas hergetrieben hatten. Sie taxierten den neuen Polizisten, erkannten ganz richtig, daß er ein Hasenfuß war, und zeigten ihre Verachtung, indem sie sein im Bau befindliches Büro niederrissen. Der Stadtverwaltung gelang es endlich doch, das Gefängnis fertigzustellen, und ein übermütiger Cowboy-Koch wurde in ihm festgesetzt. Der Lebensmittelhändler schien seinen ersten Triumph feiern zu können. Aber dann tauchten die Freunde des Gefangenen auf, schossen das Schloß aus der Gefängnistür und befreiten ihren Kumpanen.

Derartige Zeugnisse amtlicher Unfähigkeit waren so blamabel, daß die Gemeinden des Grenzlands sich nach einem Ordnungshüter mit fester Hand sehnten und gelegentlich nichts unversucht ließen, um ihn zu finden. In der Hoffnung auf ein bißchen Stabilität waren sie manchmal bereit, auch einen bekannten Schurken als Marshal zu akzeptieren, vermutlich weil sie annahmen, daß ein solcher Mann am ehesten geeignet sei, mit Leuten seines Schlages fertigzuwerden. Nur wenige Bürger machten sich Sorgen über seine Rechtsbrüche in der Vergangenheit – und vielleicht in der Zukunft. Solange er Unruhestifter am Ort in Schach hielt, akzeptierten ihn die respektablen Bürger – und konnten nur hoffen, daß seine Bekehrung zu Law and Order auch von Dauer war.

Anders als häufig in Groschenromanen beschrieben, war der Ordnungshüter des Grenzlands selten der einsame Mann, der Übeltäter gegen alle möglichen Widerstände dingfest machte. Der Wilde Westen hatte eine beeindruckende Zahl verschiedenster Gesetzesvertreter mit festgelegten Zuständigkeiten. Gleiche Rechte, auch der Ehrgeiz von Rivalen und persönliche Fehden verursachten häufig Konflikte zwischen Männern verschiedener Zuständigkeit – der Zusammenprall zwischen den Earps in Tombstone und Sheriff Behan von Cochise County, von dem Tombstone umgeben war, ist ein berüchtigtes Beispiel. Aber genauso oft fand auch Zusammenarbeit statt. Innerhalb jedes Gerichtsbezirks war der leitende Mann in der Regel durchaus imstande, ausgebildete oder freiwillige Helfer aufzutreiben, sobald die Lage außer Kontrolle zu geraten drohte.

Auf städtischer Ebene hatte der Marshal – genauer: der Polizeichef – gewöhnlich eine kleine Truppe zur Verfügung, die aus einem Assistant Marshal und ein paar Polizisten bestand; zusätzlich konnte er in Notfällen gewöhnliche Bürger auffordern, kurzfristig als Polizisten zu wirken. Auf der County-Ebene ruhte die Ordnungsmacht in den Händen eines Sheriffs, seines Stellvertreters, des Undersheriffs, und einer Gruppe von Deputy Sheriffs, die von Fall zu Fall durch kurzfristig verpflichtete Hilfssheriffs unterstützt wurden.

Es gab noch eine dritte Gruppe von Gesetzeshütern, ein Korps von Bundesbeamten, die dem Staat (beziehungsweise dem Distrikt oder dem Territorium) zugeordnet waren: die United States Marshals und ihre Deputies. Ihr Auftrag war es eigentlich nur, für die Einhaltung der Bundesgesetze zu sorgen und Posträuber und Deserteure der Armee zu verfolgen. Die Deputies hatten jedoch oft zusätzlich die Funktion von Stadt- oder County-Polizisten und gingen ihren örtlichen Kollegen – oft mit dem Revolver – zur Hand.

In den wildesten Regionen des Südwestens der USA, wo die County-Verwaltungen nur in Ansätzen oder gar nicht existierten, war eine besondere Art von Gesetzeshütern weit verbreitet: die Rangers oder die berittene Polizei. Rinderdiebe und andere Banditen, die in Texas, New Mexico und Arizona an der mexikanischen Grenze operierten, hatten allen Grund, diese Verfolger zu fürchten, die direkt im Auftrag der Staats- oder Territorialregierung handelten. Sie wurden im allgemeinen aus den tüchtigsten Kandidaten ausgewählt, die verfügbar waren – Männer, die nicht nur schnell und treffsicher schießen, sondern auch gut und lange reiten konnten, denn ihre Patrouillen führten sie über große Entfernungen. Die Rangers dieser drei Staaten waren beinahe militärisch organisiert, doch in der Frage, wie das Gesetz zu vollstrecken sei, verließen sie sich auf ihr eigenes Urteil. Captain Burt Mossman wurde einmal gefragt, wie er mit seinen Rangern gegen die Viehdiebe in Arizona vorzugehen gedenke; er beschrieb das so:

„Wenn sie schnell aufgeben, ist alles in Ordnung. Wenn nicht, können wir, glaub' ich, ziemlich kurzen Prozeß mit ihnen machen. Die meisten von ihnen kenne ich, und das Leben, das diese Burschen auf der Flucht vor dem Gesetz in den Mesquite-Büschen führen, ist ein Hundeleben. Sie sollten mir dankbar sein, daß ich ihnen die Chance gebe, aufzugeben und zu uns zu kommen. Einige werden natürlich dagegen sein. Die werden dann wahrscheinlich eine kleine Schießerei versuchen, um uns zu bluffen, aber ich schieße selber ziemlich gut, und die Männer, die mich unterstützen, sind auch schnell mit dem Revolver. Jeder Dieb, der Lust hat, am Seil zu baumeln, und Ärger machen will, wird sehen, daß er dabei den kürzeren zieht."

Alle zusammengenommen – Stadt-, County-, Territorial- oder Staatspolizei und dazu die Bundespolizei – ergaben

Die ersten Marshals und Sheriffs von Guthrie im Territorium Oklahoma stehen mit Bürgern der Stadt unter einem Schild, auf das der Schildermaler von nebenan ein „l“ zuviel geschrieben hat. Die Stadt wuchs während der großen Landnahme von 1889 schlagartig von 0 auf 10 000 Einwohner an.

SHALL'S
CE.
GO TO WALKER & M'C
FOR SIGN
FIRST STREET, OP CTY.

eine Ordnungshierarchie, an deren Spitze in jedem Staat der U.S. Marshal stand. Zum größten Teil verdankte er seine Machtstellung der Tatsache, daß er die Ehre hatte, direkt vom Präsidenten der Vereinigten Staaten auf Anraten und mit Zustimmung des Senats ernannt zu werden. Da allein die Parteien ihn auswählten, waren seine Fähigkeiten mit dem Revolver entschieden weniger wichtig als seine politischen Talente. Er wiederum hatte das Recht, seine eigenen Deputies auszusuchen, und folglich war der Posten des U.S. Marshal so einträglich, daß sich dafür unzählige Interessenten bewarben, sobald er frei wurde. Im Jahre 1882 berichtete eine Zeitung in Albuquerque drei Wochen nachdem in New Mexico ein solcher Posten vakant geworden war: „Der Präsident verzögert noch immer die Nominierung eines U.S. Marshal. Wie bekannt wurde, haben sich 51 Bewerber gemeldet, die 200 Zentner Bittschriften und acht Kubikmeter Empfehlungen mitbringen."

Die Männer, die aus dem Gerangel als Sieger hervorgingen, zeigten manchmal einen eklatanten Mangel an Redlichkeit oder an Erfahrung im Polizeidienst. Unter den U.S. Marshals im Staat Colorado war ein Spirituosen-Großhändler, ein Immobilienmakler, ein Bank-Taxator und ein Getränkefabrikant. In früheren Zeiten, als Colorado noch Territorium war, fiel die Wahl des obersten Polizeichefs noch schlechter aus: Der erste U.S. Marshal, ernannt 1861, wurde wegen Veruntreuung von Staatsgeldern festgenommen. Der zweite, ein ehemaliger Richter am Stadtgericht von Denver, benahm sich besser. Aber der dritte legte sein Amt nieder, weil er wegen Diebstahl und Verbreitung von Falschgeld angeklagt wurde. Den vierten verurteilte man, weil er sich unbotmäßig bereichert hatte, indem er betrügerische Ansprüche gegen die Regierung in Washington geltend machte; und er saß zwei Jahre im Gefängnis.

Schurkerei an hohem Orte konnte den Durchschnittsbürger im Westen amüsieren oder wütend machen, aber sein Hauptinteresse an der Polizeimacht – oder dem Fehlen einer solchen – lag natürlich vor seiner Tür. Hatte er eine Beschwerde anzubringen, schickte er vielleicht einen Brief an einen erhabenen, entrückten, unerreichbaren Beamten in einem Hunderte von Meilen entfernten Büro, aber der Mann, dem er persönlich begegnete und den er – ob er es wollte oder nicht – nicht nur oberflächlich kannte: Das war der Town Marshal oder der County Sheriff. Diese beiden Männer waren im Grenzland die eigentlichen Hüter des Gesetzes.

Der Sheriff besaß mehr Macht und auch mehr Ansehen. Er war der höchste Polizeibeamte des Bezirks und manchmal auch der Chef der Verwaltung. Viele Sheriffs setzten ihren Stolz darein, die Gesetzesbrecher persönlich zu verfolgen und gefangenzunehmen; viele andere aber, wie die meisten U.S. Marshals, überließen diesen Job lieber ihren revolverschwingenden Deputies und widmeten ihre Zeit hauptsächlich der Politik und dem Geldverdienen. In fast allen Counties erlangte der Sheriff sein Amt nach einer heißen Wahlschlacht, und dazu benötigte er das Geschick und die Gerissenheit eines Politikers. Es gab natürlich auch Ausnahmen, wie Bat Masterson. Als er für das Amt des Sheriffs von Ford County in Kansas kandidierte, erklärte er seinen Wählern: „Ich gebe keine Wahlversprechen ab, die werden ja doch meistens als bloße Phrasen angesehen." Hatte ein Sheriff sein Amt einmal angetreten, konnte er gar nicht vermeiden, daß es einträglich wurde. Ein Großteil seiner Zeit verwendete er auf das Einziehen von Steuern, und häufig erhielt er einen Prozentsatz von den Einnahmen. Dazu kam in manchen Staaten eine gewisse Summe an Schmiergeldern, die ihm für die Genehmigung von Verträgen über Straßenbau- und anderen Vorhaben des County wohlweislich zugestanden wurden. Diese Art Einkommen konnten einen Mann zu Reichtum bringen: Sheriff John Behan, Gegner der Earps in Tombstone, soll während seiner Amtszeit 40 000 Dollar jährlich eingenommen haben.

Von diesen Goldpfründen abgesehen, kam auf den Sheriff täglich ein Bündel von praktischen Pflichten zu. Alle Sheriffs mußten das Bezirksgefängnis führen, Gerichtsbeschlüsse vollstrecken und das Eigentum von Steuersündern verkaufen. Einige Sheriffs hatten zusätzlich die verschiedensten Nebenaufgaben – entsprechend den Problemen in ihren Gebieten – wahrzunehmen. In Wyoming prüften sie bei allen Pferden, die den Staat verließen, das Brandzeichen des Besitzers, um Diebstahl vorzubeugen. Die Sheriffs von Utah führten nicht nur die Bezirksgefängnisse, sondern auch die Bezirkshundezwinger. In Colorado sprangen die Sheriffs beim Bekämpfen von Waldbränden ein, in Texas halfen sie bei der Ausrottung der Präriehunde, in New Mexico gingen sie mit auf die Suche nach verirrtem Vieh.

Auf der dritten Ebene der Polizeihierarchie – in der Stadt – vervielfachten sich diese Sonderaufgaben; Town Marshals hatten oft mehr Pflichten, als sie wahrnehmen konnten. Tödliche Gefechte und Schießereien machten ein paar Gesetzeshüter zwar über ihren Amtsbezirk hinaus berühmt, aber die meiste Zeit verbrachten sie mit Arbeiten von weniger heldenhafter Art. An vielen Orten übte der Town Marshal auch die Funktion des Gesundheits- und Hygiene-Inspektors sowie des Feuerwehrhauptmanns aus. Manchmal zog er die städtischen Steuern ein, auch die Lizenzgebühren für Saloons und Bordelle oder die Hundesteuer; die hierbei gewonnenen Erfahrungen brachten ihm gelegentlich ein paar Extra-Dollar ein, wenn er für private Unternehmer Zahlungen eintrieb. Schließlich mußte er noch Zeit haben,

Vorladungen zuzustellen, dem Ortsgefängnis vorzustehen, die amtliche Statistik über die Festnahmen und das den Gefangenen abgenommene Eigentum zu führen, bei Gerichtsverhandlungen als Zeuge aufzutreten und im städtischen Polizeigericht die Ordnung aufrechtzuerhalten.

Einige der berühmtesten Revolverhelden des Westens übten solche und andere profane Tätigkeiten aus. Wild Bill Hickok reinigte in Abilene die Straßen sowohl von Abfällen wie von aufsässigen Cowboys; zur Aufbesserung seines Monatsgehalts von 150 Dollar erhielt er 50 Cent für jeden Hund, für den keine Steuern bezahlt wurden und den er innerhalb der Stadtgrenzen erschoß. Virgil Earp mußte in Tombstone einen „Akkordeon-Teufel" aufspüren, der die Bürger nachts am Einschlafen hinderte.

Selbst wenn ein Marshal seine ganze Machtbefugnis wahrnahm und jemanden festnahm, war das von nahem gesehen meist eine höchst prosaische Sache. Virgil Earp und seine Gehilfen brachten in einem Monat, der repräsentativ ist, in Tombstone 48 Menschen hinter Gitter – davon 18 wegen Trunkenheit und ungebührlichen Verhaltens und 14 wegen Friedensstörung. Nur bei acht Festnahmen war Gewalt oder Gewaltandrohung im Spiel: bei vieren tätliche Gewalt, bei dreien das Tragen von versteckten Waffen und bei einer Widerstand gegen einen Polizisten. Der Rest entfiel auf andere Delikte wie einfachen Diebstahl und rücksichtsloses Fahren mit dem Einspänner.

Doch ist diese Statistik irreführend. Sie spiegelt die hochexplosive Atmosphäre der Stadt im Grenzland nicht genau wider und sagt auch nichts über die plötzlichen tödlichen Zusammenstöße aus, zu denen die Ordnungshüter mit schußbereiten Revolvern eilen mußten. Solche Episoden ereigneten sich in den Städten von Texas, Kansas oder Montana häufig, wenn die Cowboys staubig, müde und einsam von der Weide zurückkamen. Nach wenigen Stunden – frisch gewaschen, mit Alkohol aufgetankt, die Taschen voller Geld und die Langeweile von Wochen im Gemüt – gingen sie auf die Straße, zu Unsinn aufgelegt, streitsüchtig. Nicht selten endete ihr Tag mit einer Tragödie – einer Schießerei mit einem Falschspieler oder einem tödlichen Streit um die Gunst einer Prostituierten. Auch ein verhältnismäßig harmloses Spiel zu Pferde konnte gefährlich werden, besonders wenn Cowboys wie Eroberer durch eine Stadt galoppierten und johlend und grölend in die Luft schossen. Ein typischer Fall dieser Art trug sich in Dodge City, Kansas, in einer dunstigen Juli-Nacht des Jahres 1878 zu.

Ein Mann namens Charles Bassett war damals Town Marshal, Wyatt Earp Assistant Marshal, ein jüngerer Bruder von Bat Masterson, Jim Masterson, Mitglied der Stadtpolizei und Bat selbst Sheriff des umliegenden Bezirks. Etwa um drei Uhr morgens schwankten zwei Cowboys aus dem Lady Gay Saloon, wahrscheinlich reif zur Heimkehr in ihr Camp vor der Stadt. Wie es weiterging, schildert die *Dodge City Times*. Die Cowboys „schnallten die Revolver um, die sie in der Stadt gar nicht tragen durften, und stiegen auf die Pferde. Plötzlich meinte einer der beiden, er müsse zum Abschluß des nächtlichen Gelages und zur gebührenden Ankündigung seines Aufbruchs ein bißchen schießen, und so ballerte er los. Eine Kugel zischte in eine Tanzhalle nebenan und verursachte nicht wenig Aufregung unter den Tänzern – des ‚Traumwalzers' und der Quadrille."

Der berühmte Varieté-Künstler Eddie Foy gab in jener Woche Vorstellungen in Dodge City und war in dieser Nacht zufällig im Lady Gay Saloon. Als ein paar Kugeln in den Saloon pfiffen, so erinnerte sich Foy, „warfen sich alle sofort zu Boden, wie es üblich war. Bat Masterson hielt gerade die Bank bei einem Spiel Mexikanisch-Monte mit Doc Holliday, und ich war beeindruckt von dem Tempo, mit dem sich beide auf den Boden drückten wie Pfannkuchen".

Draußen, in der dunklen Straße, verwandelte sich der Zwischenfall plötzlich vom Streich zweier Cowboys, die Dampf ablassen mußten, in ein tödliches Duell zwischen zwei bewaffneten Reitern und zwei Polizisten zu Fuß. Jim Masterson und Wyatt Earp waren, als sie die Schüsse hörten, zum Tatort geeilt und schossen sich nun mit den umhergaloppierenden Cowboys. Unvermittelt warf sich ein fünfter Mann ins Getümmel. Der *Kansas City Times* zufolge hatte sich „ein Wichtigtuer, der die Lage gar nicht übersah, an ein Fenster der Tanzhalle gekauert und veranstaltete ein wahlloses Geschieße auf eigene Faust". Nach einigen chaotischen Momenten konnten die Männer des Gesetzes die Cowboys vertreiben. Als sie über die Brücke ritten, die aus der Stadt hinausführte, traf Masterson oder Earp – es kam nie heraus, wer es war – einen der Reiter in die Schulter.

Außer diesem verwundeten Cowboy, einem jungen Texaner namens George Hoy, hatte niemand auch nur einen Kratzer. Der Lady Gay Saloon, schon von den Einschüssen in der Decke und den Wänden wie mit Pocken überzogen, besaß noch ein paar Löcher mehr. Ein paar Kleidungsstücke von Eddie Foy, die in seiner Garderobe hingen, trugen ebenfalls Schäden davon. „Ich hatte mir gerade einen neuen Elf-Dollar-Anzug gekauft", schrieb er. „Als ich nach dem Kugelhagel zurückkam, entdeckte ich, daß er von drei Kugeln durchlöchert worden war, und eine hatte ein glimmendes Brandloch hinterlassen." Dodge Citys Einwohner waren sich einig, daß George Hoy, der verletzte Cowboy, seinen gerechten Lohn erhalten habe, doch waren sie – zu ihrer eigenen Verwunderung – ernstlich betroffen, als

Bürger von Guthrie stehen mit gemischten Gefühlen neben U.S. Marshal W. C. Jones (*Mitte*); er sollte das Alkoholverbot im Territorium Oklahoma durchsetzen und hat in Ausführung seines Amtes einem Saufbold den Schnapskrug abgenommen und zertrümmert. In der vorderen Reihe setzt ein Witzbold eine Flasche an, was sein Freund zu verhindern sucht.

er einige Wochen später starb. „George war nichts als ein armer Cowboy", schrieb der *Ford County Globe*, „aber seine Cowboy-Brüder ließen ihn während seiner Krankheit keinen Mangel leiden, und sie begruben ihn, als er gestorben war, mit großem Pomp, was sehr zu loben ist."

Falls die Einwohner von Dodge City ein schlechtes Gewissen gehabt haben sollten, so jedenfalls nicht lange. Widerspenstige Cowboys waren die Plage aller Rinderstädte, und es war dankenswert, daß die Polizei am Ort sie daran hinderte, alles zusammenzuschießen. Vier Jahre nach George Hoys vorzeitigem Tod erhielt Dodge City einen stahlharten neuen Town Marshal, einen Revolverhelden aus Kansas, Jack Bridges. Die Stadträte waren so angetan davon, wie er das Cowboy-Problem anpackte, daß sie sein Gehalt nach einem Jahr von monatlich 100 Dollar auf 150 Dollar erhöhten; ein Zeitungsredakteur deutete im Scherz an, sie hätten noch eine Sondervereinbarung, so daß Bridges und sein Assistant Marshal „berechtigt sind, ein oder zwei Cowboys pro Saison zu töten".

Die Ernennung von Bridges löste zwischen den Nachbarstädten Dodge City und Caldwell einen kurzen, aber heftigen Disput über die Frage aus, welcher Town Marshal die größeren Verdienste habe. Solche Streitigkeiten waren in einer Zeit des überschwenglichen Lokalpatriotismus nicht ungewöhnlich. Eine Zeitung in Caldwell begann den Streit, als Bridges ernannt wurde: „Jack", hieß es da, „gehört zur Klasse der Killer, und es ist lediglich eine Frage der Zeit, wann er in den Stiefeln sterben wird." Die Leute in Dodge City waren wütend. „Caldwell ist eifersüchtig auf Dodge City, das beweisen die Zeitungen", konterte die *Dodge City Times*; und dann setzte das Blatt zum Gegenangriff an: „Caldwell ist unfähig, sich selbst zu regieren. Drei City-Marshals sind in dieser Stadt hinterrücks ermordet worden." Die Zeitung schürte das Feuer mit einem Leserbrief, in dem es hieß, daß der Redakteur des Caldwell-Blattes „das Gift einer Schlange, die Schleimigkeit einer Kröte und den Geruch eines Stinktiers" besitze.

Selbst ein unparteiischer Beobachter hätte freilich zugeben müssen, daß die Erfahrungen, die die Stadt Caldwell mit Gesetzeshütern gemacht hatten, vorsichtig ausgedrückt, unter einem bösen Stern standen. Der Hinweis der *Dodge City Times*, drei Town Marshals von Caldwell seien „hinterrücks ermordet" worden, war nicht übertrieben – obwohl genaugenommen nur einer von ihnen im Amt umkam: George Flatt. Er war ein ewig betrunkener Aufschneider, aber ein hervorragender Revolverheld – einer der wenigen, die wirklich mit beiden Händen schießen und töten konnten. Vor seiner Ernennung zum Marshal von Caldwell gewann er seinen Ruf, indem er als Mitglied einer

Eine Gefangenenliste aus dem Jahre 1877 verzeichnet Verbrechen und gegebenenfalls Strafen. Zwar taucht hier von acht Vergehen zweimal „Mord“ auf, doch kam im Wilden Westen auf 40 Verbrechen durchschnittlich weniger als ein Tötungsdelikt.

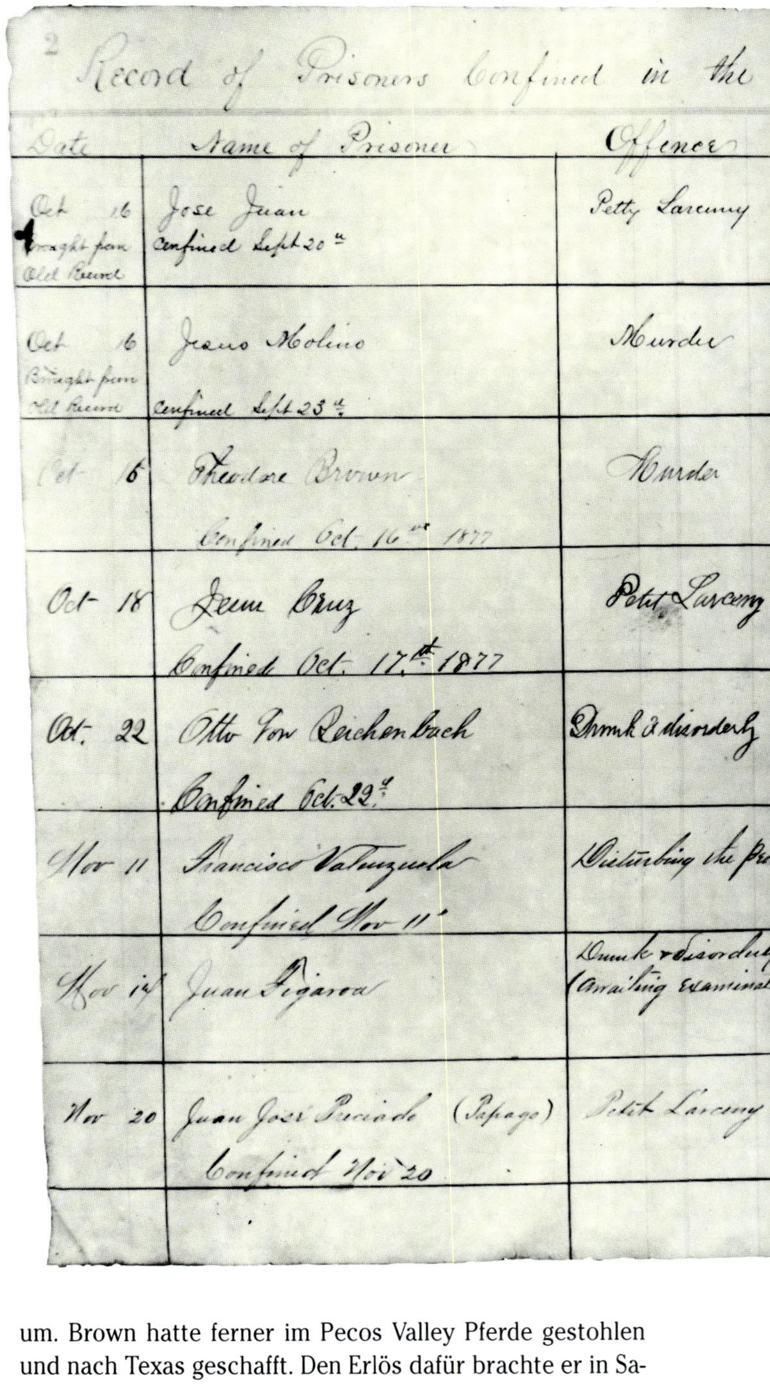

2 Record of Prisoners Confined in the

Date	Name of Prisoner	Offence
Oct 16 Brought from Old Record	Jose Juan Confined Sept 20th	Petty Larceny
Oct 16 Brought from Old Record	Jesus Molino Confined Sept 23d	Murder
Oct 16	Theodore Brown Confined Oct. 16th 1877	Murder
Oct 18	Jesus Cruz Confined Oct. 17th 1877	Petit Larceny
Oct. 22	Otto Von Reichenbach Confined Oct. 22d	Drunk & disorderly
Nov 11	Francisco Valenzuela Confined Nov 11th	Disturbing the pe
Nov 14	Juan Figaroa	Drunk & Disorderly (Awaiting Examinat
Nov 20	Juan José Preciado (Papago) Confined Nov 20	Petit Larceny

Polizeitruppe zwei Schurken beinahe gleichzeitig erschoß, während er selbst unter Beschuß stand. Als er aber eines Nachts um eins, kurz nach Verlassen des Büros, durch die Hauptstraße von Caldwell schlenderte, wurde er von einer Bande aus dem Hinterhalt angegriffen und mit einem Hagel von Blei- und Schrotkugeln niedergestreckt.

Der Bürgermeister von Caldwell, ein Saloon-Besitzer namens Michael Meagher, und sechs weitere Männer wurden unter dem Verdacht, dieses Verbrechen begangen zu haben, festgenommen, aber aus Mangel an jeglichen Beweisen schließlich wieder freigelassen. Später war Michael Meagher für kurze Zeit Town Marshal – und wurde seinerseits in einer Schießerei mit fünf Cowboys, die auf Zechtour waren, niedergeschossen. Der dritte unglückselige Marshal, ein junger Bursche namens George Brown, starb in Erfüllung seiner Pflicht. Ihm war zu Ohren gekommen, daß ein bewaffneter Mann die Red Light Dance Hall, einen Tanzschuppen, betreten hatte, und so eilte er mit einem Polizisten dorthin, um ihm die Waffen abzunehmen. Doch im Saal sahen die beiden sich unvermutet vier bewaffneten Männern gegenüber. Der unerfahrene Marshal wollte es mit allen aufnehmen. Eine einzige Kugel riß ihn um, noch ehe er auch nur ein Ziel anvisieren konnte; der Polizist brachte sich durch Flucht in Sicherheit.

Zwei Wochen nach George Browns Tod, im Juli 1882, kam ein Mann namens Henry Brown – soviel man weiß, mit dem ermordeten Marshal nicht verwandt – zu Pferd nach Caldwell; klein, hart, mit blauen Augen. Er war allein auf dem Chisholm Trail aus dem Süden gekommen, und er trug zwei Sechsschüsser mit Elfenbeingriffen und ein stark abgenutztes Winchester-Gewehr bei sich. Bald nach seiner Ankunft in der Stadt kam er ins Büro des Bürgermeisters und wollte einen Job als Polizist haben. „Bitte sehr“, soll der Bürgermeister zu ihm gesagt haben, „das ist Ihr Begräbnis.“ Henry Brown wurde Assistant Marshal von Caldwell. Sein Fall ist typisch für einen Revolverhelden, der sich auf die Seite des Gesetzes geschlagen hatte – doch der ein Ende nahm, das die anständigen Bürger allerorten tief erschreckte.

Die *Caldwell Post* konnte im Bericht über Browns Ernennung nur wenig über ihn mitteilen, außer daß man „ihm nachsagt, im ganzen Südwesten einer der schnellsten am Abzug zu sein“. In Wahrheit hatte der Bürgermeister, ohne daß die guten Leute von Caldwell das ahnten, einen der hartgesottensten Verbrecher des Südwestens eingestellt. Henry Brown war in Texas und New Mexico als Desperado berühmt. Während des berüchtigten Lincoln-County-Krieges von 1878 ermordete er zusammen mit Billy the Kid und anderen Freunden den County Sheriff und brachte zwei Deputy Sheriffs, die gerade im Gefängnis saßen, kaltblütig um. Brown hatte ferner im Pecos Valley Pferde gestohlen und nach Texas geschafft. Den Erlös dafür brachte er in Saloons und einer Spielhölle nach der anderen durch. Um 1880 nahm dann sein Leben eine plötzliche Wendung: Eine kurze Zeit arbeitete er als Deputy Sheriff im Oldham County, Texas. So war er denn, als er sich auf den Chisholm Trail begab, um sich in den Rinderstädten von Kansas umzusehen, ein versierter Revolverheld, der sich zunehmend für die Geschäfte der Gesetzeshüter interessierte.

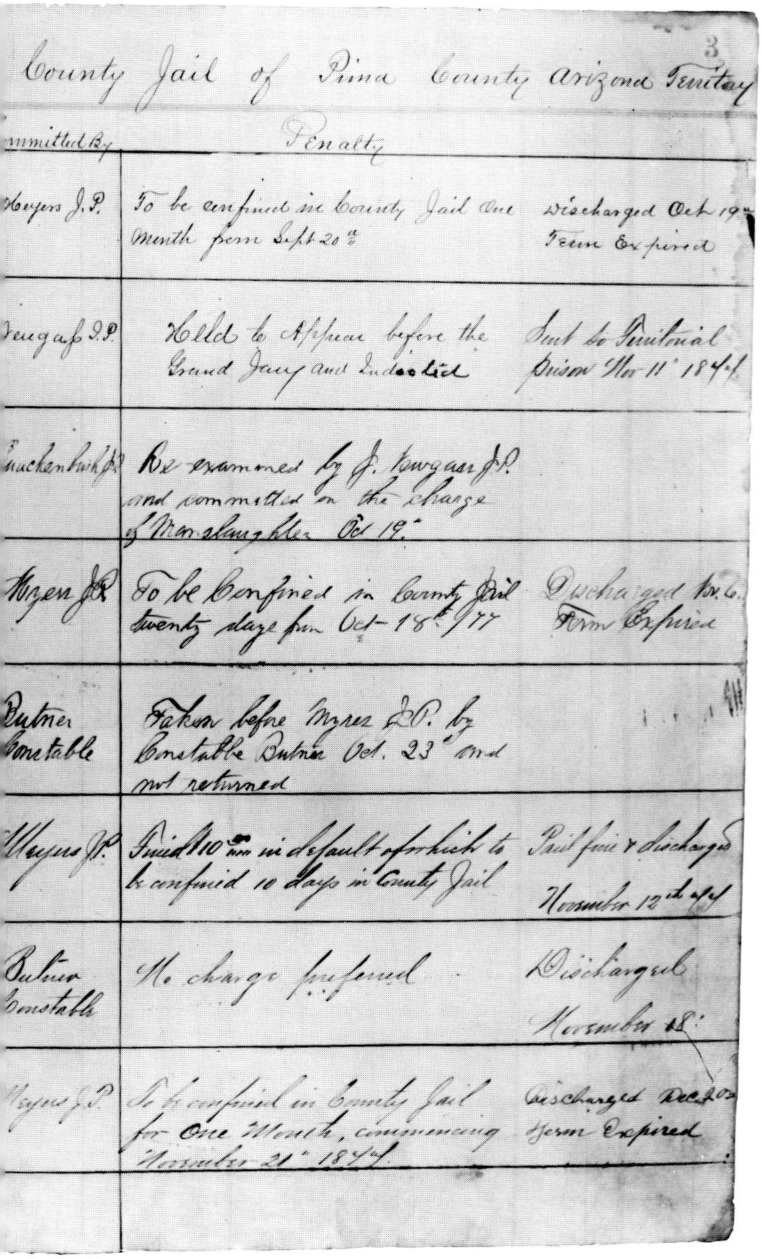

In Caldwell wurde Henry Brown ein ausgezeichneter Schutzpolizist und gewann langfristig die Zuneigung der Bürger. Innerhalb von sechs Monaten beförderten ihn Bürgermeister und Stadtrat vom Assistant Marshal zum Acting Marshal und schließlich zum Marshal. In der letzten Position tötete er zwei Männer: einen Indianer namens Spotted Horse, der so töricht war, sich der Festnahme zu widersetzen, und einen Spieler, Newt Boyce, der so dumm war, sich auf eine Schießerei mit Brown einzulassen. Im übrigen war es einfach seine Anwesenheit in Caldwell, die zählte. Zusammen mit dem von ihm ausgewählten Deputy, einem riesigen Texaner namens Ben Wheeler, beherrschte er die einst wilden Straßen der Stadt. Das ungleiche Paar – der zu klein geratene Marshal und der ihn überragende Gehilfe – brauchte die Waffen nur selten zu benutzen.

Caldwell hatte seine Freude an seinem obersten Gesetzeshüter – einem Muster an Tugend: Er trank nicht, er spielte nicht, er rauchte nicht einmal und kaute auch nicht Tabak. Eines Tages schenkten ihm die Leute als Ersatz für sein abgenutztes Gewehr eine funkelnagelneue, elegant gravierte und goldverzierte Winchester, die die Inschrift trug: „Für wertvolle Dienste überreicht von den Bürgern von Caldwell." Im März 1884 erfreute er ihre Herzen noch mehr, indem er ein Mädchen aus der Stadt heiratete, Maude Levagood. Das *Caldwell Journal* gab die Heirat bekannt, die ganze Redaktion gratulierte dem jungen Paar und wünschte ihm „ein langes Leben in Wohlstand". Die Jungvermählten taten einen wichtigen Schritt: Henry kaufte ein Haus – und das war eine Handlung, die unter den Revolverhelden des Westens wahrhaft selten war.

Dann, Ende April, entschloß sich Henry, wieder Verbrecher zu werden – kein Mensch wird je erfahren, warum. Vielleicht brauchte er Geld; vielleicht engte ihn die Ehe ein; vielleicht war Caldwell ihm zu zahm geworden. Jedenfalls ritten Brown und sein Deputy, Ben Wheeler, Ende April aus der Stadt. Irgendwo in der Weite des Landes lasen sie zwei befreundete Cowboys aus Texas auf, Bill Smith und John Wesley. Die vier Männer machten sich gen Westen auf.

Medicine Lodge war ihr Ziel, eine Siedlung etwa 90 Kilometer von Caldwell entfernt. Es war ein winziger Ort, der nur wenige jener Attraktionen hatte, die die rauhen Rinderstädte längs der Eisenbahnlinien boten – aber es gab eine kleine Bank, die niemanden vom Schlage des Henry Brown zu ihrem Schutz besaß. Medicine Lodge hatte ein paar böse Tage hinter sich, wie ein Redakteur des Lokalblatts berichtete: „Ein paar großspurige Schurken ergriffen praktisch von der Stadt Besitz, grölten in den Straßen und feuerten ihre Revolver ab, bis ihre wilden und wüsten Triebe befriedigt waren, und dann zogen sie unangefochten und unbestraft von dannen." Nach einer solchen Demonstration von Tyrannei ohne jeden Widerstand, fügte der Redakteur hinzu, sei die Stadt berühmt geworden als ein Ort, dessen „butterweiche Einwohner" sich in ihren Häusern verkröchen, sobald Desperados auftauchten. Dies mußte der ideale Ort für einen schnellen, stillen, leichten Banküberfall sein.

Wie sich herausstellte, war er nichts dergleichen. Zwar beschrieb eine Zeitung Browns Banküberfall als einen Raubversuch, „der an Kaltblütigkeit und kühner Planung

Dieses primitive Gefängnis in Larned, Kansas, war noch besser als manches andere im Wilden Westen. Ein Sheriff hielt seine Gefangenen einfach dadurch fest, daß er ihnen eine Kuhhaut überwarf, die er mit Pflöcken am Boden befestigte.

von den berühmtesten Unternehmungen der James-Bande niemals übertroffen wurde", aber in Wahrheit war es Stümperei. Weder Brown noch einer seiner Kumpanen hatte je eine Bank beraubt. Bill Smith hielt Wache, während die drei anderen die Bank, kurz nachdem sie geöffnet worden war, betraten. In Minutenschnelle hatten sie den Kassierer getötet und den Direktor tödlich verletzt. Aber noch im Sterben verschloß der Kassierer den Tresorraum der Bank, und bald flüchteten die Banditen mit leeren Händen aus der Stadt. Ein Aufgebot an Männern folgte ihnen auf den Fersen. Die Umgebung kannten Brown und seine Männer nur wenig. Nach ein paar Stunden saßen sie in einem Canyon in der Falle. Eine Zeitlang konnten sie ihre Verfolger noch bekämpfen, dann gaben sie den aussichtslosen Kampf auf. Das Nachspiel war schnell und brutal. Um neun Uhr abends fiel eine Horde von Männern über das Gefängnis von Medicine Lodge her, überwältigte den Sheriff und seine Truppe und drang zu den Gefangenen vor. Die vier Bankräuber versuchten ins Freie zu gelangen; Brown rannte nur ein paar Meter, ehe er tot umfiel, von Schrot und Kugeln durchlöchert. Wheeler, Smith und Wesley wurden noch in derselben Nacht östlich der Stadt an einer Ulme aufgehängt. Dann begaben sich die „butterweichen Einwohner" befriedigt nach Hause. Kurz darauf lasen sie im Lokalblatt folgende Beurteilung ihres Verhaltens: „Lynchjustiz ist unter fast allen Umständen beklagenswert, doch wird in diesem Fall die öffentliche Meinung in der Stadt das Schnellverfahren ohne Zweifel billigen, in dem diesen Mördern das Leben genommen wurde."

Caldwell war natürlich erschüttert. „Als die Nachricht eintraf", berichtete das *Journal*, „schlug sie ein wie ein Blitz aus heiterem Himmel. Die Leute waren verwirrt und ratlos, und als die nackten Tatsachen schließlich außer Zweifel standen, nahmen sie sie widerwillig zur Kenntnis." Nach einem detaillierten Protokoll der Tat unterzog sich der Redakteur der schwierigen Aufgabe, einen Nachruf auf Caldwells toten, betrauerten Marshal zu entwerfen. Er räumte ein, daß Henry Brown als Ordnungshüter einen Fehler hatte – aber nur den einen: „Er war zu schnell bereit, seinen Revolver oder die Winchester zu benutzen." Ande-

Das Gefängnis von Helena, Montana, 1874 für 11 000 Dollar errichtet, erregte den Neid sämtlicher Gefangenenwärter. Hinter der imposanten Fassade befanden sich sechs Zellen, ein Trainingsraum sowie Küche und Schlafkammern der Aufseher.

rerseits, fuhr er fort, „hatte er das volle Vertrauen der Menschen gewonnen", und Brown und Ben Wheeler „waren zwei so gute Beamte, wie die Stadt sie sonst niemals besaß. Was Ehrenhaftigkeit und Mut betraf, so standen sie in gutem Ruf." In dem Nachruf wurde auch aus einem Brief zitiert, den Henry Brown wenige Stunden vor seinem Tod an seine Frau Maude Brown geschrieben hatte:

Geliebte Frau: Ich bin hier im Gefängnis. Ich möchte, daß Du mich besuchen kommst, sobald Du kannst. Ich werde Dir alle meine Habseligkeiten schicken, damit Du sie verkaufst, doch behalte die Winchester. Es fällt mir schwer, diesen Brief zu schreiben, aber es war alles nur für Dich, meine süße kleine Frau, und für die Liebe, die ich für Dich empfinde. Zieh Dich nicht von mir zurück; wenn Du das tust, wird es mich töten. Falls wir nicht gelyncht werden, kommen wir nach einiger Zeit hier raus. Maude, ich habe auf niemand geschossen, und ich wollte auch nicht, daß die anderen jemand töten; aber sie haben es getan, und das ist die ganze Wahrheit. Leb nun wohl, meine geliebte Frau. *H. N. Brown*

Die Einwohner von Caldwell hatten Henry Brown vorurteilslos angeheuert, sie wußten nichts über seine Vergangenheit und von seinen Neigungen. Das konnte man von anderen Gemeinden des Westens nicht immer sagen. Manche Städte akzeptierten nicht nur Marshals, die ihre zwielichtigen Erfolge offen verkündeten, sondern bewunderten sie rundheraus. Austin, die Hauptstadt von Texas, war ein solcher Ort: Die Bürger hörten niemals auf, sich ihres Polizeichefs in den frühen achtziger Jahren zu rühmen, eines Ben Thompson, der zu den rücksichtslosesten Revolverhelden in der Geschichte des Westens gehörte.

Bat Masterson, ein Kenner der Materie, meinte, Thompson sei von allen der beste Revolverheld. „Andere schossen manchmal daneben", schrieb er, „aber Ben Thompson in Aktion war so sensibel und zuverlässig wie eine Schweizer Uhr." Jovial, mit guten Manieren, leicht erkennbar durch seinen hohen Seidenzylinder, seine flotten Anzüge und den sorgfältig gewichsten Schnurrbart, hatte er eine breite Todesspur quer durch den Wilden Westen gezogen: Die Winter verbrachte er in den Spielhöllen von Texas, die Som-

Marshal Henry Brown aus Caldwell, Kansas, und sein Deputy, Ben Wheeler, (*rechts*) sind mit zwei Cowboy-Freunden zusammengekettet, nachdem sie sich 1884 bei einem Banküberfall hatten erwischen lassen. Brown wurde vom Mob bei einem Fluchtversuch erschossen, seine Komplizen wurden gelyncht.

mer in denen von Kansas. An irgendeinem Punkt seiner Karriere – er hatte bereits mindestens fünf Menschen getötet und war einmal des Mordes angeklagt (und freigesprochen) worden – ließ er sich endgültig in Austin nieder und erwarb sogleich die Konzession, im ersten Stock des Front Iron Saloon Faro-Spieltische aufzustellen. Im Dezember 1880 wurde er ein Hüter des Gesetzes: Er gewann die Wahl zum Marshal von Austin gegen vier Konkurrenten.

Thompson schaffte – zur Befriedigung der Stadtbewohner – Ordnung in Austin. Von dem Augenblick an, als er das Amt übernahm, sank die Zahl der Verbrechen und ebenso die der Festnahmen; er brauchte nur auf der Straße zu erscheinen, und alles blieb friedlich. Die Bürger verziehen ihm seine Unarten – wenn es zu ruhig wurde, betrank er sich gern und zerschoß die Straßenlaternen – und wählten ihn 1881 ohne Bedenken für eine zweite Amtsperiode. Erst als er einen alten Feind in einer Schießerei in San Antonio niederschoß, hatte man das Gefühl, er sei doch etwas zu weit gegangen, und widerstrebend nahm man schließlich seine Rücktrittserklärung an.

Aber Thompson trat weiterhin großspurig auf. Auch wenn er nicht mehr Austins oberster Ordnungshüter war, so konnte seine bloße Anwesenheit noch immer Furcht und Schrecken einflößen; und er konnte einen Raum leeren, einfach dadurch, daß er ihn betrat.

Genau das tat er 1884 bei einem Bankett der Texas Live Stock Association, der Vereinigung texanischer Viehzüchter, die in Simons Café in Austin tagte. Ein Freund von ihm, Rechtsanwalt L. E. Edwards, war nicht in den Raum eingelassen worden, weil er keine formelle Einladung besaß. Drinnen im Café lachten und grölten 20 Viehzüchter über einen Texas Ranger, der höchst unsicher auf einer Stuhllehne saß und eine komische Rede hielt. Einer der Gäste, Shanghai Pierce, ein Viehbaron mit kräftiger Lunge, hatte vergeblich gebrüllt, jemand möge ihm eine Platte mit Puter bringen; er war gerade auf die Bankett-Tafel geklettert und stolperte nun durch Schüsseln und Terrinen hindurch auf die begehrte Speise am anderen Ende des Tisches zu. Plötzlich brach Ben Thompson ins Zimmer ein, zog seinen Sechsschüsser und schrie: „Zeigt mir den Schuft, der L. E. Edwards nicht mag!" Die Viehzüchter drängten in panischer Flucht zu den Ausgängen, Shanghai Pierce tauchte mit einem Kopfsprung durch das nächste Fenster und nahm gleich den ganzen Rahmen mit. In Sekundenschnelle war der Saal geräumt, nur noch der Texas Ranger war übriggeblieben und sah sich Thompson allein gegenüber, seine taktische Position (er hockte immer noch auf der Stuhllehne) war ziemlich wackelig. Doch Ben entfernte sich gnädig, zufrieden, daß er es allen wieder einmal gegeben hatte.

Ein schwarzer Tag in Blackwell, Oklahoma

Bei allem guten Ruf, den im Westen die freiwilligen Aufgebote als Truppen zur Jagd auf Gesetzesbrecher genossen, machten sie sich gelegentlich eher lächerlich. Eine derartige Episode spielte sich am 4. Dezember 1896 bei Bert Benjamins Ranch in der Nähe von Blackwell im Territorium Oklahoma ab. Ein gewitzter Photograph am Ort rekonstruierte am nächsten Tag die Szene (*unten und rechts*).

An jenem Tag ging ein Aufgebot im Morgengrauen rund um eine Hütte in Position, in der sich zwei Männer versteckt hielten, die man verdächtigte, einen Überfall auf die städtische Bank zu planen. Als sie bei Sonnenaufgang heraustraten, schnauzte Deputy Sheriff Alfred Lund sie an: „Hände hoch!" Die Verdächtigen griffen jedoch zu ihren Waffen. Kaum fielen die ersten Schüsse, rannten drei Mitglieder des Aufgebots – die Hälfte der Truppe – davon. Lund harrte aus, verwundete einen Revolvermann und tötete den anderen – und durchlöcherte versehentlich ein Rind aus Bert Benjamins Bestand.

Der Verwundete erwies sich als ein notorischer Verbrecher namens Ben Cravens, doch der Tote schien ein noch besserer Fang zu sein. Da ihm drei Finger fehlten, identifizierte ihn die Polizei als den Banditen Dynamite Dick Clifton, dem man nachsagte, er habe drei Finger während einer Schießerei eingebüßt. Es stellte sich jedoch heraus, daß der Tote „in eine üble Sache verwickelt war, die des Mannes unwürdig gewesen" sei, wie eine Zeitung später kommentierte. Er war in Wirklichkeit nichts als ein kleiner Dieb namens Buck McGregg. Die Presse aber berichtete, die Bekämpfung der Kriminalität in Blackwell habe „dem örtlichen Immobilienmarkt erkennbar Auftrieb gegeben".

Photographische Rekonstruktion einer Menschenjagd: Die Mitglieder eines Aufgebots umzingeln eine Hütte (*rechts*) und erledigen zwei Revolvermänner.

Die Pferde der Banditen waren mit Waffen behängt, nur konnten sie sie nicht erreichen.

Nachbarn betrachten leicht verwirrt die Kuh, die Deputy Sheriff Lund (*Mitte, hinten*) getötet hat.

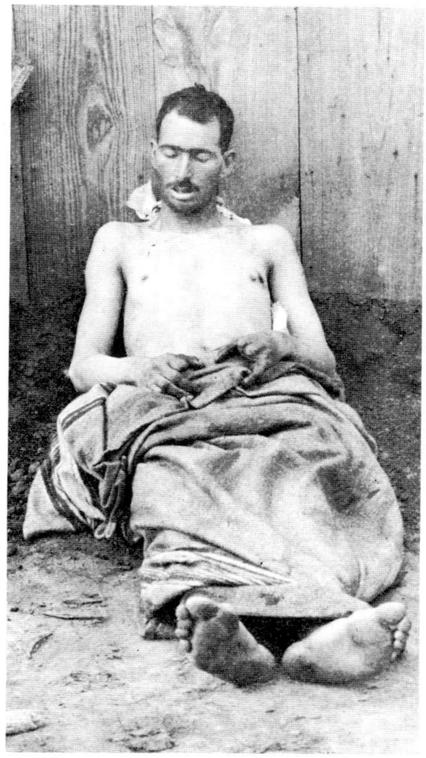

Der getötete Bandit Buck McGregg (*ganz oben*) wurde zunächst für den Zug- und Bankräuber Dynamite Dick Clifton gehalten, auf den ein Kopfgeld von 3500 Dollar ausgesetzt war. Als bester Fang erwies sich Ben Cravens (*oben*), Viehdieb und Killer, der bei der Schießerei verwundet wurde. Er kam ins Gefängnis, brach aber aus und wurde später wieder rückfällig.

Marshal Ben Thompson von Austin, Texas, gab zu, nicht weniger als 32 Morde als Privatperson begangen zu haben. Laut Bat Masterson „tötete er offen und mannhaft"; er selbst fand jedoch den Tod in einem Hinterhalt durch gedungene Mörder.

Zu den wenigen Revolverhelden, die ein solches Meisterstück ebenfalls fertiggebracht hätten, gehörte Bat Masterson. Sein Ruf war – genau wie der von Ben Thompson – weitverbreitet und wohlverdient und beeindruckte alle, so daß unbedeutendere Männer Bat meistens nachgaben. Und ebenso wie Thompson stand Bat Masterson gern im Mittelpunkt des öffentlichen Interesses: Er liebte die Gefahr und suchte sie, wo er sie fand. Aber hier endete die Ähnlichkeit. Außer mit seinem verrufenen jüngeren Bruder Billy hatte Ben Thompson sich niemals mit jemandem zusammengetan, und sein Einzelgänger-Dasein schien ihm auch nichts auszumachen. Die anderthalb Jahre, die er als Gesetzeshüter verbrachte, waren lediglich ein angenehmes Zwischenspiel in einem Leben, das dem Spiel und der Schießerei gewidmet war. Bat Masterson gehörte zu einem Clan von Gesetzeshütern: einem Bruder-Trio, das so eng zueinanderhielt wie die drei Musketiere und das sich gemeinsam der Zähmung von Dodge City, einer der wildesten Rinderstädte des Westens, widmete.

Die Mastersons waren eigentlich fünf Brüder, Söhne eines Siedlers aus Kansas, der sich 1871 in der Nähe von Wichita auf einer Prärie-Farm niedergelassen hatte. Die beiden jüngsten Söhne, George und Tom, haben sich keinen besonderen Ruhm verdient. Aber Ed, der Älteste, wurde zum Schluß Marshal von Dodge City; Bartholomew, der Zweitälteste, kurz „Bat" genannt, diente als Sheriff von Ford County, dessen Verwaltungssitz Dodge City war; und Jim, der dritte, wurde Eds Nachfolger als Marshal von Dodge City. Bat war von den dreien immer der Anführer, er machte die großen Pläne, die großen Coups.

1872, als er 19 Jahre alt war, überredete er Ed und Jim, das langweilige Leben auf der Farm hinter sich zu lassen und zum Büffeljagen in die Wildnis des südwestlichen Kansas zu gehen. Ed und Jim kehrten später für einige Zeit auf die Farm zurück, aber Bat kam nie wieder, außer auf ein paar kurze Besuche. Er folgte den großen Büffelherden von Kansas aus durch das Indianergebiet und in den Texas Panhandle; dabei stieß er auf genügend viele Abenteuer, um auch den tollkühnsten Farmjungen zu befriedigen. In einer Stadt in Texas, Adobe Walls (sofern man das eine Stadt nennen konnte: sie bestand aus zwei Läden, einer Schmiedewerkstatt und einem Saloon), erhielt er einen Vorgeschmack auf seine späteren Kämpfe mit Indianern. Eigentlich war es bedeutend mehr als nur ein Vorgeschmack. Fünf Tage lang konnte Bat Masterson in Gesellschaft von 35 Jägern einen heftigen Angriff von 500 Kriegern der Indianer – vom Stamme der Kiowa, Comanchen, Cheyenne und Süd-Apachen – aufhalten, die die ganze Gegend verwüsteten. Später, in einem regelrechten Feldzug der Armee, ritt er als Scout

(Kundschafter) unter Colonel Nelson Miles in Texas Panhandle gegen dieselben Stämme. 1876 erlebte er in Sweetwater, Texas, seinen ersten richtigen Revolverkampf.

Einzelheiten dieses Kampfes sind niemals völlig geklärt worden. Sicher scheint nur zu sein, daß Bat Masterson einem Sergeanten der U.S.-Armee, Melvin King, in Sweetwater die Verlobte, Molly Brennan, vor der Nase wegschnappte, und als King die beiden eines Abends in einem Saloon zusammen antraf, eröffnete er das Feuer auf Masterson. Es wird erzählt, Molly habe sich vor Bat geworfen, um ihn zu schützen; jedenfalls schlug Kings Kugel glatt durch sie hindurch, tötete sie sofort und blieb in Bats Hüfte stecken. Aber im Fallen schoß Bat zurück, während der Sergeant seinen Revolver für den zweiten Schuß spannte. King starb am nächsten Tage in einem Armeelazarett. Bat behielt von seiner Verwundung ein leichtes Humpeln zurück und gewöhnte sich an, einen Spazierstock zu benutzen – anfangs aus Notwendigkeit, später lediglich zur Zierde.

Im Frühjahr 1877 kam Bat Masterson als erprobter und bewährter Büffeljäger, Scout und Revolverheld nach Dodge City, um sich dort niederzulassen – auf seine Art. Er war 23 Jahre alt, sah blendend aus mit seinem schwarzen Haarschopf, den graublauen Augen und dem kräftigen Körper, und war eine Art Dandy in Wildwest-Manier. Er betrat die Stadt mit einem Sombrero aus dem Südwesten, dessen Kinnband aus Klapperschlangenleder war, einem violetten Halstuch und einer mexikanischen Schärpe; die glänzenden, versilberten Sechsschüsser steckten in einem silberbeschlagenen Holster, und die Sporen waren goldverziert. Ein Passant, der ihn so in der Front Street beobachtet hatte, meinte, all dieser Glanz könne Bat Masterson in einer Schießerei in Vorteil bringen, weil er seinen Gegner blende. Aber Bat war nicht zum Kämpfen nach Dodge City gekommen, sondern aus beruflichen Gründen.

Seine Brüder Ed und Jim, die schon vor ihm in Dodge City eingetroffen waren, hatten sich bereits dort niedergelassen: Jim war Miteigentümer eines Etablissements, das sich aus Bar und Tanzhalle zusammensetzte und von der *Dodge City Times* eine gute Kritik erhalten hatte. („Die Maserung der Bar ist sehr gut ausgeführt. Charley Lawsons Kapelle spielt auf einem Podium, um das Fahnentücher geschmackvoll drapiert sind.") Ed, der solide ältere Bruder, war soeben zum Assistant Marshal von Dodge City ernannt worden.

Fast sofort nach seiner Ankunft in der Stadt geriet Bat Masterson mit dem Gesetz in Konflikt. In einem Anfall guter Laune, wahrscheinlich angeregt durch schlechten Whiskey, brachte er sich selbst ins Gefängnis. Der Ärger begann damit, daß Marshal Larry Deger, ein drei Zentner schwerer Koloß, einen kleinen Gauner, Bobby Gill, wegen Ruhestörung abführte. Laut *Dodge City Times* „ging Bobby im Schlenderschritt" – und so lässig, daß Larry es für nötig hielt, ihm mit ein paar Tritten ins Hinterteil voranzuhelfen. Das wurde jedoch bald von Bat Masterson unterbunden, der den Marshal am Hals umklammerte und dem Gefangenen damit zur Flucht verhalf. Deger rang mit Bat und rief den Umstehenden zu, Bat den Revolver abzunehmen. Mit Hilfe eines halben Dutzends Männer wurde Bat entwaffnet. Deger schlug mit der Pistole so lange auf ihn ein, bis Blut floß, und schleifte ihn ins Gefängnis. „Jeder Zoll auf dem Wege war heiß umkämpft", schrieb die *Dodge City Times* über den Zwischenfall, „aber zu guter Letzt erreichten sie den Kerker doch, und nun saß er drin. Hätte er vorher noch seines Revolvers habhaftig werden können, wäre ein großes Blutvergießen entstanden."

An diesem Nachmittag machte Ed Masterson seinen ersten offiziellen Schritt als Assistant Marshal: Er konnte Bobby Gill ohne Schwierigkeiten festnehmen und steckte ihn zu Bat ins Kittchen. Am nächsten Tag standen Bat und Bobby gemeinsam vor dem Polizeigericht. Bobby Gill kam mit einer Fünf-Dollar-Strafe davon, erhielt später eine Freikarte für die Eisenbahn, die der Marshal beisteuerte, und verließ die Stadt. Bat, der den Fehler gemacht hatte, sich der Festnahme zu widersetzen, und der der Bruder eines wohlhabenden Bürgers war, mußte 25 Dollar zahlen und die Kosten tragen. Er verließ den Gerichtssaal verständlicherweise mit einer dauerhaften Abneigung gegen Larry Deger.

In dieser Abneigung fand er unerwartet einen Verbündeten – den Bürgermeister von Dodge City, James „Dog" Kelley (der Spitzname „Hund" bezog sich keineswegs auf einen menschlichen Makel, sondern auf eine Meute von Greyhounds, die sich Kelley voller Stolz hielt: Sie hatte keinem Geringeren gehört als dem Kriegshelden George Armstrong Custer, der ein Jahr zuvor am Little Bighorn gefallen war). Kelleys Streit mit Deger war rein geschäftlich. Wie viele andere Bürgermeister von Rinderstädten war er Saloonbesitzer; ihm gehörte ein bescheidenes, aber vielversprechendes Etablissement in der Front Street. Und wie viele andere Marshals hatte Deger geschäftlichen Ehrgeiz: Während seiner Amtszeit kaufte er sich in einen anderen Saloon in der Front Street ein. Im Sommer 1877, während des Höhepunktes des Zustroms von Cowboys in die Stadt – für Saloons die einträglichste Zeit des Jahres –, versuchte der Marshal, seine Amtsgewalt in einem frechen Coup gegen den Bürgermeister auszuspielen.

Eines Morgens um zwei Uhr kam Deger in Kelleys Saloon gewankt und nahm den Barkeeper des Bürgermeisters unter einer belanglosen Beschuldigung, die er aufbauschte, fest. Dog Kelley eilte bald darauf zum Gefängnis und verlangte,

Die Brüder Jim, Ed und Bat Masterson (*von links nach rechts*) waren von 1877 bis 1881 in Dodge City als oberste Ordnungshüter tätig. Ed wurde später ermordet – und seine Brüder fielen wegen übermäßigen Waffengebrauchs in Ungnade.

seinen Barkeeper zu entlassen; als der Marshal ablehnte, verkündete der Bürgermeister, daß er von seinem Amt suspendiert sei. Deger ignorierte ihn einfach. Nun befahl Bürgermeister Kelley dem Assistant Marshal Ed Masterson und dem Polizisten Joe Mason, ihren Chef einzusperren. Prompt zog der Marshal seinen Revolver und warnte die beiden, nicht näher zu kommen, doch nach einigem Hin und Her überredete Ed den Marshal, sich erst mal einsperren zu lassen. Zehn Minuten später war er ohne Kaution entlassen und reichte eine Beschwerde gegen Kelley wegen Behinderung eines Polizisten bei der Ausübung seiner Pflicht ein – und nun fand sich der Bürgermeister im Arrest wieder. Erst am späten Nachmittag gelang es anderen Amtspersonen, den Status quo wiederherzustellen. Der Stadtrat setzte Deger wieder als Marshal ein; das Polizeigericht ließ die Klage gegen den Bürgermeister fallen.

Dog Kelley fand im Stadtrat natürlich nicht genug Unterstützung, um den Marshal entlassen zu können. Aber zu gleicher Zeit plante eine Gruppe junger und ehrgeiziger Neuankömmlinge, die mit dem Bürgermeister sympathisierten, eine Machtübernahme, die Kelley und seinen Anhängern nach der nächsten Wahl zur unbeschränkten Kontrolle über die Stadt verhelfen sollte. Die Neulinge scharten sich um das Büro eines jungen Bezirksanwalts, Mike Sutton, der nach seinem Jurastudium in Missouri direkt nach Kansas gekommen war und nur besaß, was er auf dem Leibe trug. Suttons Büro war mit Stühlen ausgestattet, die so zerbrechlich waren, daß sie mit Ballendraht zusammengehalten werden mußten; Besucher blieben vorsorglich stehen. Trotz allem: Hier fanden sich Gleichgesinnte zusammen. Die angehenden Politiker begrüßten neue Verbündete in Bürgermeister Kelley, Lloyd Shinn, dem zweiundzwanzigjährigen Redakteur der einflußreichen *Dodge City Times*, und Bat Masterson, der soeben zum Undersheriff von Ford County ernannt worden war. Oppositionelle Kräfte nannten die Teilnehmer dieser Versammlungen bald „die Bande", aber diese griffen den Namen bereitwillig auf.

Im Herbst 1877 verkündete Larry Deger, das Hauptangriffsziel der Bande, er wolle in diesem Jahr für das Amt des County Sheriffs kandidieren. Sofort stellte die Bande Bat Masterson als Gegenkandidaten auf. Die *Dodge City Times* bestätigte ihm aus voller Brust: „‚Bat' ist wohlbekannt als junger Mann mit guten Nerven und klarem Kopf, wenn Gefahr droht. Er ist geeignet, dieses Amt auszuüben, und wird, falls man ihn wählt, niemals vor einer Gefahr zurückweichen." Bald danach gewann Bat auch die Unterstützung

Ein Scheck über 35 Dollar vom County an Bat Masterson für Spesen – eine Kleinigkeit für den freigebigen Sheriff. Einmal verärgerte er die Bürger mit der Forderung von 4000 Dollar für Kost und Logis von sieben Gefangenen in fünf Monaten.

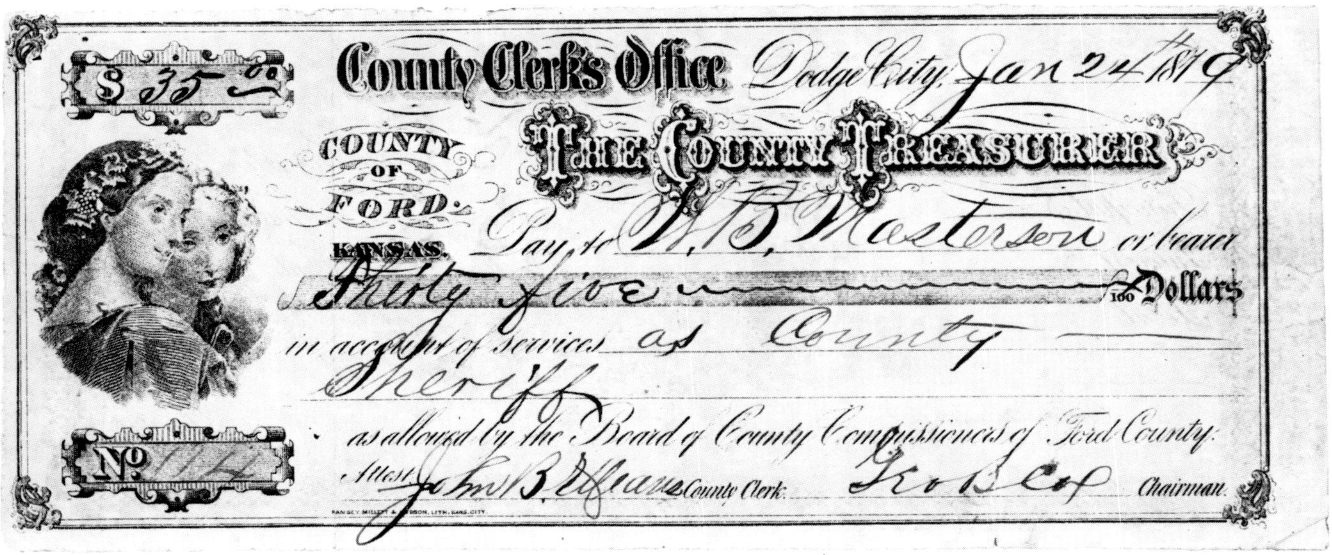
$ 35 00/100

County Clerk's Office Dodge City, Jan 24th 1879

County of Ford, Kansas.

The County Treasurer

Pay to W. B. Masterson or bearer

Thirty five 00/100 Dollars

in account of services as County Sheriff

as allowed by the Board of County Commissioners of Ford County.

Attest: County Clerk. Chairman.

No

einer „People's Mass Convention", die ihre Sitzung im Lady Gay Saloon abhielt. Bei der Wahl siegte Masterson mit drei Stimmen Vorsprung.

Wenn der Stadtrat einen politischen Erdrutsch erkannte, so respektierte er ihn. Auf Antrag von Bürgermeister Kelley feuerten die Ratsmitglieder schließlich Larry Deger als Marshal von Dodge. An seine Stelle setzten sie nach kurzer Beratung Ed Masterson.

Noch vor sechs Monaten waren Ed und Bat Masterson Gesetzeshüter ohne Einfluß und Erfahrung. Jetzt waren sie, dank Glück und geschickter Politik, mit Macht ausgestattet: der eine als Marshal von Dodge City, der andere als Sheriff von Ford County. Ed war 25 Jahre alt, ein Jahr älter als Bat. Sie hatten beide noch viel zu lernen, aber Zeit dazu besaß nur Ed; im Winter war eine Rinderstadt ein ruhiger Ort, und Eds Dienste wurden nicht so sehr benötigt, bis im nächsten Sommer die Cowboys über die Stadt hereinbrachen. Bats Pflichten im ganzen County jedoch erforderten, daß er schnell war im Lernen – und er war es. Er fing damit an, daß er seine Aufmachung solider gestaltete. Der Sombrero und die Schärpe verschwanden; bei seinen Touren über Land, in einem leichten Wagen mit zwei Pferden, trug er einen schwarzen Maßanzug und einen eleganten Bowler mit hochgebogenem Rand. Eddie Foy, der ihn in dieser Zeit traf, beschrieb ihn als „einen gepflegten, gut aussehenden jungen Mann mit angenehmem Gesicht und sorgfältig gestutztem Schnurrbart, die Kleidung gut geschnitten, den Hut mit flottem Schwung, zwei große silberbeschlagene Revolver mit Elfenbeingriffen in einem schweren Gürtel".

Schon zwei Wochen nachdem er den Dienst angefangen hatte, erhielt Bat Masterson die Chance, seine Amtszeit ruhmreich zu beginnen. In Kinsley, das etwa 55 Kilometer von Dodge City entfernt im angrenzenden Edwards County gelegen war, wollten sechs Banditen einen Zug überfallen, wurden aber verjagt und flohen aufs Land. Der Sheriff von Edwards County und eine Abteilung Soldaten aus Fort Dodge machten sich einzeln auf ihre Spuren. Bat nahm beide Operationen nicht zur Kenntnis. Er ahnte, was die Banditen im Sinn hatten, führte ein Aufgebot durch schweren Schneesturm nach Crooked Creek, fast 90 Kilometer von Dodge City entfernt, und versteckte seine Leute in einem verlassenen Viehtreiber-Lager. Als sich zwei der Banditen näherten, um Unterschlupf vor dem Sturm zu finden, schickte Bat einen seiner Männer vor, um sie ins Lager zu locken. Noch ehe die beiden sich den Schnee von den Mänteln klopfen konnten, sprang der Sheriff mit gespannten Sechsschüssern hervor und befahl ihnen, die Hände zu heben. Einer gehorchte; der andere langte nach seinem Schießeisen. Das Klicken eines weiteren Revolvers in seinem Rücken belehrte ihn eines Besseren, auch er gab auf.

Als Bat seine Gefangenen den Behörden von Edwards County übergeben hatte, machte er sich an die Verfolgung der anderen vier Banditen; er führte seine Männer 125 Kilometer nach Süden bis an den Rand des Indianer-Territoriums. Diese Jagd war zwar vergebens. Aber einen Monat später tauchten zwei der Flüchtigen in Dodge auf, in der Hoffnung, etwas über den Verbleib des Sheriff-Aufgebots in Erfahrung zu bringen. Vor dem Morgengrauen rief Bat seinen Bruder Ed und einen weiteren Polizisten herbei, und sie nahmen die Banditen ohne Schußwechsel fest.

Der fünfte Bandit konnte noch ein weiteres halbes Jahr der Gefangennahme entgehen, der sechste wurde niemals

Wild Bill Hickok: ein zweifelhafter Ruhm

Mit der Verherrlichung des Wilden Westens begann die Suche nach einer Gestalt, die den Gesetzeshüter als Helden symbolisieren konnte, und der auffallendste – und eifrigste – Kandidat für diese Ehrung war James Butler Hickok. Er besaß alle passenden Eigenschaften: Mut, gutes Aussehen, das Auge eines Scharfschützen und eine beispiellose Wertschätzung seiner eigenen Verwegenheit.

Hickok wurde 1837 in Illinois geboren und ging als junger Mann nach Monticello, Kansas. Seine permanente Angriffslust brachte ihm dort einerseits den Spitznamen Wild Bill ein, andererseits für kurze Zeit eine Anstellung als Polizist. Im Bürgerkrieg hatte er als Kundschafter der Nordstaaten-Armee gedient, und danach wurde er Berufsspieler; in seinem bekanntesten Kampf erschoß er einen Falschspieler-Kollegen auf einem öffentlichen Platz in Springfield, Missouri. Nach diesem berühmten Duell begannen sich Journalisten aus dem Osten des Landes für ihn zu interessieren, und Hickok bediente sie mit einer Reihe faustdicker Lügen: Er behauptete, einmal 50 Südstaatler mit 50 Kugeln und einem Wundergewehr erledigt zu haben.

Wild Bill trug sein Haar lang – um damit skalpierende Indianer höhnisch herauszufordern.

Immerhin, einige Taten Hickoks haben stattgefunden und waren heroisch. Als Army Scout befreite er 1868 in Colorado 34 Männer aus einer Indianer-Umzingelung. Später hütete er in Hays City und Abilene, Kansas, den Frieden und tötete dabei vier Männer. Er gab sich furchterweckend; ein Cowboy auf der Durchreise erinnerte sich seiner: Er stand „mit dem Rücken zur Wand, betrachtete alles und jeden unter seinen Brauen – wie ein wütender alter Stier".

Aber Wild Bills Ruhm war kurzlebig. 1871 ließ er in Abilene einen Kugelhagel auf eine Gruppe aufsässiger Säufer los, dabei tötete er einen der Störenfriede – und einen Polizisten. Der Stadtrat feuerte ihn, seine Karriere war dahin, er fing an zu saufen, zu spielen und wurde wegen Landstreicherei verhaftet. Um 1876 war er in Deadwood im Territorium Dakota gelandet, von einer Augenkrankheit und dem Verlust seiner Treffsicherheit geplagt. Eines Nachmittags schlich sich ein Satteltramp namens Jack McCall – überzeugt, Hickok habe seinen Bruder in Kansas getötet – von hinten an den Pokertisch heran und schoß Hickok in den Kopf. Gerade die Feigheit dieser Tat bestätigte Wild Bills Ruf. Bevor McCall erhängt wurde, soll er gesagt haben, daß er sich Hickok nicht von vorn genähert habe, weil „ich keine Lust hatte, Selbstmord zu begehen".

erwischt. Aber Bats Triumph war glorreich genug. Drei Gefangene wurden nach einer kurzen Verhandlung verurteilt; der vierte, ein Raufbold namens Dave Rudabaugh, sagte gegen sie aus. Sich als Zeuge der Anklage zur Verfügung zu stellen war in jenen Tagen und unter diesen Männern nicht üblich. Der *Kinsley Graphic* berichtete, fast verwundert: „Rudabaugh bezeugte, ihm sei Straffreiheit zugesichert worden, wenn er ‚singt'. Also hat er gesungen. Von Ganovenehre hält Rudabaugh wohl nichts."

Von nun an hatte Bat Masterson leichtes Spiel. Man gewöhnte sich an den Anblick des flotten jungen Gesetzeshüters, wenn er mit seinem Gespann sein Revier abfuhr, ein riesiges Gebiet, das sich von Ost nach West 160 Kilometer weit und von Nord nach Süd 120 Kilometer weit erstreckte. Pferdediebe und andere Banditen waren gut beraten, wenn sie um den neuen, hart zupackenden Sheriff einen großen Bogen machten, und so waren die Ebenen von Ford County verhältnismäßig friedlich. In Dodge City jedoch nahm mit dem Frühjahr 1878 die Arbeitsbelastung für den City Marshal Ed Masterson erheblich zu. Streitereien in den Saloons zwischen den sich einfindenden Cowboys, Betrügern und unruhigen Soldaten, die aus Fort Dodge herüberkamen, hielten ihn beiderseits der Gleise der Santa Fé Line in Atem; mitternächtliche Raubüberfälle in den Straßen von Dodge City nahmen zu. Er war zwar couragiert genug, und er genoß den Respekt der Bürger, aber Bat wies ihn warnend darauf hin, daß seine gefällige Art und seine angeborene Sanftmut der rapide anwachsenden Zahl von Gewalttätern in der Stadt niemals Furcht einflößen würden.

Was Bat und Ed Masterson unterschied, war für einen Friedenshüter im Westen eine Sache von Tod oder Leben. Bat besaß den Instinkt und den Ruf eines Revolverhelden, Ed nicht. Bat brauchte seine Revolver im Kampf nur selten abzuschießen, einfach weil die meisten seiner Gegner nicht wagten, sich mit ihm in eine Schießerei einzulassen. Da sich solche Zwischenfälle nicht ereigneten, wahrte er seinen Ruf und sein Können, indem er ständig trainierte. Die Öffentlichkeit – und mögliche Gegner – sahen zu, wenn Bat Stunde um Stunde auf leere Konservendosen schoß und seine Revolver „weichmachte". Später erinnerte er sich: „Wir pflegten die Hahnrastkerbe so weit abzufeilen, bis der Abzug weich war, was nichts anderes heißt, als daß die verdammte Kanone beinahe losging, wenn man sie nur ansah."

Ed Masterson bemühte sich nie um seine Sechsschüsser, er hielt es nicht für nötig. Seine Methode war, seine Widersacher zur Aufgabe zu überreden – oder dies zu versuchen; er wollte Dodge auf seine eigene Art säubern. Gegen Ende März 1878 brachte die *Dodge City Times* folgenden kurzen Bericht: „City Marshal Masterson erwägt, eine Tramp-Brigade zusammenzustellen, die die Aufgabe hat, die Straßen und Gassen der Stadt von all dem Schmutz und Unrat zu reinigen, der sich seit ungefähr einem Jahr angesammelt hat. Gegenwärtig lungern etwa dreißig Tramps in der Stadt herum, die alle kein erkennbares Einkommen haben und wegen Landstreicherei festgenommen werden könnten."

Eds Vagabunden-Brigade trat niemals in Aktion. Etwa eine Woche nach seinem Vorschlag versuchte der Marshal eines Nachts, zwei betrunkene Cowboys vor einem Saloon zu entwaffnen – seinen eigenen Revolver wie immer im Holster. Beide Männer hoben ihre Revolver, Ed drängte den einen an die Wand. In diesem Augenblick kam Bat Masterson über die Gleise der

Unter der knappen, aussagekräftigen Überschrift „Die Pistole" berichtet die *Dodge City Times* vom 13. April 1878 über die Ermordung von Marshal Ed Masterson. Ein Angreifer wurde erschossen, der andere tödlich verletzt.

THE PISTOL.

Murder of Edward J. Masterson City Marshal.

THE ASSAILANTS SHOT—ONE OF THEM DEAD.

DODGE CITY IN MOURNING.

On Tuesday evening, about 10 o'clock, Edward J. Masterson, Marshal of Dodge City, was murdered by Jack Wagner and Alf Walker, two cattle drivers from near Hays City. The two cow boys were under the influence of bad whisky and were carrying revolvers. Early in the evening Marshal Masterson disarmed Wagner; later Marshal Masterson and Deputy Marshal Nat Haywood tried the second time to disarm Wagner. While in the act Masterson was shot in the abdomen. Walker in the meantime snapped a pistol in the face of Officer Haywood. Masterson fired four shots, one of them striking Wagner in the bowels from the left side. Walker was struck three times, one shot in the lungs and his right arm horribly shattered with the other shots.

The shooting occurred on the south side of the Railroad track. Marshal Masterson coolly walked over to the business side of the street, a distance of about 200 yards, and upon reaching the sidewalk he fell exhausted. He was taken to his room where he died about 40 minutes afterwards.

Wagner and Walker were removed to Mr. Lane's room, where the former died at about 7 o'clock Wednesday evening. Walker is lying dangerously wounded, with no hopes of his recovery.

Some of the flying shots grazed the faces of one of our citizens and a cattle man. The shots were fired almost simultaneously, and the wonder is expressed that more death and destruction did not ensue, as a large crowd surrounded the scene of the shooting.

The officers were brave and cool though both were at a disadvantage, as neither desired to kill the whisky crazed assailants.

The death of Marshal Masterson caused great feeling in Dodge City. The business houses were draped in mourning, and business on Wednesday generally suspended.

Elsewhere we give the expression of sympathy and ceremonies following this terrible tragedy.

Santa Fé Line gerannt und schoß im Laufen auf den zweiten Cowboy. Ed, nicht ahnend, wer da schoß, ließ seinen Mann fahren und zog doch noch seinen Revolver – und der befreite Cowboy zog seinen eigenen Sechsschüsser und drückte ab. In Sekundenschnelle trafen die Mastersons beide Männer, einen tödlich; Ed stolperte, tödlich verwundet, davon. Nach dem Bericht des *Ford County Globe* war „seine Kleidung in Brand geraten, als sich die Waffe entlud, die rechts auf seinen Unterleib gerichtet war und losging". Ein Mann, der in der Nähe stand, ergänzte die Geschichte: „Ich sah ihn kommen, und in der Abendfinsternis sah es aus, als hielte er eine brennende Zigarre in der Hand. Ich sagte noch zu einem Freund: Die Zigarre brennt aber merkwürdig lebhaft! Aber als der Mann näher kam, erkannten wir zu unserem Entsetzen, daß das Feuer überhaupt nicht am Ende einer Zigarre brannte, sondern im Mantelfutter. Er fiel tot zu unseren Füßen nieder."

Ed Masterson war sicher kein Revolverheld gewesen wie sein Bruder, aber Dodge City liebte ihn dafür wahrscheinlich um so mehr. Am nächsten Tag blieben alle Geschäfte in der Stadt geschlossen, und die meisten Türen waren mit schwarzem Krepp behangen. Der Leichnam des jungen Marshal wurde im Versammlungsraum der Feuerwehr von Dodge City, der er angehört hatte, aufgebahrt. Die Feuerwehrleute beanspruchten die Ehre für sich, sein Begräbnis durchzuführen. Am Sarg sang ein Chor einen traurigen Grabgesang: „Legt ihn nieder, legt ihn nieder, in den Klee, in den Schnee. Was kümmert's ihn – er kehrt nicht wieder." Beinahe jede Kutsche und jeder Wagen in der Stadt schloß sich an diesem Nachmittag dem Leichenzug an, der Ed Masterson zum Soldatenfriedhof in Fort Dodge begleitete, der Rat der Stadt vorneweg. Bat Masterson und die 60 uniformierten Männer der Feuerwehr folgten dem Sarg.

Die Mastersons waren in Dodge City noch nicht fertig. Im späten Frühjahr trat der dritte Bruder, der dreiundzwanzigjährige Jim, in die Polizeitruppe des City Marshal ein. Im Herbst des folgenden Jahres stieg Jim zum Marshal von Dodge City auf. An dem Tag, an dem er sein Amt übernahm, fiel Bat Masterson bei der Wiederwahl zum Sheriff durch.

Bats Revolverhand hatte nichts von ihrem Können eingebüßt; sein Wahlgegner, ein dümmlicher Saloon-Besitzer namens George Hinkel, gewann die Wahl aus wirtschaftlichen Gründen. Eine oppositionelle Zeitung bemerkte hämisch: „Die ‚Bande' existiert nicht mehr. Sie hat ihre Macht für immer verloren." 1881 wurde diese Ausspruch wahr: Dog Kelley verlor sein Bürgermeisteramt, und Jim Masterson verließ sein Amt mit ihm.

Bat reiste zu jener Zeit weit von Dodge City entfernt. Hin und wieder kam er zurück, besonders, wenn ihn sein Bruder brauchte. Als Jim einmal eine Schießerei mit einem Saloon-Besitzer namens Peacock und einem Barkeeper namens Updegraff drohte, kam Bat eigens den weiten Weg von New Mexico, um ihm zur Seite zu stehen. Wenige Minuten nachdem er dem Zug entstiegen war, sah er Peacock und Updegraff auf der gegenüberliegenden Straßenseite. „Ich bin über 1000 Meilen gereist, um die Sache zu beenden", rief er ihnen zu. „Ich weiß, daß ihr bewaffnet seid; kämpft doch!" Die Schießerei dauerte drei oder vier Minuten, Bat hatte hinter einem Erdwall Schutz gefunden. Eine Kugel kam ihm so nahe, daß er etwas Dreck von dem Wall in den Mund bekam. Eine andere Kugel zischte durch den Long Branch Saloon und eine weitere durch Updegraffs Lunge. Saloonbesitzer wie Barkeeper wurden später wieder geheilt; Bat zahlte zehn Dollar Strafe und fuhr am selben Abend mit dem Zug wieder davon.

Er war weiter ständig unterwegs und klapperte die aufblühenden Städte des Wilden Westens ab. In Colorado tauchte er als Spieler in Leadville, als Town Marshal in Trinidad auf. In Creede, einer anderen Stadt in Colorado, kombinierte er beide Rollen miteinander. Er betrieb einen Spielsaloon – und kontrollierte seinen Privatbesitz im lavendelfarbenen Kordanzug. Als Marshal hielt er die Straßen von Creede derart in Ordnung, daß eine Zeitung in Denver berichtete: „Alle Räuber und Rabauken fürchten ihn mehr als 12 Männer im Camp. Wenn ein Krawall losbricht, braucht einer nur zu flüstern ‚Masterson kommt', und schon herrscht wieder Ruhe."

Das konnte nicht immer so bleiben. Die Jahre forderten ihren Tribut: Bats Reaktionsgeschwindigkeit ließ nach, seine Augen wurden schlecht – und er wußte, daß er nicht allein von seinem Ruhm zehren konnte. So gab er das Leben als Gesetzeshüter, als Revolverheld auf. Als er in Denver einmal einen Saloon leitete, zu dem ein Varieté-Theater gehörte, heiratete er eine der Schauspielerinnen. Er veranstaltete Preisboxkämpfe, verlor sein Bankguthaben beim Wetten und fing an, stark zu trinken. Denver war froh, als er wegging.

Inzwischen war Bat Masterson im ganzen Lande berühmt, aber seinen Revolvergurt hatte er ein für allemal abgeschnallt. 1905 bot Präsident Theodore Roosevelt ihm die Ernennung zum U.S. Marshal des Territoriums Oklahoma an, aber Bat lehnte in einem Brief ab, der Trauer mit Vernunft verband: „Ich bin nicht der Mann für diesen Job", schrieb er dem Präsidenten. „Oklahoma ist noch immer ein wildes Land. Wenn ich dort Marshal wäre, würde irgendein Jüngelchen versuchen, mich aus dem Weg zu räumen – wegen meines Rufes. Ich wäre ein Köder für erwachsene Kindsköpfe, die mit Groschenheften groß geworden sind. Ich müßte töten – oder würde getötet. Das hat keinen Sinn."

Oasen der Lust und Höhlen des Lasters

Ein Ahnungsloser stellte einmal fest, daß Wyatt Earps lebhafteste Erinnerungen an die alten Zeiten als Polizist im Westen immer mit Leuten zusammenhingen, die sich in Saloons aufhielten. Earp erwiderte schroff: „Wir hatten keinen CVJM."

Es gab gute Gründe dafür, daß in den Saloons des Westens das wachsame Auge des Gesetzes nötig war. Sie schenkten Schnaps aus, boten Einrichtungen zum Spielen und leichte Mädchen an – und dabei entstanden häufig Schießereien. Aber der Saloon war auch ein Klub, eine Art Kunstgalerie und eine Fundgrube des Witzes. Ein Standardscherz ergab sich aus der Sitte, daß der Kunde seine Drinks selbst aus einer Flasche in ein Glas gießen mußte, das über die Theke geschossen kam. Vergoß er dabei einen einzigen Tropfen, pflegte sich der Barkeeper zu erkundigen: „Brauchen Sie ein Handtuch?", womit er andeutete, daß der Trinker genug Whiskey vergeudet hatte, um darin baden zu können.

Manche Saloons boten nur Fusel an, aber viele, besonders in reichen Goldgräberstädten, hatten die feinsten Spirituosen und Weine auf Lager und konnten beinahe jedes Getränk zusammenmixen, das auf Erden bekannt war. Buffalo Bill erhielt in den besseren Etablissements ohne größere Schwierigkeiten sein Lieblingsgetränk, einen sogenannten Stone Fence: einen Schuß Whiskey und einen Spritzer Zitrone in einem Glas Apfelmost.

Die Barkeeper mußten oft nicht nur gute Mixer sein, sondern auch gut mit Krawallbrüdern umgehen können. Doch hinter seinem finsteren Äußeren verbarg so mancher von ihnen ein gefühlvolles Herz. „Vergiß nicht, deiner Mutter zu schreiben", stand in einem Saloon in Montana auf einem Plakat. „Sie denkt an dich. Wir liefern Papier und Umschläge gratis."

Gäste, Geiger und eine einzige Frau haben sich 1888 vor dem Elephant Saloon in Beer City zusammengefunden. Ganz rechts sitzt Marshal Lew Bush, der später von einer Dame namens Pussycat Nell ermordet wurde.

LOON.

Der Cosmopolitan Saloon in der wohlhabenden Bergbaustadt Telluride, Colorado, hat eine polierte Mahagonibar, von der aus der Marshal die leidenschaftlichen

Spieler an den Tischen beobachtet. Das Bild einer nackten Frau an der hinteren Wand – Porträt einer einheimischen Dirne – läßt weitere Zerstreuungen ahnen.

Ein Barmann in Albany County, Wyoming, bewahrt seinen Revolver griffbereit vor sich in einem Glas auf, um in seinem bescheidenen Etablissement für Ordnung zu sorgen. Der Spieler am Tisch häuft seine Chips und wartet auf einen Partner.

FARO-KASTEN

Mit den Rechenstäben werden die Karten gezählt, die dem Packen entnommen worden sind.

KARTENPRESSE

Die Spielkarten wurden oft in solchen Kästen aufbewahrt, damit sie sich nicht verbogen.

Die Zuschauer beim Kartenspiel in einer Kneipe in New Mexico warten gespannt auf den Einsatz der Spieler. Oft überstieg er beim Poker 1000 Dollar. Trotzdem hatten auch Faro (*gegenüber, unten*) und Keno (*unten*) ihre passionierten Anhänger.

KENO-TROMMEL

Die „Urne“ spendete einzelne, numerierte Kugeln. Das Spiel ist unserem Lotto sehr ähnlich.

KARTENSCHNEIDER

Durch das Beschneiden der Karten an den Rändern verlängerte man ihre Lebensdauer.

In einem Saloon im Territorium Montana vertreiben sich Cowboys mit Pokern und Billard die Zeit, von Banjo-Musik begleitet. Mit dem Queue waren die

Grenzlandbewohner wohlvertraut. Ein gewisser Jacob „The Wizard“ (der Magier) Schaefer gewann von 1879 an eine ganze Reihe nationaler Meisterschaften.

Der Long Branch Saloon in Dodge City, Lieblingskneipe von Bat Masterson und Wyatt Earp, verwöhnte seine Kunden mit Unmengen anregender Kunstwerke – zum Beispiel diesem Gemälde, das den passenden Titel *Cowboys Traum* trug.

Diese Whiskey-Reklame (*links*), die die Wand einer Bar in Tombstone zierte, zeigt ein Spiel Faro mit großen Einsätzen. Gegen die Bank spielen, hieß „den Tiger am Schwanz ziehen“, so steht es auch auf dem Plakat links oben.

Die Bierreklame, die in zahllosen Saloons hing, diente gewissermaßen als Appetitanreger: So wie Salzstangen und Chips in den Bars den Durst verstärken, weckte der Anblick edler Weiblichkeit tiefe Rührung – und verstärkte den Durst erst recht.

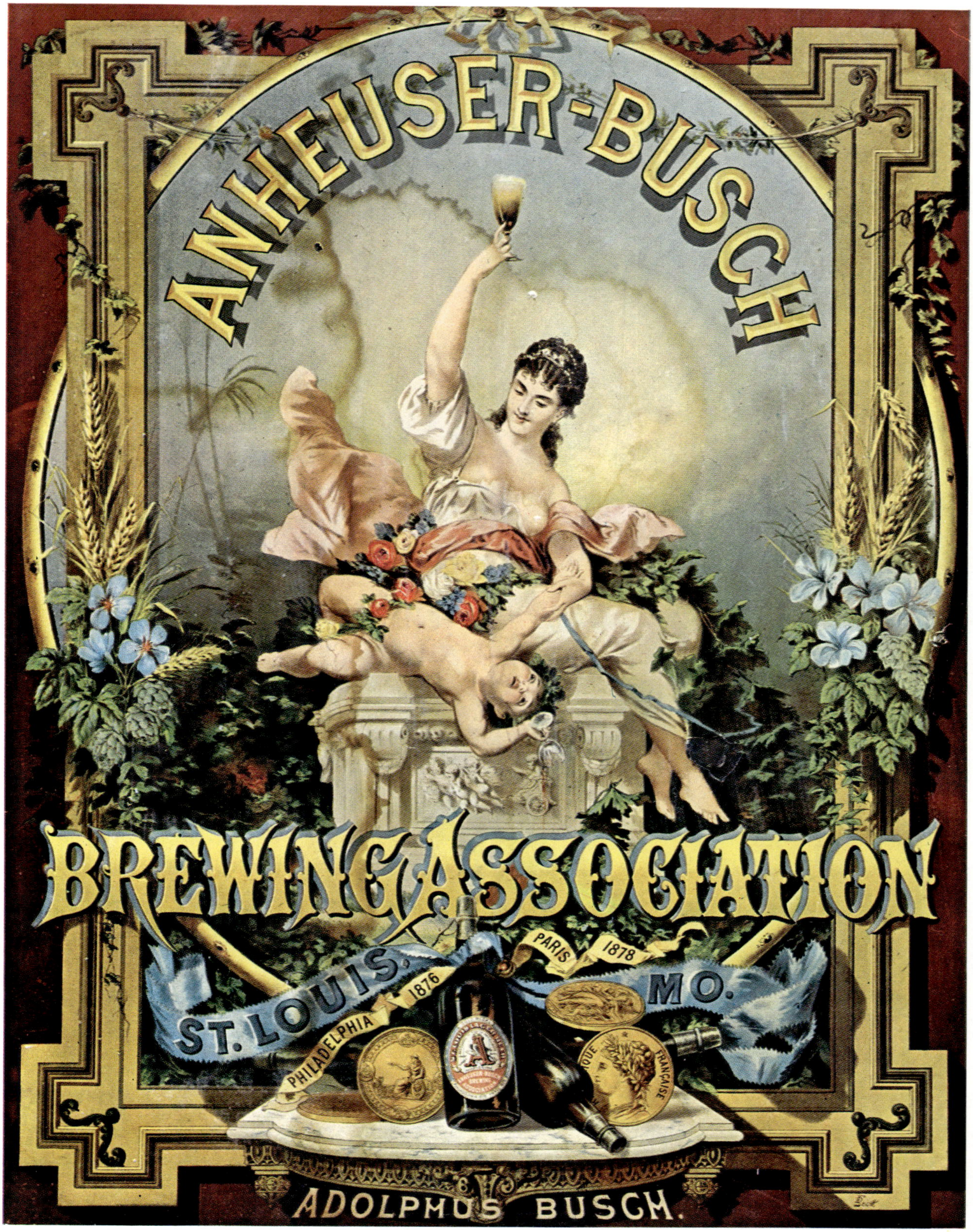

4 | Vom ungeschriebenen zum geschriebenen Gesetz

Richter, Anwalt und ihre Helfer versammeln sich um 1885 im neuen Gerichtssaal von Tombstone.

Die letzte Verantwortung für die Aufrechterhaltung von Law and Order im Wilden Westen trugen Männer, die nicht mit Revolvern, sondern mit einem kleinen Holzhammer bewaffnet waren – die Richter. Anfangs war die Art von Recht, die sie sprachen, genauso behelfsmäßig wie die Städte, die an der westlichen Siedlungsgrenze aus dem Boden schossen. Viele Richter der frühen Jahre waren nebenbei Händler und hatten wenig oder gar keine Ahnung vom Gesetz. In Ermangelung von Gerichtsräumen waren sie oft gezwungen, in Läden oder Saloons Gericht zu halten; oft fehlte es an allen Formalitäten. In Dodge City eröffnete ein Richter einmal die Sitzung des Polizeigerichts mit der Erklärung: „Führet sie vor, die Bösen und die Unseligen, und lasset den Tanz beginnen."

Doch die anhaltende gesetzlose Gewalt zwang die Gemeinden, qualifizierte Richter zu wählen und Gerichtssäle zu bauen.

Rechtsprechung in einem rauhen Land

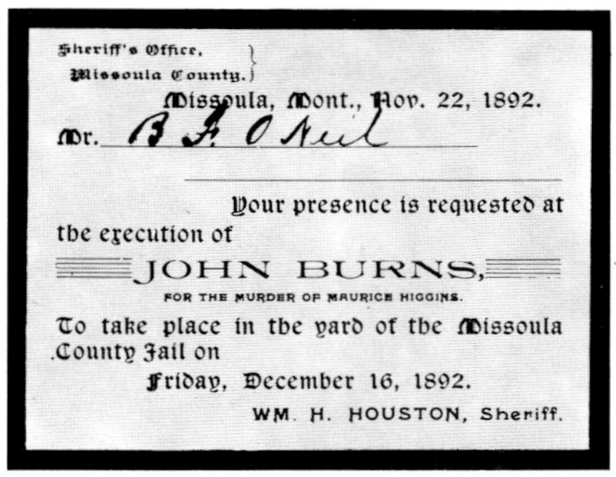
Sheriff's Office,
Missoula County.
Missoula, Mont., Nov. 22, 1892.
Mr. B. F. O'Neil
Your presence is requested at the execution of
JOHN BURNS,
FOR THE MURDER OF MAURICE HIGGINS.
To take place in the yard of the Missoula County Jail on
Friday, December 16, 1892.
WM. H. HOUSTON, Sheriff.

Charles Jackson, ein Politiker in Shelby County, Texas, hatte an jenem warmen Herbsttag des Jahres 1840 durchaus nicht die Absicht, einen Aufruhr zu verursachen. Als er sein Gewehr erhob, sorgfältig zielte und Joseph Goodbread durchs Herz schoß, wollte er lediglich einem Freund sein Recht verschaffen, den Goodbread bei einem Handel betrogen hatte. Doch Jacksons Vorstellung von Recht setzte einen Krieg in Gang, der vier lange Jahre wütete und sich über fünf Counties ausbreitete. Während er tobte, zeigte sich eine Schwäche des Grenzland-Daseins auf, die nur wenige Menschen zuzugeben bereit waren: Die Justiz, der die Amerikaner überall sonst unterworfen waren, hatte im Westen noch kaum Fuß gefaßt.

Jacksons Tat löste eine gewaltige Fehde zwischen seinen Verbündeten und Goodbreads Freunden aus. Die beiden Parteien, verstärkt durch Outlaws und Opportunisten jeder Art, operierten als Vigilanten-Truppen mit den hochtrabenden Namen „Moderatoren" und „Regulatoren" und verschrieben sich über einen langen Zeitraum der Lust am Schießen und Plündern, am Lynchen und Brandschatzen, hinterließen mindestens 50 Tote und verheerten das Land.

Natürlich riefen diese Verbrechen nach der Justiz, und von Zeit zu Zeit erschien auch der eine oder andere Richter auf der Bildfläche und versuchte, das Revolver-Gesetz mit dem Gesetzbuch-Gesetz in Einklang zu bringen. Wie schwierig diese Versuche waren, bekam der Bezirksrichter John Hansford zu spüren, der beauftragt worden war, das Verfahren gegen Charles Jackson einzuleiten.

Der Rancharbeiter Billy Calder kurz vor der Hinrichtung in Lewistown, Montana, im Jahre 1898; er hatte einen Doppelmord verübt. Der Henker prüft die Schlinge, Calder verzieht das Gesicht. Häufig wurden Presseleute und andere Interessenten zu solchen Ereignissen persönlich eingeladen (*oben*).

Das erste, was Richter Hansford bei seiner Ankunft in der Stadt Pulaski sah, waren rund 150 bewaffnete Männer, die bedrohlich in den Straßen herumlungerten. 20 von ihnen folgten ihm zum Gerichtsgebäude zusammen mit dem Sheriff und dem Angeklagten – auch er bewaffnet. Hansford, noch nicht restlos entmutigt, belegte den Sheriff mit einer Geldstrafe, weil er seinen Gefangenen mit Waffen in den Gerichtssaal gelassen habe. Der Angeklagte war außer sich; zufällig war nämlich der Sheriff jener Freund, für den er den Mord begangen hatte. Er legte seine Waffen ab, zog sich die Jacke aus und verlangte, die Verhandlung solle beginnen.

Hansford brachte es fertig, einen turbulenten Tag durchzustehen, er stellte sogar eine Geschworenenliste zusammen, aber nachts überdachte er die Sache noch einmal. Am nächsten Morgen war er verschwunden. Dem Sheriff hatte er die Nachricht hinterlassen: „Nicht willens, mein Leben weiterhin in einem Gerichtssaal zu riskieren, in dem ich mich von Banditen und gedungenen Meuchelmördern umgeben sehe und nicht die Freiheit habe, der Verhandlung gegen Charles W. Jackson als unparteiischer Richter vorzustehen, weise ich Sie an, die Sitzung morgen früh um acht Uhr förmlich und unverzüglich zu vertagen."

In Abwesenheit des Richters wurde Jackson von seinen Kumpanen ein Scheinprozeß gemacht; er plädierte auf Notwehr und wurde freigesprochen. Richter Hansford war nicht so gut dran. Man fand ihn einige Tage später wenige Meilen außerhalb von Pulaski tot auf – erschossen.

Hansfords Schicksal war außergewöhnlich hart, wahrscheinlich, weil er das Pech hatte, in einer Zeit und an einem Ort von besonderer Unruhe mit Texanern zu tun zu haben. Texas war zu der Zeit noch eine unabhängige Republik; es hatte zwar seine Justiz nach dem Muster der Vereinigten Staaten aufgebaut, aber seine stolzen und eigenwilligen Bürger duldeten weder natürliche Autorität noch irgendeine andere. Dabei unterschieden sie sich nicht so sehr von den

In den meisten Grenzlandgemeinden war Improvisation das Kennzeichen der Justiz. Das Gemälde zeigt eine Versammlung von ernst blickenden Siedlern, die unter dem Vorsitz des weißhaarigen Gemeindeältesten (*links*) einem Pferdedieb (*Mitte, stehend*) in einem Privathaus den Prozeß machen.

Menschen sonstwo im Grenzland: Verachtung und Respektlosigkeit für den Mann am Richtertisch waren im gesamten Westen offenkundig. So manchen Richter verfluchte man in der Öffentlichkeit, Zuschauer stellten ihre Schußwaffen und Bowiemesser ausdrücklich zur Schau oder bedrohten ihn mit Verstümmelung. Auch der Gerichtssaal wurde mannigfach entwürdigt durch Faustkämpfe und Krawall oder durch Berge von Unrat. Die Respektlosigkeit der Bewohner von Dodge City veranlaßte einen Richter am Polizeigericht zu verkünden: „Jede Person, die in diesem Saal beim Werfen von Steckrüben, Zigarrenstummeln, Roten Beten oder alten Tabakpriemen angetroffen wird, wird augenblicklich vor die Schranken dieses Gerichts gestellt."

Festigkeit, Resolutheit und eiserne Nerven waren für einen Richter die besten Waffen für den Gegenangriff, und im allgemeinen konnte nur der sich behaupten, der sich nicht einschüchtern ließ. In jenem Shelby County, in dem Richter Hansford später in die Flucht geschlagen wurde, fand einmal eine denkwürdige Konfrontation zwischen einer wütenden Volksmenge und einem Mann statt, der sich nicht ins Bockshorn jagen ließ. Der Mann war der Bezirksrichter Robert M. Williamson, besser bekannt als „Three-Legged Willie" (Dreibein-Willi), weil er mit einem Holzbein herumlief, das am Knie angebracht war, jedoch so, daß er seinen eigenen, nach einer Kinderkrankheit verkrüppelten Unterschenkel hinter sich hertrug. Es war aber bald klar, daß seinem Rückgrat nichts fehlte.

Der Richter war in die Stadt Shelbyville entsandt worden, um dort Gericht zu halten. Unter den Augen eines Haufens reizbarer Kerle richtete er einen provisorischen Gerichtsraum in einem Gemischtwarenladen ein und benutzte eine Vorratskiste als Richtertisch. Kaum hatte er sich hingesetzt, da teilte der Wortführer ihm mit, daß in dieser Gegend kein Gericht benötigt würde. Um seinen Worten Nachdruck zu verleihen, warf der Sprecher sein Bowiemesser auf die Kiste und verkündete verächtlich: „Das, Sir, ist in Shelby County das Gesetz!" Woraufhin Three-Legged Willie seine Pistole zog, sie neben das Messer knallte und schrie: „Das ist die Verfassung, die euer Gesetz bricht!"

Mit diesem einfachen Mutbeweis hätte Williamson Hansfords Ende finden können. Doch das widerfuhr ihm nicht. Genausowenig konnte er freilich die verfehdeten Parteien im Shelby County befrieden. Was Willie wirklich erreichte, geschah unauffälliger und war von längerer Dauer. Die Männer, denen er die Stirn geboten hatte, müssen – vielleicht zum erstenmal – einen widerwilligen Respekt für Willies Gesetz empfunden haben.

Dieselbe Empfindung begann sich langsam auch in anderen Gemeinden des Grenzlands einzuschleichen, in denen bis dahin die Gesetzlosigkeit geherrscht hatte. Einige Bürger widerstanden weiterhin jeglicher Einschränkung ihrer Freiheit, aber andere, nachdenklichere, sahen allmählich ein, daß Gerichte bei der Herstellung des Gemeindefriedens eine wesentliche Hilfe waren. Es war ja recht und gut, wenn ein Marshal oder ein Sheriff einen Übeltäter unter hohem Risiko hetzte und schnappte; aber wenn der Mann nicht vor Gericht gestellt und bestraft wurde, tauchte das Risiko immer wieder von neuem auf. Von sich aus konnten Sheriffs und Marshals kaum etwas anderes tun, als Gewalt mit Gewalt zu bekämpfen. Wenn dieser Zirkel irgendwo durchbrochen werden konnte, dann in ordentlichen Gerichten, die von fähigen Richtern mit der vollen und uneingeschränkten Unterstützung der Bürger geleitet wurden.

Es mußte noch geraume Zeit verstreichen, ehe der Westen sich diesem Idealzustand auch nur näherte. Das Gerichtssystem, wie es sich die Gründerväter vorgestellt hatten, funktionierte im Osten der USA durchaus, aber im dünn besiedelten Grenzland erwies es sich als ein brüchiges Gebäude, das ständig Verstärkung bedurfte. Wenn die USA aus bis dahin herrenlosem Land ein Territorium machten, ernannte die Regierung in Washington einige Bezirksrichter, deren Zahl allmählich erhöht wurde, wenn sich mehr Menschen im Territorium ansiedelten. Diese Männer trugen eine gewaltige Last auf ihren Schultern. Sie verhandelten nicht nur die Verbrechen, die der Rechtsprechung des Bundes unterstanden – wie Eisenbahnüberfälle, Behinderung der Post, Geldfälschung und den Verkauf von Whiskey an Indianer –, sondern auch die Schwerverbrechen, die später den Gerichten der Einzelstaaten übertragen wurden, wie Mord, Vergewaltigung und Raubüberfall. Die einzigen Fälle, mit denen sie sich nicht befaßten, waren Übertretungen oder Verstöße gegen die städtischen Verordnungen; die fielen in die Zuständigkeit der durch die Gemeinde gewählten oder ernannten Friedens- oder Polizeirichter.

Allein die Geographie machte den Auftrag eines Bezirksrichters zu einem ungeheuren Problem. Er mußte oft lange, mühselige Rundreisen zu Pferde unternehmen, um Angeklagte, die in den verschiedensten Gemeinden seines sich ständig vergrößernden Bereichs in Haft saßen, vor Gericht zu stellen; oder er mußte seine Marshals losschicken, die den Angeklagten zur Verhandlung ins Bezirksamt geleiteten.

Jeder Angeklagte hatte das Recht auf eine Verhandlung vor Schöffen oder Geschworenen, doch in dünn besiedelten Gebieten war es schwierig, genügend Bürger zusammenzubekommen. Die Ergebnisse waren nicht immer ermutigend; Mark Twain erinnerte sich an einen Geschworenen in Virginia City, der meinte, „daß Inzest und Brandstiftung dasselbe seien". Selbst wenn die Laienrichter des Grenzlands von größerem Kaliber waren, gab es keine Garantie, daß sie sich bei ihrem Spruch vom Ergebnis der Beweisaufnahme leiten ließen. Oft stimmten sie zugunsten des Angeklagten, wenn er ortsbekannt war – einfach, um ihren Abscheu gegenüber der von außen eingedrungenen Autorität auszudrücken. In mehreren Bezirken, in denen die Bezahlung der Geschworenen entsetzlich lange auf sich warten ließ, weigerten sie sich, ihren Spruch bekanntzugeben, ehe sie nicht Bargeld auf dem Tisch sahen.

Selbst unter den günstigsten Bedingungen, mit einer gewissenhaften Jury und redlichen Anwälten, gab es für den Richter noch immer Ärgernisse: Da vielen Anwälten das Gesetz kaum vertraut war – nur verhältnismäßig wenige hatten eine regelrechte Ausbildung genossen, bevor sie ihr Schild aushängten –, mußte der Richter einen Teil der Zeit darauf verwenden, den Vertreter der Anklage wie den Verteidiger anzuleiten und einzuweisen. Er selbst war auch nicht notwendigerweise vertraut mit der Prozeßordnung und den höchstrichterlichen Entscheidungen. Zwar erwartete man von Richtern, die ein Schwurgerichtsverfahren leiteten, daß sie eine gewisse juristische Ausbildung erhalten hatten, aber wer an Gerichte des Westens geschickt wurde, gehörte oft zu dem Bodensatz, der übrigblieb, nachdem sich die anderen, erfolgreichen Kandidaten die fetten Brocken an der Ostküste weggeschnappt hatten.

Doch bei allen Mängeln des Bezirksgerichts – hier sah sich der Verbrecher des Westens zum erstenmal der scharfen Schneide des geschriebenen Gesetzes gegenüber, und es erwarteten ihn lange Gefängnisstrafen, wenn nicht gar der Tod, falls er schuldig gesprochen worden war.

Auf der Gemeinde-Ebene war die Anwendung des Rechts im besten Fall zufällig; manchmal wurde sie zur Farce. Der amtierende Friedensrichter oder Polizeirichter empfahl sich für diesen Posten oftmals durch nichts anderes als durch seine Verfügbarkeit. Sein Job war weder kompliziert noch anstrengend; nach den Gesetzen des Territoriums oder des Einzelstaates hatte er sich nur mit leichteren Vergehen zu befassen – wie etwa mit ungebührlichem Verhalten oder Bagatelldiebstahl. Bei 90 Prozent aller Fälle wurde gleich anfangs ein Schuldgeständnis abgegeben, und wenige Augenblicke später waren sie mit der Erhebung einer geringen Geldstrafe beendet.

Die Arbeitsbedingungen des örtlichen Richters ließen gewöhnlich allerlei zu wünschen übrig. In den neuen Städten des Grenzlands waren öffentliche Gebäude so rar wie ehrliche Spieler. Mangels Gerichtsgebäuden verhandelten die Richter in Billardsälen, Saloons oder ähnlichen Einrichtungen. Lange Listen von anhängigen Rechtsfällen zwangen bald viele Städte, eigene Gerichtsgebäude zu errichten, es war aber nicht so leicht, die brandneuen Häuser intakt zu halten. Eine bevorzugte Taktik von Banditen in Texas und Kansas bestand darin, das Haus niederzubrennen – entweder aus reiner Bosheit oder um belastendes Beweismaterial in den Gerichtsakten zu vernichten.

Dennoch: Die örtliche Justiz litt mehr unter der schlechten Ausbildung der Männer, die ihr dienten, als unter dem Mangel an Ausstattung. Viele konnten kaum lesen und schreiben. Und da für diesen Posten keine Grundkenntnisse verlangt wurden, zog er Wichtigtuer, Säufer und Exzentriker in unverhältnismäßig großer Zahl an, so Roy Bean aus Vinegaroon in Texas (*Seite 156*).

Und doch waren das für einen Richter noch relativ erträgliche Charakterfehler. Ein Mann, der sich während des Verhörs die Zehennägel schnitt oder eine Unterbrechung forderte, damit er und alle Beteiligten ihren Durst im nächsten Saloon löschen konnten, wurde von einer nachsichtigen Gemeinde geduldet. Aber allzu viele Richter nahmen oder boten Bestechungsgelder oder mißbrauchten ihr Amt, indem sie hohe Geldstrafen verhängten und einkassierten.

Ehrliche Richter, die keiner Versuchung erlagen, unparteiische Richter, die Fremde nicht zu streng bestraften und die Übertretungen von Freunden nicht entschuldigten, sogar ausgebildete Richter – solche Männer gab es auch. Wahrscheinlich mehr noch, als die Augenzeugenberichte erkennen lassen. Immerhin: Der Westen konnte sich glücklich schätzen, daß seine unteren Gerichtsinstanzen nur begrenzte Gewalt über das Leben seiner Bürger hatten.

Kein Teil des Westens war für Gesetz und Justiz ein schlimmeres Alptraumgebiet – und für Kriminelle ein perfekteres Paradies – als das Indianer-Territorium. Diese ungeheure Wildnis von Prärien und Gebirgen war im Osten von Arkansas, im Norden von Kansas, im Nordwesten von einem Streifen Niemandsland und im Westen und Süden von Texas begrenzt. Ohne Zweifel bot das Territorium den Outlaws das sicherste Refugium und das üppigste Feld für unbeschränkten Raub. Irgendwann nahmen die schlimmsten Halunken des Westens die Einladung an, die das Indianer-Territorium so offen anbot. Die James-Bande ruhte sich dort zwischen zwei Überfällen aus, und die Dalton-Brüder durchstreiften das Gebiet unangefochten und raubten und mordeten, wie es ihnen in den Sinn kam.

Im Indianer-Territorium geschah nichts, was zu einem strengen und einheitlichen Gesetz hätte beitragen können. Um 1870 waren die einzigen legitimen Einwohner etwa 50 000 Indianer – im wesentlichen die großen Gruppen, die als die Fünf Zivilisierten Stämme bezeichnet wurden. Es gab keine einzige Stadt, wie die Weißen sie hatten. Die fünf Stämme – Cherokee, Choctaw, Chickasaw, Creek und Seminole – waren von der amerikanischen Regierung als selbständige „Nationen" auf dem ihnen zugewiesenen Boden anerkannt, und jeder Stamm hatte seine Gesetze, Gerichte und Polizei (genannt „Lighthorse" – leichte Kavallerie – wegen der Ponies, die sie auf Patrouille ritten). Aber die indianischen Gerichte waren für weiße Eindringlinge nicht zuständig und hatten nicht die Macht, flüchtigen Männern aus anderen Gebieten die geringste Beschränkung aufzuerlegen. Mehr noch: Sie verloren die Zuständigkeit über jeden Indianer, der irgendein Verbrechen an einem Weißen oder zusammen mit ihm verübt hatte. Solche Indianer und jeder Weiße, der irgendein Verbrechen innerhalb des Territoriums beging, fielen unter die Rechtsprechung des Bundesgerichts für den westlichen Bezirk von Arkansas, dessen einziger Richter mit einer Handvoll Marshals auf einem Gebiet von über 180 000 Quadratkilometern banditenverseuchten Bodens Law and Order durchzusetzen hatte.

Diesen absurden Zustand hatte niemand so geplant; er hatte sich einfach im Lauf der Jahre entwickelt. Noch um 1835 war das Indianer-Territorium ein vage umrissenes weites Land, das niemand begehrte. Die Fünf Zivilisierten Stämme waren dort angesiedelt, nachdem man sie gezwungen hatte, weit begehrteres Land im Osten beim Vordringen der Weißen zu räumen. Nachdem der amerikanische Kongreß gegen erbitterten Widerstand diese Indianer-Vertreibung in Gang gesetzt hatte, ging er dazu über, Wiedergutmachung anzubieten. In dem Bestreben, alle Indianer zu schützen, indem die Kontakte zwischen Weißen und ihnen streng begrenzt wurden, erließ der Kongreß 1834 das großspurig titulierte Gesetz „zur Regulierung von Handel und Verkehr mit den Indianerstämmen und zur Wahrung des Friedens an den Grenzen", allgemein auch Verkehrs-Vertrag (Intercourse Act) genannt. Unter anderem wurden darin weiße Siedler rigoros aus dem Indianer-Territorium ausgeschlossen und die Anwesenheit weißer Händler nur zugelassen, sofern sie eine Genehmigung aus Washington besaßen. Aber von Anfang an beachteten die meisten Weißen die zahllosen Verbote, Geldbußen und Strafen einfach nicht.

Die umgesiedelten Indianer akzeptierten ihr trauriges Los und arrangierten sich; sehr bald jedoch holten sie die vordringenden Weißen wiederum ein. Anfang der fünfziger

Die Bürger von Cripple Creek, Colorado, wurden vom Rechtsanwalt, der zugleich Friedensrichter war, in einem zeltgedeckten Büro beraten. Viele Richter des Wilden Westens besaßen keine juristische Ausbildung und verließen sich statt dessen günstigenfalls auf den gesunden Menschenverstand.

Jahre durchquerten Rinderherden auf dem Weg nach Kansas ihr Territorium zu Tausenden, und Goldsucher auf dem Weg zu den Goldfeldern Kaliforniens strömten hindurch. Wenige Jahre später drohte die Ost-West-Route der Überlandpost das Territorium in eine verkehrsreiche Durchgangsstrecke zu verwandeln.

Der Bürgerkrieg verlangsamte das Eindringen der Weißen, aber er nährte auch die Unruhe. Wohlhabende Indianer der Fünf Zivilisierten Stämme hielten sich schwarze Sklaven in großer Zahl und standen daher auf der Seite der Südstaaten. Zur Strafe – oder unter dem Vorwand der Bestrafung – zwang die amerikanische Regierung die fünf Stämme nach dem Krieg, ein großes Stück ihrer angeblich unveräußerlichen westlichen Domäne wieder abzutreten, darunter ein leeres Gebiet, das später als „Unassigned Lands" (nicht abgetretene Ländereien) zum Zankapfel wurde. Um alles noch mehr zu komplizieren, fielen die freigelassenen Sklaven im Indianer-Territorium nicht mehr unter die Zuständigkeit der Indianergesetze, sondern unter die des weit entfernten Bundesgerichts in Arkansas. Einige befreite Sklaven bauten sich eigene Städte und Geschäfte auf, andere ließen sich als Farmer nieder, wieder andere zogen durch das Territorium und kamen in Schwierigkeiten.

In den Jahren nach dem Bürgerkrieg verstärkte sich der Druck auf das Indianer-Territorium gewaltig. Der Strom gefräßiger Rinder und ungebärdiger Cowboys wuchs beständig und hinterließ auf seinem Weg zu den Verladebahnhöfen in Kansas breite Spuren in dem Territorium. Der ständige Zufluß weißer Siedler nach Kansas und Texas drängte Siedler, die sich dort unrechtmäßig niedergelassen hatten, über die Grenzen ins Indianerland. Die Überlandpost brauchte die eine oder andere neue Poststation. Zwei Eisenbahngesellschaften – die Missouri, Kansas & Texas und die Atlantic & Pacific Railroad – verlegten ihre eisernen Schienen quer durch das Gebiet und stampften längs der Bahnstrecken Depots aus dem Boden. Mitte der siebziger Jahre war die Landkarte des Indianer-Territoriums mit amerikanischen Ortsnamen gespickt.

Die Poststationen und Eisenbahndepots nebst zugehörigem Personal waren völlig legal, sie gehörten zu dem Handel, den der Verkehrs-Vertrag legitimierte. Aber nach Art des Wilden Westens zogen diese Einrichtungen und die legi-

Plädoyer mit Platzpatronen

Anwälte waren ein notwendiges Glied in der Kette der Justiz im Westen, und es gab keinen fähigeren – und brillanteren – als Temple Houston. Er war groß und langhaarig, kleidete sich wie ein Dandy, liebte Gehröcke, bestickte Schuhe und weiße Sombreros. Aber seine Aufmachung täuschte: Houston war ein hervorragender Schütze, gegen den sogar Bat Masterson in einem Revolver-Wettstreit einmal den kürzeren zog. Nicht weniger hervorragend war er in Strafprozessen im gesamten Südwesten der USA, bei denen er die Geschworenen durch seine Beredsamkeit geradezu hypnotisierte. Als er 1899 eine gewisse Millie Stacey gegen die Anklage der Prostitution verteidigte, erklärte er: „Dort, wo einst der Stern der Reinheit auf ihrer mädchenhaften Braue glitzerte, hat brennende Scham ihr ewiges Siegel eingeprägt." Er bat die Geschworenen, nur Männer, sie „in Frieden ziehen" zu lassen. Sie taten es.

Temple Houston in den neunziger Jahren.

In einem anderen Prozeß ließ Houston ein Paar .45er Colts hervorschnellen, richtete sie auf die Geschworenenbank und drückte ab – ohne die Geschworenen erst lange darüber aufzuklären, daß die Revolver mit Platzpatronen geladen waren. Er wollte damit beweisen, daß sein Klient, der des Mordes an einem geschickten Revolverhelden angeklagt war, in Notwehr gehandelt habe, indem er als erster schoß. „Ich wollte Ihnen nur zeigen, wie schnell der Tote schießen konnte", sagte Houston entschuldigend zum Gericht. Die List schlug jedoch fehl, der Angeklagte wurde für schuldig befunden. Unbeirrt forderte Houston einen neuen Prozeß, weil die Geschworenen, als sie vor seinem Kugelhagel auseinanderstoben, sich „getrennt und mit der Menge vermischt", also die vorgeschriebene Absonderung durchbrochen hätten. Er kam damit durch und gewann den Prozeß.

Houston konnte es mit dem Revolver aber auch sehr ernst meinen. Nach einer heftigen Auseinandersetzung mit einem anderen Anwalt im Gerichtssaal trafen sich die beiden Männer in einem Saloon wieder. Houston tötete seinen Gegner – und plädierte mit Erfolg auf Notwehr.

Houston füllte sein Haus in Oklahoma mit Andenken an den Wilden Westen: Waffen, indianischem Kunsthandwerk und Bildern von Häuptlingen.

tim durchreisenden Passagiere unzählige andere Individuen an, deren Geschäfte ganz und gar illegal waren; ihre Invasion wurde durch das Fehlen örtlicher Polizeistellen wesentlich beschleunigt. Mit der Ankunft solcher Menschen – Spieler, Prostituierte, Whiskey-Hausierer und Streuner mit lockersitzenden Revolvern – wuchs die Verbrechensrate an.

Anfang der siebziger Jahre wurden auch bei den Indianern im Territorium und in den angrenzenden Gemeinden Rufe der Angst und Empörung laut. Eine Zeitung in Fort Smith in Arkansas, die *Western Independent*, prophezeite, daß, „wenn die Kriminalität sich dort weiterhin so stark erhöht, ein ganzes Regiment von Marshals all die Mörder nicht mehr festnehmen" könne. Eine Zeitung, die in Muskogee im Indianer-Territorium erschien, *Indian Progress*, veröffentlichte einen „Kalender der Taten mit Messer und Pistole"; sie verzeichnete 15 Morde, die meisten unaufgeklärt, einige nicht einmal untersucht. Sie waren in zwei Jahren in einem „friedlichen" Umkreis verübt worden.

Diese Berichte und die lautstarken Klagen terrorisierter Reisender entgingen durchaus nicht jenen Männern, die im Indianer-Territorium für die Anwendung und Durchsetzung des Rechts zu sorgen hatten. Aber diese Behörden – der Bundesrichter und der Federal Marshal für den westlichen Distrikt von Arkansas – waren obendrein für 30 Counties in Arkansas verantwortlich; das allein war schon eine erdrückende Aufgabe für den dürftigen Stab von Staatsanwälten und Deputy Marshals. 1871 wurde ein kleiner Schritt unternommen, um der wachsenden Krise zu begegnen: Der Richter, der Marshal und der Bezirksstaatsanwalt verlegten ihr Büro von der Stadt Van Buren südwestlich nach Fort Smith am Fluß Arkansas, nur 100 Meter vom Ostrand des Indianer-Territoriums entfernt. Gleichzeitig jedoch wuchs die Bürde der Justizbehörden in Arkansas selbst, weil immer mehr neue Siedler ankamen. Die Probleme vergrößerten sich 1872 noch durch die Ernennung eines korrupten, unfähigen Mannes, William Story, zum Bundesrichter. Nach gut einem Jahr – während im Indianer-Territorium mehr als hundert Morde verübt wurden – mußte Story zurücktreten.

Um 1875 war der Bundesgerichtshof im westlichen Arkansas in derart skandalösem Zustand, daß der Kongreß ihn hätte gänzlich abschaffen können – wenn nicht zwei Gründe dagegengesprochen hätten: Erstens gab es keine Alternative und keine Zeit, sich eine einfallen zu lassen. Zweitens war plötzlich ein vielversprechender Kandidat für den vakanten und ungeliebten Richterposten auf den Plan getreten. Er war nicht nur ehrenhaft, fähig und tatkräftig, sondern auch noch bekannt. Was aber diesen Musterknaben vollends unbegreiflich machte: Er hatte sich freiwillig um das Amt beworben, das mit 3500 Dollar im Jahr dotiert war.

Sein Name, in Regierungskreisen schon wohlbekannt, war Isaac Charles Parker, doch bald erlangte er noch größeren Ruhm unter dem Spitznamen „Hanging Judge" (Henkersrichter) von Fort Smith.

Parker war 1875 erst 36 Jahre alt, hatte aber bereits eine lange, wechselvolle Karriere hinter sich. Er hatte seiner Heimatstadt St. Joseph, Missouri, als Staatsanwalt gedient; er war Wahlmann bei der Präsidentenwahl von Abraham Lincoln, Richter in einem entlegenen Bezirk von Missouri und zwei Wahlperioden lang Mitglied des Repräsentantenhauses. Doch als er sich in einem Brief an Präsident Grant um den Richterposten in Fort Smith bewarb, ging es ihm um mehr als das Gesetz. Als Mitglied des Ausschusses für Indianer-Angelegenheiten war er tief besorgt über die Misere der Indianer; da er sich für eine Wirtschaftshilfe an sie einsetzte, verliehen seine Kongreßkollegen ihm den Titel „der beste Freund der Indianer".

Parker war überdies ein strenggläubiger Methodist. Seine Erziehung hatte ihn gelehrt, daß das Leben ein ständiger Kampf zwischen Gut und Böse und die Bestrafung von Übeltätern ein Gebot göttlicher Gerechtigkeit sei. Sein Richteramt in Fort Smith würde ihm die Bösewichte, die der Bestrafung bedurften, reichlich zuführen, und zugleich hätte er die direkte Möglichkeit, die Indianer von ihren gewissenlosen Ausbeutern zu befreien. Er suchte diese Arbeit ebensosehr, wie sie ihn brauchte.

Präsident Grant schlug Parker dem Kongreß vor, und der Kongreß bestätigte ihn mit ungewöhnlicher Eile, als wollte er ihn daran hindern, es sich anders zu überlegen. Mit seiner Frau und zwei Söhnen verließ er sein Heim in St. Joe und nahm bei Little Rock ein Schiff auf dem Arkansas flußabwärts bis Forth Smith. Sie kamen am Morgen des 2. Mai 1875, einem Sonntag, an.

Eine kleine Gruppe von Stadtbewohnern war zum Kai gekommen, um einen Blick auf den neuen Richter zu werfen. Was sie sahen, gefiel ihnen. Parker war eine eindrucksvolle Erscheinung – über 1,80 Meter groß, breitschultrig und fast zwei Zentner schwer; er hatte ein gutgeschnittenes, strenges Gesicht, das von einem strohblonden Schnauzbart und einem dichten Spitzbart geziert war. Sein Auftreten war unverkennbar gebieterisch, und man glaubt sofort jenem Deputy Marshal, der bemerkte: „Wenn ein Anwalt sich auf einen Streit mit ihm einlassen wollte, dann wies er einfach mit dem Finger auf ihn. Der Anwalt *setzte* sich nicht, er *fiel* hin." Trotz allem, Fort Smith zweifelte daran, daß Parker viel tun könne, um die Verhältnisse im Indianerland zu verbessern.

Parker seinerseits war fast ebenso skeptisch in bezug auf Fort Smith. Die Stadt, nach einem Militärposten benannt, der dort 1817 errichtet worden war, war ein staubiges

Zehntausend Zuschauer hatten sich 1881 in Leadville, Colorado, versammelt, um dem Erhängen von zwei Mördern beizuwohnen. Die meisten Hinrichtungen im Grenzland waren gut besucht, doch dieser Andrang war ungewöhnlich. Der Grund war nicht nur der Doppelgalgen, sondern es war, nach den Worten einer Zeitung in Denver, auch die „erste legale Hinrichtung" in der Stadt.

Isaac Charles Parker, der „Hanging Judge", ließ niemals Gnade vor Recht ergehen. In den zwei Jahrzehnten seiner heftig umstrittenen Tätigkeit im Indianer-Territorium brachte er durch seine Urteile nicht weniger als 160 Menschen an den Galgen.

Durcheinander von ungepflasterten Straßen und niedrigen Holzhäusern. Sie hatte etwa 2500 Einwohner und dazu 30 Saloons zur Erfrischung der Eisenbahner und Flußschiffer, der Durchreisenden auf dem Weg nach Westen und der texanischen Cowboys, die, nachdem sie über einen langen Zeitraum ihr Vieh nach Kansas getrieben hatten, nun heimritten. Das Fort selbst war ein großes flaches Bauwerk, von dicken Steinmauern umgeben und von Kanonen-Bollwerken gekrönt; die Soldaten waren abgezogen, und übrig blieb nichts als düstere Eintönigkeit.

Als sich Mrs. Parker so umsah, soll sie gesagt haben: „Wir haben einen großen Fehler gemacht, Isaac." Aber ihr Mann antwortete: „Nein, Mary. Wir stehen vor einer großen Aufgabe. Diese Menschen brauchen uns."

Parker ließ seinem Entschluß rasch Taten folgen. Schon acht Tage nach seiner Ankunft in Fort Smith eröffnete er das Gericht. Der Gerichtssaal befand sich im Erdgeschoß einer zweistöckigen ehemaligen Kaserne im Fort; es stank nach den Gefangenenzellen im Keller darunter. Jeden Tag, wenn der Gerichtsdiener zur Ordnung rief, erkletterte Parker seinen Sessel hinter einem riesigen Rosenholztisch auf einer Empore. Die Gefangenen, die ihm vorgeführt wurden, konnten in seinem strengen Gesicht wenig Trost finden, noch weniger jedoch in der Eile, mit der er vorging.

In der ersten Sitzungsperiode des Gerichts, die acht Wochen dauerte, behandelte Parker 91 Fälle. Von den Angeklagten waren 18 des Mordes beschuldigt, 15 wurden schuldig gesprochen. Acht erhielten lange Gefängnisstrafen, einer wurde bei einem Fluchtversuch getötet und die restlichen sechs zum Tod durch den Strang verurteilt. Bei der Verkündung der Todesurteile beugte Parker den Kopf. „Es ist nicht mein Wunsch, euch Männer zu hängen", sagte er mit gedämpfter Stimme, „es ist das Gesetz." Dann, unerklärlicherweise, weinte er.

Die Verbrechen, die diese sechs Männer begangen hatten, waren ziemlich typisch für alle, die Parker in seinen 21 Jahren auf dem Richterstuhl von Fort Smith zu untersuchen hatte. Ein Mann hatte einen jungen Cowboy ermordet, um seiner schmucken Stiefel und seines Sattels habhaft zu werden. Ein anderer hatte einen Freund mit Totschläger und Messer umgebracht, um das Geld zu bekommen, das jener bei sich trug. Ein dritter lieh sich von einem Freund eine Winchester und benutzte sie dann dazu, den Freund aus einer Laune heraus zu töten. Diese Angeklagten waren alle keine großartigen Revolverhelden, sondern namenlose Männer, die aus geringfügigen, niedrigen Beweggründen gehandelt hatten. Auf jeden Mord oder Überfall eines gefeierten Banditen kamen unzählige, die solche unbedeutenden Männer verübten; einfach kraft ihrer Zahl richteten sie im Grenzland schlimmere Verheerungen an als die Kriminellen, die im ganzen Lande bekannt wurden. Die Zuschauer, die Richter Parker weinen sahen, hatten guten Grund anzunehmen, daß die sechs Verurteilten dieser Tränen nicht würdig waren. Für Männer dieser Art hielten sie allein die Todesstrafe für angemessen, weil sie fest daran glaubten, daß nur sie Kapitalverbrechen verhindern könne. Und sie unterstützten es auch, daß die Schuldigen öffentlich gehängt wurden, um andere vor ähnlichen Taten abzuschrecken.

Am Tag der Hinrichtung drängten sich mehr als 5000 Menschen auf dem Gelände des Forts, um die sechs Männer sterben zu sehen. Im Hof stand ein riesiger Galgen, der nach Parkers Angaben errichtet worden war. Pfosten und Querbalken waren aus 30 Zentimeter dicken Eichenhölzern, und darunter befand sich eine schmale Falltür über die ganze Breite der Plattform. Das Gebilde war so konstruiert, daß 12 Menschen gleichzeitig gehängt werden konnten.

Im Morgengrauen begannen ganze Wagenladungen von Siedlern aus einem Umkreis von etwa 70 Kilometern in die Stadt zu rollen, um den Termin 9.30 Uhr nicht zu verpassen. Die Leute brachten ihre Familien mit, und die Kinder erklommen die Mauern, die das Fort umgaben, um bei dem Spektakel besser sehen zu können. Die günstigsten Plätze waren von Reportern besetzt, von denen viele aus St. Louis, Kansas City und sogar von der Ostküste angereist waren.

Punkt 9.30 Uhr wurden die sechs Verurteilten von einem Dutzend bewaffneter Wächter und vier Geistlichen zum Galgen geleitet. Nach der Verlesung der Todesurteile durften die sechs ihre letzten Worte sprechen. Einer der Mörder sagte: „Ich bin genauso scharf darauf, diese Welt zu verlassen, wie ihr scharf darauf seid, mir dabei zuzusehen."

Nach einem Gebet der Geistlichen und einem kurzen Kirchenlied, das die Menge sang, wurden den sechs Männern die Augen mit sackähnlichen schwarzen Hauben bedeckt, und sie wurden auf die lange schmale Falltür geführt. Dann legte der dünne, bärtige Henker George Maledon (*Seite 161*) den Männern Schlingen aus handgedrehten, gut geölten Kentucky-Hanfseilen um den Hals. Maledon führte seine Hinrichtungen sehr ernsthaft und stolz aus: Nur ein Experte konnte garantieren, daß sich das Opfer beim Fall das Genick brach und ihm so ein langsames Strangulieren erspart blieb. Jahre später sagte er trocken: „Ich habe niemals einen Mann erhängt, der wiederkam, um noch mal gehängt zu werden."

Plötzlich öffnete Maledon die Falltür. Die sechs Männer fielen – und starben schnell. Die Menge zerstreute sich. Über die Hinrichtung wurde in allen Zeitungen von einer Küste zur anderen ausführlich berichtet. Daß gleichzeitig ein halbes Dutzend Männer öffentlich erhängt worden war, entsetzte viele Leser, besonders weiter im Osten; dabei hätten sie sechs Hinrichtungen nacheinander und ohne Öffentlichkeit durchaus akzeptiert. Man griff den Richter in zunehmendem Maße an und warf ihm vor, er sei unmenschlich und habe eine unersättliche Begierde, Leute zu erhängen. Gleich in seinem ersten – aber nicht letzten – Versuch, den Angriff zu entkräften, traf Parker den Kern der Sache: „Sofern Kritik angebracht ist, hat sie dem System zu gelten und nicht dem Mann, der ihm dient."

Doch die Pflicht ließ Parker keine Zeit zu philosophischen Auseinandersetzungen. Seit seiner Ankunft in Fort Smith hatte er unermüdlich gearbeitet, nicht nur mit der Verhandlung der 91 Fälle, die ihn erwarteten, sondern auch an Mitteln und Wegen, noch mehr Gesetzesbrecher vor Gericht zu stellen. Parker war vom Kongreß und vom Präsidenten mit einmaligen Vollmachten ausgestattet worden, um die einmaligen Probleme des Indianer-Territoriums zu lösen. Sein Marshal, ebenfalls vom Präsidenten ernannt, war berechtigt, eine kleine Armee von 200 Deputy Marshals in Dienst zu nehmen, eine viel größere Zahl als in anderen Bundesstaaten oder Territorien. Bedeutender aber war es, daß Parker die einzige und letzte Instanz für alle Verbrechen verkörperte, die auf dem Indianer-Territorium verübt wurden. Dadurch konnten seine Urteile nicht vor einem höheren Gericht angefochten werden; die einzige Hoffnung für einen von ihm zum Tode Verurteilten war eine Begnadigung oder Strafumwandlung durch den Präsidenten. Mehr noch: Parker konnte seine Verhandlungen praktisch ohne Rücksicht auf die Rechtsgrundsätze führen, die sonst durch Bundesgesetz festgelegt waren. Nur sehr wenige dieser Grundsätze waren auf Verbrechen im Indianer-Territorium anwendbar – denn es war eine Art Rumpelkammer der Justiz, in der vor allem Angehörige souveräner Indianer-„Nationen" lebten. Und selbst, wenn ein Rechtsgrundsatz anwendbar war, durfte Parker ihn ignorieren, und der Verteidiger hatte nicht die Macht, gegen seinen Spruch Revision einzulegen.

Parker war also das Gesetz – das absolute Gesetz im Indianer-Territorium. Damit war im Wilden Westen das Schlachtfeld für den Kampf um Law and Order abgesteckt: der mächtigste Richter des Westens gegen die schlimmste Ansammlung von Übeltätern.

Bei der Rekrutierung seiner Vollzugsbeamten, den Deputy Marshals, sah Parker der Realität ins Auge. Er haßte die Revolverhelden, aber er wußte, daß man den einen brauchte, um den anderen zu fangen. Und er wußte auch, daß einige der Bewerber weniger von Honoraren und Fangprämien angelockt wurden (Gehälter gab es nicht) als von Schiebungs- und Erpressungsmöglichkeiten, die die Plakette ihnen bot. Parker bemühte sich, die Gauner auszusieben, aber wenn ein Mann gut mit dem Revolver umgehen

Vom Dach ihrer zur Festung ausgebauten Scheune aus halten Cherokee-Rancher um 1885 im Indianer-Territorium Ausschau nach Banditen. Da die Indianer weiße Verbrecher nicht anklagen durften, wurde ihr Gebiet bald zum „Treffpunkt der Niederträchtigen und Gemeinen von überall", wie eine Zeitung schrieb.

konnte, war er bereit, ein paar Schattenseiten in seiner Vergangenheit zu übersehen. Er verpflichtete dabei einige überzeugend wirkende Kandidaten, die später zu Verbrechern wurden, darunter zwei Dalton-Brüder, die etliche Banditen fingen; andererseits nahm er einige zwielichtige Charaktere auf, die ehrlich blieben und im Kampf um das Gesetz starben. Auf diese Weise fanden während Parkers über zwanzigjähriger Amtszeit in Fort Smith 65 seiner Deputies den Tod. Die Anweisung an seine Männer lautete: „Bringt sie mir – lebendig oder tot."

Parkers Männer schwärmten ins Indianer-Territorium aus zur größten Menschenjagd der Geschichte. Gewöhnlich ritten die Deputies zu ihrer eigenen Sicherheit in Gruppen von vier bis fünf Mann. Jede Gruppe hatte ihr eigenes bewegliches Hauptquartier: einen Last- oder Frachtwagen so ausgerüstet, daß er als Büro, Arsenal, Schlafplatz, Küche und Gefängnis dienen konnte. Einige Gruppen wurden in besonderer Mission ausgeschickt die meisten aber bekamen kein bestimmtes Ziel angewiesen, sie waren, in ihrem eigenen Jargon, „auf der Suche": Sie schnüffelten allerorten herum, durchsuchten Hütten nach Destillier-Anlagen und geschmuggeltem Whiskey, stöberten in Canyons und Schluchten nach gestohlenen Pferden, überprüften verdächtige Reisende – kurz, sie versuchten, Kriminelle aller Art aufzuscheuchen.

Die Deputies schossen, wenn sie es so einrichten konnten, niemals, um zu töten: Jeder Mann, den sie mit zurückbrachten, um ihn vor Gericht zu stellen, war zwei Dollar Kopfgeld wert; für eine Leiche bekamen sie nichts, außer wenn von Eisenbahngesellschaften, Postunternehmen oder einer Behörde eine Belohnung für den Gesuchten, „lebendig oder tot", ausgesetzt war – ein seltener Glücksfall. Ein verwundeter Gefangener durfte im Wagen sitzen, an den Seitenbrettern angekettet; die gesunden mußten nebenherlaufen; man bewachte sie mit einem Revolverlauf.

Wenn der Gefangenentransport stark anwuchs, gab die Gruppe für die Verpflegung der Gefangenen häufig mehr aus, als es ihr Spesensatz von einem Dollar pro Tag zuließ, und die Deputies waren gezwungen, die Differenz auszugleichen. Freilich hatten sie eine ständige Einnahmequelle: Sie durften für kleinere Vergehen Strafen verhängen und das Geld als Nebenverdienst behalten. Dieser Ansporn verführte natürlich einige Deputies, selber das Gesetz zu brechen. Sie vergriffen sich an den Beweismitteln, schmuggelten konfiszierten Whiskey oder gestohlene Waren in irgend jemandes Wagen – und verurteilten den Besitzer zu einer Geldstrafe, so hoch, daß er sie gerade noch zahlen konnte.

Die betrügerischen Praktiken einiger Deputies machte den ohnehin harten Job schwerer für alle. Fast überall stießen sie auf Argwohn, da im Territorium jetzt eine Menge

Die Marshals, die im Indianer-Territorium nach Verbrechern suchten, erhielten diesen Handzettel mit Richtlinien. Mit 6 Cent pro zurückgelegte Meile und zwei Dollar pro Verhaftung kamen sie auf etwa 500 Dollar im Jahr.

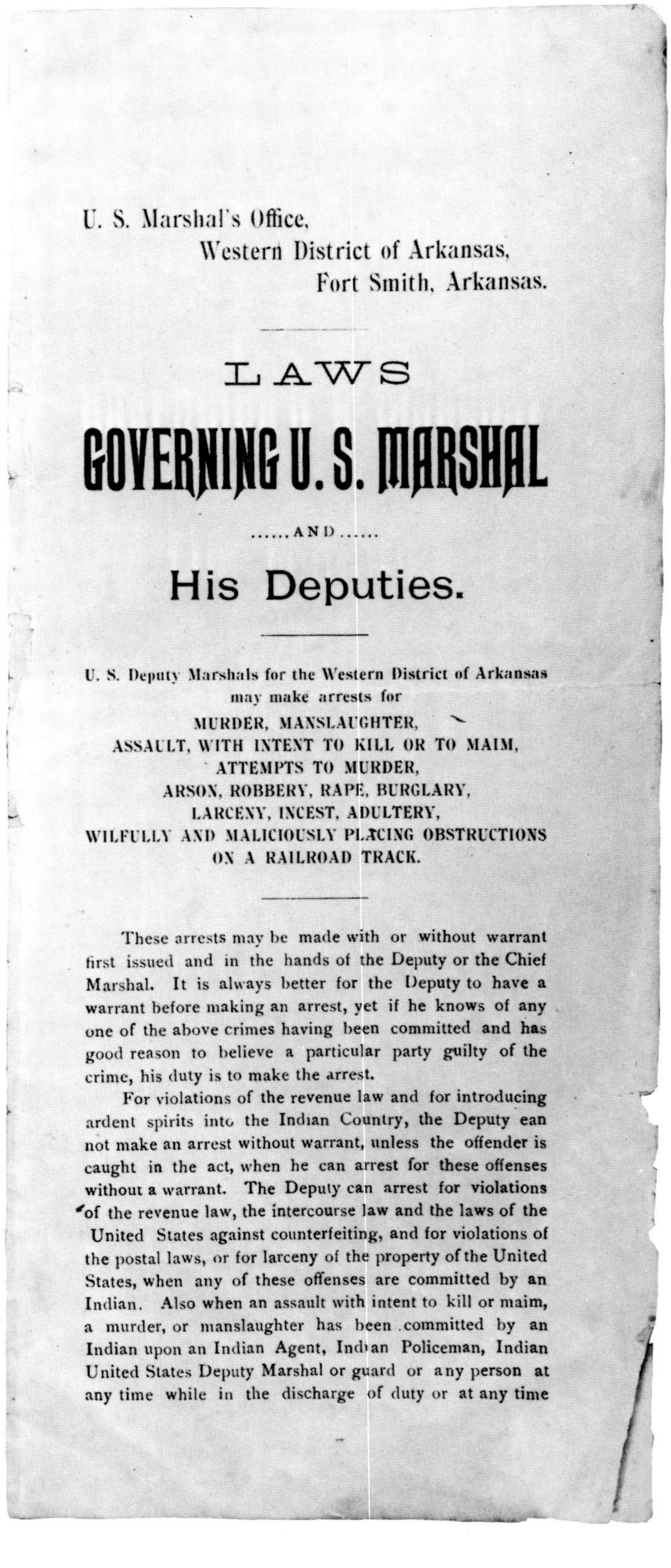

U. S. Marshal's Office,
Western District of Arkansas,
Fort Smith, Arkansas.

LAWS

GOVERNING U. S. MARSHAL

......AND......

His Deputies.

U. S. Deputy Marshals for the Western District of Arkansas may make arrests for
MURDER, MANSLAUGHTER,
ASSAULT, WITH INTENT TO KILL OR TO MAIM,
ATTEMPTS TO MURDER,
ARSON, ROBBERY, RAPE, BURGLARY,
LARCENY, INCEST, ADULTERY,
WILFULLY AND MALICIOUSLY PLACING OBSTRUCTIONS ON A RAILROAD TRACK.

These arrests may be made with or without warrant first issued and in the hands of the Deputy or the Chief Marshal. It is always better for the Deputy to have a warrant before making an arrest, yet if he knows of any one of the above crimes having been committed and has good reason to believe a particular party guilty of the crime, his duty is to make the arrest.

For violations of the revenue law and for introducing ardent spirits into the Indian Country, the Deputy ean not make an arrest without warrant, unless the offender is caught in the act, when he can arrest for these offenses without a warrant. The Deputy can arrest for violations of the revenue law, the intercourse law and the laws of the United States against counterfeiting, and for violations of the postal laws, or for larceny of the property of the United States, when any of these offenses are committed by an Indian. Also when an assault with intent to kill or maim, a murder, or manslaughter has been committed by an Indian upon an Indian Agent, Indian Policeman, Indian United States Deputy Marshal or guard or any person at any time while in the discharge of duty or at any time

Leute lebten, die Grund hatten, ihnen gegenüber vorsichtig zu sein. Außer den zwielichtigen Typen, die um Eisenbahndepots und andere öffentliche Einrichtungen herumstrichen, gab es Tausende, die das Gesetz umgangen hatten, wonach es Weißen verboten war, Indianerland zu kaufen; sie hatten Indianerinnen geheiratet oder langfristige Pachtverträge mit indianischen Landbesitzern unterzeichnet und Ackerbau und Viehzucht begonnen. Insgesamt lebten 1878 ungefähr 20000 Weiße im Territorium. Ihr Mißtrauen gegenüber den Vertretern der Staatsgewalt wurde bald bei vielen zur offenen Feindschaft gegenüber Parkers Deputies; manche unterstützten sogar Gesetzesbrecher.

Einige Weiße gewährten Verbrechern Unterschlupf oder versorgten sie mit Lebensmitteln oder gar Munition. Sie warnten die Outlaws auch, wenn Deputies, die ja deutliche Zeichen ihrer Anwesenheit hinterließen, sich näherten. Einer von den Altgedienten erklärte später: „In jenen Tagen waren unsere Pferde unbeschlagen. Wenn wir eine Hufspur entdeckten, die zeigte, daß das Pferd beschlagen war, dann wußten wir, daß ein U.S. Marshal in der Gegend war."

Die Feindseligkeit der Einheimischen stellte die Deputies vor ein weiteres Problem. Um die Gerichtsverhandlungen in Fort Smith zu beschleunigen, griffen die Deputies gewöhnlich die Zeugen gleich an Ort und Stelle und nahmen sie mit. Die Zeugen zögerten jedoch, die lange Reise mitzumachen und das Risiko von Repressalien auf sich zu nehmen. Und selbst wenn sie willig mitgingen, war es mitunter nicht ganz einfach, sie aus der Schußlinie zu halten, wenn eine Schießerei ausbrach.

Die Deputies wurden häufig in kurze, heftige Schießereien verwickelt, gelegentlich auch in längere Revolverschlachten mit Desperados, die sich in die Enge getrieben fühlten. Einer der verbissensten Kämpfe fand am Rabbit Trap Canyon in der Nähe von Tahlequah statt, im nordöstlichen Gebiet der Cherokees. Die Deputies waren auf der Jagd nach einem schwer faßbaren Banditen vom Stamm der Cherokees, Ned Christie, der als Zugräuber, Pferdedieb und Whiskey-Schmuggler durch das Territorium zog. Christie hatte sich eine Festung hoch oben am Rand des aus steilen Klippen bestehenden Canyons gebaut, und als ihn ein 16 Mann starkes Aufgebot dort aufspürte, wollte er nicht aufgeben.

Die Deputies trieben den Banditen in die Falle und eröffneten am nächsten Tag bei Sonnenaufgang das Feuer auf die Festung. Christie und ein anderer indianischer Bandit, Archie Wolf, schossen zurück. Da die Deputies keinen sicheren Weg fanden, um über die Wände des Canyons das Fort zu stürmen, verbrachten sie den Rest des Tages damit, einen flachen Wagen in eine bewegliche Barrikade zu verwandeln. Im Schutze der Dunkelheit rollten sie ihn so dicht wie möglich nach oben an das Fort; dann, kurz vor Tagesanbruch, warfen sie in hohem Bogen ein halbes Dutzend Dynamitstäbe in Christies Bollwerk. Die Festung explodierte und ging in Flammen auf, und die Deputies fingen an zu schießen. Archie Wolf entkam, aber Christie fiel im Kugelhagel, als er aus den flammenden Ruinen stürzte.

Von Routine-Touren brachte eine Gruppe von vier bis fünf Deputies im Durchschnitt 20 Gefangene mit. Durch den Zustrom von Gefangenen und Zeugen nach Fort Smith wurden alle Einrichtungen des Forts beansprucht. Zeitweilig bewegten sich Hunderte von Zeugen auf dem Gelände und verstopften die Korridore vor Richter Parkers Gerichtssaal, wo sie ungeduldig auf den Zeitpunkt ihrer Aussage warteten.

Weil so viele Gefangene und Zeugen sich ansammelten, hatte wiederum Parkers Stab wie wild zu arbeiten, um genügend Bürger für die Geschworenenbank zusammenzubringen; sie mußten aus dem Distrikt West-Arkansas stammen, und sie waren nicht eben erpicht darauf, ihr Haus zu verlassen, um über „Fremde" aus dem Indianer-Territorium zu Gericht zu sitzen. Wenn Geschworene und Zeugen zu lange warten mußten, zogen einige wieder heimwärts und setzten eine Verhandlung aufs Spiel. Und wer bis zum bitteren Ende durchhielt, sich aber keine bessere Unterkunft leisten konnte, mußte die Unbequemlichkeit von Kost und Logis im übelriechenden, vollgepackten Gefängniskeller unter Parkers Gerichtssaal auf sich nehmen.

An der Spitze dieses lärmenden Fließbands arbeitete – unerschüttert durch den steigenden Druck und die wachsende Kritik aus der Ferne – der unermüdliche Richter selbst. Irgendwie brachte er es auch noch fertig, beim Kampf gegen die immer größer werdenden Sorgen der Gemeinde Fort Smith eine aktive Rolle zu spielen. Er gehörte dem Schulbeirat an und focht für die Errichtung einer Schule für die schwarzen Kinder. Er spendete freizügig Geld und Rat für städtische Wohlfahrtseinrichtungen. Die Menschen, die ihn außerhalb der Wände seines Gerichts antrafen, erkannten in ihm, oftmals zu ihrer Überraschung, einen höchst sympathischen Mann; er war ein ausgezeichneter Gastgeber und eine „wandelnde Bonbontüte" für die Kinder, denen er auf der Straße begegnete.

Aber das Gericht blieb der Mittelpunkt von Parkers Leben. Er ließ es an sechs Tagen der Woche von 8.30 Uhr bis zum Einbruch der Dunkelheit geöffnet, und manchmal hielt er auch noch Nachtsitzungen ab; in Mißachtung seiner eigenen Sicherheit ging er im Dunkeln die Meile bis zu seinem Haus zu Fuß, allein und unbewaffnet.

Parker leitete seine Verhandlungen so schnell, wie es nur ging – zu schnell für den Verteidiger, um sich angemessen vorzubereiten, wie manche sagten. Bei zwei Prozessen

1
4
3
2

Deputy U.S. Marshal Heck Thomas (*links vorn*), hier mit einem Kollegen, zwei Osage Scouts und zwei Gerichtsbeamten, war eine der Hauptstützen in Richter Parkers unerbittlichem Kreuzzug zur Säuberung des Indianer-Territoriums von Banditen.

stellte Parker eine Art Geschwindigkeitsrekord auf: Bei dem einen ging es um Vergewaltigung, bei dem anderen um Mord und bei beiden um dieselben fünf Gefangenen, unter ihnen ein gewalttätiger Bandit, der Indianer Rufus Buck (*Seite 164*). In einem zeitgenössischen Bericht las sich das so: „Kaum war das Urteil ‚schuldig der Vergewaltigung' gesprochen, entließ Richter Parker die Geschworenen, loste die nächsten aus, vereidigte sie, und ohne daß die Angeklagten ihre Plätze verlassen durften, wurde ihnen der Prozeß wegen Mordes gemacht. Die Verhandlung dauerte bis zum nächsten Tag und endete mit dem Urteil ‚schuldig'." Die fünf Angeklagten hatte man jeweils zweimal zum Tod durch den Strang verurteilt – doch wie üblich reichte eine einmalige Hinrichtung, die wie üblich George Maledon ausführte.

In den ersten 14 Jahren auf dem Richterstuhl von Fort Smith hatte Parker 46 Männer wegen Mordes und Vergewaltigung zum Galgen geschickt, und jede Hinrichtung zog neue Angriffe nicht nur auf seine Methode der Rechtsprechung, sondern auch auf seine Person und seinen Charakter nach sich. Keiner dieser Angriffe schien ihn zu bekümmern. Auch entfachte kein Todesurteil in ihm so viel Verbitterung wie der Umstand, daß vor ihm immer wieder eine ledergesichtige, verworfene Kreatur namens Belle Starr auftauchte. Und weil Belle weiblichen Geschlechts, ungemein auffällig und für den Henkersrichter ein großes Problem war, unterdrückte die Presse unbequeme Tatsachen, erfand Heldentaten, die sie vollbracht haben sollte, und machte sie zur Lieblingskriminellen der Nation.

Belles asoziale Karriere wuchs aus ihrer verzehrenden Leidenschaft für Räuber und Halsabschneider. Sie war als Myra Belle Shirley in Missouri zur Welt gekommen und mit ihrer Familie nach Texas gezogen; sie war kaum erwachsen, da hatte sie bereits mit den James-Brüdern ein Techtelmechtel und gebar deren Verbündetem Cole Younger eine Tochter. Dann heiratete sie den Pferdedieb Jim Reed und bekam von ihm einen Sohn. Als Reed getötet wurde, tat sie sich mit einer Bande zusammen und ging mit ihr ins Indianer-Territorium, wo sie den hübschen Cherokee-Banditen Sam Starr traf und ihn heiratete. Von ihrem Unterschlupf am Canadian River aus, etwa 120 Kilometer von Fort Smith entfernt, wirkte sie als Organisatorin, Drahtzieherin und Hehlerin für Viehdiebe, Pferdediebe und die Schmuggler, die ihren selbstgebrannten Whiskey an die Indianer verkauften. Ihr Geschick zahlte sich aus, und als ihre Freunde geschnappt worden wären, gab sie ihr Geld großzügig aus, um ihnen die Freiheit zu erkaufen.

Richter Parker, dessen Pläne so immer wieder vereitelt wurden, war bereit, beinahe jeden Vorwand zu benutzen, Belle Starr ins Gefängnis zu bringen. Doch wann immer seine Deputies sie mitbrachten, um sie wegen Whiskeyschmuggels oder Viehdiebstahls vor Gericht zu stellen, sah er sich genötigt, sie aus Mangel an Beweisen laufenzulassen. Endlich, im Jahre 1882, wurde Belle beim Diebstahl der Pferde ihrer Nachbarn ertappt, und die Zeugen blieben diesmal standhaft. Nach einer kurzen Verhandlung verurteilte Parker Belle Starr zu zweimal sechs Monaten Gefängnis. Sie saß neun Monate ab und wurde dann wegen guter Führung entlassen, aber die Zeit hinter Gittern trug durchaus nicht dazu bei, ihre Begeisterung für Kriminelle zu verringern und sie vom Leben als Gesetzlose abzuhalten. Einem Reporter gegenüber brüstete sie sich: „Ich bin ein Freund jedes tapferen und mannhaften Outlaw. Gerade sind wieder drei oder vier fabelhafte Burschen in meinem Gebiet untergetaucht, und wenn sie an meine Türe klopfen, dann werden sie mir willkommen sein."

Belles Scharmützel mit Richter Parker gingen weiter. 1886 – in demselben Jahr, in dem ihr zweiter Mann auf einer Party erschossen worden war – geriet der Liebhaber, den sie sich inzwischen zugelegt hatte, mit dem Gesetz in Konflikt; der Mann, ein Desperado, der sich mit dem Decknamen Blue Duck zierte, hatte sich betrunken und einen Farmer ermordet. Parker verurteilte ihn zum Tod durch den Strang, aber Belle engagierte die besten Anwälte, die sie auftun konnte, und schickte sie nach Washington, um beim Weißen Haus Einspruch gegen das Urteil zu erheben. Präsident Grover Cleveland wandelte die Strafe in lebenslängliche Haft um. Zwei Jahre später trickste Belle Richter Parker wieder aus: Ihr Sohn von Jim Reed war beim Pferdediebstahl erwischt worden, und Parker verurteilte ihn zu sieben Jahren Gefängnis. Wieder schickte Belle ihre Anwälte zum Präsidenten der USA; er fand einen Rechtsgrund zur Gewährung von Straferlaß.

Zu Parkers Erleichterung, aber zum Kummer der Zeitungsleser fand Belle Starr 1889 ein böses Ende. Sie wurde auf einer Straße aus dem Hinterhalt erschossen und bei Younger's Bend, ihrem Versteck am Canadian River, zur letzten Ruhe gebettet. Ihr Mörder wurde niemals identifiziert, aber mit hoher Wahrscheinlichkeit war es ihr neuester Ehemann, ein junger Creek-Indianer namens Jim July. Er soll nach einem Streit mit Belle einem anderen Mann 200 Dollar geboten haben, wenn er sie tötete, und als er abgewiesen wurde, hatte er gebrüllt: „Zum Teufel – dann töte ich die alte Hexe eben selbst und geb das Geld für Whiskey aus!"

Um 1889 war es fast jedermann außer Richter Parker klar, daß die Zahl der Verhandlungen in Fort Smith einfach zu groß für einen einzigen Gerichtshof war. Schon 1883 hatte der Kongreß einen ersten Schritt getan, um Parkers Bürde

Roy Bean: ein vierschrötiger Salomon

Der ungewöhnlichste Jurist, der je in den USA zu Gericht gesessen hat, war Roy Bean aus Texas. Er war ein korpulenter Saloon-Besitzer und Kartenspieler mit der Stimme eines Bullen. Er führte seine Verhandlungen zwischen zwei Pokerspielen und unterbrach sie, um dem Staatsanwalt, dem Verteidiger, den Geschworenen und dem Angeklagten gleichermaßen seinen Schnaps zu verkaufen. Er las stockend, kannte das Gesetz nur oberflächlich und ignorierte alle Bestimmungen, die ihm persönlich mißfielen.

Bean stammte aus Kentucky und hatte eine schillernde Vergangenheit als Händler, Barkeeper und Gelegenheitsschmuggler. Seine zwanzigjährige herrische Regentschaft begann Bean 1882 als Sechsundfünfzigjähriger kurz nachdem er in einem Eisenbahnbau-Camp in der Wildnis von Texas einen Saloon eröffnet hatte. Da er den Vorstellungen von einem soliden Bürger am nächsten kam und da das nächste Gericht über 300 Kilometer entfernt war, gewöhnten sich die Texas-Rangers an, ihm ihre Gefangenen zur Verhandlung vorzuführen – schon ehe er zum Friedensrichter berufen wurde.

Roy Bean, ein außerordentlicher Richter

Von Anfang an waren Beans Entscheidungen von den Erfordernissen der Praxis diktiert. Als ein irischer Eisenbahnarbeiter einen chinesischen Arbeiter getötet hatte, tauchten 200 irische Hilfsarbeiter in Beans Gerichtsraum auf, um dafür zu sorgen, daß ihr Landsmann eine faire Behandlung erfuhr. Der Richter blätterte durch sein Gesetzbuch und verkündete schließlich, daß es kein spezielles Verbot der Tötung eines Chinesen gebe. Verfahren eingestellt.

Ein anderes denkwürdiges Beispiel der Improvisation lieferte der Richter, indem er gleichzeitig als Leichenbeschauer fungierte. Ein Arbeiter war von einem Viadukt 90 Meter tief auf Felsen gestürzt. Bean mußte ihn begraben – aber er hielt die fünf Dollar, die dem Leichenbeschauer zustanden, für eine zu geringe Bezahlung. Er besann sich seiner Rolle als Friedensrichter, durchsuchte die Leiche und entdeckte 40 Dollar und einen Revolver. „Ich erkläre diesen Leichnam für schuldig, heimlich eine Waffe getragen zu haben", sprach er, „und bestrafe ihn mit 40 Dollar."

Strafgelder steckte er praktisch immer in die eigene Tasche, und wenn eine höhere Instanz um Abrechnung bat, antwortete er: „Mein Gericht trägt sich selbst." Er war auch nicht irritiert, als ein Bundesrichter ihm mitteilte, daß er zwar Trauungen vornehmen dürfe, aber auf keinen Fall Scheidungen. Bean entgegnete: „Also, wenn ich sie verheiratet habe, meine ich, habe ich auch das Recht, meine Irrtümer zu korrigieren."

Roy Bean preist Bier und Gesetz gleichermaßen in seinem Saloon in Langtry an – einem nach der Schauspielerin Lily Langtry benannten Ort.

Zum Zeitpunkt dieser Aufnahme war Ned Christie noch ein gesetzestreuer Waffenschmied. Später überfiel er Banken und Züge, schoß Polizisten zusammen und hatte bald einen Ehrenplatz auf der Liste der meistgesuchten Verbrecher.

zu erleichtern: Die westliche Hälfte des Indianer-Territoriums wurde seiner Zuständigkeit entzogen und zwischen den beiden nächstliegenden Bundesbezirksgerichten in Kansas und Texas aufgeteilt. Parker hatte nur schwachen Protest erhoben, auch wenn er den Schritt als einen neuerlichen persönlichen Angriff betrachtete.

1889 nahm der Kongreß den Henkersrichter direkt aufs Korn: Gefangene, die von Parker zum Tod am Galgen verurteilt worden waren, durften nun beim Obersten Gerichtshof der USA Revision beantragen. Wer in anderen Gerichtsbezirken verurteilt wurde, hatte diese Möglichkeit schon immer gehabt; aber bis dahin konnten die Entscheidungen Parkers – dies war, wie erwähnt, seine außerordentliche Vollmacht – nicht angefochten werden. Der Schritt des Kongresses verletzte seinen Stolz schmerzlich, und er hatte das Gefühl, daß ihm dadurch die Macht genommen werde, die er brauchte, um wirksam Recht zu sprechen. Parker selbst sagte: „Ich habe keinen Einwand gegen das Revisionsverfahren. Ich bin sogar für die Abschaffung der Todesstrafe, vorausgesetzt, daß eine Bestrafung sicher ist, von welcher Art sie auch sei; denn in der Ungewißheit, ob und wann auf ein Verbrechen die Strafe folgt, liegt die Schwäche unserer unschlüssigen Justiz."

Parker widerfuhr 1889 noch eine weitere große Enttäuschung: Er verlor seinen langen Kampf um den Schutz der Indianer vor der Ausbeutung durch die Weißen. Die schwache, oft durchbrochene Mauer von Gesetzen, die die Grenzen des Indianer-Territoriums schützen sollte, fiel schließlich unter zunehmenden Druck der Spekulanten und anderer großer Gruppen landhungriger Weißer, die forderten, daß die „Unassigned Lands" (nicht abgetretene Ländereien) im Territorium zum Siedeln freigegeben werden sollten. Am 22. April strömten unter wilden Zeremonien und noch wilderen Tumulten 50 000 Weiße in den 730 000 Hektar großen Landstrich, steckten ihre Parzellen ab, gründeten über Nacht die Städte Guthrie und Oklahoma und sahen sich nach mehr Land um, das sie erobern konnten. Die Indianerstämme wurden in immer weiter schrumpfenden Winkeln ihres Territoriums zusammengepfercht.

Parker war einer der wenigen Weißen, die bestritten, daß diese Wende nur deshalb eingetreten war, weil die unabhängigen „Nationen" der Indianer sich als „Farce" erwiesen hätten. Vielleicht, so stellte er fest, „würden die Dinge anders liegen, wenn die Regierung ihnen den Schutz gewährt hätte, den sie im Jahre 1828 versprochen hatte: ‚Wir wollen Euch nicht nur Farmen und Häuser zu eigen geben, sondern wir wollen Euch auch in Euren Rechten schützen. Wir wollen Euch jeglichen Schutz gegen Gesetzlosigkeit bieten; wir wollen dafür sorgen, daß jeder Flüchtige, jeder Bandit, jeder Mörder, der in Euer Land kommt, wieder entfernt wird'. Aber", so fuhr Parker fort, „nicht eines dieser Versprechen ist jemals eingehalten worden, ausgenommen die Arbeit der United States Courts, die die Rechtsprechung für dieses Land übernommen hatten."

Die Meinung der weißen Öffentlichkeit war hier nicht auf Seiten Parkers. 1890 wurde das Indianer-Territorium mit Ausnahme der Ländereien, die den Fünf Zivilisierten Stämmen gehörten, zum Territorium Oklahoma, mit eigener Regierung, eigenen Gerichten und alleiniger Gerichtshoheit für alle Verbrechen, die dort verübt wurden. Parker ging es wie seinen Freunden, den Indianern: Seine Zuständigkeit und seine Macht verringerten sich zunehmend.

Noch immer strengte er sich an, denn die Arbeit wurde nicht weniger. Mit so vielen Weißen, die auszurauben sich lohnte, stieg die Zahl der Outlaws überall in den sogenannten Zwillings-Territorien (Oklahoma und das Indianer-Territorium), und zugleich verbesserte sich ihre Organisation. In diesem letzten Jahrzehnt des 19. Jahrhunderts sollte die Verbrechensrate außergewöhnlich hoch ansteigen und dann langsam sinken. Den Wendepunkt brachte, mehr als jedes andere Ereignis, der Tod des Verbrechers Bill Doolin. Er starb durch die Hand des Deputy U.S. Marshal Heck Thomas, den Parker 1886 aus Texas geholt hatte.

Bill Doolin war weit und breit die begehrteste Beute für jeden Gesetzeshüter; er mußte nur das Glück und die Härte besitzen, um ihn zu fangen. Die Gegend, in der er sich umtrieb, hatte noch niemanden von seiner Art erlebt. Seine Treffsicherheit mit dem Gewehr und seine Bereitschaft zum Töten – diese Attribute teilte er mit vielen anderen Revolverhelden, aber Doolin besaß noch etwas anderes: einen kühlen, schlauen Kopf. Nicht, daß er das Leben eines Outlaw geschätzt hätte; er führte es nicht, weil es ihn reizte, sondern des Geldes wegen – eine Annehmlichkeit, an der es ihm in seiner Jugend als bettelarmer Farmjunge in Arkansas gemangelt hatte. Und durch sorgfältig geplante Überfälle, mit dem kleinstmöglichen Risiko durchgeführt, meinte er, es erwerben zu können.

Er begann seine Laufbahn als ein vielversprechender junger Günstling der Dalton-Brüder, nachdem sie ihr Leben als Polizisten zugunsten der lukrativeren Kriminalität aufgegeben hatten. Zu Doolins Glück hatten es die Daltons aber unterlassen, ihn in den törichten Plan einzubeziehen, zwei Banküberfälle in Coffeyville in Kansas gleichzeitig auszuführen, wobei sie zusammengeschossen wurden (*Seite 84–85*). Doolin hielt sich nicht lange damit auf, seine Gönner zu betrauern. Er kehrte ins Oklahoma-Territorium zurück, schuf sich selber eine Bande mit zehn Spezialisten für Raubüberfälle und richtete ein Versteck in einer Höhle am Cimarron River ein, unweit von Guthrie. Von 1892 bis Ende 1894 plante und vollführte er dann eine Reihe von Raubzügen auf Banken und Eisenbahnen in Arkansas, Kansas, Missouri, und im Territorium Oklahoma.

Seit 1893 waren Deputy Marshals verschiedener Gerichtsbezirke wie eine Meute Jagdhunde hinter Doolin und seiner Bande her. Da die Outlaws ihren Stützpunkt im Territorium Oklahoma hatten, wurden alle Einsätze von dem für Oklahoma zuständigen U.S. Marshal Evett Nix koordiniert. Genau wie Richter Parker hatte Nix ein Gespür für gute Leute. Ein erstklassiger Helfer, den er einstellte, war Deputy U.S. Marshal Heck Thomas. Thomas war in Georgia geboren und erst 12 Jahre alt gewesen, als er in der Südstaaten-Armee als Kurier diente; nach dem Bürgerkrieg war er in Texas als Privatdetektiv tätig und brachte es fertig, zwei Desperados im Alleingang zu fangen, was ihm bei den Outlaws den Ruf eines Mannes eintrug, dem man besser aus

1892 versammelte Deputy U.S. Marshal Paden Tolbert (*ganz rechts*) in einer Sägemühle bei der Cherokee-Stadt Tahlequah ein Aufgebot, um die Gefangennahme des Räubers und Mörders Ned Christie vorzubereiten. Mit Dynamit jagten sie ihn aus seiner Festung, mit einem Kugelhagel streckten sie ihn nieder.

Der schriftliche Schuldspruch, abgefaßt im Stil des 19. Jahrhunderts, enthält schlechte Nachricht für den Mörder, der als Cherokee Bill bekannt war. Die Geschworenen brauchten nur 20 Minuten, um sich auf „schuldig“ zu einigen.

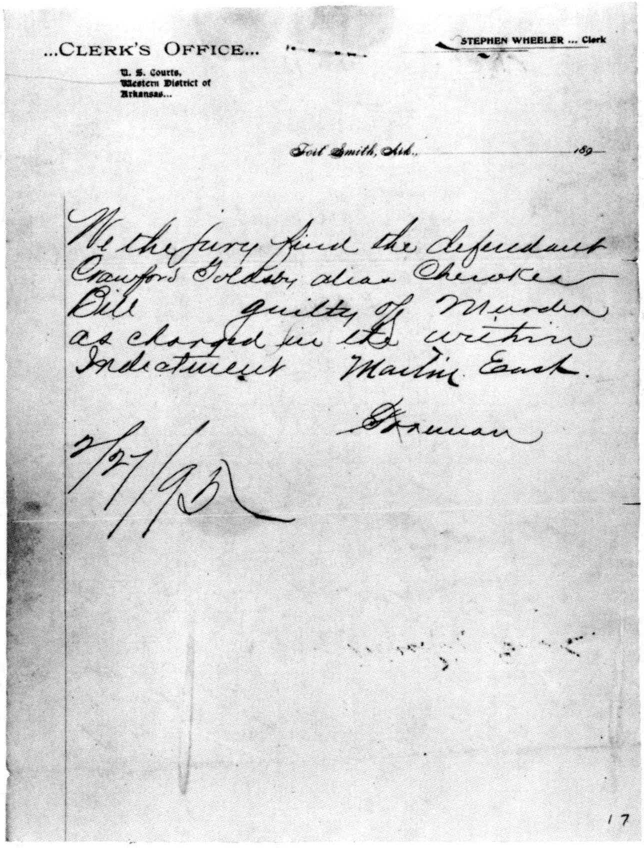

...CLERK'S OFFICE... STEPHEN WHEELER ... Clerk

U. S. Courts,
Western District of
Arkansas...

Fort Smith, Ark., 189

We the Jury find the defendant Crawford Goldsby alias Cherokee Bill guilty of Murder as charged in the within Indictment Martin East.

Foreman

2/27/95

17

dem Wege geht. Diesen Ruf brachte er in Parkers Gerichtsbezirk ein, wo er alsbald etliche Bewunderer durch seine Aufmachung beeindruckte – kniehohe Stiefel, Kordhosen und Flanellhemd –, dazu freilich zwei Sechsschüsser mit Elfenbeingriffen und eine Flinte, die ihm durch ständige Benutzung und sorgfältige Pflege lieb geworden war.

Neben Heck Thomas stellte Marshal Nix zwei weitere hervorragende Spürnasen ein. Zunächst Chris Madsen, der ebenfalls auf Richter Parkers Liste von Helfern stand: ein rothaariger Glücksritter aus Dänemark, der schon für den italienischen Freischärler Garibaldi und in der französischen Fremdenlegion in Afrika gekämpft hatte, ehe er 1870 von Berichten über Goldfunde und Indianerkriege nach Amerika gelockt worden war. Dort ging er zur U.S. Kavallerie und schlug sich beherzt quer durch den größten Teil des Westens, wobei er gegen die Sioux, Cheyenne, Nez Percé, Bannocks und Utes kämpfte – ehe er sich die vernickelte Plakette des Deputy Marshal an die Weste heftete.

Der dritte Mann, den Marshal Nix engagierte – Bill Tilghman –, hatte nie für Richter Parker gearbeitet, aber als Marshal in Dodge City bedeutende Erfolge in Schießereien eingeheimst, bevor er nach Oklahoma kam. Das Abzeichen, das er in Dodge City trug, war ein außerordentliches, aus zwei 20-Dollar-Goldmünzen getriebenes Kunstwerk und im gesamten Grenzgebiet berühmt. Solche Zurschaustellung war für Tilghman typisch; als er später in die Politik ging und sofort Senator im Parlament des nachmaligen Bundesstaates Oklahoma wurde, war niemand sonderlich überrascht.

Tilghman, Thomas und Madsen – bald die „Wächter von Oklahoma“ genannt – bildeten ein Triumvirat, das schon für sich ein Meilenstein auf dem Wege zu mehr Law and Order im Wilden Westen war: Ihre Zusammenarbeit erhöhte die Chancen, einen gerissenen Verbrecher vor Gericht zu bringen. Jeder von ihnen war einem anderen von Doolins vielfältigen Arbeitsfeldern zugeteilt, aber jeder wußte vom andern, was er tat; Marshal Nix dirigierte von seinem Hauptquartier in Guthrie aus das gemeinsame Vorgehen.

Eine Zeitlang schien es so, als sei Doolin seinen Verfolgern überlegen. Sobald sie ihm für seinen Geschmack zu dicht auf den Fersen waren, ließ er seine Tätigkeit so lange ruhen, bis die Spur verwischt war. Aber im Dezember 1895 spürte Tilghman ihn in einem Badeort, in Eureka Springs in Arkansas, auf, wohin der Outlaw sich zur Pflege seiner rheumatischen Glieder begeben hatte. Doolin las gerade Zeitung in einem Badehaus, da schlenderte Tilghman, als Priester verkleidet, herein. Doolin erkannte ihn zwar nicht, aber er erkannte den Sechsschüsser, den der Besucher gezogen hatte. Zunächst wollte er nach seiner eigenen Waffe greifen, dann besann er sich eines Besseren. Tilghman telegraphierte an Nix: „Ich habe ihn. Bin morgen zu Hause.“ Er brauchte nicht zu erklären, wer „er“ war.

Am nächsten Tag drängten sich 5000 Menschen auf dem Bahnhof von Guthrie, um den berühmten Polizisten und seinen unbekannten Gefangenen zu betrachten. Tilghman gab Autogramme, und die Photographen knipsten fleißig, obwohl Doolin zu unbedeutend und gewöhnlich aussah, als daß er das Etikett „König der Outlaws von Oklahoma“ verdient hätte. Ins beste Haus am Platze, ins Royal, wurde er zum Essen geführt – und damit endete die Sonderbehandlung. Seine Unterkunft war weniger königlich – das Gefängnis von Guthrie. Zum erstenmal in seiner bewegten Karriere verbrachte Doolin eine Nacht hinter Gittern, die Flöhe verschonten ihn nicht, und er mußte geduldig auf den Prozeß und die Verurteilung warten.

Aber wie sich zeigte, war Doolin nicht gewillt, sich so lange zu gedulden, bis die Gerichte von Oklahoma in ihren überfüllten Terminkalendern einen Platz für ihn fanden. Im Juli 1896, etwas über sechs Monate nach seiner Gefangennahme, floh er und verschwand. Einen Monat später erfuhr Heck Thomas von einem Informanten, daß Doolin sich mit seiner Frau und dem kleinen Sohn in einem Farmhaus in

Lawson, Oklahoma, versteckt hielt und daß er vorhatte, die Familie außer Landes zu schaffen, nach Kanada oder Mexiko. Thomas eilte in einer mondhellen Nacht mit einem kleinen Aufgebot an Männern nach Lawson. Beim Farmhaus angekommen, fanden sie alles vor, was das Gerücht von der Flucht zu bestätigen schien: einen vollbeladenen Wagen mit Gespann und ein Reitpferd, das gesattelt an einem Vorderrad des Wagens angebunden war. Während Thomas und seine Leute in der Nähe gut gedeckte Stellungen bezogen, öffnete sich die Tür, und heraus kam Doolin mit der Winchester, hinter ihm seine Frau mit dem Kind im Arm. Er half ihnen in den Wagen, ging voraus und führte sein Pferd in der mondhellen Nacht. Plötzlich tauchte Thomas aus dem Gebüsch hervor, hinter dem er sich verborgen hatte. „Hände hoch – Gewehr weg!" rief er. Doolin machte auf dem Absatz kehrt, hob sein Gewehr, zog ab – und traf nicht. Thomas zielte besser. Doolin sank leblos zu Boden.

Die Nachricht vom Tod dieses scheinbar unbesiegbaren Outlaw ernüchterte die Kriminellen, die durch die Zwillings-Territorien zogen. Sie beendete zwar ihre Morde und Raubzüge nicht, gab ihnen aber allerhand zu denken. Die Menschenjagd, mit der Doolin endgültig aus dem Geschäft geworfen wurde, hatte bewiesen, daß die Kräfte des Gesetzes in zunehmendem Maße organisiert arbeiteten und sich vor allem auf die Unterstützung der Bevölkerung verlassen konnten wie nie zuvor.

In Fort Smith muß Richter Parker sich außerordentlich zufrieden gefühlt haben, als er die Nachricht von dem Triumph jenes Heck Thomas erhielt, dessen Fähigkeiten als Revolverheld er ein Jahrzehnt zuvor bereits erkannt hatte. In dieser Zeit gab es sicherlich kaum andere Anlässe für Parker, zufrieden zu sein. Am 1. März 1895 hatte der Kongreß zum letzten Schlag gegen ihn ausgeholt: Er entzog alle übriggebliebenen Gebiete des Indianer-Territoriums seiner Zuständigkeit, richtete drei Gerichtsbezirke ein und überließ Parker nur ein paar Counties in West-Arkansas. Diese Veränderungen sollten im September 1896 in Kraft treten.

Das war ein harter Schlag für Parker – aber er war nichts gegen die Qualen, die er in den vergangenen sieben Jahren seit dem Beschluß des Kongresses durchlitten hatte, daß seine Todesurteile beim Obersten Gerichtshof angefochten werden konnten. Während dieser Zeit hatten sich Tenor und Stil von Parkers Verhandlungen radikal gewandelt. Seine anmaßende Prozeßführung, einst das Merkmal seiner unbeschränkten Macht, wurde genau das, wonach die Verteidiger suchten – Verfahrensmängel, mit denen man die Revision beim Hohen Gericht in Washington begründen konnte, um die Todesstrafe anzufechten.

Ein vielbeschäftigter Henker

Schaudernd zogen die Mütter ihre Kinder an sich, wann immer George Maledon (unten) in den Straßen von Fort Smith, Arkansas, an ihnen vorüberging. Kein Wunder – Maledon, Einwanderer aus Bayern, bediente den meistbenutzten Galgen im Wilden Westen. In den 20 Jahren als oberster Henker des westlichen Distrikts von Arkansas vollstreckte er 60 Todesurteile. Doch trotz des Rufs als „Todesfürst" – wie die Presse ihn bezeichnete – war Maledon höchst umgänglich. Als er einmal gefragt wurde, ob ihn die Seelen seiner Opfer nicht verfolgten, antwortete er heiter: „Nein, ich glaube, die habe ich auch gehängt."

Belle Starr, Königin der Banditen, rüstet ihren Liebhaber in Handschellen, Blue Duck, moralisch auf. Er wurde wegen Mordes an einem Farmer verhaftet.

Treffende Symbole und ein rührseliger Vierzeiler zieren den Grabstein der Belle Starr.

Den Angriff auf Parkers altmodischen Verhandlungsstil führte ein ehrgeiziger Anwalt an, J. Warren Reed. Er war nicht mehr zu vergleichen mit jenen Grenzland-Anwälten, die anfangs in den Rinderstädten und Goldgräberlagern ihre Büros in Zelten aufschlugen und sich auf die Suche nach Klienten begaben. Reed pflegte mit Frack und Zylinder aufzutreten und einen Rohrstock mit Silberknauf zu schwingen. Sein Ruf war ebenso flott wie seine Aufmachung. Er hatte in West Virginia und Ohio praktiziert, und man kannte ihn als einen Mann, der jeden Fall gewann. In den ganzen USA berühmt wurde er als der erste Anwalt, der ein Urteil von Richter Parker vor dem Obersten Gerichtshof anzufechten wagte.

In jenem Fall ging es um einen Pferdehändler, William Alexander, der 1889 überführt wurde, seinen Partner wegen einiger besonders edler Pferde ermordet zu haben. Hauptbelastungsmaterial gegen Alexander war, daß er nach dem Verbrechen einen Anwalt aufgesucht und behauptet hatte, sein Partner sei vermißt, und nun wissen wollte, ob es legal sei, die Pferde zu verkaufen. Reed machte geltend, Alexanders Gespräch mit seinem Anwalt sei als Beweismittel ungültig, aber Parker setzte sich einfach über die anwaltliche Schweigepflicht hinweg und entschied, sie gelte dann nicht, wenn Aussagen in solchen Gesprächen „dazu dienen können, Schuld oder Unschuld des Angeklagten zu beweisen". Aus diesem Grunde ging Reed in die Revision, und als der Fall im Jahre 1891 vor den Obersten Gerichtshof kam, gewann er ihn. Parkers Urteil wurde aufgehoben und der Fall zur Neuverhandlung an ihn zurückverwiesen.

Parker stellte Alexander wieder vor Gericht; die Geschworenen konnten sich nicht einigen. Ein drittes Verfahren endete ebenfalls damit, daß die Geschworenen aufgeben mußten. Daraufhin brach der Staatsanwalt seine Versuche ab, Alexander an den Galgen zu bringen.

Die Zeit arbeitete für Reed. Wieder und wieder beantragte er gegen verschiedene Urteile Parkers Revision beim Obersten Gericht, dasselbe tat eine ganze Schar anderer Verteidiger, bewaffnet mit langen Listen von formalen Verstößen. Alles in allem gingen die Verteidiger in den sieben Jahren des Zweikampfs zwischen Parker und dem Obersten Gerichtshof – 1889 bis 1896 – bei 50 von 78 Todesurteilen in die Revision. Das Oberste Gericht hob 37 davon auf und verwies sie an Parkers Gericht zurück. Einige wurden verworfen. Einige endeten schließlich mit Freispruch. In anderen Fällen wurden die Strafen gemildert, manche Strafen wurden vom Präsidenten umgewandelt, einige Verurteilte begnadigt.

Parker verteidigte sich, so gut er konnte. Gegenüber dem *St. Louis Globe-Democrat* erklärte er: „Während der 20 Jahre, in denen ich mich hier für die Anwendung des Gesetzes eingesetzt habe, ging es um den Kampf zwischen Zivilisation und Barbarei; die Barbarei wurde repräsentiert von der eindringenden Klasse der Kriminellen." Das Übel liege in „der Laxheit der Gerichte" – und der Bereitschaft des Obersten Gerichtshofs, sich auch mit den „windigsten Formalien" zu befassen.

Aber Parkers Rufe verhallten im Westen. Vergeblich erhob er seine Stimme gegen das spitzfindige Justiz-Establishment an der Ostküste. Der Richter war zu einer tragischen Figur geworden: Er kämpfte stets in denselben verlorenen Schlachten, unfähig, sich auf Veränderungen einzustellen. Die Angeklagten fürchteten ihn nicht mehr so wie früher. Einer hatte sogar die Stirn, Parker zu widersprechen. Eines Tages im Jahre 1895 wollte der Richter gerade wieder einmal einen Banditen zum Tode verurteilen; der Bandit hieß Henry Starr (*Seite 178*) und war ein angeheirateter Neffe von Belle Starr. Gerade als Parker wie gewöhnlich salbungsvoll seine Ansprache beenden wollte, unterbrach ihn Starr:

„Versuchen Sie gar nicht erst, mich mit Ihrem Blick einzuschüchtern, alter Nero!" schrie er. „Ich habe schon ganz anderen Männern als Ihnen ins Auge gesehen. Lassen Sie den Quatsch, und sparen Sie sich die Puste für Ihr nächstes Opfer. Wenn ich ein Monstrum bin, dann sind Sie ein Besessener, denn ich habe nur einen Menschen umgebracht, während Sie mit Ihrer Kinnlade fast so viele Menschen erschlagen haben wie Samson mit der Kinnlade von diesem anderen historischen Affen da." Nach dieser unerwarteten Attacke saß Parker einen Moment lang sprachlos da. Dann verurteilte er Starr kurz und bündig zum Tod durch den

An Händen und Füßen gefesselt, erwarten Rufus Buck (*Mitte*) und seine Komplizen 1895 den Prozeß für ein dreizehntägiges Vergnügen mit Notzucht, Raub und Mord. Sie gehörten zu den letzten Männern, die Richter Parker verurteilte.

Strang – noch ein Urteil, das später vom Obersten Gerichtshof revidiert wurde.

Im Juli 1896, zwei Monate bevor das Indianer-Territorium durch Dekret des Kongresses Parkers Zuständigkeit förmlich entzogen wurde, legte der Richter sich ins Bett. Was nur wenige Menschen außerhalb seiner engsten Familie bemerkt hatten: Parker war seit langem Diabetiker. Nun kam Erschöpfung hinzu. Und das war verständlich. In den 21 Jahren auf dem Richterstuhl von Fort Smith hatte er die unglaubliche Zahl von 13490 Fällen verhandelt. Mit seinen 57 Jahren sah er aus wie ein Mann in den Siebzigern. Aber alt und müde, wie er war, war er doch stolz auf seinen Lebenserfolg: Von der Gesamtzahl der Fälle endeten 9454 mit Schuldbekenntnis oder Verurteilung.

Parker saß nie wieder über seinen eingeschränkten und todgeweihten Bezirk zu Gericht. Zwei Monate nachdem dieser aufgelöst worden war, starb er. Wie vorherzusehen war, löste diese Nachricht gemischte Reaktionen aus. J. Warren Reed, der es Parker immer heimgezahlt hatte, sagte höflich: „Unser geschätzter Richter ist entschlafen." Von den Gefangenen in den Gefängnissen von Fort Smith kam verständlicherweise kein höfliches Gemurmel. Einer sagte: „Ist er endlich tot? Jippiiiih!"

Zur Beerdigung von Parker aber wurde mit Huldigungen nicht gespart. Viele einflußreiche Männer sagten rundheraus, er sei der größte Richter in der Geschichte des Wilden Westens gewesen. Verschiedene Indianerstämme übersandten ergreifende Dankesworte: Der Richter „war gut genug für alle gesetzestreuen Menschen, für einige aber zu gut". Ein Häuptling der Creek-Indianer nahm persönlich an den Beisetzungsfeierlichkeiten teil und brachte als letzte Ehre für den Verstorbenen eine Girlande aus Wildblumen mit.

Im Gefängnis schmachtend, schrieb Rufus Buck auf die Rückseite eines Familienphotos einen poetischen Abschied an Frau, Mutter und Schwestern. Die himmlische Reise, von der er träumte, trat er bald darauf am Galgen von Fort Smith an.

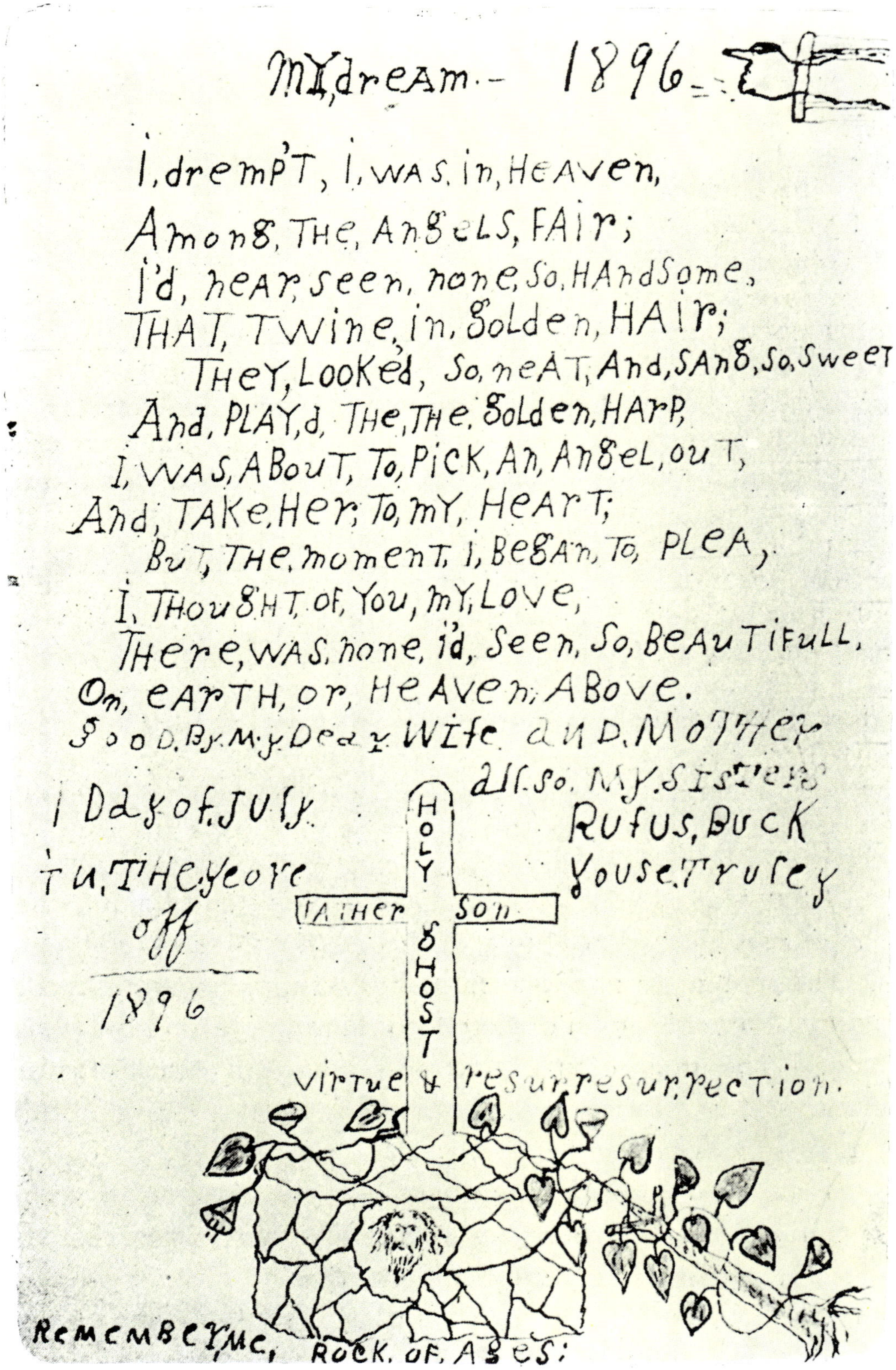
MY, dream.- 1896

I, drempT, I, WAS, in, HEAVEN,
Among, THE, AnGeLS, FAIr;
I'd, near, seen, none, So, HAndSome,
THAT, TWine, in, Golden, HAIr;
THEY, LOOKed, So, neAT, And, SAnG, So, SweeT
And, PLAY,d, THE, THE, Golden, HArP,
I, WAS, ABouT, To, PICK, An, AnGeL, ouT,
And, TAKe, Her, To, mY, HeArT;
BuT, THE, moment, I, BeGAn, To, PLeA,
I, THouGHT, of, You, mY, LoVe,
There, WAS, none, i'd, Seen, So, BeAuTIFuLL,
On, eArTH, or, HeAven, ABove.
Good, By, My, Dear Wife and, Mother
allso, My, Sisters
Rufus, Buck
Youse, Truley

I Day of, July
in, THE, yeore
off
1896

HOLY GHOST
FATHER SON
virtue & resurresurrection.

RemembeR Me, Rock, of, Ages;

5 | Skrupellose Meister des Mordens

Das Chaos, das dem Bürgerkrieg auf den Fersen folgte, gebar eine besondere Spezies des Revolverhelden, die die schiere Anarchie zu verkörpern schien – seelisch verkümmerte und asoziale Killer, die meist zum Revolver griffen, als sie noch keine zwanzig waren, und dann einen frühen Tod durch Kugel oder Strang fanden.

Gelegentlich trugen diese einzelgängerischen Revolvermänner auch einen fairen Kampf aus, wie das Duell von Unbekannten im Bild unten, das 1904 in Quartzite, Arizona, nach einem Streit im Saloon stattfand. Doch weitaus häufiger mordeten die Einzelgänger willkürlich. Ein texanischer Gangster, John King Fisher, schoß einmal einen Mann in den Kopf, weil er sehen wollte, ob die Kugel an dessen Glatze abprallen würde. Clay Allison strich durch die Saloons von New Mexico, wo die Wirkung des Alkohols ihn, wie ein Zeitgenosse sagte, in einen „losgelassenen Höllenhund" verwandelte, immer bereit zu töten. Die meisten Opfer von Billy the Kid waren entweder unbewaffnet oder wurden aus dem Hinterhalt durchlöchert.

Die Totenliste der Einzelgänger war erschütternd. John Wesley Hardin brachte innerhalb von 10 Jahren 44 Menschen um, andere seines Schlages mögen ihn in der Zahl übertroffen haben, nicht aber in seiner Gefühllosigkeit. Die Öffentlichkeit wußte kaum, wie sie Individuen beurteilen sollte, die zu derart sinnlosem Schlachten fähig waren, und zum Schluß wurden die Einzelgänger mit einer Art staunender Ehrfurcht von der Bevölkerung betrachtet – und das war genau das, was die meisten von ihrem verpfuschten Leben erwarteten.

Eine photographische Rarität: In einem Wildwest-Duell pirscht sich ein Revolvermann an seinen Gegner (*am Zaun*) heran, ein Augenzeuge (*ganz rechts*) sieht erstarrt zu. Nach dem ersten Schuß rannte das Opfer bereits davon.

„Ich sehe viele Feinde und verdammt wenig Freunde."

Also, ich gedenke nicht, damit anzugeben, daß ich besonders tapfer wäre, aber ich hatte in meiner Niedertracht keinen Helfer, wenn ein Mensch umgebracht werden mußte. Ich habe diese Sachen auf eigene Faust getan – und immer allein." Diese Worte schrieb ein junger Desperado namens Bill Longley im Jahre 1877 aus einem Gefängnis in Texas, in dem er wegen Mordes saß, an den Sheriff, der ihn gefangengenommen hatte. Longleys Stellungnahme – eher eine Erläuterung als eine Läuterung – kennzeichnete ihn als einen besonderen Menschen: Er war ein Einzelgänger – einer der besonders tückischen Typen unter den Revolverhelden, die den Westen in den verworrenen Jahren nach dem Bürgerkrieg durchstreiften.

Allein arbeitende Killer vom Schlage jenes Longley gehörten im Grenzland zu den Berühmtheiten. Ein paar nun erregten während ihres kurzen Daseins die Aufmerksamkeit der ganzen USA und erlangten gleich nach ihrem gewaltsamen Tod legendären Ruf. Ein Journalist ereiferte sich über den Ruhm, der solchen Revolverhelden zuteil wurde: „Es gibt eine Gruppe von Menschen", schrieb er, „die sich nicht enthalten kann, einen erstaunlichen Kriminellen zu bewundern. Jemand, der viele Menschen ermordet und niemals Mitleid bewiesen hat – der vor keiner düsteren und unmenschlichen Tat zurückgeschreckt ist –, kann sicher sein, als bemerkenswerter Charakter bewundert zu werden, der beinahe die Bedeutung eines wirklichen Helden erlangt."

Freilich war die Faszination, die die Einzelgänger ausübten, auch gerechtfertigt. Jeder war auf seine Weise ein Rätsel, aber gewisse Gemeinsamkeiten lassen sich feststellen. Zu einer späteren Zeit wären die Einzelgänger als psychopathische Mörder bezeichnet worden – und wahrhaftig ist in den meisten ihrer Morde kein Sinn zu finden, es sei denn in ihren eigenen düsteren Gemütern. Das Töten war im amerikanischen Grenzland ein durchaus alltägliches Phänomen, aber im großen und ganzen waren die Gründe dafür begreiflich, wenn auch nicht lobenswert. Die Einzelgänger mordeten häufig aus einem plötzlichen Impuls heraus. Es schien ihnen auch an der leisesten Form von Selbstbeherrschung zu mangeln, an der Möglichkeit, die Leidenschaft zu zügeln, mit der sie andere Menschen aus der Welt beförderten, an jener inneren Stimme, die ihnen sagte, wann man aufhört. Sie betrachteten ihre Opfer wohl weniger als menschliche Wesen, sondern eher als lästige Hindernisse auf ihrer Bahn, die durch schnelleres Ziehen des Revolvers erledigt oder – wenn Heimtücke vorteilhafter war – hinterrücks erschossen werden mußten.

Auch litten die Einzelgänger bei ihren entsetzlichen Siegeszügen nicht erkennbar an Gewissensbissen. Ihr Selbstgefühl wuchs Zug um Zug mit ihrem wachsenden Ansehen, und sie schienen eine tiefe Befriedigung darin zu finden, daß gewöhnliche Sterbliche, die nicht ihr tödliches Geschick besaßen, einen weiten Bogen um sie machten. Aber auch sie kannten plötzliche Krisen und Augenblicke der Erschöpfung, und bei solchen Gelegenheiten taten sie oft etwas eigentlich völlig Abweichendes von ihrem sonstigen Verhalten: Sie wandten sich an ihren Erzfeind, die Polizei, entweder schutzsuchend – oder einfach, weil sie jemand brauchten, mit dem sie reden konnten.

Bei aller Grausamkeit ihres Tuns war den Einzelgängern etwas zutiefst Tragisches gemein – das eines entsetzlich irregegangenen Lebens. Die meisten von ihnen begannen ihre mörderische Karriere, noch ehe sie die Jugend hinter sich hatten. Dabei kamen sie in der Regel nicht einmal aus einem zerrütteten Elternhaus: Häufiger waren sie Kinder ehrlicher und hart arbeitender Familien. Wenn auch ihr Unterricht meistens außerhalb der Schule stattfand, so waren sie in vielen Fällen doch von rascher Auffassungsgabe und im Schreiben erstaunlich bewandert.

Bestimmte Umstände von Zeit und Ort trugen zum Entstehen dieses Gesindels bei. Die meisten Killer stammten aus den Südstaaten, und offenbar hatte ihre Verbitterung über die Niederlage des Südens viel damit zu tun, daß sie zu Rächern an der Gesellschaft wurden. Der noch immer

Billy the Kid, zu Lebzeiten bereits Legende, lächelt gegen Ende seiner tödlichen Laufbahn, die er mit 17 Jahren begann und die mit 21 Jahren einen gewaltsamen Abschluß fand, für diese Aufnahme bereitwillig in die Linse der Kamera.

„wilde" Westen bot ihnen ein Tummelfeld, auf dem sie ihre persönliche Wut so unbeschränkt austoben konnten wie nirgends sonst. Wahrscheinlich haben insgesamt kaum zwei Dutzend Einzelgänger das Grenzland durchzogen, doch ihre Taten standen in keinem Verhältnis zu ihrer Zahl. Aber nur vier von ihnen – Bill Longley, Clay Allison, John Wesley Hardin und Billy the Kid – begingen so viele Schandtaten, daß es für eine kleine Armee von Verbrechern gereicht hätte.

Bill Longley machte seine Karriere auf einem üblichen Wege. 1866 war er 15 Jahre alt und lebte im Austin County in Texas, da tötete er zum erstenmal einen Menschen. Texas wurde zu jener Zeit von politischen Abenteurern beherrscht – Leute aus den Nordstaaten, die in das Machtvakuum vorstießen, das der Bürgerkrieg im Süden hinterließ –, und Governor E. J. Davis hatte seine Staatspolizei zum größten Teil aus ehemaligen Sklaven rekrutiert, die den ersten Geschmack ihrer Freiheit genossen. Eines Tages beobachtete der junge Longley einen schwarzen Polizisten, wie er durch die Straßen des Dorfes Old Evergreen ritt, ein Gewehr herumschwenkte und die Weißen auf seinem Wege beschimpfte – darunter Bill Longleys Vater. Der Junge befahl dem früheren Sklaven, er solle aufhören, mit seiner Knarre herumzufuchteln. Als es ihm zu langsam ging, hob Longley seinen eigenen Revolver – den er trotz seines zarten Alters immer bei sich trug – und erschoß den Mann. Die Weißen versteckten die Leiche, und Longley wurde für dieses Verbrechen nie angeklagt; genauer: Er war eine Zeitlang so etwas wie ein lokaler Held.

Aber Longley wurde unstet, verdiente seinen Lebensunterhalt aufs Geratewohl als Cowboy, Spieler und Baumwollpflücker. Seine ziellosen Fahrten führten ihn ins Indianer-Territorium, nach Arkansas, Kansas, Wyoming und ins Territorium Dakota. Eine kurze Zeit lang führte er auch einen kleinen Saloon in den Goldgräberlagern in den Black Hills – in einem Milieu, dessen Gesetzlosigkeit ihn anzog. „Es gab überhaupt kein Gesetz", sagte er darüber später. „Da herrschten einfach Kralle, Zahn und Klaue, und der Schwächste mußte dran glauben. Wenn die Mehrzahl der Leute jemanden aufs Korn nahm, wurde der einfach rausgezerrt und an einem Ast aufgehängt."

Wohin sich Longley auch wandte, er nahm die Gewalttätigkeit mit: Manchmal tötete er Menschen im Jähzorn, manchmal im festgelegten Ritual einer Schießerei, manchmal aus dem Hinterhalt. Wieder in Texas, wurde er 1877 für die Ermordung eines Mannes vor Gericht gestellt, der einen Longley-Vetter erschossen hatte. Er war inzwischen 27 Jahre alt und hatte nach seiner eigenen Zählung alles in allem 32 Menschen getötet.

Jim Miller (*am Tisch mit weißem Hut*) hat die Nerven eines echten Einzelgängers: Er verzichtet beim Faro-Spielen in Pecos, Texas, auf den Schutz, mit dem Rücken zur Wand zu sitzen. Miller brüstete sich mit 51 Morden; mit acht Jahren brachte er seine Großeltern um. Er starb am Strang – als Opfer der Lynchjustiz.

Auf Bill Longley, gefesselt und von Polizisten flankiert, wartet in Texas die Schlinge für einen der 32 Morde, die er insgesamt begangen hatte. Seinem Mädchen schrieb er herausfordernd: „Erdrosseln ist meine liebste Todesart."

Bevor er in der Stadt Giddings erhängt werden sollte, hatte Longley nachts noch das Bedürfnis nach menschlicher Nähe und vertraute einem Wärter eine Art Testament an. „Er sagte mir, daß er einen einzigen Mord bereue", erinnerte sich der Wärter später. „Er traf den Mann in einem Camp, und Bill sagte: Er sah so aus, als wenn ihn der Bursche beobachtete. Er hätte doch einen schweren Tag gehabt, und nun wär er müde, aber er konnte nicht einschlafen, solange der Kerl ihn beobachtete. Na ja, er sagte, bis Mitternacht blieb das so, dann wär er restlos fertig, stand er auf, schoß dem Kerl durch den Kopf und schlief ein. Am nächsten Tag entdeckte er, daß der Kerl genau wie er untergetaucht war, deshalb hat ihm die Sache immer leid getan."

In der gleichen Nacht fragte der Wärter Longley: „Wie kommt es, daß du in all den Jahren auf Tour niemals gefangen oder getötet worden bist?"

„Weil ich", antwortete Longley, „niemals im Leben überhaupt keinem vertraut habe."

Noch vom Galgen herab machte er eine letzte Beobachtung: Als er über die Menge blickte, 4000 Menschen hatten sich versammelt, stellte er fest: „Ich sehe hier viele Feinde und verdammt wenig Freunde."

Selbst die größten Gewalttaten von Longley sind nicht vergleichbar mit den wahnsinnigen, vulkanartigen Ausbrüchen von Clay Allison aus Tennessee. In zwei wesentlichen Punkten unterschied sich Allison vom Typus des Einzelgängers: Er war, als er mit der Kriminalität begann, älter als die meisten, nämlich ein Mittzwanziger. Und, anders als bei Longley und anderen notorischen Killern, gingen seine Mordgelüste möglicherweise auf physische und auch seelische Schädigungen in seiner Jugend zurück. Bei Ausbruch des Bürgerkriegs verließ Allison die elterliche Farm bei Waynesboro und meldete sich bei der leichten Artillerie von Tennessee. Drei Monate später wurde er auf ärztliche Weisung hin aus der Südstaaten-Armee entlassen; die Ärzte beschrieben ihn als „unfähig, die Pflichten eines Soldaten auszuüben, wegen eines schweren Schlages, den er vor vielen Jahren erhalten haben muß. Seelische oder körperliche Erregung ruft Anfälle von Verwirrung hervor, die teils epileptischer, teils manischer Natur sind." Was immer die wahre Natur seiner Verwirrung war, Allison war ein Mann von gewalttätiger Willkür, und sein Lebensweg rechtfertigte das Grauen, das man im Grenzgebiet vor ihm hatte.

Nach Kriegsende wurde es Allison, wie vielen anderen jungen Südstaatlern, unerträglich, zu Hause die erbarmungslosen Erinnerungen an die Niederlage zu sehen. Im Herbst 1865 zog er mit Verwandten nach Texas an den Brazos River; er wurde Cowboy und Viehtreiber beim Rindertransport nach New Mexico. Fünf Jahre später erwarb er in Colfax County, New Mexico, eine eigene Ranch. Er wurde bereits gefürchtet – besonders wenn er volltrunken war, und in seiner Umgebung glaubte man, er habe schon viele Menschen getötet, obwohl kein Lebender je Einzelheiten bezeugen konnte. Allison jedenfalls mochte seinen schlimmen Ruf nicht, sobald er wieder nüchtern war. Als er einmal erfuhr, daß eine Zeitung in Missouri ihm 15 Morde nachsagte, schrieb er einen Brief voll Entrüstung an den Redakteur: „Ich habe stets versucht, meinen Einfluß zum Schutz der vermögenden und namhaften Männer unseres Landes vor Dieben, Outlaws und Mördern zu verwenden, und wünsche, zu letzteren nicht gerechnet zu werden."

Nach dieser Botschaft war wohl die Frage erlaubt, wie viele Menschen nun wirklich Allisons Ingrimm unter welchen Umständen zum Opfer gefallen sind. Doch sollten seine Nachbarn bald aus erster Hand Beweise seiner umfassenden Gewalttätigkeit erleben. 1870 wurde er eines Abends, als er in einem Saloon in dem winzigen Goldgräberlager Elizabethtown trank, von der entsetzten Frau eines

Ranchers angesprochen, die ihm ein Schauermärchen erzählte: Ihr Mann, ein Rancher namens Kennedy, sei plötzlich rasend geworden, habe in ihrem Blockhaus etliche Fremde getötet und zum Abschluß des Blutbads die eigene kleine Tochter ermordet. Allison scharte seine Saufkumpanen um sich, ritt mit ihnen zur Kennedy Ranch und fand ihren Besitzer stockbetrunken vor. Leichen waren nicht zu sehen, aber einige Tage später, als bei der Durchsuchung der Kennedy Ranch eine Anzahl Knochen ausgegraben wurde, bildete sich Allison sein eigenes Urteil über die Schuld von Kennedy – und über die ihm angemessene Strafe.

Während die Mediziner noch berieten, ob es sich um menschliche Knochen handelte oder nicht – und sie waren sich absolut nicht sicher, zu welchem Ergebnis sie kommen würden –, brachen Allison und ein paar Kumpane in das Gefängnis von Elizabethtown ein, in dem Kennedy festgehalten wurde, packten ihn, schleiften ihn ins Schlachthaus um die Ecke und lynchten ihn. Dann schnitt Allison, noch nicht überzeugt, daß dem Recht Genüge getan war, der Leiche den Kopf ab, pflanzte ihn auf eine Stange und ritt damit in die 46 Kilometer entfernte Stadt Cimarron, wo er ihn in seine Lieblingskneipe mitnahm, in Henri Lambert's Saloon.

Es konnte nicht ausbleiben, daß Allison sich eines Tages einem Gegner gegenübersah, dessen Achtung vor dem menschlichen Leben ebenso gering war wie seine eigene. Sein Gegenspieler war ein Outlaw namens Chunk Colbert, der behauptete, sieben Männer getötet zu haben. Offensichtlich nur, um seinen Ruf als überlegenen Revolverhelden zu pflegen, hielt er Allison als achtes Opfer für geeignet. Er lud den Betroffenen zum Abendessen in ein Restaurant in Colfax ein. Allison nahm mit allen Zeichen gutartiger Kameradschaft an, und die beiden Männer erfreuten sich einer gemütlichen Mahlzeit. Als die Kaffeetassen gebracht wurden, endete das Versteckspiel. Colbert griff mit der linken Hand nach seiner Tasse, aber die rechte zog langsam den Revolver unter dem Tisch hervor. Allison griff nach seiner Waffe. Colbert schoß furchtbar schnell, aber seine Waffe hatte die Tischkante noch nicht ganz erreicht, und die Kugel fuhr durch das Holz und wurde, ohne Schaden anrichten zu können, abgelenkt. Jetzt jagte Allison seinem Gastgeber in aller Ruhe eine Kugel direkt oberhalb des rechten Auges durch den Kopf. Als er später gefragt wurde, weshalb er der Einladung eines Mannes gefolgt sei, von dem er wußte, daß er ihn zu töten beabsichtigte, antwortete er: „Weil ich nicht gern einen Menschen mit leerem Magen zur Hölle schicke."

Ein anderes Zusammentreffen mit einem Kollegen endete nicht tödlich, aber ebenso bizarr. Ein hervorragender Revolvermann, Mace Bowman, hatte Allison aufs Korn genommen und spielte offensichtlich mit dem Gedanken, ihn zu töten. Aber statt sich gegenseitig umzubringen, betranken sich die beiden und beschlossen, das schnelle Ziehen zu üben. Allison konnte die Geschwindigkeit, mit der Bowman die Waffe aus dem Holster zog, nicht erreichen und schlug eine Mutprobe vor. Sie zogen beide ihre Stiefel aus, entkleideten sich bis auf die Unterwäsche und schossen sich gegenseitig auf die nackten Füße um herauszufinden, wer von ihnen den lebhaftesten Tanz um die Kugeln vollführte. Als der Wettkampf wegen Erschöpfung – unentschieden – abgebrochen wurde, waren beide Tänzer unverletzt.

Wenn er sich schlecht behandelt fühlte, zeigte sich Allisons Hang zu improvisierten Quälereien noch deutlicher. Eines Tages traf er mit einer Viehherde und wüsten Zahnschmerzen in Cheyenne ein und ging sofort zu einem der beiden Zahnärzte der Stadt. Dem unterlief der unglückselige Kunstfehler, den falschen Zahn anzubohren. Allison lief weg, ging zu dem anderen Zahnarzt und ließ den Schaden für 25 Dollar beheben. Dann kehrte er zu dem ersten zurück, nagelte den Mann auf seinem eigenen Behandlungsstuhl fest, ergriff eine Zange, stemmte den Mund seines Opfers auf und zog ihm einen Zahn. Er machte sich gerade über den zweiten her, als die Schreie des Mannes Hilfe herbeigerufen hatten und die Operation abgebrochen wurde.

In der Nähe seiner Heimat, in Colfax County, geriet Allison sich mit einem benachbarten Rancher in die Haare. Sie fanden einen neuen Weg, ihre Differenzen zu bereinigen. Gemeinsam hoben sie ein Grab aus und schleppten einen unbeschrifteten Grabstein an den Rand. Dann handelten sie folgende Vereinbarung aus: Sie wollten beide völlig nackt, nur mit einem Bowiemesser bewaffnet, hineinsteigen; derjenige, der am Ende aus dem Grab heraussteigen konnte, mußte den Grabstein für den anderen passend gravieren lassen. Sie vereinbarten ein Datum, doch noch ehe der Wettstreit über die Bühne ging, fand Allison ein unrühmliches Ende. Am 1. Juli 1887 kutschierte er eine Wagenladung voller Vorräte von Pecos, Texas, aus nach Hause, ein Sack Korn fiel vom Wagen, er wollte ihn noch ergreifen und fiel dabei selbst vom Wagen herunter. Ein Rad überrollte seinen Hals, er brach sich das Genick und starb. Durch dieses merkwürdig unangemessene Ende unterschied sich Allison wiederum von den anderen Einzelgängern seiner Art, die – in den meisten Fällen – durch eine Kugel oder durch den Strick starben. Eine Zeitung in Kansas drückte in einem Nachruf auf Allison das Erstaunen über seine Doppelrolle als erfolgreicher Rancher und explosiver Killer aus. Ob Allison „in Wahrheit nun ein Schurke oder ein Gentlemen war, ist eine Frage, die viele niemals beantworten konnten. Gewiß jedoch ist, daß er viele seiner grausamen Taten im Namen jenes Rechts begangen hat, das er für das seine hielt."

Clay Allison war eine Gefahr für die Gesellschaft – und manchmal für sich selbst: Als Maultiere ausbrachen, schoß er sich 1870 in den Fuß. Im selben Jahr half er beim Lynchen eines mutmaßlichen Mörders und enthauptete ihn anschließend noch.

Die Schießerei zwischen den Killern Clay Allison und Chunk Colbert, mit den Augen des 19. Jahrhunderts gesehen: Bei dem Versuch, als erster zu ziehen, blieb Colbert mit dem Pistolenlauf an der Tischplatte hängen, und Allison durchlöcherte ihn.

Ein solcher Zwiespalt blieb all jenen erspart, die die Laufbahn eines anderen Einzelgängers verfolgten: die des John Wesley Hardin. In der Geschichte des Westens gilt Hardin als einer der ruchlosesten Killer überhaupt. Als er 1878 ins Gefängnis wanderte, behauptete er von sich selbst, 44 Menschen umgebracht zu haben – und seine Schätzung war sicherlich nicht sehr weit hergeholt.

Hardin wurde 1853 in Bonham in Texas geboren. Sein Vater, ein Methodisten-Pfarrer, taufte ihn nach John Wesley, dem Begründer seines Glaubens. Er wuchs zu einem gut aussehenden Burschen heran – blauäugig, hübsch, trotz seines eckigen Gesichts und seiner Schmächtigkeit. Aber schon in früher Jugend zeigte er eine Anlage zu unbezähmbarer, todbringender Erregbarkeit. Als er ungefähr 14 war, wurde er von einem größeren Jungen verspottet, weil er in der Schule die Wand mit einem kindlich-schwärmerischen Vers für ein Mädchen seiner Klasse bekritzelt hatte. John Wesley ging mit dem Messer auf den Jungen los; ehe sie getrennt werden konnten, hatte er bereits zweimal zugestochen – offenbar durchaus bereit, den anderen zu töten.

Noch im selben Jahr tötete er wirklich. Wie Bill Longley wurde er von dem Haß getrieben, der zwischen den gerade befreiten Schwarzen und den besiegten weißen Südstaatlern schwelte. 1868, bei einem Verwandtenbesuch in der Nähe von Moscow, Texas, geriet er mit einem ehemaligen Sklaven namens Mage in einen Ringkampf. In der unerbittlichen Kraftprobe wurde Mages Nase blutig geschlagen. Nach Hardins Angaben erklärte der Schwarze daraufhin, kein weißer Junge könne „sein Blut vergießen und dann noch weiter leben“. Am nächsten Tag fing Mage ihn ab, als er nach Hause reiten wollte, und forderte ihn zu neuem Kampf heraus. Hardin war bewaffnet. Als Mage die Zügel seines Pferdes ergriff, so berichtete Hardin, „vertrieb ich ihn mit einem Schuß. Er kam immer wieder zurück, und jedesmal, wenn er wieder in die Zügel griff, schoß ich wieder auf ihn, bis ich ihn niedergeschossen hatte“.

Hardins Vater, „verwirrt“ durch den Mord, drang darauf, daß sein Sohn untertauchte. Der Alte glaubte, nach den Worten des Jungen, daß ein Prozeß „zu dieser Zeit wegen der Tötung eines Negers vor einem Gericht, das von den Bajo-

John Wesley Hardin ließ sich 1871 in Abilene photographieren; er war kurze Zeit mit Marshal Wild Bill Hickok befreundet – bis Hardin einen schnarchenden Hotelgast erschoß, weil dieser seine Nachtruhe störte, und die Stadt verließ.

netten der Nordstaatler gestützt wurde, den sicheren Tod bedeutete". Er floh und blieb die nächsten zehn Jahre auf der Flucht. Dabei entledigte er sich geschickt aller Verfolger, die ihn für das eine oder andere Verbrechen vor ein ordentliches Gericht zu bringen versuchten.

Aber er entfernte sich nur selten weit von seiner Heimat. Mitteltexas war übervoll von John Wesleys Verwandten. Sie alle – und dazu die meisten Nachbarn – waren glücklich, wenn sie jemandem, der vor der Justiz der Yankee-Bonzen auf der Flucht war, Unterschlupf bieten konnten. Einmal, als er sich versteckt hielt, ließ ihn sein älterer Bruder Joseph wissen, daß Soldaten der Nordstaaten nach ihm suchten. Da er die Schleichwege im Hinterland genau kannte, konnte er drei Verfolger – zwei Weiße und einen Schwarzen – an einem Bachübergang hinterrücks aus dem Gebüsch heraus erledigen. „Ein paar Nachbarn übernahmen die Pferde der Soldaten, und da wir ihre Sachen alle verbrannten, blieb alles still", stellte Hardin in der bemerkenswerten Autobiographie fest, die er in seinem letzten Lebensjahr schrieb. „So hatte ich denn im Herbst des Jahres 1868 bereits nicht weniger als vier Männer getötet." Und zu dieser Zeit war Hardin erst 15 Jahre alt.

Es war eine Ironie des Schicksals, daß Hardin Ende 1870 für einen Mord in Waco festgenommen wurde, den er gar nicht begangen hatte. Er konnte den Richter nicht von seiner Unschuld überzeugen und wurde vorübergehend in einem Blockhaus in der Stadt Marshall gefangengehalten, um seine Überführung nach Waco abzuwarten. In der Abgeschiedenheit dieses primitiven Gefängnisses erwarb er von einem Mitgefangenen zwei nützliche Dinge: einen Mantel gegen die Winterkälte – und einen 44er Colt. Damit war er gut vorbereitet, als ihn Captain Stokes von der Staatspolizei und der Wärter Jim Smolly abholten, um ihn nach Waco zur Prozeßverhandlung zu bringen. Hardin hatte, als sie kamen, den Mantel an. Darunter, mit Bindfaden an seiner Schulter befestigt, saß der Colt.

Eines Nachts, als die drei Männer unterwegs kampierten, machte sich Stokes auf, um Futter für die Pferde herbeizuschaffen, und Hardin war mit Smolly, einem lauten, tyrannischen Menschen, allein. Smolly begann mit Schmähreden gegen seinen siebzehnjährigen Gefangenen. Hardin wußte ganz genau, wie er sich als unerfahrener Jugendlicher darstellen mußte; er brach in Tränen aus und drückte sich gegen die Flanke seines Ponys, wobei ihn Smolly amüsiert beobachtete. Hinter dem Pony schob Hardin die Hand in seinen Mantel und löste die Schnur, die den Revolver hielt. Er erschoß Smolly und lief davon.

Wenige Tage später sammelten sich einige Verwandte von Hardin in Gonzales im südlichen Texas, um auf dem Chisholm Trail eine Viehherde nach Abilene, Kansas, zu treiben. Sie überredeten einen Rancher, John Wesley als Führer der Herde anzuheuern. Gegen Ende des Treibens lief eine mexikanische Herde auf die Hardins auf; es wurde schwierig, die beiden Herden auseinanderzuhalten. Hardin hatte mit dem Führer der mexikanischen Herde ein Wortgefecht. Beide Männer saßen zu Pferde. Der Mexikaner schoß und durchlöcherte John Wesleys Hut. Auf Vergeltung erpicht, merkte Hardin, daß seine eigene Waffe, ein ausgeleierter Vorderlader-Revolver, dessen Zylinder locker war, nicht funktionierte. Er sprang vom Pferd, brachte es fertig, seine Waffe abzufeuern, indem er die Trommel mit der einen Hand festhielt und mit der anderen den Abzug bediente, und traf den Mexikaner in den Oberschenkel. Eine Waffenruhe wurde vereinbart, aber John Wesley gab sich allein mit einer Verwundung seines Gegners nicht zufrieden. Er lieh sich von einem Freund einen Revolver und setzte dem Mexikaner nach; diesmal schoß er ihn durchs Herz. Da entstand zwischen den verfeindeten Lagern ein allgemeines Feuergefecht. Verluste gab es nur auf seiten der Mexikaner: Sechs Vaqueros, mexikanische Cowboys, starben im Schußwechsel – fünf allein fielen durch den Sechsschüsser in John Wesley Hardins Hand.

In Abilene stieß Hardin auf Wild Bill Hickok, der zu der Zeit amtierender Polizeibeamter der Rinderstadt war. Hickok behandelte den jungen Killer väterlich-milde. Er trank mit Hardin, ging mit ihm ins Bordell und gab ihm

Nach 15 Jahren Gefängnis für einen seiner 44 Morde wurden Hardin die restlichen 10 Jahre erlassen. Er hatte, während er einsaß, eifrig Jura studiert und ließ sich 1895 in El Paso als Anwalt nieder, wurde aber kurz danach erschossen.

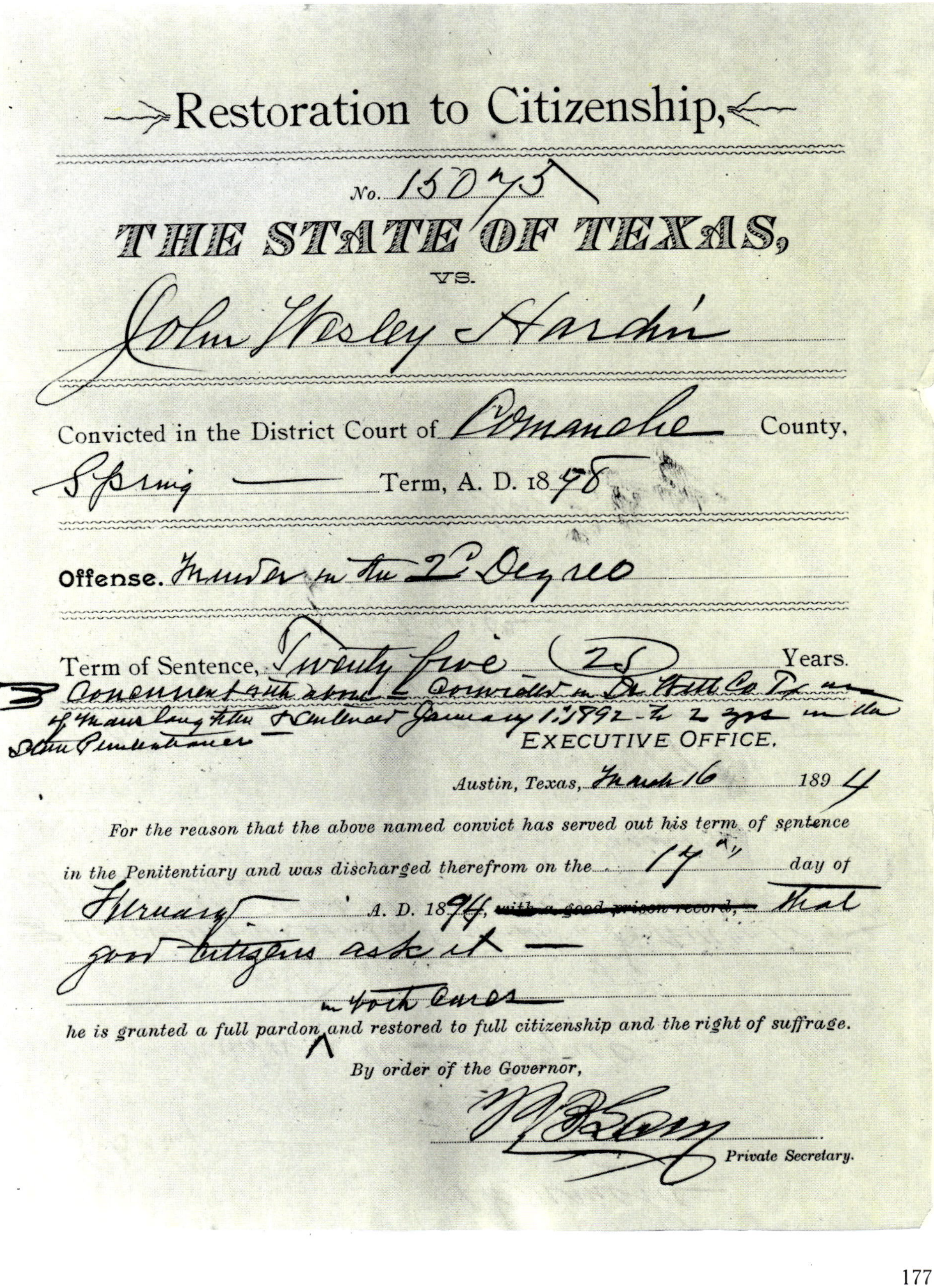

Restoration to Citizenship,

No. 15075

THE STATE OF TEXAS,

VS.

John Wesley Hardin

Convicted in the District Court of Comanche County,

Spring — Term, A. D. 1878

Offense. Murder in the 2d Degree

Term of Sentence, Twenty five (25) Years.

Concurrent with second conviction in DeWitt Co. Tex. of manslaughter & sentenced January 1st 1892 to 2 yrs in the State Penitentiary —

EXECUTIVE OFFICE.

Austin, Texas, March 16 1894

For the reason that the above named convict has served out his term of sentence in the Penitentiary and was discharged therefrom on the 17th day of February A. D. 1894, ~~with a good prison record,~~ that good citizens ask it —

he is granted a full pardon in both cases and restored to full citizenship and the right of suffrage.

By order of the Governor,

[signature]

Private Secretary.

Eine Galerie berühmter Scharfschützen

BUCKSKIN FRANK LESLIE ging durch die Straßen Tombstones mit seinem schußbereiten Revolver in einer Gürtel-Spezialkonstruktion (*Seite 43*). Angeblich benutzte er bei Schießübungen seine Frau als Ziel, indem er sie vor eine Wand stellte und ihre Figur mit Schüssen umriß.

BILL MOORE sah auf einem Auge schlecht, mit Hilfe des anderen erschoß er zielsicher zumindest einen Verwandten, einen schwarzen Cowboy und zwei Nachbarn. Später verzog er sich dann nach Alaska, wurde unter falschem Namen Fallensteller, ging aber selbst nie in die Falle.

HENRY STARR behauptete, er sei nicht fair behandelt worden, als er im Indianer-Territorium mit 17 mit einem gestohlenen Koffer und mit 18 auf einem gestohlenen Pferd verhaftet worden war. Er erschoß einen Polizisten, landete im Gefängnis und kam bei einem Bankraub um.

APACHE KID tötete einen Mann aus Arizona, um den Mord an seinem Vater zu rächen. Präsident Cleveland begnadigte ihn, nicht so die heimischen Behörden. Er ging in die Berge, zog zu Raubzügen und Notzuchtverbrechen aus, und es gelang ihm stets, die Verfolger abzuschütteln.

JOHN SELMAN arbeitete in Texas für das Gesetz und nebenbei als Viehdieb. Sein größter Fang war John Wesley Hardin, den er von hinten in einem Saloon erschoß, wobei er behauptete, ihm eine faire Chance gegeben zu haben, weil über der Bar ein Spiegel hing.

JOHN KING FISHER saß mit 16 wegen Raub kurz im Gefängnis und entwickelte sich an der texanisch-mexikanischen Grenze zum größten Viehdieb der siebziger Jahre. Er war ein hervorragender Schütze, gab auch 7 Morde zu, erklärte aber unbefangen: „Mexikaner zähle ich nicht."

AUGUSTINE CHACON, mexikanischer *bandito*, arbeitete mit System: Nach jedem Überfall auf amerikanischem Boden zog er sich zu einem untadeligen Leben in seine Heimat zurück. Schließlich brachten ihn Arizona-Rangers vor ein Gericht, aber da hatte er bereits 29 Morde verübt.

BILLY THOMPSON, jüngerer Bruder von Ben Thompson, wollte geradezu im Unrecht sein. „Um Gottes willen, Billy", rief Ben nach einer Schießerei seinem Bruder zu, „du hast unseren besten Freund erschossen!" Billy erwiderte kalt: „Von mir aus kann's auch Jesus sein."

Ratschläge; als einmal eine Bande von Hardins texanischen Freunden und Verwandten Schwierigkeiten machte, entwaffnete Hickok sie, aber er ließ Hardin seine Waffe, vermutlich damit er seine Freunde entweder beschützen oder sie in Schach halten konnte.

Hardin seinerseits war von Wild Bill Hickok fasziniert, und er glühte vor Stolz, daß er in freundschaftlichem Umgang mit einem so berühmten Revolverhelden gesehen wurde. Aber im Inneren wußte er die ganze Zeit, daß Wild Bill ihn ohne Zögern töten würde, sobald die Umstände es geraten erscheinen ließen.

Den Umschwung in ihren Beziehungen führte Hardin durch eines seiner gefühllosesten Verbrechen herbei, eine so gemeine Tat, daß er selbst ein bißchen Scham zeigte und sie als die gerechte Erschießung eines Mannes abtat, der ihm die Hosen habe stehlen wollen. In Wahrheit gab es nicht einmal diese Entschuldigung für ihn. Im American House Hotel, in dem Hardin während seines Aufenthaltes in Abilene wohnte, jagte er Kugeln durch die Zimmerwand, bloß um das Schnarchen eines Fremden nebenan zu unterbinden. Die erste Kugel weckte den Mann nur auf; die zweite tötete ihn. In der darauffolgenden Stille fiel Hardin ein, daß er mit Wild Bill Hickok erhebliche Schwierigkeiten bekommen würde. Noch im Unterhemd stieg er aus dem Fenster und rannte auf das Dach über dem Hoteleingang – gerade rechtzeitig, um Hickok mit vier Polizisten auftauchen zu sehen, die von anderen Gästen alarmiert worden waren. „Ich glaubte", sagte Hardin später aus, „daß Wild Bill, wenn er mich wehrlos antraf, gar keine Erklärungen abwarten, sondern mich gleich töten würde, um seinen Ruhm zu vergrößern."

Ohne abzuwarten, wie Hickok reagieren würde, sprang Hardin von dem Dach auf die Straße und versteckte sich für den Rest der Nacht in einem Heuhaufen. Im Morgengrauen stahl er ein Pferd und schaffte es, ins Camp außerhalb der Stadt zu gelangen. Am nächsten Tag ritt er weiter nach Texas und kehrte nie nach Abilene zurück. Jahre später erwähnte Hardin die Episode beiläufig: „Man erzählt sich massenhaft Lügen über mich", so klagte er. „Die Leute behaupten, ich hätte sechs oder sieben Männer umgebracht, weil sie geschnarcht hätten. Also, das stimmt nicht, ich habe nur einen Mann umgebracht, weil er geschnarcht hat."

Umgeben von der schützenden Schattenarmee seiner Verwandten, konnte sich Hardin gelegentlicher Erholungspausen in Sicherheit erfreuen. Während einer solchen, im Jahre 1871, besann er sich seiner alten Liebe Jane Bowen und heiratete sie. Janes Vater war ein aufrechter Bürger, Ladenbesitzer in Hardins Heimatbezirk in Texas, und die beiden Familien waren gut bekannt miteinander. Die Ehe war eine seltsame Verbindung, von Hardins langen Abwesenheiten unterbrochen, für die er nie eine Erklärung gab. Jane konnte die Gründe für das lange Fernbleiben ihres Mannes nur ahnen, aber sie gebar ihm zwei Kinder, war ihm offenbar immer ganz treu und murrte nicht. „Sie war so treu wie ein Magnet dem Stahl", sagte Hardin später über sie.

Dann und wann auf seinen Streifzügen, wenn ihn das Gefühl entsetzlicher Einsamkeit überfiel, brachte er es fertig, auf einen Sprung zu Häuslichkeit und ehelicher Zuneigung heimzukehren. Er selbst beschrieb einen dieser gleichsam zwanghaften Besuche, bei dem er ein Lieblingspferd zuschanden ritt, nur um zu Jane zu gelangen. Er befand sich in Banquetto in Texas und fühlte sich relativ sicher. Und so heißt es in seiner Autobiographie: „Da fiel mir ein, daß ich eines der hübschesten und süßesten Mädchen des Landes zur Frau hatte. Je mehr ich an sie dachte, desto dringender wollte ich sie sehen. Also brach ich eines Abends gegen zehn Uhr in Banquetto auf nach dem 160 Kilometer entfernten Gonzales County. Ich kam gegen vier Uhr morgens zu Hause an, hatte dabei aber ein gutes Pferd, 50 Dollar wert, ruiniert. Der Anblick meiner Frau entschädigte mich für den Verlust."

Der Mord, für den Hardin schließlich doch ins Gefängnis mußte, ereignete sich in der Stadt Comanche, 200 Kilometer nördlich von Austin, am Abend seines 21. Geburtstags – am 26. Mai 1874. Offenbar war diese Schießerei mehr als seine anderen zu rechtfertigen; diese Tatsache könnte das Gericht bestimmt haben, ihn zu einer Gefängnisstrafe von 25 Jahren zu verurteilen, statt ihn einfach erhängen zu lassen. An jenem Tag hatte in Comanche ein Pferderennen stattgefunden, in dem drei gute Pferde von Hardin mitliefen. Alle drei gewannen, und ihr Besitzer verdiente durch Wetten 3000 Dollar in bar, 50 Rinder, einen Wagen und 15 zugerittene Wildpferde. Natürlich war Hardin gehobener Stimmung, und er machte eine Runde durch die Saloons der Stadt. Sein Spaß an diesem Abend wurde nur wenig getrübt, als er merkte, daß Deputy Sheriff Charles Webb vom nahen Brown County in der Stadt war. Man hatte Hardin zu verstehen gegeben, daß Webb vorhatte, ihn zu töten. Webb ging es nicht um eine bestimmte Anklage; er hatte einfach das Gefühl, daß hier ein Mörder frei herumliefe und daß Texas ohne ihn ein angenehmeres Land wäre. Webb stieß in Jack Wrights Saloon auf Hardin. Als er sich näherte, lud Hardin ihn höflich zu einem Drink ein, und Webb nahm, nicht weniger höflich, an. Sie gingen auf die Bar zu, Hardin vorneweg, da rief jemand: „Paß auf!" Hardin wirbelte herum, sah, daß Webb seinen Revolver gezogen hatte, und sprang in dem Moment zur Seite, als der Sheriff feuerte. Der Schuß streifte Hardin noch, aber jetzt hatte er seine eigene Waffe in der Hand. Die Kugel traf Webb ins Gesicht, und der Sheriff fiel tödlich verwundet zu Boden – der neununddreißigste

Der einsame Kreuzzug eines Detektivs

Charles Angelo Siringo war eine einmalige Erscheinung, – ein Einzelgänger, der dem Gesetz diente. Zwei Jahrzehnte lang verfolgte er im Auftrag der Detektei Pinkerton flüchtige Verbrecher durch fast ganz Nordamerika; er arbeitete beinahe immer auf eigene Faust, und sein Vergnügen an den aufregenden Menschenjagden erwies sich als unzerstörbar.

Siringo, schmächtig und grauäugig, wurde als Sohn von Einwanderern – einem italienischen Vater und einer irischen Mutter – in Texas geboren. Im Alter von 22 Jahren fand er zum ersten Male Freude an der Jagd auf Menschen, während er als Cowboy arbeitete: Sein Wild war Billy the Kid. Siringo verfolgte die Spur des jugendlichen Mörders durch New Mexico, mußte die Verfolgung aber aufgeben, weil er an einem Spieltisch seine Reisekasse verlor.

Nachdem er 15 Jahre als Cowboy im Wilden Westen und zwei langweilige Jahre in Kansas als Lebensmittelhändler verbracht hatte, reiste er nach Chicago auf der Suche nach dem großen Geld. Dort stieß er auf einen blinden Phrenologen (Schädelforscher), der seinen Schädel abtastete und zu dem Schluß kam, daß er „das Zeug zum Detektiv" habe. So wurde Siringo also 1886 ein Pinkerton-Mann und erwies sich bald als ein Spürhund, der kaum abzuschütteln war. Er folgte den Desperados durch Schneestürme in den nördlichen Ebenen und an sengendheißen Tagen durch die Wüste.

Charles Siringo. im Ruhestand Bücher schreibend, sitzt mit 62 noch einmal auf einem Pferd.

Siringos Eigenständigkeit wurde noch härter auf die Probe gestellt, als er sich der Infiltration von Banden zuwandte. Bei einem seiner kühnen Unternehmen ritt er direkt in ein Banditen-Versteck in Powder Springs, Colorado, und gab sich als Charles Carter, frei arbeitender Revolverheld, aus. Innerhalb von wenigen Tagen hatte er sich bei seinen Gastgebern beliebt gemacht – es war Butch Cassidys Wild Bunch (*Seite 90–93*). Immer wenn das neue Bandenmitglied von einem Plan Wind bekam, daß ein Zug der Union Pacific ausgeraubt werden sollte, benachrichtigte er die Eisenbahnverwaltung, die dann den Fahrplan änderte und den Überfall unmöglich machte. Als Cassidy begriff und auf „Carter" Jagd machte, war dieser verschwunden. Siringo machte nun Jagd auf Cassidy. Vier beschwerliche Jahre lang blieb er dem Bandenführer auf den Fersen – alles in allem 40000 Kilometer im Sattel. Erst als der Bandit nach Südamerika flüchtete, gab Siringo die Jagd schließlich auf.

Diese Taten zahlten sich vorzüglich aus, wenn auch indirekt: Der ungewöhnliche Einzelgänger konnte fast so unnachgiebig schreiben, wie er ritt. Er verarbeitete seine Abenteuer im Wilden Westen zu sieben Büchern, von denen allein vier sich mit Billy the Kid befaßten. Doch manchmal verlor er das Augenmaß für seine Helden, vor allem, als er Billy the Kid als „einen Fürsten von einem Menschen" bezeichnete, der „nur mit dem falschen Fuß aufgestanden" sei.

Eintrag in Hardins Todesstatistik. Hardin verließ die Stadt unangefochten, aber die Gesetzeshüter waren ihm dicht auf den Fersen – so dicht, daß er bald beschloß, Texas ganz und gar zu verlassen und seine Frau mitzunehmen.

Zunächst hielt er sich in Florida unter dem Pseudonym J. H. Swain versteckt. Er wirkte so rechtschaffen, daß er sogar von der örtlichen Polizei aufgefordert wurde, beim Einfangen einiger verdächtiger Krimineller behilflich zu sein. Während dieser Menschenjagd erschoß Hardin einen der Gesuchten – seinen vierzigsten Mann.

Nach zwei Jahren in Florida wurde Hardin entlarvt; Pinkerton-Detektive hatten entdeckt, wer er war. Wieder ging er auf die Flucht und hoffte, diesmal nach Mexiko zu gelangen, aber dicht vor der Grenze holten ihn die Gesetzeshüter ein. In der folgenden Schießerei tötete Hardin zwei weitere Männer – und konnte entkommen. Er ließ sich mit seiner Frau in Alabama nieder. Seine beiden letzten Opfer (soweit bekannt) kamen nach einem Pokerspiel in Mobile ums Leben, bei dem er einen Gewinn von 3500 Dollar angehäuft hatte.

Hardin blieb in Alabama noch zehn Monate auf freiem Fuß, dann erfuhren die Texas Rangers von seinem Aufenthalt: Sie fingen einen Brief ab, den sein Schwager, bei Hardin zu Besuch, seinen Verwandten nach Texas geschrieben hatte. Am 23. Juli 1877 wurde Hardin in Pensacola Junction, Florida, im Raucherabteil eines Zuges gestellt. Er war nach einer Pokerspielreise auf dem Weg nach Hause, nach Alabama. Ranger John Armstrong und einheimische Sheriffs drängten von beiden Seiten her in den Wagen, Hardins Revolver verhakte sich in den Hosenträgern. Als die Rangers ihn überwältigt und an einen Stuhl gebunden hatten, sagte einer zu ihm: „John Wesley Hardin – Sie sind der schlimmste Mann im ganzen Land" – und schwächte gleich seine Kritik ab, indem er ihm eine Zigarre überreichte.

Hardin wurde in Austin für die Tötung des Deputy Sheriff Webb der Prozeß gemacht. Die Geschworenen befanden ihn schuldig „des Mordes zweiten Grades" (einer nur im amerikanischen Strafrecht vorgesehenen weniger verwerflichen Form des Mordes; die etwa dem „Totschlag", auch der „Körperverletzung mit Todesfolge", entspricht), und er wurde im Alter von 25 Jahren dazu verurteilt, das nächste Vierteljahrhundert im Gefängnis von Huntsville zu verbringen. Zwischen mißlungenen Fluchtversuchen studierte er Algebra, Theologie und Jura. Im Jahre 1894, nachdem er 15 Jahre seiner Strafe abgesessen hatte – und kurz nach dem Tod seiner Frau –, wurde er begnadigt.

Hardin eröffnete ein Anwaltsbüro in El Paso, verbrachte aber mehr Zeit mit Streitereien in Saloons als im Gericht. Seinen letzten Konflikt mit dem Gesetz hatte er, als er 42 war. Die derzeitige Dame seines Herzens wurde wegen Waffentragens verhaftet, und man hörte, daß er Drohungen gegen den Beamten ausstieß, der sie festgenommen hatte, einen Polizisten namens John Selman. Wenige Tage später, am 19. August 1895, betrat Selman den Acme Saloon, entdeckte Hardin an der Bar beim Würfeln mit einem Freund, stellte sich direkt hinter ihn und erschoß ihn. Ein Geschworenengericht sprach Selman frei, offenbar aus Dankbarkeit dafür, daß er die Bevölkerung Texas' von dieser großen Gefahr befreit hatte.

Gemessen an der Zahl seiner Morde und der Gefühllosigkeit, mit der er sie ausführte, hätte Hardin im Schwarzen Buch des Wilden Westens über Billy the Kid stehen müssen. Aber das Wesen des Ruhmes ist nicht faßbar, und irgendwie war Billys Ruf am Ende unheimlicher und dauerhafter. Zeitungen im ganzen Lande berichteten schon zu seinen Lebzeiten von seinen Taten, und in den ersten zehn Monaten nach seinem Tod erschienen nicht weniger als acht Romane, die seinen Lebensweg romantisch verklärten. Sie wurden in mehr als einer Million Auflage verkauft.

Die Aufmerksamkeit zu erklären, die Billy erregte, fällt schwer. Die Zahl der Männer, die er tötete, war viel kleiner als die von Hardin. Offenkundig war er auch weniger hitzköpfig – zumindest anfangs. Vielleicht rührte die merkwürdige Beurteilung, die ihn zu einem berühmteren Mann als Hardin machte, von dem absurden Umstand her, daß dieser vergnügte, verbindliche und im allgemeinen höfliche Billy überhaupt ein Killer war. Denn Tatsache ist, daß er noch auf den Tiefpunkten seiner tödlichen Laufbahn ein blauäugiger Waisenknabe mit flaumigen Wangen blieb, der mit seinem gewinnenden und unschuldigen Grinsen in Frauen mütterliche Gefühle weckte und in Männern den Wunsch, ihm zu helfen, so gut sie konnten.

Aber ein Killer war er doch. Und die lächelnde, jugendliche Erscheinung machte diese Wahrheit um so grotesker. Die Zahl der Menschen, die ihm zum Opfer fielen, ist bis heute nicht genau bekannt. Billy selbst soll, als er Meister des Gelegenheitsmordes wurde und sich für eine wichtige Persönlichkeit zu halten begann, 21 Morde für sich in Anspruch genommen haben – „für jedes Lebensjahr einen". Eingeweihte Zeitgenossen glauben eher an neun.

Billy the Kid war ein guter Name für den jungenhaften Revolverhelden. Niemand wußte genau, wie sein Nachname lautete, vielleicht nicht einmal er selbst. Er nannte sich manchmal McCarty oder Bonney oder Antrim. Er wurde um 1860, sehr wahrscheinlich in New York, geboren und war der zweite Sohn einer Frau, die mal als Catherine McCarty und mal als Katherine McCarty Bonney bezeichnet wird. Billys

Billy the Kid als Jugendlicher: Verwaist und früh entwurzelt, arbeitete er auf einer Ranch in Arizona. Kurze Zeit nachdem diese Aufnahme entstand, im August 1877, tötete er zum erstenmal einen Mann, der ihn beiläufig beleidigt hatte.

Vater – entweder Patrick Henry McCarty oder William Bonney – war offenbar in jungen Jahren gestorben, und gegen Ende des Bürgerkrieges zog Catherine mit ihren beiden Söhnen nach Indiana. 1873 heiratete sie einen gewissen William Antrim und die ganze Familie zog nach Silver City in New Mexico. Billy, der eigentlich Henry getauft worden war, übernahm den Vornamen seines Stiefvaters – das war ungefähr alles, was er von ihm bekam. Antrim arbeitete manchmal als Zimmermann, manchmal als Barkeeper, wollte aber gern Goldgräber sein, und in seiner rastlosen Suche nach dem Glück war er selten zu Hause.

Catherine nahm in Silver City Pensionsgäste auf, um ihre Söhne versorgen zu können. Sie war in den Augen ihrer Nachbarn „eine fröhliche irische Dame, lebenslustig und ausgelassen", obwohl sie bereits an Tuberkulose litt. Sie starb 1874, Billy war 14 Jahre alt. Er arbeitete von nun an gegen Unterkunft und Verpflegung in einem Hotel und verdiente sich bei dem Besitzer eine Art Anerkennung als „der einzige Bengel, der hier jemals gearbeitet und nichts gestohlen hat". Für seinen Lehrer war er „nicht schwieriger als jeder andere Junge, immer durchaus willens, rund ums Schulhaus bei kleinen Arbeiten behilflich zu sein".

Billy kam zum erstenmal aus trivialem Grunde mit dem Gesetz in Konflikt, doch der Zusammenstoß war bedeutsam, denn er machte ihn mit 15 Jahren zu einem Flüchtling auf Lebenszeit. Ein älterer Mann wollte sich mit einem chinesischen Wäscher einen Spaß erlauben und stahl ihm ein Bündel Wäsche, das er dem stets hilfsbereiten Billy zum Verstecken übergab. Ein Polizist von Silver City brachte Billy dafür ins Gefängnis – lediglich um ihm eine Lektion zu erteilen. Billy, durch die Einsperrung verschreckt, hielt es zwei Tage lang aus und zwängte sich dann durch den Schornstein ins Freie. Er floh über die Grenze.

Er war sehr dürr und knochig, doch gab er sich große Mühe, als Mann unter Männern anerkannt zu werden, und arbeitete als Satteltramp, umherziehender Rancharbeiter und Schafhirte im Südosten von Arizona. Irgendwann im Jahre 1877 tauchte er bei der Camp Grant Army Post auf und wurde als ziviler Fuhrmann eingestellt.

Ein anderer Zivilist, der Schmied von Camp Grant, ein stämmiger Bursche namens Frank „Windy" Cahill, machte sich gern über den heimatlosen Jüngling lustig. Eines Tages im August 1877 rief er Billy mit dem unzutreffenden Spottnamen „Pimp" (Zuhälter). Billy nannte daraufhin den Schmied einen „Hundesohn". Cahill warf sich auf ihn und riß ihn zu Boden. Wie jedermann, der einen Anspruch auf Männlichkeit erhob, trug Billy einen Revolver. Er zog ihn und schoß. Cahill starb am nächsten Tag, und Billy wurde im Gefängnis von Camp Grant eingesperrt. Ein paar Nächte später brach er aus und verschwand.

Danach tauchte er im Pecos Valley in New Mexico auf, im Haus des Ranchers Heiskell Jones. Apachen hatten ihm das Pferd gestohlen, während er an einer Quelle Wasser schöpfte, und als er nach einem Fußmarsch von vielen Meilen auf der Ranch ankam, war er in trostlosem Zustand: Er trug keine Stiefel mehr, seine Füße waren geschwollen und blutig, und er kam vor Hunger und Durst fast um. Mrs. Jones nahm ihn auf, gab ihm zu essen und versorgte seine Wunden. Billy blieb zunächst bei der Familie und half auf der Ranch ein bißchen aus. Er gewann die Familie lieb und sie ihn auch. Als er sich einige Wochen später nach Arbeit umsehen wollte, liehen sie ihm ein Pferd.

Billy war sehr treu, stets hilfsbereit und anhänglich. Vielleicht beging er aufgrund dieser Eigenschaften Taten, die ihn zum Schreckgespenst der Leute machten. Sehr bald wurde er in den sogenannten Lincoln-County-Krieg verwickelt und war Zeuge der Ermordung seines neuesten Wohltäters, John Tunstall, eines Viehzüchters, Bankiers und Kaufmanns, der Billy als Viehhirte eingestellt hatte.

Tunstall war ein wohlhabender Einwanderer aus England, 24 Jahre alt. Er hatte sich mit dem Rechtsanwalt Alexander

McSween und dem Viehzüchter John Chisum, der gewaltige Herden im Pecos Valley besaß, gegen eine mächtige Clique im Lincoln County verbündet, die von zwei Iren, J. J. Dolan und John Riley, angeführt wurde. Dolan und Riley betrieben in der Bezirkshauptstadt Lincoln eine große Warenhandlung, The House genannt. Dieses Unternehmen hatte den Handel im County seit langem praktisch monopolisiert. Die Besitzer – sie pflegten enge Verbindungen zu einflußreichen Männern in den Behörden der Hauptstadt des Territoriums Santa Fé – hatten auch die meisten Verträge mit der Regierung über die Fleischlieferung an Garnisonen und Indianer-Reservationen abgeschlossen. Die Verträge brachten reichen Gewinn und dazu eine ungeheure finanzielle Macht über ein Gebiet, dessen Wirtschaft auf Rinderzucht beruhte. Und so gaben Dolan und Riley im Lincoln County und dem daran anschließenden Pecos Valley mehr oder weniger den Ton an.

Die Gruppe Tunstall-Chisum-McSween sah nicht ein, weshalb Kaufleute, die wenig oder gar nichts von Rinderzucht verstanden, ein Monopol auf die Regierungsaufträge hatten, oder, andersherum, weshalb Männer, die ungeheure Herden besaßen, nicht direkt mit der Regierung über Fleischlieferungen verhandeln sollten. Eine Anzahl kleiner Viehzüchter schlug sich auf die Seite der Besitzer von The House; sie grollten Chisum, weil er öffentliches Weideland für seine riesigen Herden in Beschlag nahm. Andere kleine Viehzüchter und Farmer wiederum, denen The House mit Krediten übel mitgespielt hatte, hielten zur Gegenseite. Tunstall brachte den Feind noch weiter auf, indem er in Lincoln als Konkurrenz zu The House seinerseits eine Warenhandlung eröffnete.

Als Billy the Kid sich im Herbst 1877 bei Tunstall einstellen ließ, fing man gerade an, Gewalt in dem Machtkampf anzuwenden. Die Besitzer von The House hatten durch politische Machenschaften einen Gerichtsbeschluß erwirkt, wonach sie ein paar von Tunstalls Pferden zum Begleichen von Schulden pfänden konnten. Als Tunstall sich weigerte, die Pferde herauszugeben, schickte der Sheriff von Lincoln County, William Brady – den die House-Clique in der Tasche hatte –, einige Männer unter Führung seines Freundes William Morton, um die Pferde zu holen. Billy und ein paar andere Arbeiter von Tunstall flüchteten, als das Aufgebot sich näherte; aber sie waren noch nicht weit gekommen, da ritt Tunstall auf die Gesetzesvertreter zu und erhob Einspruch gegen ihre Anwesenheit. Morton tötete ihn augenblicklich durch einen Kopfschuß.

Der Mord an seinem neuen Boß schien bei Billy the Kid einen gefährlichen Charakterzug freizulegen. Er hatte zwar Tunstall noch nicht lange gekannt, aber er war ungeheuerlich wütend über die Tat und schaltete sich sofort in den

Eine der übelsten Taten von Billy the Kid in New Mexico wird in dieser Zeichnung dargestellt: Er gehörte zu dem Zeitpunkt einem Aufgebot an, das zwei Deputies gefangen hatte, die in den Mord an Billys Arbeitgeber verwickelt waren. Billy schoß sie nieder, obwohl ihnen freies Geleit in die Stadt zugesichert worden war.

Billy the Kid feuert auf einen Viehtreiber, der ihn mit dem Revolver bedroht hatte. Die Viehdiebe, denen er sich nach dem Lincoln-County-Krieg anschloß, geben Rückendeckung. Auf der Zeichnung ist Billys linke Hand falsch dargestellt.

Krieg gegen The House und seine Verbündeten ein. Seine erste Kampfhandlung endete jedoch kläglich: Er hatte versucht, einem Polizisten zu helfen, den Tunstalls Freunde dafür gewonnen hatten, den Mitgliedern von Mortons Aufgebot Haftbefehle zuzustellen. Billy wurde drei Tage lang eingesperrt und hatte die Demütigung zu erdulden, daß Sheriff Brady sein Gewehr konfiszierte.

Kaum hatte Brady ihn entlassen, da schloß Billy sich dem Vormann seines früheren Arbeitgebers, Dick Brewer, und einem Aufgebot an, dessen Mitglieder sich „Regulators" nannten, und sie machten sich auf die Jagd nach Tunstalls Killern. Irgendwo in der Nähe des Rio Peñasco stellten sie William Morton und einen anderen Deputy Sheriff, Frank Baker. Nach einer Schießerei, die auf galoppierenden Pferden auf einer über acht Kilometer langen Strecke ausgetragen wurde, ergaben sich Morton und Baker. Brewer mußte ihnen jedoch zusagen, daß er sie – lebend – in die Stadt Lincoln zurückbringen werde. Auf einer Ranch am Wege durfte Morton einen Brief an einen Verwandten in Virginia aufgeben. Darin stand unter anderem: „Ein Mann war dabei, der wollte mich töten, nachdem ich mich ergeben hatte. Nur mit der größten Mühe hielten ihn die anderen davon ab." Man konnte diesen Mann – oder Knaben – jedoch nicht auf die Dauer von seinem Vorsatz abbringen. Am dritten Tag der Rückreise – die Männer ritten gerade auseinandergezogen durch unwegsames Gelände – erschoß Billy the Kid zusammen mit einem anderen Farmarbeiter die beiden Gefangenen und dazu noch einen Teilnehmer des Aufgebots, der anscheinend versucht hatte, die Gefangenen zu schützen.

Damit sollte Billys Rachefeldzug erst anfangen. Drei Wochen später, als Sheriff Brady ihn wegen des Mordes an den Gefangenen festzunehmen suchte, verkroch sich Billy mit anderen Männern der alten Clique in Tunstalls Laden in Lincoln. In der Nacht schnitt er in die Adobe-Mauer eines Corral neben dem Laden eine Scharte als Gewehrauflage. Am Morgen des 1. April 1878 kamen Sheriff Brady, ein Deputy namens Hindman und ein dritter Mann, Billy Matthews, – alle mit Gewehren bewaffnet – aus dem Gerichtsgebäude heraus und gingen auf Tunstalls Laden zu. Billy the Kid und seine Schar feuerten eine Salve ab, die Brady sofort tötete und Hindman tödlich verletzte, während Matthews eiligst Schutz suchte. Dann kam Billy aus der Deckung hervor, um die Waffe des Sheriffs an sich zunehmen – jenes Gewehr, das Brady ihm ein paar Wochen zuvor abgenommen hatte. Als er es gerade aufnahm, riß ihm eine Kugel von Matthews eine tiefe Wunde in die Innenseite des Oberschenkels. Der Kampf war erst mal vorbei, nun begann die Jagd auf Billy the Kid. Er hätte fliehen können, aber in seinem jungen Übermut beschloß er, in der Stadt unterzutauchen, bis die Wunde geheilt war. Einheimische berichteten später, er habe sich einmal in einem geschlossenen Faß verborgen, auf dessen Deckel die Hausfrau ihre Tortillas weiter rührte, während ihr Haus durchsucht wurde.

Da Tunstall tot war, übertrug Billy seine Ergebenheit auf dessen Verbündeten, Rechtsanwalt McSween, und nahm an der einzigen offenen Schlacht des Lincoln-County-Krieges teil. Sie entbrannte, nachdem sich ein Trupp von Revolverhelden in McSweens Adobe-Haus mitten in Lincoln verschanzt hatte. Die Gegner, Anhänger der House-Clique unter Führung des neuen Sheriffs George Peppin und eines Viehzüchters namens Marion Turner, gingen in den umliegenden Häusern in Stellung. Drei Tage lang blieb es bei einem unregelmäßigen Kugelwechsel aus den Verstecken heraus; ein Pferd und ein Maultier waren die einzigen Verluste bei diesen Scharmützeln.

Am fünften Tag der Belagerung, am 19. Juli 1878, drang der Viehzüchter Turner mit einigen seiner Männer zu McSweens Haus vor. Als ihre Aufforderung, sich zu ergeben, abgelehnt wurde, häuften sie Feuerholz vor Türen und Fenstern und zündeten es an. Das Feuer fraß sich allmählich durch die hölzernen Bestandteile des Adobe-Hauses und griff drinnen auf Dielen und Möbel über, so daß die Insassen von Zimmer zu Zimmer getrieben wurden.

Der Kampf zog sich hin. McSween wurde mutlos und immer gleichgültiger. Er selbst hatte den Gebrauch der Waffe verschmäht – mit der wunderlichen, aber für einen Anwalt typischen Begründung, daß die aktive Teilnahme an einem Kampf seine Lebensversicherung über 10000 Dollar ungültig machen würde. Billy the Kid, der einen Anführer vermißte, wurde selbst einer. Er überredete Mrs. McSween, das Haus zu verlassen, denn er wußte, daß ihr nichts geschehen würde. Aber einen seiner Männer, einen mexikanischen Revolverhelden, der verwundet war und deshalb aufgeben wollte, drohte er zu erschießen. Und er erschoß wirklich einen Belagerer, der bis zur Tür gekommen war und sie neuerlich aufgefordert hatte, aufzugeben. Als es dunkel war, konnte das glimmende Haus nicht mehr gehalten werden. Billy lief mit zweien seiner Männer blitzschnell zu dem einige hundert Meter entfernten Fluß. McSween und einigen anderen hatte er eingeschärft, während seines Ausbruchs zu fliehen. Aber McSween zögerte etwas zu lange. Man konnte ihn leicht aufs Korn nehmen, als er im weißen Hemd im Kücheneingang auftauchte, und ein Kugelhagel streckte ihn nieder.

Tunstall und McSween waren tot, und der Lincoln-County-Krieg war vorbei. Und Billy the Kid, der keinen Grund hatte, ein fahrender Ritter zu werden, wurde nunmehr das, was er nach Ansicht seiner Verleumder im Grunde immer

RYE

Lew Wallace, Governor von New Mexico, früher Nordstaaten-General und später Autor von Ben Hur, wollte Billy begnadigen, wenn er gegen die Mörder im Lincoln-County-Krieg aufträte. Doch ein Staatsanwalt vereitelte das Komplott.

gewesen war – „nur ein kleiner, dürftiger Kuh- und Pferdedieb", so sagte ein Mann, der ihn kannte. Billy gab sein Einzelgänger-Dasein vorübergehend auf und stahl mit einer Horde verkrachter Kriegsteilnehmer wahllos Vieh bei Ranchern wie bei den Apachen in der Mescalero-Reservation. Dabei wurde er eine Zeitlang einfach habgierig. Für eine Herde gestohlener Rinder erlöste er in Colorado einmal 800 Dollar, übergab einem Südstaatler 30 Dollar, „weil er Familie hat", speiste einen anderen Komplizen mit neuen Stiefeln ab, weil seine alten abgetragen waren – und strich, wie es heißt, den Rest des Geldes selber ein.

Inzwischen wurde er wegen so vieler Morde steckbrieflich gesucht, daß der Galgen ihm sicher war, sobald man ihn schnappte. Es wäre vermutlich klüger gewesen, sich auf eine sichere Weise abzusetzen. Doch Billys Widerstreben, seine Wahlheimat aufzugeben, enthüllt einen sonderbaren Charakterzug: Irgendwo bot das Vertraute ihm ein bißchen Sicherheit, selbst um den Preis der ständigen Gefahr. Viele andere Einzelgänger empfanden ebenso.

Es gab jedoch auch Zeichen dafür, daß Billy sich danach sehnte, einen neuen Anfang zu machen, falls das irgendwie zu bewerkstelligen war. Eine Zeitlang schien es möglich zu sein. Im Herbst 1878 traf ein neuer Governor für das Territorium New Mexico ein – der Nordstaaten-General a. D. Lew Wallace. Der Krieg im Lincoln County war vorbei, aber die Unruhe blieb. Entschlossen, die Ordnung im County wiederherzustellen, erließ Wallace eine Amnestie. Zwar galt sie nicht für jeden Beschuldigten, aber den Governor reizten die Gerüchte, daß Billy the Kid bereit sei, aufzugeben und gegen andere Teilnehmer am Lincoln-County-Krieg auszusagen. Und so nahm sich General Wallace, obwohl gerade in die Niederschrift der letzten Kapitel seines Romans *Ben Hur* vertieft, die Zeit, Billy the Kid ausrichten zu lassen, daß über seinen Status zumindest diskutiert werden könne.

Bald schon wurde dem Governor ein Brief übergeben, in dem es hieß: „Ich habe erfahren, daß Sie 1000 Dollar für meinen Körper ausgeben wollen, was, wie ich das sehe, bedeutet: lebend, als Zeuge. Aber gegen mich laufen Anklagen für Dinge, die geschehen sind. Ich fürchte mich aufzugeben, weil meine Feinde mich töten würden. Falls es in Ihrer Macht steht, die Anklagen zu annullieren, dann hoffe ich, daß Sie es tun werden. Damit hätte ich die Chance, alles zu erklären. Ich habe nicht den Wunsch, noch weiter zu kämpfen. Ihr gehorsamer Diener W. H. Bonney."

Über Mittelsmänner wurde ein geheimes Treffen vereinbart, und eines Abends im März 1879, um neun Uhr, antwortete Wallace auf das Klopfen an der Tür eines Hauses, in dem er gewartet hatte. In der Tür stand Billy the Kid, in der einen Hand eine Winchester, in der anderen einen Revolver. Governor und Revolverheld setzten sich zu Verhandlungen nieder. Der Governor versprach Billy, wenn er bereit sei, Beweise gegen andere Killer zu liefern: „Ich werde Sie mit einer Begnadigung für alle Ihre Untaten in der Tasche als freien Mann ziehen lassen." Billy sagte, er wolle dies überdenken. Nach fünf Tagen kam seine briefliche Antwort: „General Wallace, Sir, ich werde mich an die Verabredung halten, aber lassen Sie nur Männer kommen, auf die Sie sich verlassen können. Ich fürchte mich nicht davor, wie ein Mann im Kampf zu sterben, aber ich möchte nicht unbewaffnet sterben wie ein Hund."

Und so legte Billy die Waffen nieder. Einer vorherigen Abmachung mit Wallace entsprechend, willigte er ein, sich scheinbar festnehmen zu lassen, einige Tage im Gefängnis zu verbringen, seine Aussage gegen die Killer im Lincoln-County-Krieg zu machen – und als freier Mann zu gehen, wie Governor Wallace es ihm garantiert hatte. Billys Aussage führte zur Anklage gegen einen Inhaber von The House, John Dolan, wegen gemeinschaftlichen Mordes im Lincoln County-Krieg. Dann widersetzte sich der Bezirksankläger der Anordnung von Wallace. Er machte geltend, daß noch verschiedene Anklagen gegen Billy the Kid vorlägen, weigerte sich, sie zurückzuziehen, und schickte ihn wieder ins

Vom Gefängnis aus bombardierte Billy den Governor mit Briefen – die er mit seinem Familiennamen Bonney unterschrieb –, um die versprochene Freiheit zu erhalten. Sie blieben unbeantwortet; er tötete zwei Wärter und entkam.

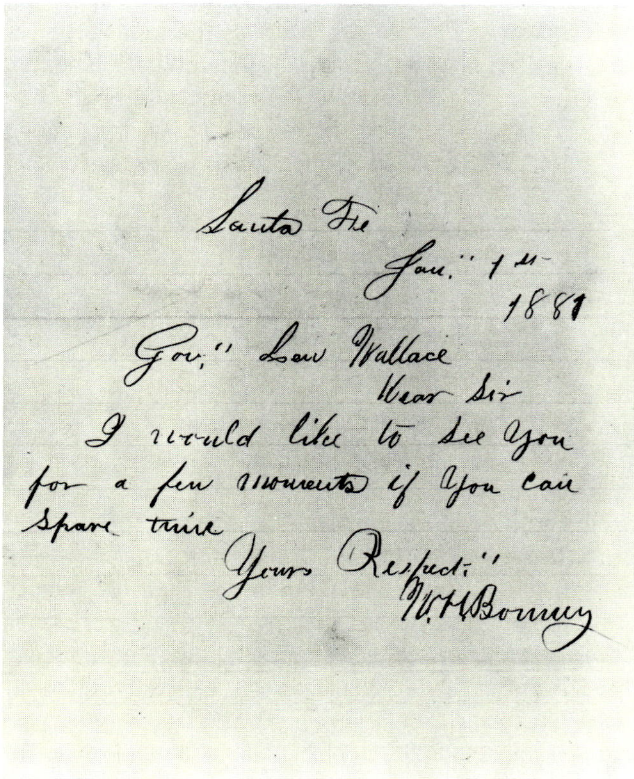

Santa Fe
Jan.'' 1st
1881
Gov.'' Lew Wallace
Dear Sir
I would like to see you
for a few moments if you can
spare time
Yours Respect.''
W.H.Bonney

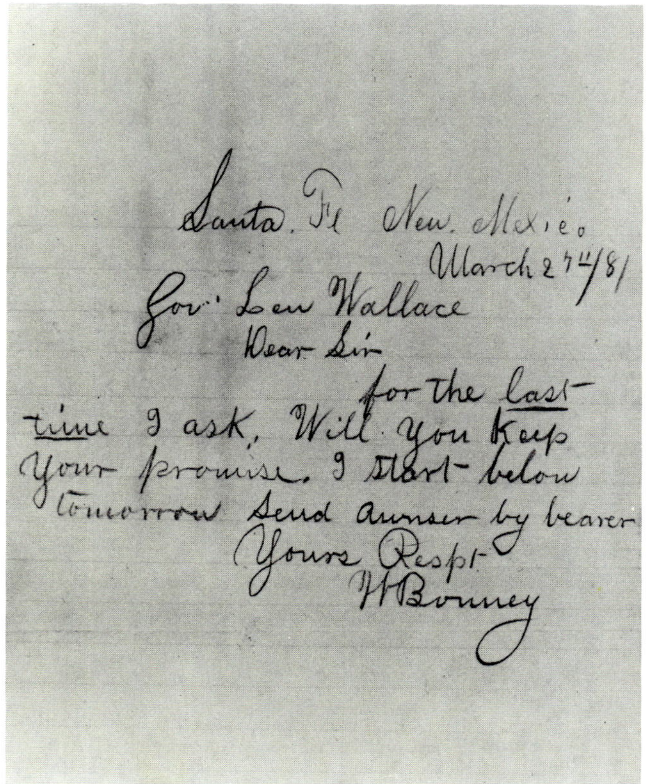

Santa. Fe New. Mexico
March 27th/81
Gov. Lew Wallace
Dear Sir
for the last
time I ask, Will you Keep
your promise. I start below
tomorrow Send answer by bearer
Yours Respt.
W.H.Bonney

Gefängnis. Billy schlüpfte einfach aus den Handschellen – was ihm leichtfiel, weil er kleine Hände und kräftige Handgelenke hatte – und verschwand.

Noch blieb Billy the Kid ein Jahr auf freiem Fuß und stahl weiter wie zuvor. Er drückte sich bei Fort Sumner am Pecos River herum, wo er sich verhängnisvollerweise mit einem gewissen Pat Garrett anfreundete, dem Barkeeper in Beaver Smith's Saloon im Fort. Im Herbst 1880 wurde Garrett zum Sheriff von Lincoln County gewählt. Zu einer der ersten Pflichten, die ihm im neuen Amt auferlegt wurden, gehörte es, Billy the Kid dingfest zu machen.

Garrett stellte seinem ehemaligen Zechkunden und Freund im ganzen Pecos Valley eine Falle nach der anderen – vergeblich. Mitte Dezember lauerte er ihm in einem Versteck außerhalb von Fort Sumner auf und hätte ihn beinahe gefaßt, aber Billy konnte sich im letzten Augenblick retten. Er ritt gerade wieder einmal mit einer Bande von Outlaws. Kurz vor dem Hinterhalt schickte er einen seiner Leute, Tom O'Folliard, voraus, weil er selbst, wie er vorgab, zurückgehen und sich ein Stück Kautabak leihen wollte. Als O'Folliard sich dem Hinterhalt näherte, eröffneten Garrett und seine Leute das Feuer. O'Folliard wurde getroffen; Billy und seine Freunde konnten entkommen.

Garrett faßte Billy wenige Tage später. Er war ihm und seiner Bande zu einem verlassenen Steingebäude an einem entlegenen Platz, Stinking Springs genannt, gefolgt und umstellte im Dunkeln das Haus mit seinem Aufgebot. Im Morgengrauen trat ein Mann aus der Tür, der einen Hut wie Billy trug, und wollte einem Pferd, das draußen angebunden war, einen Futtersack bringen. Sieben Gewehrschüsse töteten ihn auf dem Weg dahin; das Opfer war Charles Bowdre, ein Cowboy, der auch als Viehdieb tätig war.

Irgend jemand streckte seine Hand aus der Tür, um die Halteleine des Pferdes zu erwischen, aber Garrett tötete das Tier. Damit war Billys Hoffnung auf Entkommen zerstört. Er hatte vorgehabt, aus dem Haus zu stürzen, aber – wie er dem Sheriff später erzählte – er fürchtete, daß sein eigenes Pferd vor dem toten Pferd an der Tür scheuen würde. Später am Tag kochten die Männer des Aufgebots draußen Essen, köstliche Kochdünste stiegen den Outlaws in die Nase, und da gaben sie unvermittelt auf. Sie seien ausgehungert gewesen, erklärte Billy später Garrett, aber sie hätten kein Holz gehabt, um eine eigene Mahlzeit zu kochen, und so sei dies ein günstiger Zeitpunkt zum Aufgeben gewesen.

Billy the Kid saß in der Stadt Mesilla bis zu seinem Prozeß im April 1881 im Gefängnis. Das Gericht brauchte genau

Governor Wallace bot eine Belohnung von 500 Dollar für die Ergreifung von New Mexicos Killer, aber die Lokalpresse hielt das Kopfgeld für „zu gering“, und ebenso denkende Bürger setzten weitere 1000 Dollar Fangprämie aus.

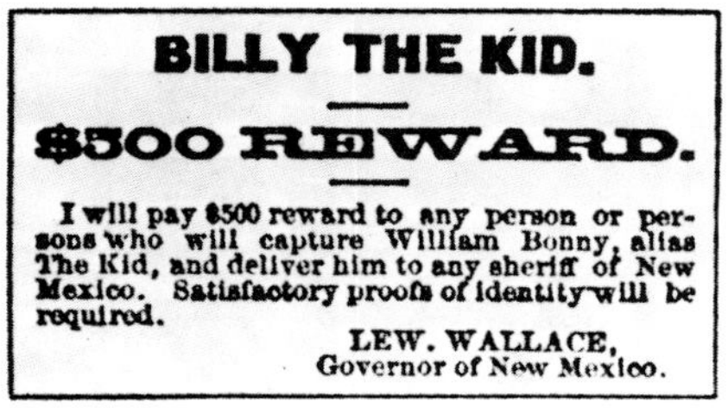

BILLY THE KID.

$500 REWARD.

I will pay $500 reward to any person or persons who will capture William Bonny, alias The Kid, and deliver him to any sheriff of New Mexico. Satisfactory proofs of identity will be required.

LEW. WALLACE,
Governor of New Mexico.

drei Tage, um ihn des Mordes an Brady, dem Sheriff von Lincoln County, schuldig zu sprechen, und verurteilte ihn zum Tode durch den Strang. Garrett sammelte Informationen über den Bau eines Galgens und die Prozedur des Erhängens. Und dann, am 28. April, verblüffte Billy the Kid ganz New Mexico, als er noch einmal ausbrach. Während der eine Wärter, Robert Olinger, die anderen Gefängnisinsassen zum Essen in ein gegenüberliegendes Restaurant begleitete, überredete Billy seinen Wärter, J. W. Bell, ihn zur Toilette im Gefängnishof zu führen. Als er wieder zur Zelle zurückgebracht wurde, wendete er seinen alten Trick an und schlüpfte aus den Handschellen; mit den gelösten Fesseln schlug er wie mit Dreschflegeln auf Bell ein und erschoß ihn dann – entweder mit Bells Revolver oder, wie manche vermuteten, mit einer Waffe, die ein Sympathisant für Billy im Abort verborgen hatte. Als nächstes ergriff Billy in Sheriff Garretts Büro eine doppelläufige Schrotflinte und wartete an einem Fenster, das sich zum Balkon des Gefängnisses öffnete, bis Olinger, von dem Schuß alarmiert, über die Straße gerannt kam. „Hallo, Bob“, rief Billy grinsend und schoß, als Olinger zu ihm hinaufsah. Olinger brach zusammen. Ein Passant schrie, Billy the Kid habe Bell erschossen. „Mich auch“, stieß Olinger hervor und starb.

Billy stand lachend auf dem Balkon, zerschmetterte die Flinte und warf die Teile auf die Leiche nieder. „Nimm sie, verdammt noch mal“, sagte er zu dem toten Deputy. „Mit dem Gewehr wirst du mich nie mehr verfolgen.“ Dann zog er sich in Garretts Büro zurück und kam mit zwei Revolvern wieder auf den Balkon. Garrett war dienstlich unterwegs und entnahm das Folgende später einem Bericht: „Billy the Kid war überall im Haus, auf der Veranda, guckte aus allen Fenstern. Er tanzte auf dem Balkon, lachte und brüllte, als kümmerte ihn nichts auf der Welt. Er blieb noch fast eine Stunde nach den Morden.“

Die Zuschauer müssen versteinert gewesen sein, denn Billy verschwand in aller Gemächlichkeit. Aber er kam nicht sehr weit. Immer noch außerstande, sich vom vertrauten Gelände loszureißen, tauchte er in den folgenden zweieinhalb Monaten immer wieder flüchtig in der Umgebung auf. Er erschien wieder als der Einzelgänger, der er seinem Wesen nach immer gewesen war. Während eines seiner kurzen Aufenthalte hinter Gittern hatte er sich einem Zeitungsreporter gegenüber einmal in einem Interview geäußert: „Ich war eigentlich nie der Anführer irgendeiner Bande. Ich war immer nur für Billy da.“

Doch seine Zeit lief ab. Am 13. Juli 1881 ritt Sheriff Garrett nach Fort Sumner, um auszukundschaften, ob der Bericht, Billy hielte sich in der Nähe versteckt, richtig sei. Er beschloß, einen alten Freund aufzusuchen, einen Rancher namens Pete Maxwell, der möglicherweise wußte, ob Billy irgendwo in der Gegend gesehen worden war. Er erreichte Maxwells Blockhaus kurz nach Mitternacht, postierte zwei Deputies vor der Tür und ging hinein, um Maxwell zu wecken. Billy befand sich zur gleichen Zeit in einem anderen Gebäude auf Maxwells Besitz in Fort Sumner, das von ein paar Hilfskräften bewohnt wurde. Er war gerade von einem Tanzfest zurückgekommen und hatte Hunger. Ein Rancharbeiter sagte ihm, daß auf der Veranda des Haupthauses ein Viertel eines frischgeschlachteten Rindes hing, und Billy beschloß, sich daran gütlich zu tun. Er lief über den Hof, barfuß und ohne Hut. Als er bemerkte, daß sich an der Vorderseite des Hauses Fremde bewegten, zog er seinen Revolver, drückte sich um das Haus herum und schlüpfte durch eine Tür. Sie führte in Maxwells Schlafzimmer.

Garrett konnte in der Dunkelheit nicht erkennen, wer eingetreten war, und Billy sah nicht, daß Garrett auf Maxwells Bettkante saß. Die nächsten Augenblicke beschreibt Garrett so: „Der Eindringling kam dicht an mich heran, stützte sich mit beiden Händen auf das Bett, die Rechte berührte fast mein Knie, und fragte mit leiser Stimme: ‚Wer ist da, Pete?‘ In dem Moment flüsterte Maxwell mir zu: ‚Das ist er!‘ Im selben Augenblick muß Billy die Gegenwart einer dritten Person am Kopfende des Bettes erkannt oder gespürt haben. Er hob nur 30 Zentimeter von meiner Brust entfernt seinen Revolver, einen Selbstspanner, zog sich schleunigst durchs Zimmer zurück und schrie: *‚Quién es? Quién es?‘* (Wer ist da? Wer ist da?) All das geschah in einem einzigen Augenblick. Ich zog, so schnell ich konnte, meinen Revolver und schoß, warf mich zur Seite und schoß noch einmal. Der zweite Schuß war überflüssig; Billy fiel tot um. Er hat nichts mehr gesagt.“

Garrett grübelte später viel über das Wesen dieses verblüffenden jungen Mannes, den er getötet hatte – des kompliziertesten und rätselhaftesten unter den Einzelgängern. Was der Sheriff zu sagen hatte, lüftete zwar das Geheimnis nicht, aber seine Beobachtung war kein schlechter Nachruf: „Alle, die ihn gut kannten, können berichten, daß er noch in der wildesten und gefährlichsten Laune immer ein Lächeln auf dem Gesicht trug. Er aß und lachte, trank und lachte, ritt und lachte, sprach und lachte, kämpfte und lachte – und tötete und lachte.“

Sheriff Pat Garrett, mit dem Finger schnell am Abzug, gelang es, Billy the Kid mit einem Schuß im Dunkeln zu erledigen.

Eine phantasievolle Biographie

Der Einbanddeckel von Garretts Machwerk.

An den Legenden, die sich um Billy the Kid ranken, haben viele gewoben, doch keiner so wie Sheriff Pat Garrett, jener Mann, der Billy erledigte. Bald nachdem er im Juli 1881 den jungen Killer erschossen hatte, tat Garrett sich mit einem reisenden Journalisten zusammen, Ashmun Upson und produzierte mit ihm das Buch *An Authentic Life of Billy the Kid* (Ein authentisches Leben von Billy the Kid). Im Vorwort heißt es erhaben: „Ich habe mich dieser Mühe unterzogen, um die tausend falschen Behauptungen zu korrigieren, die in Zeitungen und Schundromanen auftauchen."

In Wirklichkeit ging dieses Buch, obwohl akkurat illustriert, mit der Wahrheit genauso sorglos um wie die Kitschhefte, die Garrett zu verachten vorgab. So tötete Billy zum Beispiel mit 12 Jahren keinen Müßiggänger, weil der seine Mutter beleidigt hatte – oder aus irgendeinem anderen Grunde. Auch rettete er keinen Güterzug, indem er die angreifenden Indianer mit einer Axt vertrieb, und er ritt auch keine 130 Kilometer in sechs Stunden, um einen Freund aus einem texanischen Gefängnis zu befreien. Doch da derartige Erzählungen unter dem Namen jenes Mannes erschienen, der die Strafe an Billy vollstreckt hatte, nahmen die meisten Leser sie gutgläubig als eine Art Evangelium hin.

Garretts Ruf erlitt durch die dichterischen Freiheiten keine Einbuße. Er war bereits im ganzen Südwesten der USA ein berühmter Mann, wurde Captain bei den Texas Rangers und erhielt von Präsident Theodore Roosevelt die Ernennung zum Zolleinnehmer. Doch als eine Ranch, die er sich in New Mexico gekauft hatte, allmählich pleite ging, wurde Garrett ein griesgrämiger Dauergast in den Saloons. Im Jahre 1908 schließlich wurde er von einem Nachbarn nach einer langwierigen Fehde getötet.

Billy und seine Komplizen sitzen in der Falle und schwenken die weiße Fahne, nachdem Garretts Aufgebot einen Banditen und ein Pferd getötet hatte.

Vom Balkon des Gefängnisses von Lincoln County aus streckt Billy the Kid einen Deputy nieder, bevor er sich dem Zugriff des Gesetzes entzieht.

Im dunklen Schlafzimmer eines Freundes wird Billy von Pat Garrett überrascht und von einer Kugel getroffen, ohne daß er das Feuer erwidern kann.

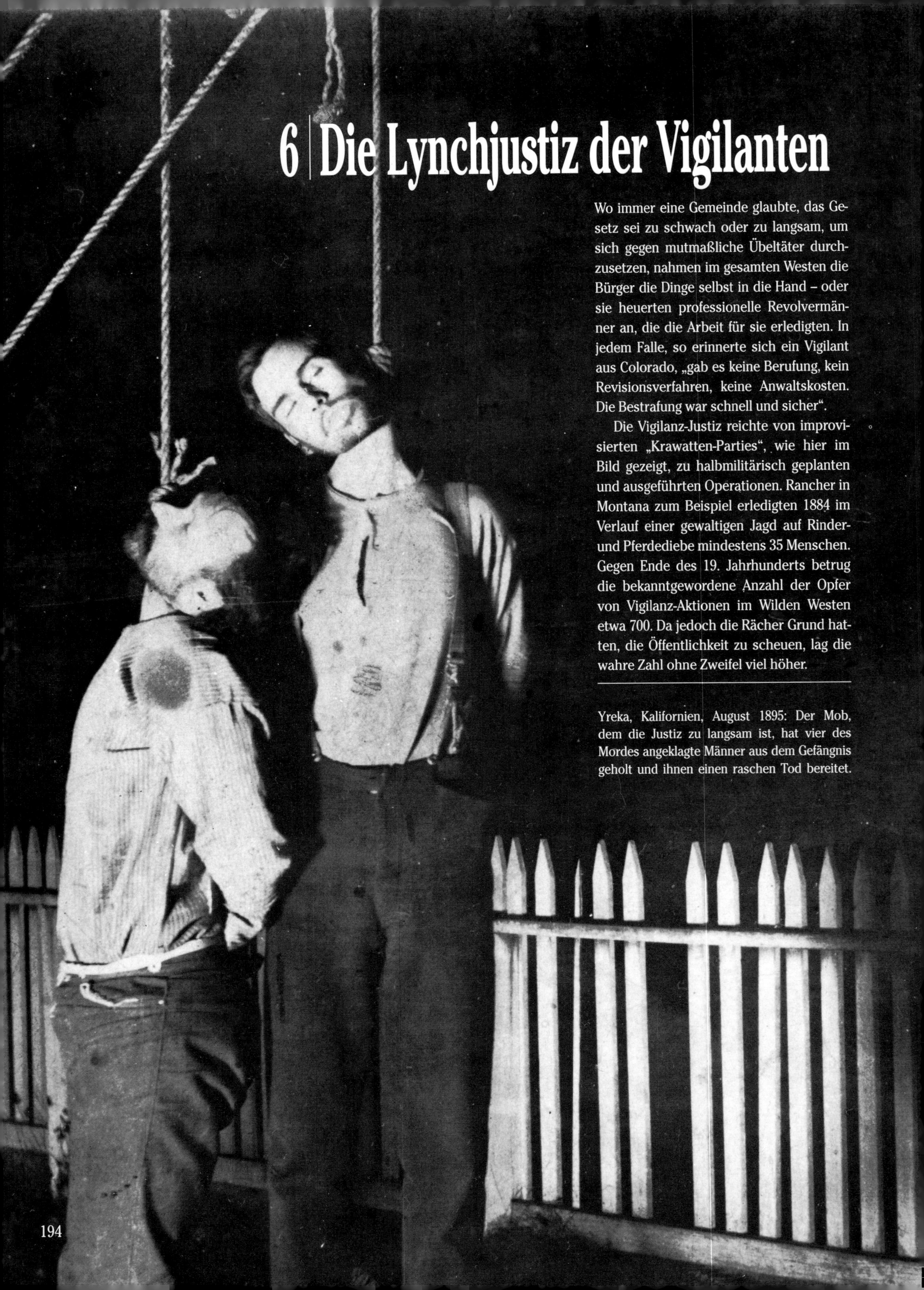

6 | Die Lynchjustiz der Vigilanten

Wo immer eine Gemeinde glaubte, das Gesetz sei zu schwach oder zu langsam, um sich gegen mutmaßliche Übeltäter durchzusetzen, nahmen im gesamten Westen die Bürger die Dinge selbst in die Hand – oder sie heuerten professionelle Revolvermänner an, die die Arbeit für sie erledigten. In jedem Falle, so erinnerte sich ein Vigilant aus Colorado, „gab es keine Berufung, kein Revisionsverfahren, keine Anwaltskosten. Die Bestrafung war schnell und sicher".

Die Vigilanz-Justiz reichte von improvisierten „Krawatten-Parties", wie hier im Bild gezeigt, zu halbmilitärisch geplanten und ausgeführten Operationen. Rancher in Montana zum Beispiel erledigten 1884 im Verlauf einer gewaltigen Jagd auf Rinder- und Pferdediebe mindestens 35 Menschen. Gegen Ende des 19. Jahrhunderts betrug die bekanntgewordene Anzahl der Opfer von Vigilanz-Aktionen im Wilden Westen etwa 700. Da jedoch die Rächer Grund hatten, die Öffentlichkeit zu scheuen, lag die wahre Zahl ohne Zweifel viel höher.

Yreka, Kalifornien, August 1895: Der Mob, dem die Justiz zu langsam ist, hat vier des Mordes angeklagte Männer aus dem Gefängnis geholt und ihnen einen raschen Tod bereitet.

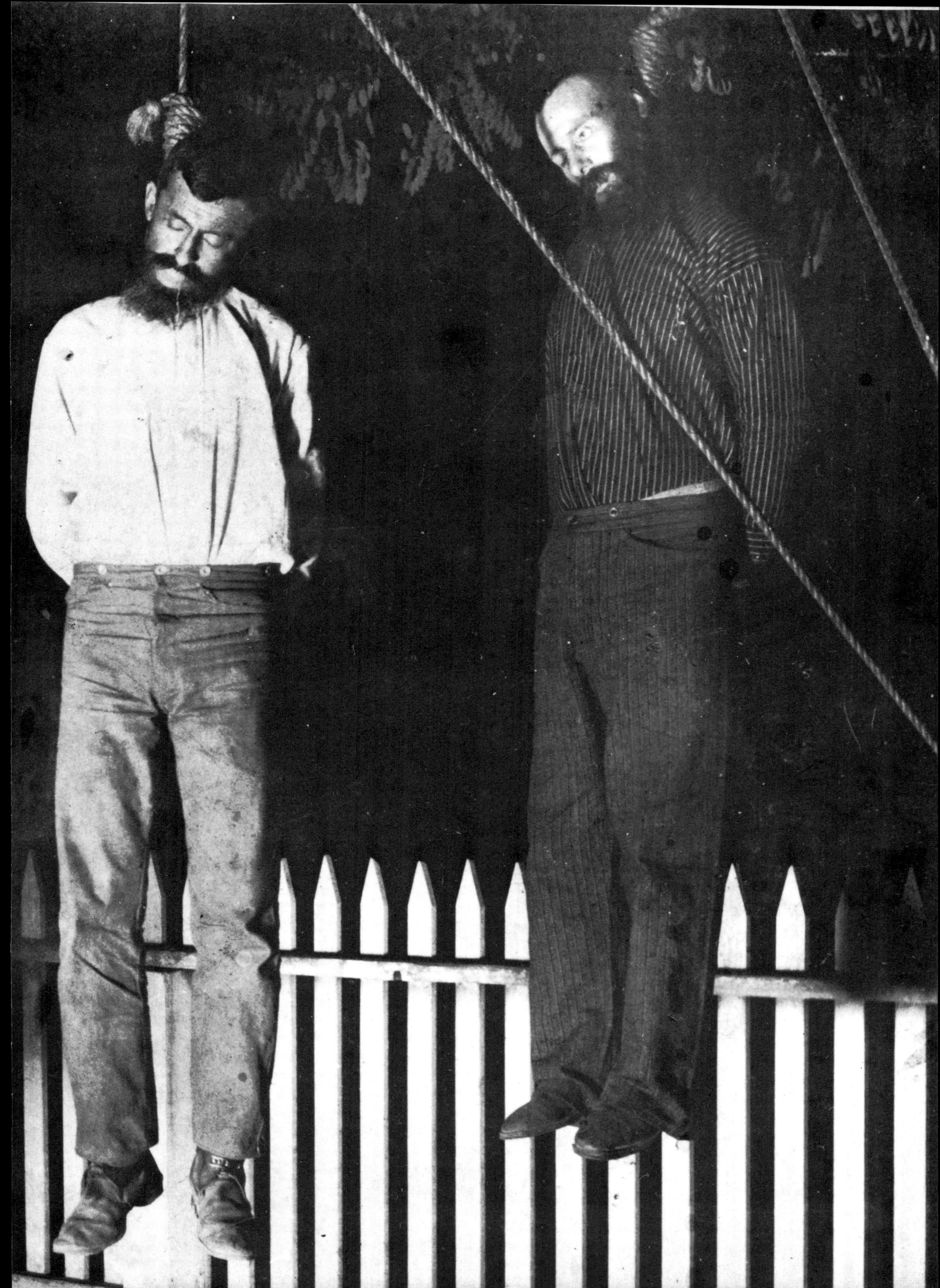

WARNING!

WARNING!

WARNING!

FOOT-PADS, THIEVES AND DANCE-HOUSE LOUNGERS MUST GET OUT OF LAKE CITY AND STAY---OTHERWISE HANG.

The Foot-pads who are known to be in this city are hereby warned to leave immediately and

SAVE THEIR NECKS!

The proprietors of the Dance Houses are notified to close them immediately, and saloon keepers are notified that they will be held accountable for any injuries that may occur to persons or property. Miners are requested to go to their respective places of work and remain there. Parents are enjoined to keep their children off the streets at night.

By order of THE VIGILANTES.

Privatkriege am Rande des Gesetzes

Wenige Männer in der Geschichte des Westens fanden einen derart eindrucksvollen Tod wie der Bandit Joe Pizanthia im Jahre 1864 in Montana. Pizanthia, in eine Anzahl Morde und Überfälle auf Postkutschen verwickelt, war in einer Hütte auf einem bewaldeten Hügel in der Nähe der Stadt Bannack von Vigilanten gestellt worden. Als zwei Mitglieder der Vigilanten-Truppe versuchten, in die Hütte einzudringen, tötete Pizanthia den einen und verwundete den anderen an der Hüfte. Da steigerte sich die Wut der Belagerer „beinahe zum Wahnsinn", wie sich einer der Teilnehmer später erinnerte. Sie schafften aus der Stadt eine kleine Haubitze herbei, schossen einige Löcher in die Hüttenwände und ließen der Kanonade einen Kugelhagel ihrer Handfeuerwaffen folgen. Dann stürmten sie die Hütte. Drinnen fanden sie ihre Beute schwer verletzt – aber das reichte nicht aus, um sie zu beschwichtigen. Jener Mann, der an der Hüfte verwundet worden war, schoß auf den Banditen, bis der Revolver leer war. Immer noch nicht voll befriedigt, hängten die Vigilanten Pizanthia mit einer Wäscheleine auf und feuerten über 100 Kugeln in den hin- und herschwingenden Leichnam. Dann steckten sie die zerstörte Hütte in Brand und warfen das, was von Joe Pizanthia übrig war, in die Flammen.

So ungewöhnlich das Strafgericht über Pizanthia war, so verbreitet war das wilde Treiben, das es entstehen ließ. Im Grenzland, wo jeder Schritt zu Wohlstand und Sicherheit hart erkämpft werden mußte, waren die Bürger zu allem fähig, um zu schützen, was sie erworben hatten. Kriminelle Elemente – bekannte oder nur verdächtige – bedrohten die Ordnung, die die Gemeinden schätzten, und wenn die zuständigen Behörden nicht die Macht besaßen, das Problem zu lösen, dann mußten entschlossene Privatpersonen eingreifen. Und so übernahmen überall – von den ausgedörrten Ebenen in Texas bis zu den waldigen Tälern der Black Hills – Bürger die Rolle von Vigilanten. Sie schlossen sich zu Geheimbünden, unrechtmäßigen Aufgeboten oder plötzlich zu einem Mob zusammen, um ein Verbrechen zu rächen. Einige Opfer ihrer Wut wurden erhängt, erschossen oder verbrannt, mit oder ohne Scheinprozeß; andere wurden geprügelt, ausgepeitscht und, in unerbittlicher Anwendung des Grundsatzes „Auge um Auge, Zahn um Zahn", gebrandmarkt wie das Vieh, das sie hatten stehlen wollen. In einem berüchtigten Fall erklärten eine Vigilanten-Truppe von wohlhabenden Viehzüchtern und ihre bezahlten Revolvermänner einem ganzen County in Wyoming den Krieg, in der Absicht, die Viehdiebe auszumerzen und gleichzeitig die Kleinsiedler zu entmutigen, die sich immer weiter ausbreiteten. Die Invasoren verloren zwar den Johnson-County-Krieg, wie er genannt wurde, aber erst nach drei Tagen einer regelrechten Schlacht mit mehreren hundert Siedlern.

Solche Episoden zeigen deutlich, daß in den Vigilanz-Aktionen mehr Gesetzlosigkeit keimte als in den Verbrechen, die sie bekämpften. Ein Schulmeister aus Montana, der Joe Pizanthias brutalem Tod beigewohnt hatte, gab dem Dilemma Ausdruck, in dem sich seine Zeitgenossen befanden: „Die Frage, ob die Gründung eines Vigilanten-Komitees angemessen ist, hängt von den Antworten auf die folgenden Fragen ab: Ist es legal, daß Bürger Räuber und Mörder töten, wenn sie sie fangen; oder hätten sie auf Polizisten warten sollen, die es nicht gibt, oder sie in Gefängnisse werfen, die noch nicht gebaut sind?"

In den Randgebieten des Westens hatten die Vigilanten auf solche Fragen eine Antwort parat: Sie handelten auf eigene Faust, weil es ein anderes Gesetz praktisch nicht gab. Aber das Vigilantentum gedieh auch in etablierten Gebieten des Westens, vor allem dort, wo die Gesetzeshüter allzu sehr um die gesetzlichen Feinheiten des Rechtsweges bemüht schienen, oder dort, wo sie sich im Umgang mit Übeltätern einfach als unwirksam erwiesen. Einige Behörden begrüßten sogar Vigilanten und gliederten die selbsternannten Ordnungshüter teilweise dem Polizeiapparat an.

Bürger von Lake City, Colorado, ergriffen in den achtziger Jahren des 19. Jahrhunderts die Initiative: Sie forderten alle Gauner auf, die Stadt zu verlassen, wenn ihnen ihr Leben lieb sei. Den Mitbürgern wurde empfohlen, die Tanzhallen zu schließen, zur Arbeit zu gehen und Kinder nachts im Hause zu halten.

Lynchjustiz an der Grenze zwischen Texas und Oklahoma: Drei gefangene Pferdediebe, von einem Sechsschüsser (*links*) in Schach gehalten, warten auf die Errichtung eines improvisierten Galgens. Die Zeichnung erschien 1874 in *Harper's Weekly*.

Solche Allianzen ergaben sich oft stillschweigend und informell und deuteten sich nur dadurch an, daß ein Polizist untätig dabeistand, während Vigilanten seine Arbeit machten. Das geschah zum Beispiel im Jahre 1864 in Aurora, Nevada. Über 30 Siedler waren in der Umgegend von Pferdedieben und Desperados ermordet worden – da trieb ein Vigilanten-Komitee mehrere Banditenführer zusammen. Während sie sich daranmachten, vor dem städtischen Arsenal einen Galgen zu errichten, schickte ein Bürger, der anderer Meinung war, in Eile ein Protest-Telegramm an den Governor des Territoriums in Carson City ab, in dem er ihn über die Situation informierte. Der Governor wiederum wendete sich telegraphisch an den U.S. Marshal Bob Howland, der sich gerade in Aurora aufhielt. Dessen Antwort war knapp, aber eindeutig: „Alles ruhig in Aurora. Vier Mann werden in 15 Minuten erhängt."

1861 verlieh die Verwaltung des Territoriums Colorado den Vigilanten-Komitees in der Tat einen öffentlich-rechtlichen Status: Jedes Komitee wurde durch Gesetz ermächtigt, „alle kriminellen Gesetzesbrüche zu untersuchen und zu melden". Und überall im Westen wurden an Vigilanten-Gruppen, die sich formell als Weideland-Vereinigungen, Viehzüchtervereinigungen und Siedlerschutzverbände organisiert hatten, Freibriefe des Bundesstaats oder Territoriums verliehen. Viele dieser Vereinigungen hielten jährliche Versammlungen ab, gaben Berichte heraus – und widmeten sich dem Erhängen und Erschießen von Outlaws.

Zwar waren die meisten Vigilanten Bürger mit den besten Absichten, denen es um den Schutz des Gemeinwohls ging; ein paar aber wurden von weniger erhabenen Motiven geleitet. Männer mit Vermögen, die ihre privaten Interessen zu vertreten suchten, konnten mühelos Schützen anheuern. Von allen Revolverhelden waren diese Söldner am schwersten einzuordnen. Als Gruppe waren sie weder Outlaws noch Gesetzeshüter, obwohl viele in der Vergangenheit beide Laufbahnen beschritten hatten. In ihrer Rolle als Vigilanten handelten sie zumeist weniger dem Gesetz zuwider als einfach außerhalb seiner Reichweite.

Viehzüchter aus Montana haben eine Ranch angezündet, in der sich Viehdiebe versteckt hielten, und rüsten zum Abmarsch. Der Künstler Rufus Zogbaum wurde 1885 zu dieser Zeichnung durch Gerüchte angeregt die in der Gegend kursierten.

In den meisten Fällen waren diese gedungenen Männer namenlose, gesichtslose Individuen, die keine Berühmtheit anstrebten und kaum Spuren hinterließen, wenn sie ihrer tödlichen Arbeit nachgingen. Sobald sie ihr Blutgeld erhalten hatten, verschwanden sie hinterm Horizont und wurden nie wieder gesehen. Sie betrachteten ihr Gewerbe als Mittel, sich einen Tagelohn zu verdienen – und an Auftraggebern hatten sie keinen Mangel. In den frühen sechziger Jahren des 19. Jahrhunderts wandte sich die Overland Stage Line, eine Überland-Postkutschenlinie, an frei arbeitende Revolvermänner: Sie sollten eine neueröffnete Strecke durch die Rocky Mountains vor Belästigungen durch Straßenräuber und Pferdediebe schützen helfen. Sie brauchten nur wenige Schurken zu erschießen und zu lynchen – wofür die Firma Overland bezahlte –, und schon konnten die Kutschen unbehelligt durchfahren. Eisenbahngesellschaften im ganzen Westen warben professionelle Revolverschützen als Privatdetektive an, um den Zugüberfällen entgegenzuwirken; damit erweiterten sie noch die außerordentliche Polizeigewalt, die ihnen durch die Einzelstaaten und Territorien übertragen worden war. In Wyoming zum Beispiel waren Zugschaffner berechtigt, Verhaftungen vorzunehmen, und in North Dakota wurden alle Zugbegleiter zu Polizisten ernannt; trotzdem zogen die Eisenbahngesellschaften es vor, sich obendrein Privat-Armeen zu leisten.

Auf den großen öffentlichen Weidegebieten, die sich von Texas bis Montana erstreckten, stützten sich die Rinderzüchter, die das Land für sich allein haben wollten, auf Söldner, wenn es galt, den Trotz von Schafhirten und Kleinsiedlern zu brechen oder, was häufiger vorkam, ihre Herden vor Dieben zu schützen. Einer der Gründe dafür, daß die großen Rancher Revolvermänner mieteten, war die Tatsache, daß die gewöhnlichen Cowboys nicht immer ihre Sechsschüsser gegen Diebe erhoben. Der Vormann einer großen Ranch in Wyoming klagte: „Die Männer, die als Viehhirten arbeiteten, schienen es für ausgemacht zu halten, daß sie ihr Geld für die Arbeit, nicht fürs Kämpfen bekamen, und es sei Sache des Besitzers oder des Verwalters, selbst zu kämpfen.“

Einen Mörder in Nebraska erwartet der Tod an der Windmühle. Er war vom Mob aus dem Gerichtssaal geschleift worden. Der Sheriff setzte dem grausigen Schauspiel ein Ende, der Angeklagte kam statt dessen lebenslänglich ins Gefängnis.

Häufig wurden die umherziehenden Revolvermänner von Viehzüchtervereinigungen angeworben und mit schmeichelhaften Titeln wie „Weidedetektive" oder „Viehinspektoren" versehen. Sobald sie auf Diebe stießen, die sich mit Rindern aus dem Staube machen wollten, tauchten die Revolvermänner geschlossen auf, fielen plötzlich über die Schuldigen her, entledigten sich ihrer – und verstreuten sich dann ebenso plötzlich. In den meisten Fällen blieben sie unerkannt, und selbst wenn sie erwischt wurden, konnten sie sich für gewöhnlich darauf verlassen, daß ihre Auftraggeber sie vor den Gesetzen in Schutz nahmen.

Diese Auftraggeber waren respektabel, einflußreich und obendrein gut betucht – so gut, daß die Weidedetektive, die für sie arbeiteten, zu den bestbezahlten Revolvermännern des Westens gehörten. Gewöhnlich erhielten sie zwischen 100 und 150 Dollar Lohn monatlich – nahezu dreimal soviel wie ein Deputy U.S. Marshal. In manchen Gegenden reichte die Lohnskala bis 250 Dollar monatlich, plus Prämien für jede Verurteilung eines Pferde- oder Rinderdiebs, zu der sie beigetragen hatten. Kurz nach 1880 nahmen sich zwei riesige Ranches im Westen von Texas, die LS- und die XIT-Ranch (die größte Ranch der Welt), vor, Outlaws und Kleinrancher, die sie des Rinderdiebstahls verdächtigten, aus dem Weg zu räumen; die Ranch-Besitzer konnten für diese Arbeit erstklassige Revolvermänner anlocken. Die LS-Truppe wurde von Pat Garrett geführt, dem ehemaligen Sheriff in New Mexico, der Billy the Kid getötet hatte. Unter den Revolvermännern der XIT-Ranch war der frühere Texas Ranger John Armstrong, jener Mann, der John Wesley Hardin schließlich vor Gericht brachte.

Der berühmteste aller bezahlten Schützen, wahrscheinlich auch der mit dem höchsten Einkommen und der einzige, der mit seinen Streifzügen in den gesamten USA bekannt wurde, war Tom Horn. Er gehörte freilich auch zu den wenigen, die wegen der Ausübung ihres Gewerbes am Galgen endeten.

Tom Horn war ein prahlerischer Cowboy aus Arizona, breitschultrig und fast 1,90 Meter groß. Daß er ein guter Schütze war, bewies er als Deputy Sheriff in Colorado. Dann arbeitete er vier Jahre lang als umherziehender Revolvermann für die Detektei Pinkerton (allein in dieser Zeit soll er 17 Männer erschossen haben), und schließlich machte er sich als Weidedetektiv selbständig. 1894 tauchte er in Wyoming auf, stritt ab, daß er jemals auch nur einen Mann für die Pinkertons getötet habe, bot aber gleichzeitig den Rinderzüchtern in Wyoming seine Dienste an. Seine Preise waren unterschiedlich, aber oft berechnete er für einen Viehdieb, den er erschoß, 500 Dollar. „Töten ist meine Spezialität", sagte er einmal. „Ich betrachte es als ein Geschäftsunternehmen, und ich glaube, ich habe meinen Markt."

Zwar hielt Horn auf diesem Markt kein Monopol, aber sein Geschäft lief gut. Ein Rancher pries ihn folgendermaßen: „Tom Horn hat die ehrenwerte Eigenschaft, niemals seine Komplizen oder Auftraggeber zu verraten. Er setzte Rinderdiebe mit Wölfen und Kojoten gleich und betrachtete sich selbst als einen Wohltäter der Gesellschaft, weil er sie vernichtete. Er tötete ohne Gefühl oder Bedenken, wenn er sicher war, einen Schuldigen zu jagen."

Horn wurde von den angesehensten Viehzüchtern im Lande bewundert – und gedungen. Einmal nahm sogar der Governor von Wyoming, W. A. Richards, der eine große Ranch in den Big Horn Mountains besaß, seine Dienste als Weidedetektiv in Anspruch. Der Governor war umsichtig genug, Horn nicht in sein eigenes Büro im Regierungsgebäude zu bitten, sondern er arrangierte ein Treffen mit dem Revolvermann in einem benachbarten Zimmer, das – passenderweise – das Büro des Board of Livestock Commissioners, des staatlichen Viehzüchterausschusses, beherbergte, den die Wyoming Stock Growers Association, die Viehzüchtervereinigung von Wyoming, fest unterm Daumen hatte. Bei der Begegnung war ein prominenter Viehzüchter, William Irvine, anwesend und berichtete später: „Der Governor war ziemlich nervös, ich auch, Horn aber ganz gelassen. Er redete nur ganz allgemein, wollte herausfinden, was ihn erwartete; sagte dem Governor, er würde entweder alle Diebe aus dem Big Horn County vertreiben oder kein Geld nehmen, mit Ausnahme eines Vorschusses von 350 Dollar, um zwei Pferde und die Ausrüstung kaufen zu können; wenn der Job zur Zufriedenheit des Governors abgeschlossen sei, wollte er 5000 Dollar haben."

Laut Irvine bekam der Governor kalte Füße, als Horn anfing, seinen Plan darzustellen, und der Revolvermann erkannte mit feinem Gespür, daß kein Geschäft zu machen sei, zumindest nicht bei dieser Gelegenheit. Er erhob sich, um zu gehen. „Ich glaube, das ist ungefähr alles, was Sie wissen wollten, Sir", sagte er. „Ich würde mich freuen, von Ihnen zu hören, wenn ich Ihnen zu Diensten sein kann."

Obwohl weithin bekannt war, daß er mit dem Tod handelte, blieb Tom Horn bis 1901 auf freiem Fuß. Dann wurde er beschuldigt, einen vierzehnjährigen Jungen aus dem Hinterhalt erschossen zu haben. Das Opfer war der Sohn eines kleinen Ranchers, der die unverzeihliche Tat begangen hatte, Schafe auf eine für Rinder bestimmte Weide zu führen. Vielleicht tötete Horn den Jungen aus Versehen: Er war groß für sein Alter, trug Hut und Mantel seines Vaters, ritt auf dessen Pferd, und die Tat wurde im matten Licht der Morgendämmerung ausgeführt.

Kurz nach seiner Festnahme machte Horn einen zweiten Fehler, der sich für ihn als tödlich erwies. Bei der Er-

Aufgebrachte Bewohner von Guthrie im Territorium Oklahoma belagern das Gefängnis, um einen Mitbürger freizubekommen. Er hatte sich einer Entscheidung der korrupten städtischen Grundstückskommission mutig widersetzt. Nachdem er freigelassen war, wurden die Kommissionsmitglieder ausgewechselt.

ICE

schießung des Rancher-Sohnes hatte es keine Augenzeugen gegeben, aber ein Deputy U.S. Marshal machte Horn betrunken und holte ein Geständnis aus ihm heraus – das ein versteckter Stenograph festhielt. Als Horn wieder nüchtern war, schwor er, daß er nur angegeben habe, und beschuldigte den Stenographen, das belastende Dokument mit falschen Behauptungen ausgeschmückt zu haben. Aber er wurde auf Grund der Aussage verurteilt und kam an den Galgen. Ein Viehzüchter aus Wyoming berichtete: „Er starb, ohne jemand zu ‚verpfeifen', zur großen Erleichterung vieler sehr ehrbarer Bürger des Westens." Typisch ist nur, daß auch dieser Viehzüchter nicht ein einziges Wort des Bedauerns über den Tod des Vierzehnjährigen fand.

Das Leben Unschuldiger war in Vigilanten-Aktionen häufig der Preis, der gezahlt wurde, vor allem, wenn Rinderbarone hinter kleinen Ranchern oder Siedlern her waren, die versuchten, ein Stück Weideland für sich zu beanspruchen. Nicht alle Opfer waren über jeden Verdacht erhaben; sie hatten manchmal der Versuchung nachgegeben, dem großen Mann als Grundstock für eine eigene Herde ein paar Rinder zu stibitzen. Einer der großen Viehzüchter aus Montana, Granville Stuart, hat einen solchen Fall etwas zugespitzt beschrieben. Er hatte einige Kälber aus seiner Herde vermißt. „Dicht bei unserer Ranch", erzählte er, „entdeckten wir einen Rancher, dessen Kühe beständig Zwillinge und häufig Drillinge hatten, während unsere Kühe dort beinahe alle unfruchtbar waren und darauf bestanden, am Gatter dieses Mannes herumzuhängen, wobei sie seine Kühe um ihre vielen Kinder beneideten, brüllten und ihre eigenes kinderloses Dasein beklagten. Der Stand der Dinge änderte sich nicht, bis wir uns gezwungen sahen, einzuschreiten und zu drohen, daß wir den Mann hängen würden, wenn seine Kühe weiter Zwillinge zur Welt brächten."

Stuart zeigte sich nicht immer so zurückhaltend. 1884, er war Sekretär der Viehzüchtervereinigung von Montana, versammelten sich in Miles City 429 Viehzüchter, entschlossen, dem Viehdiebstahl in Montana ein für allemal Einhalt zu gebieten. „Die Viehzüchter von Montana waren eine ausgesprochen friedliebende und gesetzestreue Gruppe", sagte Stuart, „aber sie hatten Besitz im Wert von 35 Millio-

Vier von Kugeln durchlöcherte Leichen liegen vor den Heuhaufen – Opfer eines Kleinkriegs zwischen zwei Städten im Südwesten von Kansas, die beide nen Dollar, und der war über 195 000 Quadratkilometer praktisch unbewohnten Landes verstreut und mußte vor Dieben geschützt werden. Das konnte nur erreicht werden, indem man die Strafe für Diebstahl derart erhöhte, daß Stehlen seinen Reiz verlor." Auf der Konferenz in Miles City wurde der Antrag eingebracht, eine Armee von Revolvermännern aufzustellen und damit das Land in Schach zu halten. Stuart und andere brachten die Viehzüchter von diesem Vorhaben ab: Es könne zu viele Menschenleben kosten, so argumentierte er, und das Gesetz würde es auch nicht gern sehen. Die Angelegenheit könne besser von den Viehzüchtern selbst in aller Stille geregelt werden, mit Truppen, die sie aus den Reihen ihrer eigenen Ranch-Gehilfen aufstellen könnten.

Also führte Stuart seine Nachbarn und deren gekaufte Gehilfen bei einer Reihe von Überfällen auf mutmaßliche Rinder- und Pferdediebe der Gegend. Die Viehzüchter-Vigilanten wurden bald unter dem Namen „Strangler" (Stranguliérer) bekannt, denn sie verwendeten oft den Strick. Einmal kamen die Strangler zu einem Blockhaus, das von zwei Verdächtigen bewohnt war. Die Männer stritten lebhaft ab, je ein Pferd gestohlen zu haben, es sei denn von Indianern. Sie verwahrten sich noch dagegen, als die Vigilanten in der Koppel 26 Pferde zählten, die ihnen wohlbekannte Brandzeichen trugen. Und sie leugneten den Diebstahl weiterhin, als sich ihnen die Schlinge um den Hals legte.

Doch selbst diese brutale Willkür hinterließ bei den Rinderdieben in Montana keinen ausreichend tiefen Eindruck, und schließlich beschlossen die Viehzüchter, Revolvermänner ins Land zu holen. Sie entwickelten ihre Pläne in aller Heimlichkeit, so daß – als sie rasch und endgültig zuschlugen – die Bewohner von Montana die ganze Geschichte nicht mehr genau rekonstruieren konnten.

Das Geheimnis wurde zumindest teilweise von einem jungen Zeitungsmann gelüftet, Owen Wister, der später einen Klassiker unter den Western-Romanen, The *Virginian* (Der Mann aus Virginia), schrieb. Bei seinem Besuch im Westen in den frühen neunziger Jahren erfuhr und sammelte Wister Einzelheiten über den Geheimkrieg. „Es war wie ein Besuch des Rache-Engels", schrieb er. „Die Rädelsführer der

County-Sitz werden wollten. Da der Kampf sich im juristischen Niemandsland, dem Indianer-Territorium, abgespielt hatte, kamen die Täter ungestraft davon.

Tom Horn, ein Berufskiller, spezialisiert auf die Ermordung von Viehdieben für 500 Dollar pro Kopf, erwartet im Gefängnis von Cheyenne die bevorstehende Hinrichtung. Sein letztes Opfer wurde – wahrscheinlich ohne seine Absicht – der 14jährige Sohn des Schafzüchters, den er eigentlich erledigen sollte.

Rinderdiebe starben plötzlich, wie es schien, alle in einer Nacht. Es können 20, es können auch 50 gewesen sein, die auf diese Weise den Tod fanden. Ich bin mir der Zahl nicht sicher, aber ich weiß, daß der Schlag das Ergebnis langer und präziser Vorbereitungen war, daß es ein einziger und sauberer Schlag war und daß die Mitglieder des Tötungskommandos in Montana völlig unbekannt waren. Ihre Namen kamen nicht ans Licht; sie wurden zu diesem einen Zweck ins Land geholt und verließen es unerkannt in einem Güterwagen der Northern Pacific Railway."

Wister selber war nie in Montana, aber er brachte einige Zeit in Wyoming zu und hörte die Geschichte wahrscheinlich dort von Viehzüchtern, bei denen er zu Gast war. Was er zu der Zeit noch nicht wußte: Eine viel spektakulärere Geschichte bahnte sich gerade in Wyoming an.

Genau wie ihre Kollegen in Montana haßten die wohlhabenden Viehzüchter in Wyoming die Viehdiebe; überdies fanden sie gewichtige Gründe, sich über die steigenden Ansprüche der kleinen Rancher zu ärgern – Emporkömmlinge in ihren Augen, die ihre Kontrolle über die Viehwirtschaft des Staates irgendwie bedrohten. Das abgelegene Johnson County im nördlichen Teil des Staates Wyoming beherbergte viele unabhängige Kleinrancher; es lag Hunderte von Meilen von der Hauptstadt Cheyenne entfernt, in der die Rinderbarone es sich wohl sein ließen. Aber die Entfernung hielt sie nicht davon ab, 1892 einen Feldzug zu planen. Sie waren ja in der Lage, den Transport und die anderen Kosten einer Armee gedungener Revolvermänner zu bezahlen, und dachten dabei an einen richtigen Krieg gegen Johnson County – nach militärischen Grundsätzen geplant und durchgeführt.

Dieses Unternehmen wurde später unterschiedlich als die Invasion in Johnson County, der Johnson-County-Krieg und der Krieg am Powder bezeichnet – aber unabhängig vom Namen wurde es für die Rinderzüchter ein ausgesprochenes Fiasko. Von Anfang an unterliefen ihnen grobe Fehler, die ihr Scheitern zwangsläufig machten, und zum Schluß konnten sie sich nur durch rechtzeitige Unterstützung der U.S.-Kavallerie und des Präsidenten der Vereinigten Staaten aus der Affäre ziehen.

Die Rinderzüchter, die diese traurige Komödie der Irrungen planten, waren überhaupt ein merkwürdiger Vigilanten-Haufen. Zu ihnen gehörten Hubert Teschemacher, ein Modegeck aus Boston, und Frederic O. de Billier, ein Aristokrat aus New York; sie hatten gemeinsam Harvard besucht, ehe sie mit einer halben Million Dollar Startkapital in den Westen zogen. William Irvine verwaltete eine große Ranch, die von Millionären aus Omaha finanziert wurde, und war gleichzeitig Direktor der Cheyenne and Northern Railroad und anderer Korporationen. Fred Hesse, ein Engländer, hatte sich vom Vormann zum Verwalter einer Gruppe von Ranches hochgearbeitet (manche sagten: hochgeschwindelt), auf deren weit über Wyoming verstreuten Weiden Zehntausende von Rindern grasten. Der Entschlossenste von allen war der Viehzüchter Major Frank Wolcott; er war früher Offizier der Armee in Kentucky gewesen, trug noch immer Wickelgamaschen und bewahrte sein militärisches Gehabe – obwohl er von einer Rauferei mit einem Cowboy in Laramie eine Zerrung zurückbehalten hatte und seitdem den Kopf ständig schief hielt. Wolcotts Kiefer „schloß sich nach jedem Satz, den er hervorstieß, mit einem Klicken", stellte einer seiner Freunde fest. Die Viehzüchter ernannten schließlich Wolcott zum Kommandeur ihrer Streitmacht.

Die meisten Plutokraten in diesem Kreis hatten weniger Zeit im Sattel verbracht als in der Hauptstadt, im luxuriösen und exklusiven Cheyenne Club. Dieser Klub, 1881 als Alternative zu den primitiven Grenzland-Hotels und abgeschiedenen Ranchhäusern erbaut, wurde in seinen Statuten passend beschrieben als „Erholungs- und Vergnügungsstätte". Hier heckten die Mitglieder in den neunziger Jahren ihren kleinen Krieg aus, während sie auf ihr nächstes Spiel am Billardtisch warteten oder eingelegten Aal und französische Hors d'œuvres naschten, bevor das Menü per Speisenaufzug aus der Küche heraufgeschickt wurde. Von Zeit zu Zeit vergaßen sie ihre Sorgen und gaben sich der Prasserei hin. Bei einem Bankett des Klubs spülten die 41 Teilnehmer das Diner mit 20 Flaschen Rotwein und 66 Flaschen Champagner hinunter. Doch in den Zeiten größerer Nüchternheit wandten sie sich wieder ihren Problemen zu, und endlich gewann ihr Angriffsplan Gestalt.

Zwar hatten sie ihr Komplott unter sich ausgebrütet, aber ihr Ziel war für die Öffentlichkeit kein Geheimnis; auf die eine oder andere Weise hatten sie ihre Absichten schon lange vorher kundgetan. Natürlich wollten sie dem Viehdiebstahl ein Ende setzen, aber gleichzeitig beabsichtigten sie auch, den Rinderreichtum von Wyoming in den Händen der großen Rancher zu belassen.

Jahrelang hatten die Viehzüchter die Diebe für fast alle Verluste an Rindern verantwortlich gemacht. Tatsächlich entstanden die meisten durch schlechte Verwaltung (man ließ zum Beispiel zuviel Vieh auf den Weiden grasen), durch die unberechenbaren Launen der Natur, durch Präriebrände und Heuschreckenschwärme, die das Futter vernichteten, und durch lange Schlechtwetterperioden. Aber sobald es darum ging, den Geldgebern gegenüber, die weit vom Schuß waren, die mageren Dividenden zu begründen, boten Vieh-

diebe die beste Ausrede. Allmählich gingen die Rinderbarone in Wyoming dazu über, diese Ausrede zur Rechtfertigung jeder ihrer Taten zu benutzen.

Zuerst hatten sich die Viehzüchter eine Schwarze Liste von Cowboys ausgedacht: Sie wollten keine Cowboys einstellen, die eigene Rinder besaßen, weil man davon ausging, daß jeder, der Cowboy war und eigenes Vieh hatte, dieses gestohlen haben müsse. Die Schwarze Liste brachte die Cowboys nicht nur gegen die Züchter auf, sondern spornte viele an, sich selbst als Kleinrancher niederzulassen, wenn sie schon keine Arbeit mehr bekamen.

Als nächstes brachten die Viehzüchter alle Kleinrancher in Wut, indem sie das Staatsparlament dazu überredeten, ein Gesetz zu verabschieden, wonach jedes Kalb, das auf offener Weide ohne Brandzeichen angetroffen wurde, als Eigentum der Wyoming Stock Growers Association (Viehzüchtervereinigung von Wyoming) galt, die es dann an den Höchstbietenden verkaufte. Theoretisch zielte das Gesetz auf die Viehdiebe; praktisch bedeutete es, daß die ums Überleben kämpfenden Rancher keinen Anspruch auf ihre eigenen verirrten Kälber hatten; in vielen Fällen konnten sie es sich nicht einmal leisten, sie von der W.S.G.A. zurückzukaufen.

Was die Verbitterung noch vertiefte: Die Rinderzüchter hatten den Erlös aus diesen Verkäufen dazu verwendet, ihre eigenen Detektive zu bezahlen, die von der Bevölkerung im besten Fall als Prämien-Jäger betrachtet wurden (sie erhielten für jeden überführten Rinderdieb 250 Dollar) und im schlimmsten als gedungene Mörder. Mehrere Fälle von Lynchjustiz und mysteriösen Schüssen auf angebliche Viehdiebe und Kleinrancher machten die Auftraggeber der Detektive gefürchtet und verhaßt.

Wohl die infamsten Lynchmorde fanden 1889 auf der Sweetwater-Range statt. Die Opfer waren zwei Kleinsiedler, die es gewagt hatten, auf einem riesigen Stück Land zu siedeln, das ein reicher und arroganter Viehzüchter, Albert Bothwell, für sich beanspruchte, um seine riesigen Herden darauf zu weiden. Der eine Siedler war Jim Averell, der auf seinem Anwesen einen kleinen Laden mit Saloon und Poststelle errichtet hatte. Der andere war eine Frau: Ella Watson, eine robuste Prostituierte aus Kansas, die, wie das Gerücht ging, für ihre Liebesdienste von den dortigen Cowboys manchmal mit gestohlenen Rindern bezahlt wurde.

Ella und Jim wurden eines Sommermorgens von Bothwell und fünf anderen Männern aus ihren Hütten geholt und Seite an Seite an demselben Baum aufgehängt. Als sich Bürger der Gegend über die Lynchmorde unerwarteterweise laut entrüsteten, versuchten Bothwell und seine Freunde hastig, ihre Tat nachträglich zu rechtfertigen. Sie ließen in der ihnen wohlgesonnenen Presse in Cheyenne Berichte veröffentlichen, in denen die achtundzwanzigjährige Ella Watson in „Cattle-Kate" (Rinder-Kate), die revolverschwingende Königin der Viehdiebe, verwandelt wurde. Man berichtete über die tote Ella sogar in der *Police Gazette*. Aber für alle, die die beiden gekannt hatten, war Ella lediglich eine Hure mit Unternehmersinn und Jim Averell, der offensichtlich überhaupt keine Rinder besaß, ein unschuldiger Geschäftsmann, der mutwillig ermordet worden war.

Viele Kleinrancher legten die Sweetwater-Lynchaktion der W.S.G.A. zur Last, und 1891 wandelte sich der Verdacht gegen die Organisation in rasende Wut, als zwei weitere Siedler am Powder River in Johnson County aus dem Hinterhalt erschossen wurden. Der Hauptverdächtige an diesen Morden war Frank Canton (*Seite 215*), der oberste Weidedetektiv der Viehzüchtervereinigung. Und hinter Canton standen – wie jedermann wußte – die Rinderbarone vom Cheyenne Club.

Durch die Morde brach in Johnson County offene Rebellion aus. Nach Staatsgesetz hatte die W.S.G.A. zwar die Aufsicht über die *roundups* (das Zusammentreiben einer oder mehrerer Herden), aber die Kleinrancher von Johnson County gründeten eine konkurrierende Organisation und nannten sie die ‚Northern Wyoming Farmers and Stock Growers Association' (Farmer- und Viehzüchtervereinigung von Northern Wyoming); diese Gruppe gab bekannt, daß sie vorhabe, unabhängig von der W.S.G.A. ein *roundup* abzuhalten und darüber hinaus jedes versprengte Rind, das sie einfingen, als ihr eigenes zu betrachten. Mit Galgenhumor gingen ehrenhafte Männer dazu über, sich selbst Viehdiebe zu nennen, und ihre Kinder erfanden ein Spiel, das sie „Diebe und Weißmützen" nannten: Die Weißmützen waren die mächtigen Viehzüchter, die Diebe aber siegten immer.

Zu diesem Zeitpunkt begannen die Mitglieder des Cheyenne Clubs, ihr Komplott zu schmieden. Im Dunst von Havanna-Zigarren und bei St.-Cruz-Rum beschlossen sie, die rivalisierende Organisation aufzureiben und die „Diebe" auszurotten. Der Plan war einfach, aber rigoros. Erstens: Man werbe außerhalb des Staates eine Truppe von Revolvermännern an, die in Johnson County eindringt. Zweitens: Man kappe alle Telegraphendrähte, die Johnson County mit dem übrigen Bundesstaat verbinden, so daß die Bewohner isoliert sind, sobald die Invasion beginnt. Drittens: Man nehme die Stadt Buffalo ein, den Sitz der Kreisverwaltung, und ermorde den Sheriff, seine Deputies und die drei Bezirkskommissare, so daß die Bevölkerung führungslos ist. Und zum Schluß: Man entledige sich aller Männer, die auf einer „Todesliste" – von den W.S.G.A.-Weidedetektiven zusammengestellt – stehen; diese Liste soll, nach einer Schätzung, 70 Namen umfaßt haben.

Rinderbarone im passenden Aufzug für ein Trabrennen, das der noble Cheyenne Club in den späten achtziger Jahren des vorigen Jahrhunderts veranstaltete. Zu ihren Zerstreuungen gehörten ferner Fuchsjagd, Tennis – und die Planung eines Krieges gegen Kleinrancher, die sich ihnen zu widersetzen wagten.

Die Viehzüchter machten sich sofort in verschiedene Gegenden auf, um ihren Plan in die Tat umzusetzen. Tom Smith, einer ihrer Weidedetektive, führte die Anwerbungskampagne. Er war U.S. Marshal in Texas gewesen und kehrte dorthin zurück, um alte Freunde zusammenzutrommeln. Smith konnte ein verlockendes Angebot machen: Täglich fünf Dollar Lohn plus Spesen; einen Bonus von 50 Dollar pro Mann für jeden getöteten Viehdieb, ganz gleich, wer ihn tötet; und für jeden Freiwilligen eine Unfallversicherung über 3000 Dollar. 21 Revolvermänner ließen sich anwerben und versprachen, sich in Denver zu treffen.

Während die Revolvermänner eintrafen, machten sich zwei Viehzüchter auf nach Colorado, um Pferde für die Expedition einzukaufen, weil das Zusammenziehen von zu vielen Pferden aus ihren eigenen Ställen Verdacht hätte wecken können. In Cheyenne selbst kauften andere Viehzüchter drei schwere Frachtwagen und gaben Bestellungen für Zelte, Schlafsäcke, Gewehre, Revolver und Munition auf. Um die wachsenden Kosten zu decken, brachten 100 Mitglieder der W.S.G.A. je 1000 Dollar auf. Am 5. April 1892 wurden die texanischen Revolvermänner in einem besonderen Pullmanwagen von Denver nach Cheyenne transportiert. Die 100 000-Dollar-Invasion begann.

Charles Penrose, ein junger Arzt aus Pennsylvania, gehörte der Expedition als Freund der Viehzüchter und zugleich als offizieller Truppenarzt an, und er beschrieb die Ankunft der Texaner auf dem Sammelplatz in Denver. Sie waren, so sagte er, „eine Gruppe gut aussehender Männer, die alle ausgezeichnet für sich einstehen konnten. Jeder Mann trug ein Gewehr und im Gürtel einen Sechsschüsser

Die Veränderung von Brandzeichen durch Hinzufügen von Buchstaben war ein Standardtrick der Viehdiebe. Eine Zeitschrift veröffentlichte 1892 diese Beispiele und verteidigte zugleich die Aktion der Viehzüchter gegen Diebe.

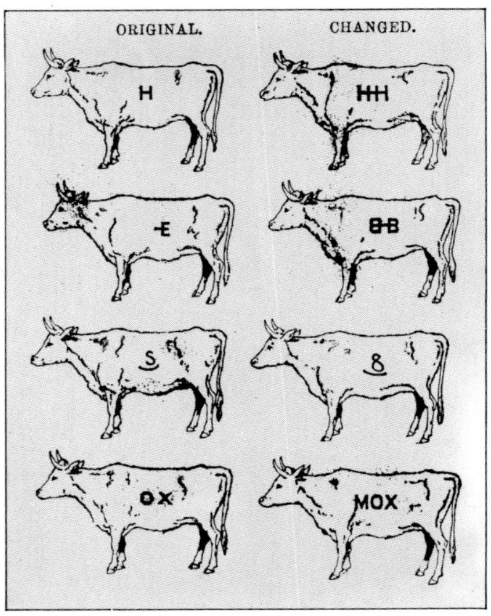

Sie waren für einen April in Wyoming nicht besonders warm angezogen – eher für das Klima in Texas". Penrose war besonders von der Aufmachung eines bestimmten, unübersehbaren Texaners fasziniert, Jim Dudley, „eines großen, gutmütig aussehenden Typs von 100 Kilo, der mit nichts weiter bekleidet war als Unterhemd, Hosen und Schuhen".

In Cheyenne wurde der Pullmanwagen auf das Rangiergleis gefahren und an einen Zug angehängt. Er bestand aus einem Gepäckwagen, drei Viehwagen, einem Güterwagen, auf dem die drei Frachtwagen mit der Ausrüstung standen, und einem Bremswagen. Von den 100 Viehzüchtern, die das Geld für die Expedition aufgebracht hatten, schlossen sich 19 den Revolvermännern an. Zusammen mit ihren Weidedetektiven und einigen Gästen bestiegen sie den Pullmanwagen, um die Texaner zum erstenmal zu betrachten. Zu den Gästen gehörten zwei Zeitungsreporter: der Lokalredakteur der *Cheyenne Sun* und ein Korrespondent des *Chicago Herald*. Sie hatten die Einladung zu der Expedition ergattert, weil der gewitzte Mann aus Chicago genau das Richtige zu den Viehzüchtern gesagt hatte: „Ich werde dafür sorgen, daß Ihre Seite der Geschichte an die Öffentlichkeit gelangt."

Während eine Lokomotive der Union Pacific für eine schnelle Fahrt nach Casper, einer kleinen Weidestadt am Fuße der Big Horn Mountains, vorbereitet wurde, gab der Kommandeur der Expedition, Major Wolcott, seinen ersten Befehl: „Beeilen Sie sich", schnauzte er den Eisenbahninspektor an, „bringen Sie uns so schnell wie möglich nach Casper, den Rest erledigen wir dann selbst." Am Abend des 5. April dampfte der Zug ab, vor dem Morgengrauen sollte er in Casper sein.

An einem Ende des Passagierwagens saßen die Texaner zusammen und spielten Karten, die Viehzüchter aus Wyoming sprachen am anderen Ende ihre Pläne durch.

Im Gepäckwagen waren Major Wolcott und ein paar Männer unter seiner Anleitung damit beschäftigt, die Vorräte umzustapeln, um das Ausladen in Casper zu beschleunigen. Wolcott hatte allen anderen den Zutritt zum Wagen verboten, und als Frank Canton, der Chef der Weidedetektive, hereingeschlendert kam, wies ihn der Major unklugerweise hinaus. Canton schwor, er werde sich von Wolcott einen solchen Unfug nicht noch mal gefallen lassen, und ging zurück zu seinem Kollegen Tom Smith und den Texanern im Passagierwagen. Aus dem törichten Wortgeplänkel wurde ein richtiger Streit: Smith war auf Cantons Seite, und Smith hatte die Texaner hinter sich. Beim Frühstück am nächsten Tag legte Wolcott sein Kommando mit Haltung nieder. Tom Smith übernahm die Texaner, Frank Canton die gesamte Expedition.

Auf der Fahrt nach Casper hielt der Zug an einer kleinen Station, wo die Viehzüchter ein wichtiges Detail ihrer Vorbereitungen überprüften: Sie versuchten, in die Stadt Buffalo zu telegraphieren, und waren erfreut, als der Telegraphist berichtete, daß er nicht durchkomme. Ihre Verbündeten in Johnson County hatten ihre Arbeit getan; die Drähte zur Kreisstadt waren gekappt.

Das Durchschneiden der Drähte war jedoch das letzte, was planmäßig geschah. Als der Zug in Casper ausgeladen wurde und die Texaner sich ihre Pferde für den 240-Kilometer-Ritt nach Buffalo aussuchten, tauchte ein kleines Problem auf: Der schwergewichtige Jim Dudley fand kein Pferd, das kräftig genug für ihn war. Hilfe kam unerwartet von einem der Gäste der Viehzüchter, einem Engländer namens W. B. Wallace; er war bereit, die Pferde auszutauschen.

Endlich saß Jim Dudley im Sattel, es war eine halbe Stunde nach Sonnenaufgang, und Reiter und Wagen machten sich zu den Hügeln im Norden auf. Nun entstanden schwierigere Probleme. Die Wagen blieben im Grasboden stecken, der nach dem letzten Schneefall noch morastig war. Als die Expedition zum Frühstücken rastete, machten einige Rinderzüchter ihre Pferde achtlos an Sträuchern fest, die nur flache Wurzeln hatten. Die Pferde rissen sich los, und es dauerte Stunden, bis sie wieder zusammengetrieben waren. Später brach dann ein Frachtwagen durch die morschen Planken einer Brücke und mußte mit Seilen, die an Sattelhörnern befestigt wurden, wieder aus der Schlucht gehievt werden.

Der Zeitplan sah vor, daß die kleine Armee die erste Nacht im Haus von John Tisdale, einem Mitglied der W.S.G.A., verbringen sollte, dessen Ranch etwa 100 Kilometer von Casper entfernt lag. Aber plötzlich brach ein schwe-

In einer Bittschrift äußert der Cowboy Jack Cooper – von der Wyoming Stock Growers Association des Viehdiebstahls beschuldigt und vom Gericht freigesprochen – den Wunsch, von der Schwarzen Liste der Vereinigung gestrichen zu werden, da er sonst an keinem Rinderauftrieb mehr teilnehmen könne.

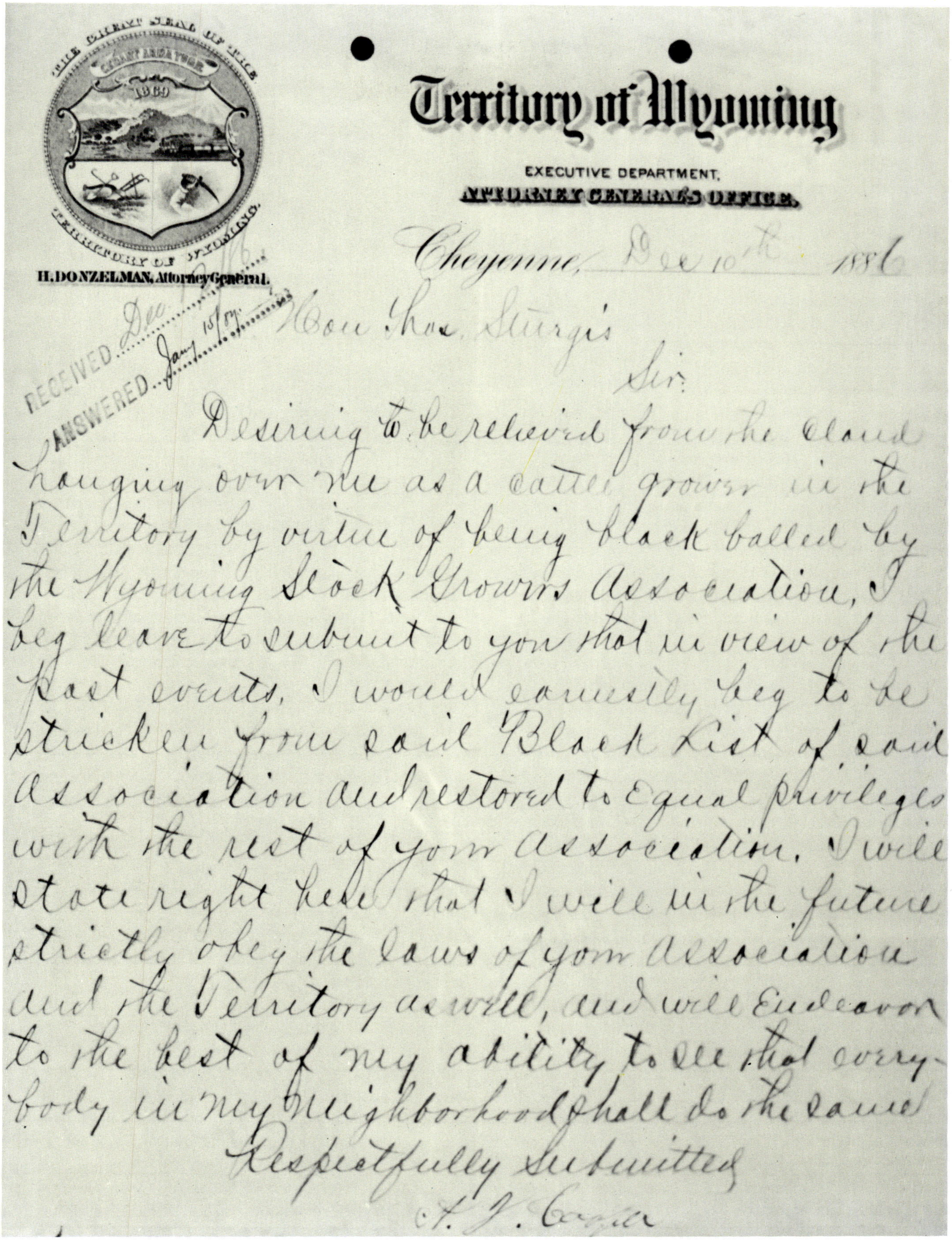

Territory of Wyoming

EXECUTIVE DEPARTMENT,
ATTORNEY GENERAL'S OFFICE.

RECEIVED Dec ...
ANSWERED Jany 15/87

Cheyenne, Dec 10th 1886

Hon Thos. Sturgis

Sir:

Desiring to be relieved from the cloud hanging over me as a cattle grower in the Territory by virtue of being black balled by the Wyoming Stock Growers Association, I beg leave to submit to you that in view of the past events, I would earnestly beg to be stricken from said 'Black List of said Association and restored to equal privileges with the rest of your Association. I will state right here that I will in the future strictly obey the laws of your Association and the Territory as well, and will Endeavor to the best of my ability to see that every-body in my Neighborhood shall do the same

Respectfully Submitted

A. J. Cooper

Jim Averell, ein Ladenbesitzer, der den Fehler begangen hatte, auf Weideland zu siedeln, das ein Rindermillionär beanspruchte, wurde gelyncht. Drei Zeugen des Verbrechens verschwanden, ein vierter starb rätselhafterweise.

rer Schneesturm los, und die Expedition brauchte fast zwei Tage, diese Zwischenstation zu erreichen.

Am nächsten Tage nahmen die Dinge eine weitere unvorhergesehene Wendung: Ein erregter Vormann kam von der Weide geritten und brachte die Nachricht, daß sich eine Bande von Viehdieben auf der KC Ranch, etwa 24 Kilometer entfernt, versteckt hielt. Er meinte, man solle sofort angreifen, und einige Viehzüchter unterstützten diesen Vorschlag. Frank Canton argumentierte, die Zeit werde gefährlich knapp, man solle bei dem ursprünglichen Plan bleiben und direkt auf Buffalo zu reiten. Schließlich stimmte die Mehrheit dafür, daß man sich zuerst der Diebe entledigen müsse.

Die Vigilanten-Truppe brach um Mitternacht in einem Schneesturm auf, der so heftig tobte, daß die Reiter für die 24 Kilometer zur KC Ranch beinahe sechs Stunden brauchten. Wenige Meilen vor der Ranch mußten die Männer rasten, um Feuer zu machen und sich aufzuwärmen. Im ersten Tageslicht jedoch hatten sie die Hütte umstellt und hielten sich in einem Stall längs eines Bachlaufs und in einer Waldschlucht hinter dem Haus verborgen.

Die „Bande von Dieben“ bestand, wie sich herausstellte, aus den beiden Cowboys Nate Champion und Nick Ray, die auf der Schwarzen Liste der Viehzüchter standen; bei ihnen waren zwei Fallensteller, die vor dem Schneesturm Schutz gesucht hatten. Als die Trapper aus dem Haus traten, um am Bach Wasser zu holen, nahmen die Angreifer sie in ihre Gewalt und führten sie schweigend ab. Bald darauf trat Nick Ray aus dem Haus, um nach ihnen zu sehen. Auf dem Boden des Stalls gab Major Wolcott einem jungen Rotschopf, Texas Kid genannt, der sein Gewehr auf den arglosen Cowboy gerichtet hielt, ein Zeichen. Der erste Schuß ließ Ray taumeln, ihm folgte ein Geschoßhagel von den Vigilanten, die im Bachbett versteckt waren. Der Lärm rief Nate Champion den Sechsschüsser in der Hand, an die Tür. Ray kroch auf ihn zu, tödlich getroffen, und Champion zog seinen Freund nach drinnen, schlug die Tür zu und hielt die Angreifer den ganzen Tag lang allein in Schach. Mit erstaunlicher Seelenruhe brachte er auch eine Art Protokoll der Belagerung zustande: Mit Bleistift kritzelte er in ein zerfleddertes Notizbuch, sobald eine Feuerpause eintrat. Aus seinen Worten geht hervor, daß er an Freunde im Johnson County und in ihrem Sinne schrieb.

„Also wir frühstücken gerade, ich und Nick, da greifen die an“, begann Champion. Er beschrieb das Verschwinden der Fallensteller, und zwei Stunden später notierte er kurz, daß Ray tot sei. Es war noch immer früh am Tage, als er schrieb: „Jungs, da kommen Kugeln wie Hagel geflogen. Die schießen vom Stall und vom Fluß und von der Hinterseite des Hauses.“ Gegen Mittag fügte er hinzu: „Jungs, ich fühl mich jetzt ganz schön verlassen. Wenn bloß einer hier wäre, dann könnten wir alle Seiten einmal bewachen.“ Etwa um drei Uhr nachmittags notierte er, ein Mann in einem vierrädrigen Karren und ein anderer zu Pferde seien an der Ranch vorbeigekommen und beschossen worden: „Massenhaft Männer gesehen, kamen an der anderen Flußseite auf Pferden heraus und den beiden hinterher.“

Der letzte Eintrag stammte vom Abend: „So, jetzt haben sie das Haus durchlöchert wie Hagel. Habe sie holzhacken hören. Nehme an, sie wollen heute nacht das Haus anzünden. Werde wohl einen Ausbruch versuchen, wenn die Nacht beginnt, falls ich noch lebe. Wieder Schießerei. Ist noch nicht ganz Nacht. Das Haus steht in Flammen. Lebt wohl, Jungs, falls ich Euch nie wiedersehe.“ Diesen Eintrag unterzeichnete er sorgfältig mit Nathan D. Champion und stürzte dann durch die Hintertür aus dem brennenden Haus. Vier Kugeln streckten ihn nieder.

Der Entschluß, die KC Ranch anzugreifen, erwies sich als der kostspieligste Fehler der Viehzüchter. Die beiden Männer, die Nate Champion die Ranch passieren sah, konnten ihre Verfolger abschütteln, erreichten Buffalo und riefen die Stadt zu den Waffen. Die Vigilanten galoppierten inzwischen in Richtung Buffalo und ließen die Wagen zurück. Aber es war zu spät. Sheriff W. E. „Red“ Angus und ein bewaffnetes Aufgebot kamen ihnen bereits entgegengeritten, und die ganze Nacht hindurch holten Reiter im ganzen Land Verstärkung zusammen.

Die Rinderzüchter wußten nichts von alledem; sie ritten voran und waren sich ihres Erfolges sicher. Um zwei Uhr nachts gönnten die Vigilanten ihren Pferden auf der Ranch eines ihrer Verbündeten im Johnson County etwas Ruhe. Sie stürzten einen heißen Kaffee herunter und stiegen wieder auf – bis auf den armen, stämmigen Jim Dudley. Er wollte ein frisches Pferd. Der Vormann der Ranch bemühte sich sehr, ihm zu Gefallen zu sein, aber nachdem Dudley fünf Pferde

Ella Watson, eine Prostituierte, deren Haus neben dem Averells stand, baumelte am selben Ast wie er. Den Sturm der Entrüstung besänftigten die Lyncher mit der Versicherung, sie sei in Wirklichkeit „Cattle Kate", eine Viehdiebin, gewesen.

ausprobiert hatte und mit keinem davon glücklich war, riß dem jähzornigen Major Wolcott die Geduld: „Schwing dich rauf oder bleib hier!“ brüllte er.

Einer der Reporter beschrieb dieses Intermezzo so: „Dudley zog ein trauriges Gesicht; das letzte Pferd war das mickrigste von allen – ein häßliches Biest mit weichen Knien, vollkommen ungeeignet, einen Mann von Jims Gewicht zu tragen. Der struppige kleine Fuchs erlahmte bald bei dem Versuch, seinen Reiter abzuschütteln; zwei Zentner sind eine Masse, die aus dem Sattel geworfen sein will.“

Während Dudley sein Bestes tat, um nicht zurückzubleiben, ritt die Vigilanten-Truppe in ungeordneter Formation voran, zwei Vorreiter waren kurz vor ihnen. Plötzlich kamen die Vorreiter zurückgeeilt, um zu berichten, daß eine große Truppe hinten an der Straße kampiere. Die Invasoren machten verwirrt halt, und Major Wolcott ergriff die Gelegenheit, die Führung wieder an sich zu reißen. Der Viehzüchter William Irvine, der an der Expedition teilnahm, erinnerte sich später: „Wolcott und ich gingen zu Fuß die Straße entlang, und als wir ein ganzes Stück gegangen waren und intensiv gelauscht hatten, wollte ich gerade die Vermutung äußern, die Jungs seien in eine Herde weidender Pferde geraten, als vor uns ein Revolver abgeschossen wurde, womit Sheriff Angus und seine Truppe sich verrieten. Na, als wir zu unserem Haufen zurückkamen, fanden wir die Männer in solcher Aufregung, daß Wolcott sofort das Kommando übernahm. Niemand schlug das vor, aber wir waren alle froh darüber, denn wir erkannten, daß er der rechte Mann am rechten Platz war. Er ritt vor uns hin und gab uns einen gewaltigen Rüffel; er sagte: ‚Ich möchte mir am liebsten zehn gute Leute aussuchen und euern ganzen übrigen verdammten Haufen laufen lassen!‘ Dann stellte er uns in Reih und Glied auf und exerzierte mit uns.“

Irvine hat die Art des Drills nicht näher beschrieben, aber die Expedition wurde dadurch um einige entscheidende Stunden aufgehalten. Als Wolcott schließlich zufrieden war, befahl er, einen Stacheldrahtzaun zu zerschneiden, und führte seine Truppe quer über die Weide, in dem Versuch, das Aufgebot des Sheriffs seitlich zu umgehen. An der TA Ranch, einem anderen befreundeten Vorposten etwa 22 Kilometer vor Buffalo, wurde nochmals gerastet. Der Major ließ ein paar Männer vorausreiten, um den Gegner auszukundschaften; währenddessen sah sich Dudley nach einem bequemeren Pferd um. Der Vormann der Ranch fand für ihn einen großen Grauen, der noch nie gebockt hatte – aber jetzt bockte er und warf Dudley ab. Der Gewehrgurt rutschte vom Sattelhorn, und als die Waffe auf den Boden schlug, löste sich ein Schuß, der dem stürzenden Dudley ins Knie ging. Mit einem gefederten Wagen wurde er ins nahe gelegene Fort McKinney gebracht, wo er einen Wundbrand bekam. Er starb unter furchtbaren Schmerzen.

Inzwischen eilte die Haupttruppe der Vigilanten von der TA Ranch aus weiter, um sich Wolcotts Kundschaftern zu nähern. Im Morgengrauen kam ihnen ein einzelner Reiter entgegengaloppiert – James Craig, Mitglied der W.S.G.A. „Kehrt um! Kehrt um!“ schrie er. „Die ganze Stadt ist auf den Beinen. Die Diebe rücken aus allen Richtungen an. Geht in Deckung, so schnell ihr könnt!“

Wolcott befahl barsch den Rückzug zur TA Ranch. Seine alten Widersacher, Frank Canton und Tom Smith, waren wiederum entgegengesetzter Meinung: Sie wollten gemäß dem ursprünglichen Plan nach Buffalo weiterreiten. Am Sonntag bei Sonnenaufgang saßen die Anführer der Expedition in ihren Sätteln und stritten, während die texanischen Revolvermänner das Ergebnis abwarteten. Die Texaner, die dafür bezahlt wurden, anderer Leute Krieg auszufechten, waren schon zu weit gegangen, um aufzugeben. Auf ein Wort von Tom Smith wären sie in Buffalo eingeritten. Aber die Mitglieder des Cheyenne Clubs, entsetzt bei dem Gedanken, es mit schußbereiten Städtern aufnehmen zu sollen, beschlossen den Rückzug. Also trotteten die Vigilanten zurück zur TA Ranch, um den Angriff derer abzuwarten, die ihre Opfer hätten werden sollen.

Die Ranch schien eine für die Verteidigung günstige Lage zu haben. Die Hauptgebäude, von einer Biegung des Crazy Woman Creek umschlossen, waren von einem Zaun aus über zwei Meter hohen Holzstämmen umgeben und der wiederum von einem Stacheldrahtzaun. Das Ranchhaus stand im Windschutz von Bäumen, drumherum die Nebengebäude – ein Stall, ein Eishaus, ein kleines Hühnerhaus und eine Kartoffelmiete. Innerhalb der Umzäunung lagerte ein Haufen dicker Holzbalken, die zum Bau eines neuen Gebäudes kürzlich gekauft worden waren. Jenseits des Stacheldrahtes lag hügeliges Land, von Schluchten durchzogen, so daß es schwierig war, gewaltsam in das Gebiet einzudringen.

Den ganzen Tag über und bis in die Nacht hinein erteilte Wolcott mit lauter Stimme seine Befehle zur Befestigung der Ranch. Auf einer Kuppe knapp 50 Meter vom Stallgebäude ließ er die Männer aus den Balken einen Unterstand von etwa vier mal fünf Metern Größe errichten. Er wurde mit Öffnungen ausgestattet, durch die Scharfschützen jeden Versuch der Annäherung an die Ranch abdecken konnten. Innerhalb der Festung wurden Gräben ausgehoben und rund um das Ranchhaus eine Brustwehr gezogen. Bemerkenswert war das Aussehen der Viehbarone vom Cheyenne Club gegen Abend: Ihre modische Aufmachung war dahin, an den Händen hatten sie Blasen und an den Schultern Schürfwunden vom Transportieren der 25 Zentimeter dicken Holzbal-

Das Doppelleben eines Revolverhelden

Als die wohlhabenden Viehzüchter von Wyoming den früheren Sheriff von Johnson County, Frank M. Canton, dazu überredeten, oberster Weidedetektiv in dem Vigilantenkrieg zu werden, den sie gegen angebliche Viehdiebe führten, gab es in seiner Umgebung gemischte Reaktionen. Die Viehzüchter waren natürlich hocherfreut über ihren Mann. Aber die Bürger, die Canton zweimal ins Amt gewählt hatten, also auch die Kleinrancher, die das Angriffsziel der Viehzüchter waren, hatten nun das Gefühl, daß Canton sie an das große Geld verraten und verkauft habe.

Canton selbst hatte wegen seiner Wandlung keinerlei Gewissensbisse. So wie jeder Revolverheld in der Geschichte des Westens besaß er die Flexibilität, die diese Männer zu einer besonderen Rasse machte. In ihrem Beruf wog die Chance, zu handeln und sich zu bereichern, schwerer als ethische Erwägungen. Die Grenze zwischen Recht und Unrecht zu überschreiten war allgemein üblich.

In Cantons Vergangenheit gab es ein Geheimnis, das weder seine Viehzucht treibenden Arbeitgeber noch seine Wähler in Johnson County kannten. Es wurde erst nach seinem Tod im Alter von 78 Jahren gelüftet. Sein Name war ein Pseudonym; geboren wurde er 1849 als Joseph Horner, Sohn eines Arztes aus Virginia, der nach dem Bürgerkrieg nach Texas gezogen war. Mit 26 wurde er gesucht wegen Bankraub, Viehdiebstahl und versuchtem Totschlag. Seine wilden Jahre erreichten 1874 ihren Höhepunkt in einer Saloon-Streiterei mit Kavalleristen der U.S.-Armee, bei der ein Soldat getötet wurde. Joe Horner schoß sich seinen Weg aus der Stadt frei und verschwand bald darauf aus Texas.

Nach dem Zwischenspiel als Top-Schütze im Johnson-County-Krieg ging Canton ins Territorium Oklahoma und nahm seine Polizeilaufbahn wieder auf. Er erfüllte eine dreifache Pflicht als Undersheriff von Pawnee County, als Deputy U.S. Marshal für Marshal Evett Nix in Guthrie sowie auch für den „Hanging Judge" Isaac Ch. Parker in Fort Smith, Arkansas. In dieser Zeit half Canton, Bill Doolins Bande zerstören; er tötete auch den Desperado Bill Dunn, einen hervorragenden Schützen, doch Canton zog schneller. Als ihm Oklahoma in den letzten Jahren des 19. Jahrhunderts zu ruhig wurde, folgte er dem Goldrausch zum Klondike in Alaska und diente dort zwei Jahre lang als Deputy U.S. Marshal.

Viele Jahre später, als seine Gesundheit sich verschlechterte, kehrte Canton nach Texas zurück und machte Frieden mit seiner Vergangenheit. In einem Gespräch mit dem Governor bekannte er heimlich, daß er Joe Horner sei, und er erlangte für seine Jugendsünden offiziell Vergebung. Gute Freunde drängten ihn, seinen eigentlichen Namen wieder anzunehmen. Aber er lehnte das ab: Er wollte als Frank Canton in Erinnerung bleiben, als ein Revolverkämpfer für das Gesetz.

Frank M. Canton, erst Bankräuber, dann Sheriff von Johnson County, im Winter von Wyoming.

ken. Gemeinsam mit ihren texanischen Söldnern nahmen sie ein Abendessen aus Kartoffeln ein – und scherten sich nicht im geringsten um die Etikette.

Im Morgengrauen konnten die Vigilanten ihre Angreifer in der Ferne erkennen; auf jedem Hügel und jeder Bergkuppe rund um die Ranch gruben sie Schützenlöcher und warfen sie Brustwehren auf. Ungefähr 50 Mann hatten sich während der Nacht eingegraben, und Sheriff Angus brachte bald noch 40 Mann mehr aus Buffalo mit. In der Stadt hatte ein Kaufmann seinen Laden aufgetan und gab an jeden, der kämpfen wollte, Decken, Kleidung und Munition aus. Die Damen von Buffalo hatten eine große Küche errichtet und bereiteten ganze Wagenladungen voll Essen für die Männer an der Front zu. Sobald die bewaffneten Siedler und Kleinrancher in die Stadt geritten kamen, wurden sie in Kompanien zu 20 Mann eingeteilt und von Deputy Sheriffs auf das Schlachtfeld vor der TA Ranch geführt. Die Stimmung in der kleinen Stadt war düster.

Die Schießerei bei der TA Ranch begann am frühen Morgen des 11. April, einem Montag. Die Angreifer zielten zuerst auf die Koppel; sie schossen die Pferde ab, bis es einigen Männern innerhalb der Umzäunung gelang, die in Panik geratenen überlebenden Tiere in den Stall zu bringen. Dann wurden die Rinder aufs Korn genommen, und anschließend „alles, was sich bewegt". Einer der belagerten Viehzüchter berichtete: „Sie feuerten unablässig auf das Haus, das schon ziemlich zerschossen war. Schließlich nahmen sie die Türen unter Beschuß, so daß es gefährlich wurde, rein- und rauszugehen."

Die Angreifer hatten bald mehr als 33 Männer im Gefecht. Sie wurden von einem einheimischen Mühlenverwalter namens Arapahoe Brown kommandiert, einem derben, schlampigen Kerl, der bei der Wahl zum County Sheriff zweimal geschlagen worden war. Er war einfach auf der Bildfläche erschienen und hatte Befehle erteilt. In Abwesenheit von Sheriff Angus, der nach Buffalo zurückgekehrt war, um die Stadtbewohner in ihrem ungebrochenen Eifer anzuleiten, machte ihm niemand den Posten streitig. Sein Kampfplan war einfach, doch solide: Er wollte die TA Ranch in schnellen Angriffen immer enger umzingeln und dann die Vigilanten ausräuchern.

Zwar war die Lage der Viehzüchter nicht aussichtsreich, aber sie glaubten, durchhalten zu können, bis andere Großrancher Verstärkung schicken würden. Sie verließen sich darauf, daß Freunde in Buffalo Cheyenne benachrichtigen würden; doch um ganz sicherzugehen, setzten sie ein Telegramm an den Governor auf. Ein Kurier brachte es in der ersten Nacht der Belagerung durch die feindlichen Reihen. Die Vigilanten nahmen an, daß die Telegraphen-

Nate Champion (*zweiter von links*) während einer Arbeitspause. Ihm war ein grausames Ende im Johnson-County-Krieg von 1892 beschieden: 50 Vigilanten, die ihn für einen Viehdieb hielten, belagerten einen Tag lang sein Blockhaus, dann räucherten sie ihn aus und erschossen ihn kaltblütig, als er zu fliehen versuchte.

Die zeitgenössische Skizze zeigt die Einkreisung der Vigilanten durch angreifende Stadtbewohner auf der TA Ranch, wo schließlich die Entscheidung im Johnson-County-Krieg fiel. Kavallerietruppen der U.S.-Armee (*rechts oben*) griffen im letzten Augenblick ein, bevor die Vigilanten überrannt wurden.

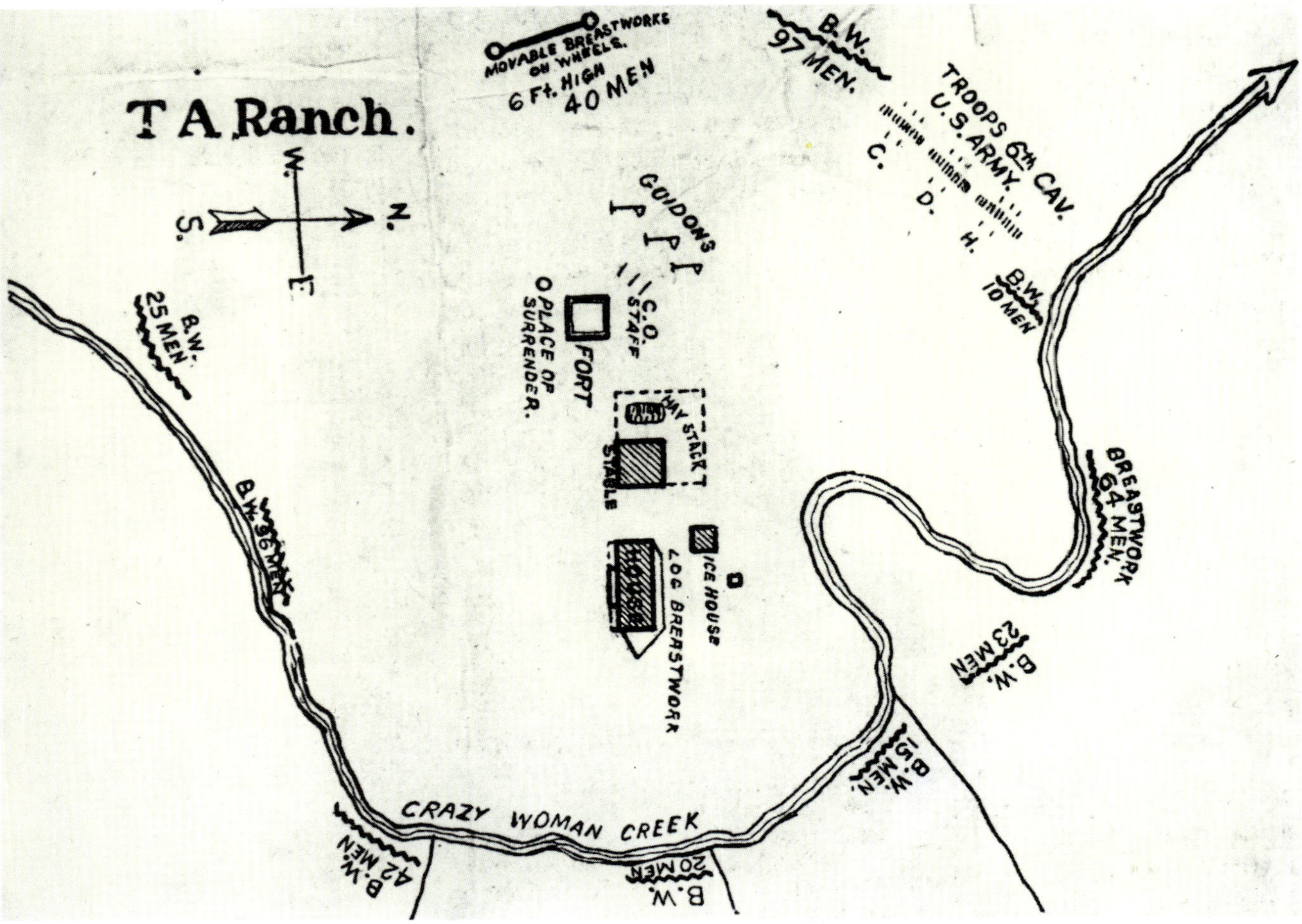

drähte, die vor knapp einer Woche in ihrem Interesse durchschnitten worden waren, inzwischen repariert worden seien. Und wirklich hatte der Chefmechaniker der Wyoming Inland Telegraph Company Tag und Nacht die defekten Stellen gesucht. Er ritt, bis seine Tiere in dem Matsch und Schnee aufgaben; dann ging er zu Fuß. Aber jedesmal, wenn er eine unterbrochene Stelle repariert hatte, war die Leitung an anderer Stelle durchtrennt: Die Schuldigen waren jetzt Bewohner von Johnson County, die verhindern wollten, daß der Feind Hilfe von außen herbeirief.

Als sich weitere Mechaniker an die Arbeit machten, schaffte es die Telegraphen-Gesellschaft, die Leitung für kurze Perioden offenzuhalten, aber die Lage blieb prekär. Am Dienstag, dem zweiten Tag der Belagerung, kamen zwei Bedienstete aus Buffalo mit einem Telegramm an Governor Amos Barber durch und informierten ihn, eine gesetzwidrig bewaffnete Truppe sei im Johnson County eingefallen, habe zwei Siedler getötet und widersetze sich nun der Festnahme durch den Sheriff und sein Aufgebot. In dem Telegramm wurde der Governor gebeten, die Bundestruppen in Fort McKinney herbeizurufen, „um bei der Niederschlagung der Rebellion Hilfe zu leisten“. Governor Barber waren aber die Invasionspläne die ganze Zeit bekannt gewesen, und er stand auf seiten der Vigilanten: Was ihn jetzt schockierte, war die Nachricht über die Lage. Als aus Buffalo immer mehr Telegramme mit Bitten um Hilfe gegen die Viehzüchter kamen, geriet der Governor in ernste Schwierigkeiten. Er verzögerte also die Beantwortung der Hilferufe, um erst einmal eine Nachricht der Viehzüchter oder ihrer Verbündeten abzuwarten.

Barbers Dilemma löste sich am späten Dienstagabend, als ihn endlich das Telegramm der Viehzüchter erreichte. Der Kurier war bei der TA Ranch durch die Reihen der Angreifer geschlüpft, 160 Kilometer weit ins nächste County geritten und hatte von dort aus telegraphiert. Jetzt, wo Barbers schlimmste Befürchtungen sich bestätigt hatten, telegraphierte er unverzüglich an Präsident Benjamin Harrison und bat ihn um Truppen, die einen „Aufstand“ nieder-

Der Stall der TA Ranch trägt noch die Spuren des gerade beendeten Krieges. Die Löcher unter dem obersten Fenster dienten den belagerten Viehzüchtern und ihren texanischen Söldnern als Schießscharten, durch die sie auf die Feinde schossen (ohne freilich auch nur einen zu treffen).

schlagen sollten. Zum Glück für seine Freunde alarmierte der Governor auch die beiden Senatoren von Wyoming in Washington. Als nämlich das Telegramm beim Präsidenten eintraf, schlief der gerade. Aber die Senatoren eilten ins Weiße Haus und holten Harrison aus dem Bett.

Endlich und gerade noch rechtzeitig kam etwas zugunsten der Viehzüchter in Gang. Nun, da ihnen das Wasser bis zum Halse stand, sprangen einige der höchsten Staatsdiener ihnen bei. Das Ergebnis beschrieb ein Lokalredakteur aus Cheyenne so: „Die Militärgeschichte kennt keinen anderen Fall, in dem derart prompt gehandelt und eine so schnelle Truppenbewegung vorgenommen wurde wie hier. Barbers Telegramm an den Präsidenten verließ Cheyenne am 12. April nach Einbruch der Dunkelheit; als es Washington, 3200 Kilometer entfernt, erreichte, beriet sich der Präsident mit dem Verteidigungsminister und den Senatoren von Wyoming, und dann wurde ein Telegramm nach Omaha geschickt, 2400 Kilometer entfernt, nach Fort McKinney weitergeleitet – weitere 1600 Kilometer – und das alles noch vor ein Uhr morgens, also innerhalb von sechs Stunden. In der nächsten Stunde waren drei Kavallerie-Einheiten auf dem Marsch, und noch vor Sonnenaufgang verhießen ihre Trompetensignale den wartenden Baronen Rettung, 24 Kilometer von der Garnison entfernt."

Auf der TA Ranch hatten die Viehzüchter die Hoffnung auf Hilfe von außen so gut wie aufgegeben. Zwischen den Gentlemen aus Cheyenne und den texanischen Revolvermännern stiegen die Spannungen. Die Texaner murrten, als Frederic de Billier sich mittags in ein Hinterzimmer zurückzog und offen erklärte, er halte immer einen Mittagsschlaf. Am selben Nachmittag gab es einen weiteren schlimmen Augenblick, als Major Wolcott einem der Viehzüchter auftrug, mit einigen Revolvermännern den Hügel hinaufzugehen, um die Verteidiger in dem Unterstand abzulösen. Sieben Mann hatte der Viehzüchter ausgesucht, da weigerte sich der achte. Wolcott befahl ihm, auf den Hügel zu gehen. „Es ist noch zu hell", protestierte der Revolvermann, „dabei werde ich getötet." Der Major

Nach ihrer Niederlage durch die Siedler von Johnson County tragen die Viehzüchter aus Wyoming und ihre gemieteten Revolvermänner Selbstzufriedenheit zur Schau, obwohl sie in Gewahrsam sitzen. Ihre Zuversicht war gerechtfertigt: Sie erwirkten den Wechsel des Gerichtsorts nach Cheyenne, und das dortige Gericht, das ihnen wohlgesinnt war, ließ die Mordanklage fallen.

S"
NAR. TAKEN AT Ft. D.A. RUSSELL
MAY 4th 1892
o. 22. W.J. CLARKE
" 23. L.H. PARKER
" 24. TESCHMACHER
" 25. B.C. SCHULZE
" 26. W.H. TABOR
" 27. J.A. GARRETT
" 28 W.A. WILSON
NO. 29 J. BARLINGS
" 30 M.A. MC NALLY
" 31. MIKE SHONSEY
" 32. DICK ALLEN
" 33 FRED HESSE
" 34 FRANK CANTON
" 35. Wm LITTLE
NO. 36 JEFF MYNETT
" 37. BOB BARLINGS
" 38 S. SUTHERLAND
" 39 BUCK GARRETT
" 40 G.R. TUCKER
" 41 J.M. BENFORD
" 42 WILL ARMSTRONG
No. 5174.

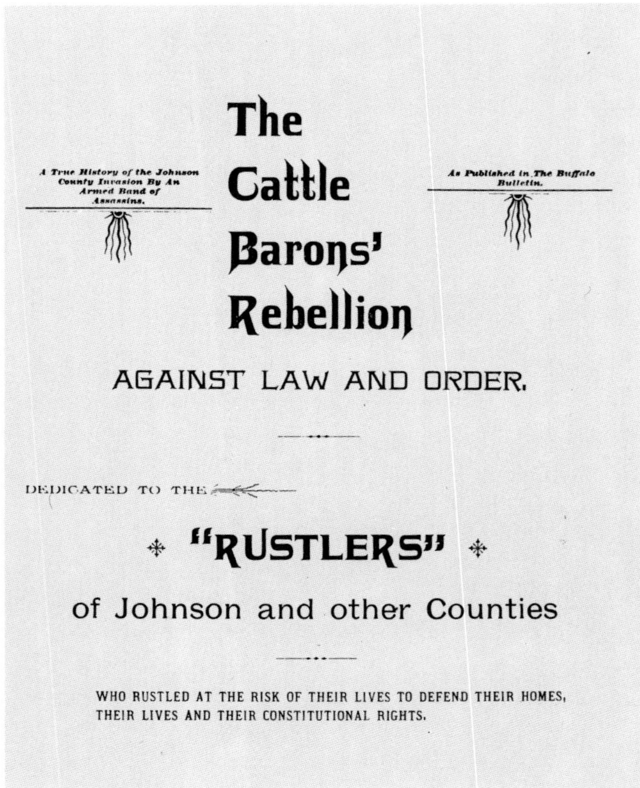
A True History of the Johnson County Invasion By An Armed Band of Assassins.

As Published in The Buffalo Bulletin.

The Cattle Barons' Rebellion

AGAINST LAW AND ORDER.

DEDICATED TO THE

"RUSTLERS"

of Johnson and other Counties

WHO RUSTLED AT THE RISK OF THEIR LIVES TO DEFEND THEIR HOMES, THEIR LIVES AND THEIR CONSTITUTIONAL RIGHTS.

In dieser Aufmachung erschien ein Sonderdruck des örtlichen Zeitungsberichts über den Johnson-County-Krieg aus der Sicht der Sieger. Sie streuten Salz in die Wunden der Viehzüchter, indem sie sich selbst stolz als „Viehdiebe" bezeichneten.

explodierte: „Was ist Ihnen lieber, beim Hinaufgehen getötet zu werden oder gleich hier? Sie Hundesohn, Sie tun entweder, was Ihnen befohlen wird, oder ich bringe Sie persönlich um!" Der zögernde Revolvermann rannte hinauf.

Am Mittwochmorgen, im ersten Dämmerlicht, sahen die Viehzüchter ein riesiges Gebilde aus schweren Holzbalken und Heuballen sich langsam auf die Umzäunung zu bewegen. Sie erkannten die Räder wieder, auf denen das bewegliche Fort rollte, denn sie stammten von den Vorratswagen der W.S.G.A., die sie zurückgelassen hatten – beladen mit zusätzlichen Waffen, Munition und – wie sich die Viehzüchter mit aufsteigender Angst erinnerten – mit Dynamit. Die Angreifer besaßen genau die Waffen, die sie zur Beendigung der Belagerung brauchten: Sie mußten nur, sobald sie dicht genug herangekommen waren, im hohen Bogen Dynamitstäbe aus ihrem sicheren Versteck schleudern.

Die Texaner feuerten heftig, aber erfolglos auf das undurchdringliche Bollwerk, als plötzlich ein Horn aus der Ferne ertönte. Hubert Teschemacher blinzelte durch einen Riß in einem der brettervernagelten Fenster, entdeckte die Wimpel der Kavallerie und schrie, daß die Truppen kämen. Die Viehzüchter stöhnten vor Erleichterung, aber ein Texaner begriff nicht, was geschah. „Was! Bundestruppen? Müssen wir auch noch gegen Bundestruppen kämpfen? Gott der Allmächtige, jetzt sind wir erledigt!"

Die Schießerei endete, als die Truppen sich in Formation aufstellten. Die Offiziere verhandelten hinter einem Hügel mit Sheriff Angus. Sie hatten ihre Befehle: Sie sollten die Männer auf der Ranch retten und sie übernehmen. Daraufhin bot Angus einen Kompromiß an: Die Truppen könnten die belagerten Männer haben, aber unter der einen Bedingung: Die Vigilanten sollten später den Zivilbehörden übergeben werden, damit ihnen der Prozeß gemacht werden könne. Die Offiziere willigten ein. Dann näherten sie sich mit Sheriff Angus, von Wimpelträgern flankiert, den Ranchgebäuden. Währenddessen begann irgend jemand hinter der Brustwehr einen schmutzigen weißen Lappen zu schwenken.

Major Wolcott begrüßte Colonel J. J. Van Horn, den Kommandeur der Kavallerie-Abteilung, mit einer förmlichen Verbeugung, und Van Horn erklärte, er habe den Befehl von Präsident Harrison, bei der Niederschlagung des Aufruhrs Hilfe zu leisten. „Sind Ihre Männer gewillt, sich ruhig zu ergeben?" fragte der Colonel. „Dem Militär, ja", antwortete der Major. Dann deutete er auf Sheriff Angus: „Aber nicht diesem Mann." Die Vigilanten wurden unter militärischen Arrest genommen und nach Fort McKinney geschafft.

„Wir rechneten nur damit, gegen Diebe zu kämpfen", äußerte sich Wolcott später, „und wir waren willens, jede Chance wahrzunehmen, mit ihnen Krieg zu führen. Daß sie soviel Unterstützung fanden, hat mich verwirrt und überwältigt. Das ganze Land machte sich auf, um uns zu schlagen, und beinahe wäre es ihnen gelungen." Aber Sheriff Angus war immer noch weit davon entfernt, sich zufriedenzugeben. Während er die abrückende Kavallerie und ihre Gefangenen beobachtete, sagte er ärgerlich zu einem Zeitungsreporter: „Diese Leute sind hierhergekommen mit Mord und Zerstörung im Sinn. Sie haben gemordet und gebrandschatzt und sich dem Gesetz widersetzt, und es war meine Aufgabe, sie zu verhaften. Sie gehörten mir. Ich hatte sie im Griff, und sie wurden mir genommen."

Die bösen Ahnungen des Sheriffs wurden wahr. Gleich nach ihrer Festnahme wurden die Gefangenen eilig von Fort McKinney nach Cheyenne befördert, wo ihre Chancen besser standen, dem Lynchen und sogar einem Prozeß zu entgehen. Die einzige schwere Prüfung, die sie noch durchzustehen hatten, war eine demütigende Sechs-Tage-Reise zu Pferde von Fort McKinney nach Douglas, der nächstgelegenen Bahnstation. Eine Abteilung Soldaten gab ihnen das Geleit – nicht, um ihre Flucht zu verhindern, sondern um sie vor den aufgebrachten Siedlern zu schützen, die die Route säumten. Zur Schande kamen physische Qualen: Die Männer aus dem subtropischen Texas mußten die ganze Strecke durch einen tobenden Schneesturm reiten. Aber in Douglas bestieg die geschlagene Armee einen privaten, an einen Militärzug gehängten Pullmanwagen, und der war mit Champagner beladen und mit Telegrammen überhäuft, die die Familien und Freunde der Viehzüchter geschickt hatten. Als der Zug kurz vor Cheyenne in Fort Russell einfuhr, entstiegen ihm die Texaner vollkommen wiederhergestellt – fit wie eh und je, großspurig und sorglos, als wären sie bereits auf ihrem Heimatboden. Im Unterschied zu ihnen wirkten die Viehzüchter gedemütigt; sie wollten nur zweierlei: ein heißes Bad und frische Kleidung.

Zehn Wochen lang wurden die Gefangenen in Fort Russell festgehalten, und während dieser Zeit wechselten die Viehzüchter und die Texaner kaum ein Wort miteinander. Sie schliefen in demselben Schlafraum – der Kegelbahn im Fort –, die Texaner drängten sich im hinteren Teil zusammen, während die Viehzüchter vorn lebten. Die Mahlzeiten wurden ihnen in derselben Kantine serviert, aber getrennt, in der Reihenfolge wechselten sie sich ab. Ein Viehzüchter erhielt Zugang zum Verpflegungsmagazin und kümmerte sich um die Bedürfnisse seiner Gefährten, und alle konnten darauf bauen, daß ihnen der Kommandeur des Postens seinen Salon zur Verfügung stellte, wenn ihre Ehefrauen sie besuchten. Lediglich Frederic de Billier kümmerte sich um die Texaner, unterwies sie in den Finessen des Baseball- und des Rugby-Spiels.

Die Anwälte der Viehzüchter waren unterdessen eifrig bemüht, Arrangements für die Gerichtsverhandlung zu treffen. Anklage gegen die Vigilanten wurde allein wegen Mordes an Nate Champion und Nick Ray und Inbrandsetzung ihrer Hütte erhoben. Diese Anklagepunkte waren schwer haltbar, weil die Kronzeugen – die beiden Trapper, die sich auf der Ranch befanden, als Champion und Ray starben – bestochen worden waren und den Bundesstaat verlassen hatten. Außerdem arrangierten die Anwälte, daß der Prozeß in Cheyenne, dem Hauptquartier der Viehzüchter, stattfand. (Der befreundete Richter hatte die Stadt Buffalo als Gerichtsort ausgeschlossen, indem er entschied, daß ihnen nur in Cheyenne ein unparteiischer, unvoreingenommener Prozeß gemacht werden könne.) Die Texaner wurden von Fort Russell nach Cheyenne in einen großen Vortragssaal verlegt und derselbe Richter ordnete an, daß Johnson County die Kosten für ihre Unterbringung zu tragen habe, und zwar 100 Dollar pro Tag für jeden Mann. Nach wenigen Wochen war Johnson County bankrott.

Als der Richter auch noch anordnete, die Häftlinge seien ohne Bürgschaft freizulassen, wußte jedermann, daß Johnson County vor Gericht verlieren würde. Im Cheyenne Club fand eine großartige Feier und Abschiedsparty statt, zu der die Texaner als Ehrengäste geladen waren. William Irvine beschrieb in einem Brief an einen Freund dieses Ereignis so:

„Falls Du Dich für einen Moment in die Lage von einem von uns versetzen kannst, der die Last des Anwerbens, Ernährens, Bezahlens und Beschützens dieses Texaner-Haufens getragen hat, dann kannst Du Dir vorstellen, wieviel Vergnügen und Erleichterung wir empfinden, daß wir das Ende erleben durften. Wir haben viele unserer Freunde eingeladen, damit sie die Texaner kennenlernten, wir haben ohne Rücksicht auf die Kosten ein Bankett veranstaltet. Doch keinem von uns kam der Gedanke, daß der durchschnittliche Texaner mit Champagner vielleicht nicht ganz vertraut sein könnte; und da er ein bißchen wie Wasser aussieht, tranken sie ihn genauso, wie sie Wasser trinken. Das Ergebnis kannst Du Dir vorstellen. Sehr bald suchten sie – zumindest viele von ihnen – den Kampf, und da außer ihnen selbst niemand dazu aufgelegt war, begannen sie, untereinander zu kämpfen. Es war nicht ganz einfach, sie zu beruhigen; es dauerte Stunden. Na, schließlich sind wir ohne Zwischenfälle mit ihnen fertiggeworden, und am nächsten Tag fuhren sie ab nach Texas; ich werde mich an dieses Ereignis immer mit Vergnügen erinnern."

Schließlich ließen die Behörden von Johnson County die Anklagen gegen die Viehzüchter und ihre Söldner fallen. Die Texaner waren – trotz ihres Pechs in Wyoming unverzagt – längst getrennt ihrer Wege gegangen, neuen Revolverkämpfen im immer noch „wilden" Westen entgegen. Einige trieb es zurück zu ihrem Unterschlupf in der Gegend von Paris, Texas, wo Tom Smith sie angeworben hatte. Andere zog es in das Hügelland des Indianer-Territoriums, in dem kein Gesetz galt, und in die Städte des Territoriums Oklahoma, die jeden aufnahmen. Diese Richtung schlugen auch G. R. Tucker und Buck Garrett ein, die erst 19 und 22 Jahre alt waren, als sie den Johnson-County-Krieg mitfochten. In späteren Jahren waren es ihre Revolver, die den Gesetzen in der Gegend rund um Ardmore, Oklahoma, Bedeutung verschafften.

Ein paar Revolvermänner starben in ihren Stiefeln, kurz nachdem sie Wyoming verlassen hatten. Tom Smith, wiederum Deputy U.S. Marshal in Texas, wurde nach wenigen Monaten bei einer Schießerei mit einem schwarzen Desperado getötet. Auch Texas Kid, der den ersten Schuß auf Nick Ray von der KC Ranch abgefeuert hatte, ereilte ein trauriges Schicksal. Als er heimgekommen war, gab es mit seiner Freundin Auseinandersetzungen über seine Tätigkeit in Wyoming. Sie mißbilligte, was er dort getan hatte, und weigerte sich, ihn zu heiraten; also erschoß er sie. Unter dem Galgen erklärte er, er wünschte, er wäre überhaupt niemals nach Wyoming gegangen.

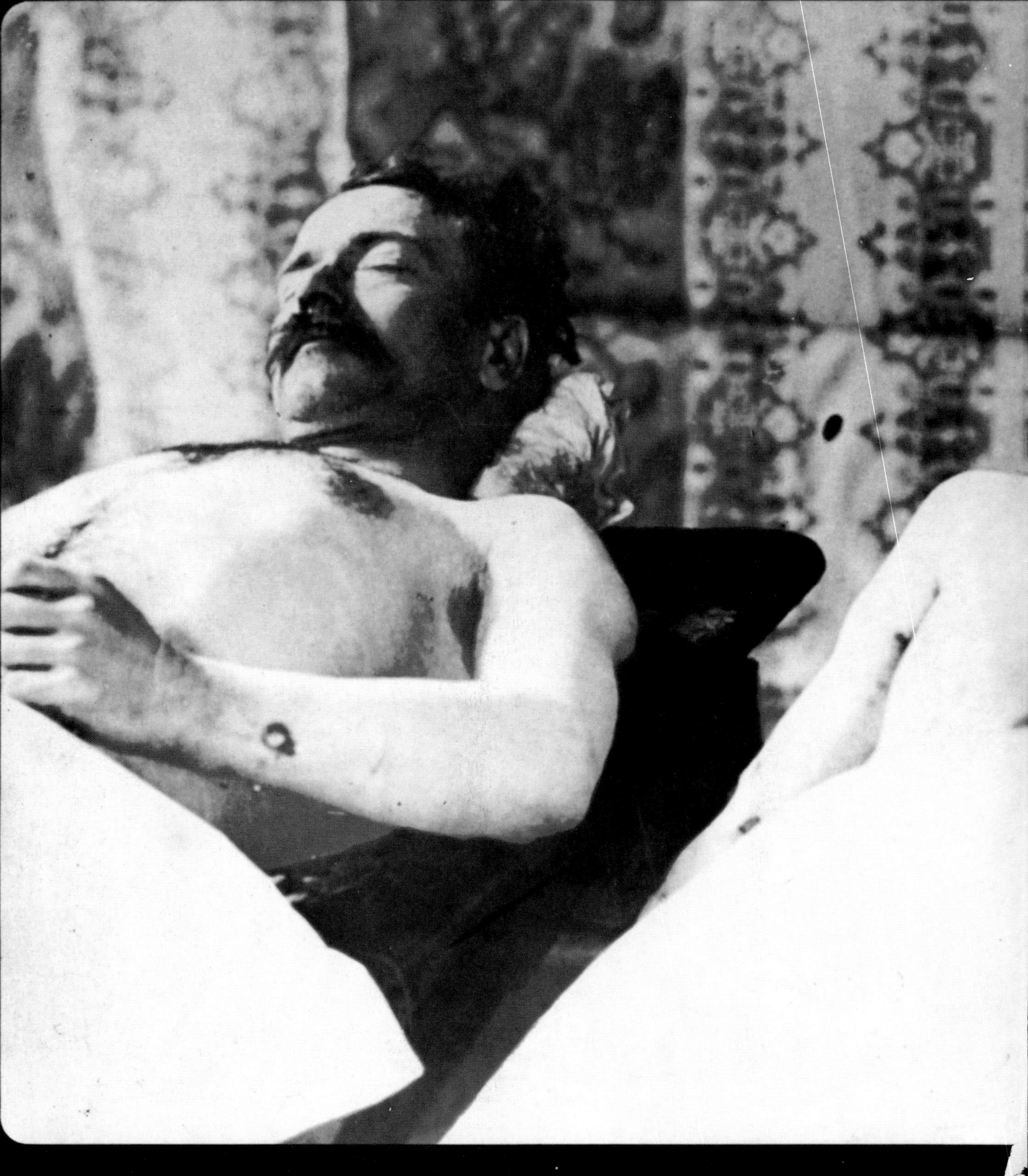

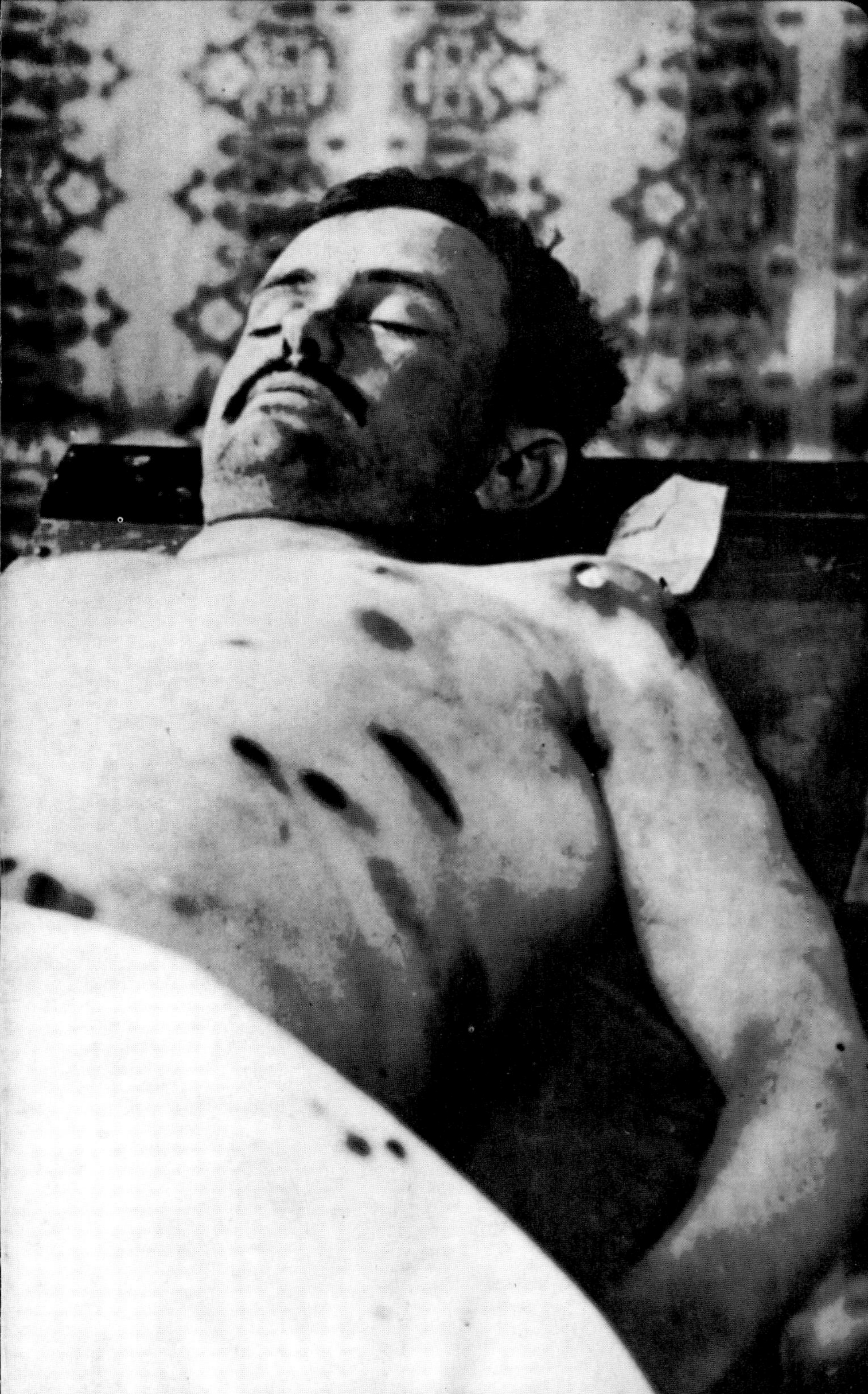

Mit dem Ausgang des 19. Jahrhunderts wurden Banditen, die eine Bank ausraubten oder einen Zug überfielen und dann lang genug auf freiem Fuß blieben, um damit zu prahlen, genauso selten wie die Büffel. Sie mußten sich nicht nur mit einer wachsenden Armee von Polizisten auseinandersetzen, sondern auch mit entmutigenden technischen Einrichtungen. Das Gesetz bediente sich des Telegraphen und des Telephons, um die Beschreibung von Übeltätern zu übermitteln und Informationen über ihren Aufenthalt zu sammeln. Häufig verfolgten die Jäger ihr Wild mit der Eisenbahn und führten im Viehwagen ihre Pferde mit für die letzte Jagd.

Angesichts solcher Fortschritte in der Verbrechensbekämpfung waren gewöhnliche Desperados wie Charlie Pierce und Bitter Creek Newcomb (*links*) Todeskandidaten. Sie waren ursprünglich Mitglieder der Doolin-Bande, trennten sich aber nach einem Zugüberfall von ihren Komplizen und tauchten im Mai 1865 in einem Farmhaus bei Guthrie im Territorium Oklahoma unter. Deputy U.S. Marshals, per Draht über ihren Aufenthalt unterrichtet, umstellten bald ihren Unterschlupf. Im Nu waren beide, so der *Guthrie Daily Leader*, „in eine Bleimine verwandelt".

Die Polizisten krönten ihren Triumph häufig mit den Photos der Opfer – zur Identifizierung, als Andenken und um eine eindrucksvolle Tarnung festzuhalten (*Seite 231*). Aber die hier und auf den nächsten Seiten wiedergegebenen Photos dienten noch einem anderen Zweck: Sie waren eine anschauliche Warnung an alle Möchtegern-Banditen, daß der Revolverkampf zwar eine Zeitlang lohnend sein konnte, der schließlich zu zahlende Preis aber wahrscheinlich der Tod war.

Charlie Pierce (*rechts*) liegt mit durchlöcherter Brust neben seinem Komplizen Bitter Creek Newcomb in einer Leichenhalle aufgebahrt.

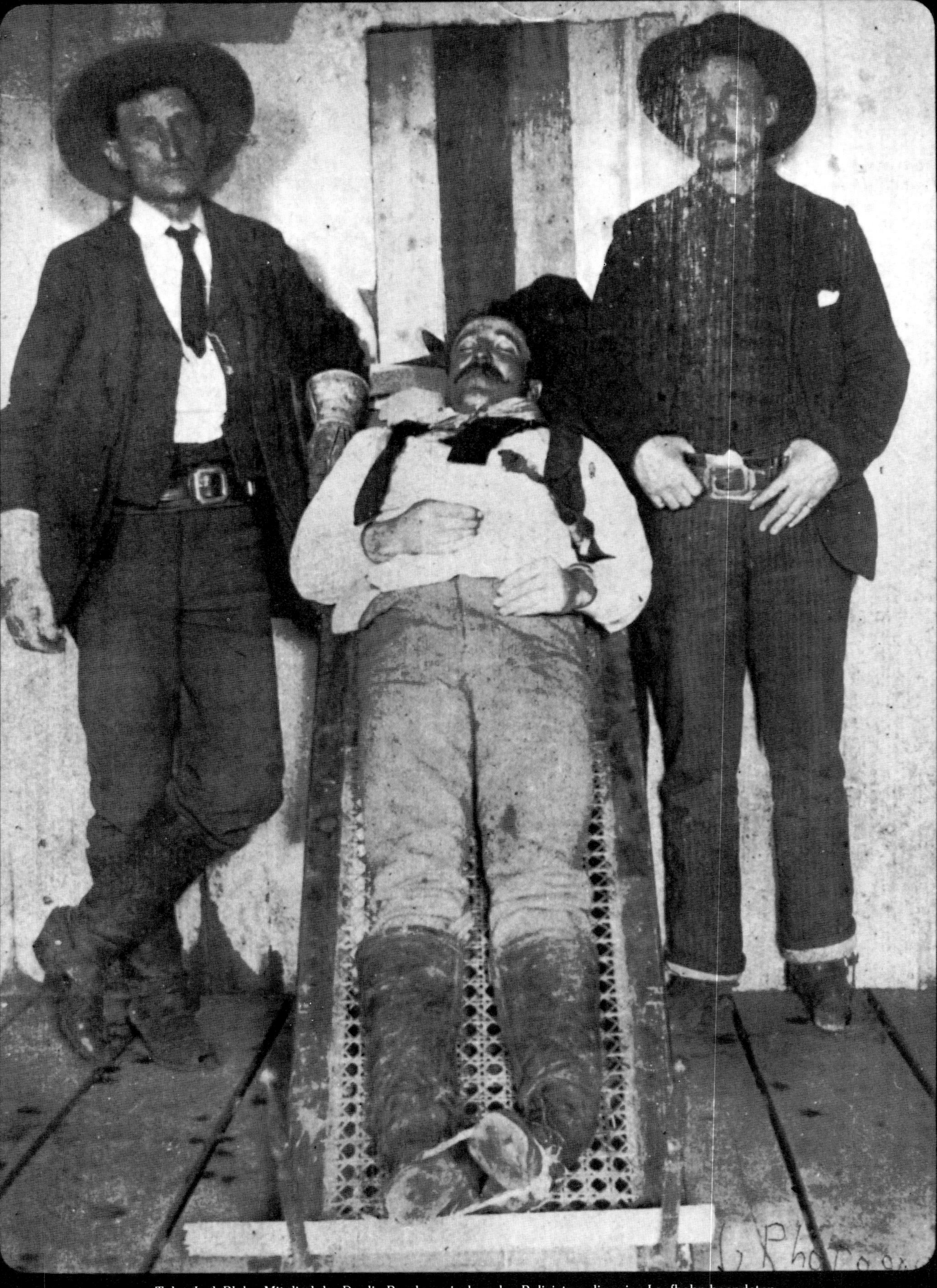

Tulsa Jack Blake, Mitglied der Doolin-Bande, zwischen den Polizisten, die seine Laufbahn beendeten.

Familienbande auch nach dem Tod: Bill (*links*) und Fred McCarty waren Vater und Sohn.

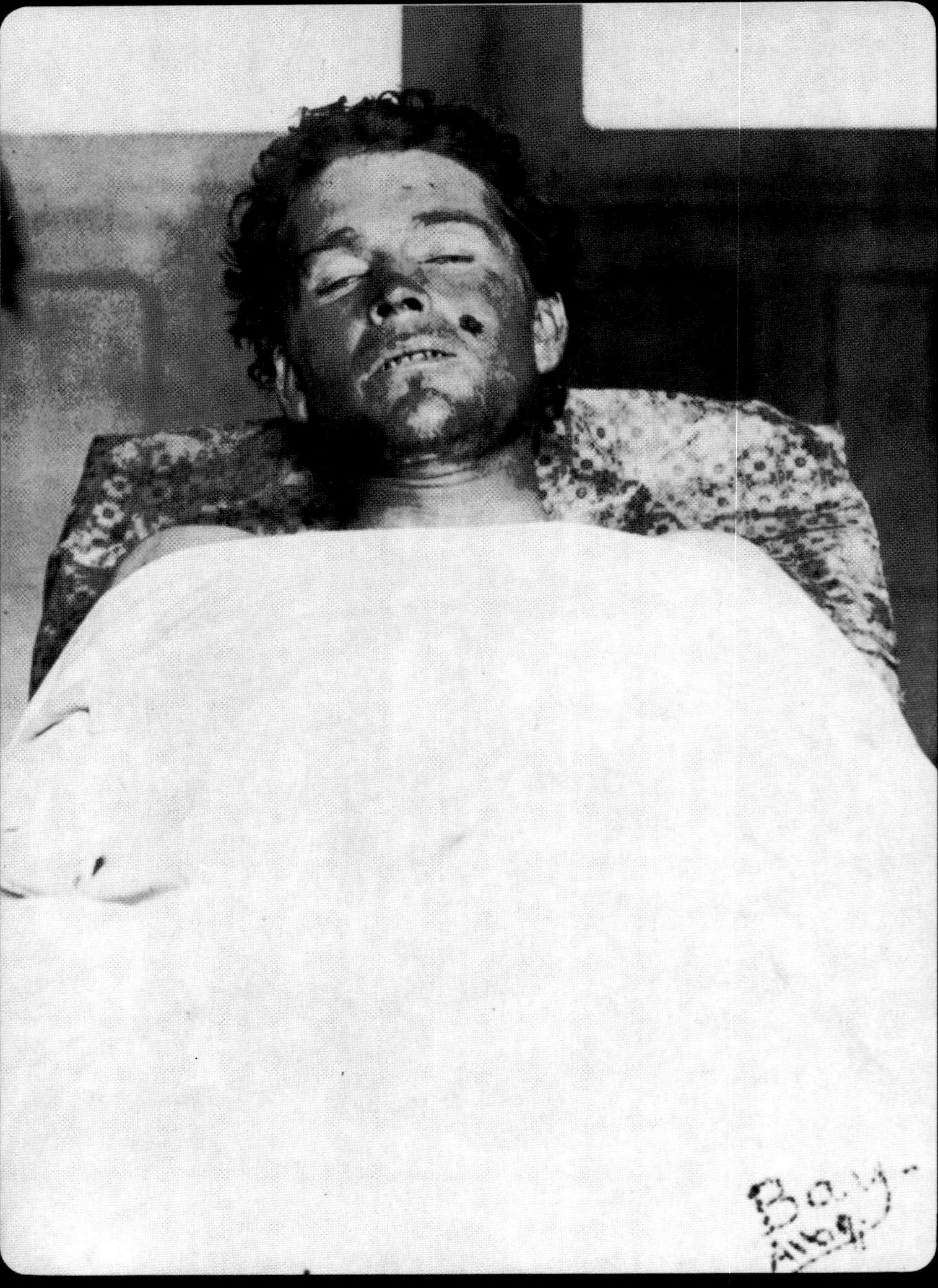

Auch der Zugräuber Cole Estes fand sein Ende. Die tödlichen Verletzungen sind unter dem Tuch verborgen.

Dick West, von der Hand eines Deputy U.S. Marshals getötet, war der letzte der Doolin-Bande.

Die leblosen Hände des Cherokee-Banditen Ned Christie umklammern das Gewehr, das er so meisterhaft zu handhaben wußte.

Die Postkutschenräuber Bill Brazelton, von einem Aufgebot umgebracht, trägt noch die Maske, die er beim Überfall benutzte.

GLOSSAR

ARMY SCOUT: Private, von der U.S.-Armee in unerforschten Wildnisgebieten auf Zeit angestellte Kundschafter und Pfadfinder, die das Operationsgebiet und die indianischen Stämme darin besser kannten als die Militärs. Ehemalige Trapper und Mountain-Men, aber auch Eisenbahnvermesser, Postkutschenfahrer, Goldsucher, Herdentreiber wurden vornehmlich als Scouts angeworben. Während der Indianerkriege im Westen stellten Indianer einen hohen Anteil an Scouts, die häufig zu ganzen uniformierten Truppenteilen zusammengefaßt waren.

CORRAL: (Aus dem Spanischen) Einzäunung, mit der Herdentiere (Rinder, Pferde, Schafe usw.) einmal an einem bestimmten Ort festgehalten, zum anderen Tiere (wilde und zahme) von einem bestimmten Platz ferngehalten werden. Ein Corral konnte dauerhaft sein; in diesem Falle verwendete man verschiedene Materialien, zum Beispiel: Pfosten und Stacheldraht (Stacheldraht-Corral), Pfosten und Latten (Latten-Corral), dicht aneinander stehende Pfosten (Staketen-Corral), Pfosten und Astgeflecht (Astgeflecht-Corral). Ein Corral konnte aber auch nur vorübergehend errichtet werden; in diesem Falle verwendete man leichtes transportables Material, zum Beispiel: nur Seile (Seil-Corral), die man um Bäume, Büsche oder Wagenachsen schlang oder durch Eisenstangenösen führte. In Texas hießen Corrals gewöhnlich „Round Pens".

COUNTY: Ein mit dem deutschen Landkreis vergleichbares ländliches Verwaltungsgebiet mit einer Bezirkshauptstadt (County Seat), in der sich die Bezirksverwaltung (County Administration) und das Bezirksgericht (County Court) mit dem Bezirksgefängnis (County Jail) befand.

GEWEHR: (Rifle) Eine Langwaffe mit gezogenem Innenlauf. Diese Züge versetzen das Geschoß in Rotation, so daß es nach dem Verlassen des Laufs durch ‚Drehstabilisierung" eine gestreckte Flugbahn erhält, die genaues Treffen ermöglicht.

GOVERNOR: Jedes Bundesterritorium und jeder Bundesstaat besitzt eine Verwaltung und Regierung, der als politischer Führer ein auf vier Jahre gewählter Gouverneur (vergleichbar einem Länder-Ministerpräsidenten in der BRD) vorsteht.

KARABINER: (Carbine) Eine Langwaffe mit einem gekürzten Gewehrlauf für Berittene.

LAW AND ORDER MAN: Jede vom Gesetz und nach formaljuristischen Maßstäben autorisierte Person, die Verstöße gegen kommunale, staatliche und Bundesgesetze verfolgte. Das waren die kommunalen Polizeibeamten, die Bezirks-Polizeibeamten, Ankläger und Richter, die einzelstaatlichen Exekutivbeamten und die bundesstaatlichen Beamten, aber auch die Verteidiger und deren Gehilfen. Ebenfalls fielen hierunter die zahlreichen privatrechtlichen Institutionen (Viehzüchter-Vereinigungen, Transportgesellschaften, Bankvereine) und ihre eigentumbewachenden Detektive, auch private Detektivinstitute (wie die Pinkerton-Agentur usw.) und ihre Mitglieder.

MARSHAL: Ernannter Polizeichef. UNITED STATES MARSHAL: Für jeden Bundesstaat ernannte der U.S.-Präsident einen U.S. Marshal, der seinen Sitz meistens in der Hauptstadt eines Bundesstaates hatte. Er war für die Durchsetzung und Einhaltung beziehungsweise für Verstöße gegen Bundesgesetze zuständig und für Verstöße gegen Bundeseigentum. So stellte der U.S. Marshal zum Beispiel die oberste Polizeibehörde im Regierungsland dar (beispielsweise in Indianer-Reservationen); er war für Verbrechen gegen die U.S.-Post verantwortlich (also für Postkutschenüberfälle, bei denen die U.S.-Postkiste beschädigt oder gestohlen wurde); er verfolgte geflohene Gefangene eines Bundesgefängnisses usw. Der U.S. Marshal hatte keinerlei Befugnisse im Geltungsbereich eines County Sheriff oder County Marshal, sondern konnte hier nur im Einvernehmen mit diesen Beamten tätig werden. Seine Untergebenen stellte der U.S. Marshal nach eigenem Gutdünken ein: Ein U.S. DEPUTY MARSHAL war ein auf Zeit und gegen Gehalt angestellter Vertreter des U.S. Marshal, der selbständig Befehle ausführte und Erfolgsprämien (pro Gefangennahme) erhielt. FEDERAL MARSHAL ist eine populäre Bezeichnung für den U.S. Marshal und den U.S. Deputy Marshal. Der TOWN MARSHAL ist der Polizeichef einer städtischen Kommune und verantwortlich zuständig für die Durchführung der kommunalen Ordnungsgesetzgebung oder die Verstöße dagegen. Er wird von der Stadtverwaltung angestellt. Populär wurde er auch CITY MARSHAL genannt. Die Stadtverwaltung stellte ihm angestellte Polizisten zur Seite: ASSISTANT MARSHAL war der Gehilfe eines Town Marshal oder City Marshal, der DEPUTY CITY MARSHAL sein Stellvertreter. Einfache Stadtpolizisten nannte man auch nur: Polizisten (Policeman) oder Konstabler (Constable). In Notfällen konnte der City Marshal jeden ihm geeignet erscheinenden Bürger als Assistant Marshal vereidigen (zum Beispiel bei der dringenden Verfolgung Flüchtiger) und ihn einem Aufgebot (*posse*) zuordnen.

OUTLAW: Ein ‚außerhalb des Gesetzes' Stehender, dessen ‚das Gesetz' habhaft zu werden suchte. Dies bedeutete nicht zwangsläufig, daß es sich um einen Kriminellen handelte. Es konnte sich zum Beispiel um jemanden handeln, dem großes Unrecht widerfahren war und der das Recht in die eigene Hand genommen hatte (Desperado = Verzweifelter), oder um einen Beschuldigten, der der Rechtsprechung mißtraute und vor ihr auf der Flucht war. Im Gegensatz hierzu zählten aber auch alle Gewaltkriminellen, an deren verbrecherischer Tätigkeit keinerlei Zweifel mehr herrschten, zu den Outlaws, zum Beispiel der Bandit, der Vieh- und Pferdedieb, der Mörder (Killer, Murderer), der entflohene Sträfling usw.

PEACE OFFICER: So wurden populär alle Polizisten genannt. Wörtlich übersetzt bedeutet es nicht „Friedens-Offizier", sondern vielmehr „Friedens-Offizielle", das heißt die mit „dem inneren Frieden offiziell Beauftragten", also mehr Friedens-Beamte (die mit einem Amt Beauftragten).

PERKUSSION: Vorderladerzündsystem, bei dem die Ladung (Pulver, Kugel und Schußpflaster) von vorne in den Lauf (beziehungsweise in die Trommel) geschoben wird, die Zündung aber durch einen Zündpiston mit Zündhütchen am hinteren Ende des Systems durch Schlag mit dem Hahn erfolgt.

PISTOLE: (Pistol) Einläufige Kurzwaffe, die ein- oder mehrschüssig sein konnte. Bei mehrschüssigen Pistolen besaß die Waffe ein Patronenmagazin mit einem Repetiersystem (zum Beispiel ein Röhrenmagazin unterhalb des Laufs – Volcanic – und Unterhebelrepetier-System – Lever-Action).

RANDFEUER-ZÜNDUNG: Patronen-Zündsystem, bei dem die Zündmasse im Rand des Patronenbodens eingelassen ist und durch Schlag entzündet wird.

RANGER: Wörtlich etwa: ein innerhalb großer Entfernungen Umherstreifender. In Verbindung mit ‚Law and Order': ein Mitglied einer Ranger-Truppe, die innerhalb eines großen Wildnisraums bestimmte Polizeiaufgaben wahrnimmt. Zum Beispiel sicherten die Texas Rangers die gesamte Südgrenze von Texas gegen mexikanische Banditen und illegale Einwanderer, aber auch die westliche und nordwestliche Besiedlungsgrenze gegen räuberische Indianerangriffe, im Inneren aber auch Postkutschen- und Bahnlinien gegen Überfälle. Sie traten als Vermittler und Fahnder bei inneren Familienfehden und Weidekriegen auf. Die Arizona und die California Rangers hatten ähnliche Aufgaben. Im Prinzip füllte der Ranger in den großen unbesiedelten Weiten jenen Kompetenz-Raum aus, der von städtischen, Bezirks- und Bundesbeamten nicht oder nur am Rande berührt wurde.

REVOLVER: (Revolver) Einläufige Kurzwaffe mit einem rotierenden zylindrischen Trommelmagazin (revolvere, lat.: drehen). Häufig wird der Revolver mit der Pistole verwechselt.

SCHROTFLINTE: (Shotgun) Eine Langwaffe mit einem einfachen oder einem Doppellauf, der innen nicht gezogen, sondern glatt ist. Aus ihr wurden Schrotpatronen verschossen mit Schroten in der Größe 3 mm (Birdshot), 4–6 mm (Buckshot 0) und 9 mm (Buckshot 00).

SHERIFF: Der Sheriff war der oberste Exekutiv-Beamte einer Bezirksverwaltung und eines Bezirksgerichts. Er wurde von der Bevölkerung eines Bezirks (County) auf zwei Jahre in öffentlicher geheimer Wahl gewählt und vom Bezirksrichter vereidigt, vom Governor bestätigt. Ihm oblag die Steuereintreibung und Eintreibung anderer Countygebühren. Er überwachte und setzte die kommunalen Bestimmungen rechtskräftiger Verwaltungsentscheidungen durch (Gerichtsvollzieherfunktion) und war für die Durchführung aller gerichtlich rechtskräftigen Urteile zuständig (Vollstreckung von Todesurteilen, Überführung von Verurteilten ins Staatsgefängnis). Der Sheriff ernannte seine Stellvertreter, die DEPUTY SHERIFFS, selbst diese Ernennung jedoch mußte vom Bezirksgericht bestätigt werden. Deputy Sheriffs blieben aber immer kündbare Angestellte auf Zeit.

UNTERHEBEL-REPETIERER: Repetiersystem bei Gewehren und Karabinern (Büchsen), bei dem sich unter dem Lauf ein gleich langes Röhrenmagazin für Patronen befindet, die mit einem Unterhebel-Repetier-System (Lever-Action) aus dem Röhrenmagazin entnommen und ins Patronenlager geführt werden, wobei das System gleichzeitig abgeschossene Patronenhülsen entfernt und auswirft.

VIGILANTEN: (Aus dem Englischen: vigilant = wachsam) Wenn Recht und Gesetz versagten oder selbst korrupt und verbrecherisch waren, nahmen sich die Bürger das Recht, Law and Order selbst in die Hand zu nehmen und Recht und Ordnung wiederherzustellen. Im allgemeinen hielten sich die Vigilanz-Komitees an die üblichen Gepflogenheiten, sie handelten nur den Gejagten gegenüber anonym (sie trugen Masken und Vermummungen) und lüfteten ihr Inkognito, sobald sie ihrer habhaft waren. Die ‚Gerichtssitzungen' fanden nach Gepflogenheiten anglikanischen Rechts statt, es wurde Protokoll geführt, aber nicht die Anklage mußte – wie üblich – dem Beschuldigten eine Tat nachweisen; sondern der Beschuldigte mußte seine Unschuld nachweisen. Im nachhinein ist festzustellen, daß die Verurteilung von Unschuldigen verhältnismäßig selten vorkam. Die Strafen, die ein Vigilanz-Komitee verhängte, waren: Ausweisung aus einem County, einer Region oder einem Staat unter Androhung sofortiger Hinrichtung, Prügel-, Brandmal- und Todesstrafe.

ZENTRALFEUER-ZÜNDUNG: Patronen-Zündsystem, bei dem in der Mitte des Patronenbodens ein Zündhütchen eingelassen ist, das durch Schlag entzündet wird.

QUELLENNACHWEIS DES TEXTES

Besonders nützliche Quellen für Informationen und Zitate waren: Kapitel 1: Bertholomew, Ed: *Wyatt Earp: The Man and the Myth.* Frontier Book Co. 1964; Bartholomew, Ed: *Wyatt Earp: The Untold Story.* Frontier Book Co. 1963; *The Daily Nugget.* Tombstone, Arizona, ausgewählte Ausgaben vom 29. Okt. bis 2. Dez. 1881; Martin, Douglas D.: The *Earps of Tombstone.* Tombstone Epitaph 1959; Miller, Nyle H., und Snell, Joseph W.: *Creat Gunfighters of the Kansas Cowtowns, 1867–1886.* University of Nebraska Press 1963; Rosa. Joseph G.: *The Gunfighter: Man or Myth?* Copyright 1969 bei University of Oklahoma Press; Schoenberger, Dale T.: *The Gunfighters.* The Caxton Printers. Ltd. 1971; 25 – Briefauszüge von Gosper an Blaine, 1881 – National Archives, Washington. D.C.: 39 – Schußwechsel zitiert nach Myers. John M.: *The Last Chance: Tombstone's Early Years.* University of Nebraska Press 1950, S. 97–98. Kapitel 2: Buel, James W.: *The Border Bandits.* Historical Publishing Co. 1880; Buel, J. W.: *The Border Outlaws.* Historical Publishing Co. 1882; Crittenden, H. H.: *The Crittenden Memoirs.* G. P. Putnam's Sons 1936; Settle, William A.: *Jesse James Was His Name.* University of Missouri Press 1966; 67 – Nachricht zitiert nach *Daily Times*, St. Louis. 2. Feb. 1874; 72 – Younger-Brüder in Texas, zitiert nach Horan, James D.: *Desperate Men.* Bonanza Books 1969, S. 101; 73 – Pinkerton, zitiert nach Horan, S. 89 – James-Prozeß, zitiert nach Wellman, Paul I.: *A Dynasty of Western Outlaws.* Bonanza Books 1960, S. 126. Kapitel 3: Dykstra. Robert R.: *The Cattle Towns.* Alfred A. Knopf Inc. 1968; Miller, Nyle H., und Snell. Joseph W.: *Great Gunfighters of the Kansas Cowtowns, 1867–1886.* University of Nebraska Press 1963; Prassel, Frank R.: *The Western Peace Officer: A Legacy of Law and Order.* Copyright 1972 bei der University of Oklahoma Press; Rosa, Joseph G.: *They Called Him Wild Bill.* Copyright 1964 bei der University of Oklahoma Press, Schoenberger, Dale T.: *The Gunfighters.* The Caxton Printers, Ltd. 1971, Streeter, Floyd B.: *Ben Thompson. Man With A Gun.* Frederick Fell, Inc. 1957, Young, Frederic R.: *Dodge City.* Boot Hill Museum, Inc. 1972; 101 – Kreisverwaltung, zitiert aus Keleher, William A.: *The Violence in Lincoln County.* University of New Mexico Press 1957, S. XI; 103 – Viehdiebe, zitiert nach Wagoner, Jay J.: *Arizona Territory.* University of Arizona Press 1970, S. 374, 112 – stümperhafter Bankraub, zitiert nach Yost, Nellie S.: *Medicine Lodge: The Story of a Kansas Frontier Town.* Swallow Press, Inc. 1970, S. 83, 125 – Mastersons Abgang zitiert nach Breihan, Carl W.: *Great Gunfighters of the West* Naylor Co. 1962, S. 102. Kapitel 4. Shirley, Glenn. *The Law West of Fort Smith.* University of Nebraska Press 1968. Zitiert mit Gen. d. Autors, 139 – Hansford zitiert nach Gard, Wayne: *Frontier Justice.* University of Oklahoma Press 1949, S. 25; 140 Dodge City, zitiert nach Gard, S. 258; Three-Legged Willie, zitiert nach Gard, S. 261; 145 – Marshal zitiert nach Jones, W. F.: *Experiences of a Deputy U.S. Marshal in Indian Territory.* University of Oklahoma Press 1937, S. 21; 153 – ein Altgedienter, zitiert nach Prassel. Frank Richard: *The Western Peace Officer: A Legacy of Law and Order.* University of Oklahoma Press 1972, S. 233; 155 – Belle Starr, zitiert nach Horan, James D.: *Desperate Women.* Bonanza Books 1952, S. 22; 156 – Roy Bean, zitiert nach Gard, S. 266; 163 – Henry Starr, zitiert nach Drago, Harry Sinclair: *Outlaws on Horseback.* Dodd, Mead & Co. 1964, S. 126. Kapitel 5: Bartholomew, Ed: *Bill Longley: A Texas Hardcase.* Frontier Press of Texas 1953; Fulton, Maurice G.: *The Lincoln County War.* University of Arizona Press 1968; Garrett, Pat F.: *The Authentic Life of Billy the Kid.* Copyright 1954 bei University of Oklahoma Press; Hardin, John Wesley: *The Life of John Wesley Hardin as Written by Himself.* Copyright 1961 bei University of Oklahoma Press; Mullin, Robert N.: „The Boyhood of Billy the Kid" in *Southwestern Studies*, Bd. 5, Nr. 1. University of Texas 1967; 169 – Ruhm der Revolvermänner, zitiert nach Crittenden, H. H.: *The Crittenden Memoirs.* G. P. Putnam's Sons 1936, S. 193; 172 – Allisons ärztl. Attest, zitiert nach Schoenberger, Dale T.: *The Gunfighters.* The Caxton Printers, Ltd. 1971, S. 1; Allisons Brief, zitiert nach Schoenberger, S. 15; 173 – Allisons Leben, zitiert nach Snell, Joseph, und Miller, Nyle H.: *Why the West Was Wild.* Kansas State Historical Society, 1963 S. 26; 180 – Hardin, zitiert nach Koop, Waldo E.: „Enter John Wesley Hardin, A Dim Trail to Abilene" in *The Prairie Scout*, Bd. II, Hrsg. von The Westerners. Ives Printing Co. 1974, S. 26. Kapitel 6: David, Robert B.: *Malcolm Campbell, Sheriff.* Wyomingana, Inc., 1932; Penrose. Dr. Charles B.: *Correspondence and Memoirs.* Mit freundlicher Genehmigung des Western History Research Center, University of Wyoming, Laramie; Penrose, Dr. Charles B.: *The Rustler Business.* Douglas Budget, 1959, Smith, Helena Huntington: *The War on Powder River.* University of Nebraska Press 1966, mit Genehmigung der McGraw-Hill Book Co.; 197 – Angemessenheit, zitiert nach Dimsdale, Thomas: *The Vigilantes of Montana.* University of Oklahoma Press 1972, S. 16, 201 – Horns Spezialität, zitiert nach Prassel, Frank Richard. *The Western Peace Officer: A Legacy of Law and Order.* University of Oklahoma Press, 1972 S. 147, 204 – Zwillingskälber, aus Stuart, Granville. *Forty Years on the Frontier.* Hrsg. von Paul C. Phillips. The Arthur H. Clark Co., 1957, S. 195; friedliebende Viehzüchter, zitiert nach Stuart, S. 196; 210 – Wolcott, zitiert nach Mercer, A. S.: *The Banditti of the Plains.* University of Oklahoma Press 1954, S. 50, 214 – Pferde, zitiert nach *Cheyenne Daily Leader* v. 11. Mai 1892, 219 – Rettung, zitiert nach Mercer, S. 76.

QUELLENNACHWEIS DER ABBILDUNGEN

Abbildungen von links nach rechts sind durch Semikolon, solche von oben nach unten durch Gedankenstriche getrennt.

Einband - mit freundlicher Genehmigung Photo Collections, Museum of New Mexiko, Santa Fè. 2 - mit freundlicher Genehmigung Gen. State Historical Society of Missouri, Columbia. 6, 7 - Reproduktion von Oliver Willcox, m. frdl. Gen. Thomas Gilcrease Institute of American History and Art, Tulsa. 8, 9 – Reproduktion von Benschneider, m. frdl. Gen. J. Laurence Sheerin. 10-13 – Reproduktionen von Linda Lorenz, m. frdl. Gen. Amon Carter Museum, Fort Worth, Texas. 14 – m. frdl. Gen. Photo Collections, Museum of New Mexico, Sante Fé. 6 – m. frdl. Gen. Arizona Historical Society, Tucson. 18, 19 – m. frdl. Gen. Arizona Historical Foundation, Charles Trumbull Hayden Library, Arizona State University, Tempe. 20, 21 – m. frdl. Gen. Arizona Historical Society. 22 – Benschneider, m. frdl. Gen. Sam und Theda Medigovich, Silver Nugget Museum, Tombstone, Arizona. 23 – Benschneider, m. frd. Gen. Bird Cage Theatre, Tombstone Arizona. 24 – m. frdl. Gen. Arizona Historical Society. 26 – Benschneider, m. frdl. Gen. Sam und Theda Medigovich, Silver Nugget Museum. 27 – m. frdl. Gen. Nancy Stewart Centko. 28, 29 – m. frdl. Gen. Arizona Historical Society. 30 – Zeichnung von Nicholas Fasciano. 31 – m. frdl. Gen. The Bancroft Library, Berkeley. Kalifornien. 32 – m. frdl. Gen. Denver Public Library, Western History Department. 33 – Benschneider, m. frdl. Gen. Bird Cage Theatre. 35 – m. frdl. Gen. Charles W. Carter Collection, Archives Historical Department, The Church of Jesus Christ of Latter-day Saints, Salt Lake City, Utah, 36, 37 – m. frdl. Gen. Denver Public Library. Western History Department. 40 – Ken Kay, m. frdl. Gen. Private Collection. 41 – Benschneider, m. frdl. Gen. Sammlung Donald M. Yena, Weitern Artist, San Antonio, Texas – Ken Kay, m. frdl. Gen. Colt Firearms Collection, Connecticut State Library Museum, Hartford – Ken Kay, m. frdl. Gen. Winchester Gun Museum, Olin Corporation, New Haven, Connecticut. 42 – Ken Kay, m. frdl. Gen. Private Collection, außer unten: Charles Phillips, m. frdl. Gen. The Wallace Beinfeld Collection, Studio City, Kalifornien. 43, 44 – Ken Kay, m. frdl. Gen. Private Collection, außer unten Mitte. S. P. Stevens, m. frdl. Gen. Harry Jersig Collection, Lone Star Brewing Co., San Antonio, Texas. 45 – Ken Kay, m. frdl. Gen. Carlos H. Mason Collection, Bristol, Connecticut – Ken Kay, m. frdl. Gen. Winchester Gun Museum, Olin Corporation. 46, 47 – Ken Kay, m. frdl. Gen. Carlos H. Mason Collection (3) – Ken Kay, m. frdl. Gen. Colt Firearms Collection, Connecticut State Library Museum (2). außer Mitte. S. P. Stevens, m. frdl. Gen. Donald M. Yena, Western Artist. 48 – Ken Kay, m. frdl. Gen. Colt Firearms Collection, Connecticut State Library Museum, außer unten: Ken Kay, m. frdl. Gen. Winchester Gun Museum, Olin Corporation. 49 – Ken Kay, m. frdl. Gen. Colt Firearms Collection, Connecticut State Library Museum, außer unten. S. P. Stevens, m. frdl. Gen. Donald M. Yena, Western Artist. 50, 51 – Ken Kay, m. frdl. Gen. Winchester Gun Museum, Olin Corporation (5) Benschneider, m. frdl. Gen. Donald M. Yena, Western Artist. 52, 53 – m. frdl. Gen. Sammlung S. P. Stevens, San Antonio, Texas. 54 – m. frdl. Gen. The Jackson County (Missouri) Historical Society Archives, Rogers Collection, Independence. 57 – m. frdl. Gen. Denver Public Library, Western History Department. 58, 59 – m. frdl. Gen. The New York Historical Society. 60 – m. frdl. Gen. State Historical Society of Missouri. 63 – aus. *The Georges – Pioneers and Rebels* von B. James George sr. Copyright 1965, m. frdl. Gen. State Historical Society of Missouri. 64, 65 – m. frdl. Gen. Wilbur A. Zink Collection, Appleton City, Missouri. 66, 67 – m. frdl. Gen. Denver Public Library, Western History Department. 68 – m. frdl. Gen. State Historical Society of Missouri. 69 – m. frdl. Gen. Denver Public Library, Western History Department. 70, 71 – m. frdl. Gen. The Jesse James Bank Museum, Liberty, Missouri. 73 – m. frdl. Gen. Pinkerton's, Inc., New York. 74 – m. frdl. Gen. Western History Collections, University of Oklahoma Library, Norman. 76 bis 79 – m. frdl. Gen. Minnesota Historical Society, St. Paul. 81 – m. frdl. Gen. Sy Seidman, New York. 82 – m. frdl. Gen. Archives Division, Texas State Library, Austin. 83 – m. frdl. Gen. St. Joseph Museum, St. Joseph, Missouri. 84, 85 – m. frdl. Gen. Kansas State Historical Society, Topeka. 86 – m. frdl. Gen. The Jackson County (Missouri) Historical Society Archives, W. W. Welch Collection. 87 – m. frdl. Gen. State Historical Society of Missouri. 88, 89 – m. frdl. Gen. Culver Pictures. 90 – m. frdl. Gen. Pinkerton's, Inc. 91 – m. frdl. Gen. Wyoming State Archives and Historical Department – m. frdl. Gen. Pinkerton's Inc. 92, 93 – m. frdl. Gen. Pinkerton's, Inc. 94, 95 – m. frdl. Gen. Oklahoma Historical Society, Oklahoma City. 96 – m. frdl. Gen. Western History Collections, University of Oklahoma Library. 97 – oben links und unten rechts: m. frdl. Gen. Boot Hill Museum, Inc., Dodge City, Kansas, oben rechts und unten links: m. frdl. Gen. Western History Collections, University of Oklahoma Library. 98, 99 – m. frdl. Gen. Arizona Historical Society. 100 J. R. Eyerman, m. frdl. Gen. Sammlung Ron Donoho, Las Vegas, Nebraska, außer oben Mitte: J. R. Eyerman. m. frdl. Gen. Mrs. Raymond Garrett, Leihgabe zum Gedenken an ihren Gatten Raymond Garrett und seinen Vater Buck Garrett, Jurist, und rechts Mitte: Ken Kay, m. frdl. Gen. Private Collection. 102 – m. frdl. Gen. Arizona Historical Society. 104, 105 – m. frdl. Gen. The Cunningham Collection, Stillwater, Oklahoma. 108, 109 – m. frdl. Gen. Western History Collections, University of Oklahoma Library. 110, 111 – m. frdl. Gen. Arizona Historical Society. 112 – m. frdl. Gen. Kansas State Historical Society. 113 – m. frdl. Gen. Montana Historical Society, Helena. 114, 115 – m. frdl. Gen. Western History Collections, University of Oklahoma Library. 116, 117 – m. frdl. Gen. The Cunningham Collection. 118 – m. frdl. Gen. Archives Division, Texas State Library. 120 – m. frdl. Gen. Kansas State Historical Society. 121 – m. frdl. Gen. Boot Hill Museum. Inc. 122 – m. frdl. Gen. Kansas State Historical Society. 123 – Reproduktion von Oliver Willcox, m. frdl. Gen. Thomas Gilcrease Institue of American History and Art, Tulsa. 124 – m. frdl. Gen. Kansas State Historical Society. 126, 127 – m. frdl. Gen. Harry E. Chrisman: *Fifty Years on the Owl Hoot Trail*, Swallow Press, Inc., Chicago. 128, 129 – m. frdl. Gen. Sammlung Fred und Jo Mazzulla, Denver, Colorado. 130 – m. frdl. Gen. Stimson Collection, Wyoming State Archives and Historical Department, Cheyenne – Benschneider, m. frdl. Gen. Tombstone Courthouse State Historic Park, Arizona State Parks; Benschneider, m. frdl. Gen. Arizona Historical Society (2). 131 – Photo Joseph E. Smith, m. frdl. Gen. David R. Phillips Collection, Chicago – Benschneider, m. frdl. Gen. Sam und Theda Medigovich, Silver Nugget Museum; Benschneider, m. frdl. Gen. Boot Hill Museum, Inc. 132, 133 – Al Lucke Collection, m. frdl. Gen. Montana Historical Society. 134 – Benschneider, m. frdl. Gen. Boot Hill Museum Inc. – Benschneider, m. frdl. Gen. Bird Cage Theatre. 135 – Benschneider, m. frdl. Gen. Arizona Historical Society. 136, 137 – m. frdl. Gen. Arizona Historical Society. 138, 139 – m. frdl. Gen. Montana Historical Society. 140 – m. frdl. Gen. The Bancroft Library. 143 – Photo T. H. Routh m. frdl. Gen. Denver Public Library, Western History Department. 144 – m. frdl. Gen. Western History Collections, University of Oklahoma Library – m. frdl. Gen. Oklahoma Historical Society. 146, 147 – m. frdl. Gen. Denver Public Library, Western History Department. 148 – m. frdl. Gen. Signal Corps. Nr. 111-B-3202, Brady Collection in National Archives. 150, 151 – m. frdl. Gen. Oklahoma Historical Society. 152, 154 – m. frdl. Gen. Glenn Shirley Western Collection, Stillwater, Oklahoma. 156 – m. frdl. Gen. Sy Seidman – m. frdl. Gen. Western History Collections, University of Oklahoma Library. 157, 158, 159 – m. frdl. Gen. Glenn Shirley Western Collection. 160 – m. frdl. Gen. Cecil Atchison, Präsident der Judge Parker's Historical Society, Fort Smith, Arkansas. 161 – m. frdl. Gen. Glenn Shirley Western Collection. 162, 163 – m. frdl. Gen. Oklahoma Historical Society. 164, 165 – m. frdl. Gen. Glenn Shirley Western Collection. 166, 167 – Roscoe G. Willson Collection, m. frdl. Gen. American Heritage Publishing Co. Inc., New York. 168 – m. frdl. Gen. *The Cattleman Magazine*, Fort Worth, Texas. 170, 171, 172 – m. frdl. Gen. Western History Collections, University of Oklahoma Library. 174 – m. frdl. Gen. Barney Hubbs Collection, Pecos, Texas. 175 – m. frdl. Gen. Denver Public Library, Western History Department. 176 – m. frdl. Gen. Bob McNellis, El Paso, Texas. 177 – m. frdl. Gen. Archives Division, Texas State Library. 178 – m. frdl. Gen. Western History Collections, University of Oklahoma, außer oben links: Arizona Historical Society. 179 – m. frdl. Gen. Denver Public Library. Western History Department, m. frdl. Gen. Western History Collections, University of Oklahoma Library – m. frdl. Gen. Western History Collections, University of Oklahoma Library; m. frdl. Gen. Kansas State Historical Society. 181 – m. frdl. Gen. Pinkerton's Inc. 183 – m. frdl. Gen. Western History Collections, University of Oklahoma Library. 184, 185 – m. frdl. Gen. Kennedy Galleries, Inc., New York. 187 – m. frdl. Gen. Bettman Archive, New York. 188 – m. frdl. Gen. Photo Collections, Museum of New Mexico. 189 – m. frdl. Gen. Indiana Historical Society Library, Indianapolis. 190 – m. frdl. Gen. The James D. Horan Civil War and Western Americana Collection, Little Falls, New Jersey. 191 – m. frdl. Gen. Denver Public Library, Western History Department. 192, 193 – m. frdl. Gen. Western Americana Collection, Beinecke Library, Yale University, New Haven, Connecticut. 194, 195 – m. frdl. Gen. California Historical Society, San Francisco. 196 – m. frdl. Gen. Library. The State Historical Society of Colorado, Denver. 198 – m. frdl. Gen. Denver Public Library. Western History Department. 199 – m. frdl. Gen. Montana Historical Society. 200 – Charles Phillips, aus *The Illustrated Police News* v. 28. Jan. 1882, m. frdl. Gen. Library of Congress. 202 bis 205 – m. frdl. Gen. The Cunningham Collection. 207 bis 212 – m. frdl. Gen. Western History Research Center, University of Wyoming, Laramie. 213 – Denver Public Library, Western History Department. 215 – m. frdl. Gen. Western History Collections, University of Oklahoma Library. 216, 217 – m. frdl. Gen. Turk Collection, Buffalo. Wyoming, Reproduktion von Pat Hall, Cheyenne. 218 – m. frdl. Gen. Western History Research Center, University of Wyoming. 219 – m. frdl. Gen. Anita Webb Deninger, Buffalo, Wyoming. 220, 221 – m. frdl. Gen. Western History Research Center, University of Wyoming. 222 – m. frdl. Gen. Wyoming State Archives and Historical Department. 224, 225, 226 – m. frdl. Gen. The Cunningham Collection. 227 – m. frdl. Gen. Denver Public Library, Western History Department. 228 – m. frdl. Gen. Wells Fargo Bank History Room, San Francisco. 229, 230 – m. frdl. Gen. Western History Collections, University of Oklahoma Library. 231 – m. frdl. Gen. Wells Fargo Bank History Room, San Francisco.

DANKSAGUNGEN

Die Redaktion dankt ausdrücklich den folgenden Personen, die dieses Buch in Teilen gegengelesen haben: Dr. Frank R. Prassel, San Antonio; Dr. William A. Settle, Professor of History and Political Science, University of Tulsa, Tulsa, Okla.; William B. Shillingberg, Tucson, Ariz.; Glenn Shirley, Stillwater, Okla.; Joseph W. Snell, Curator, Manuscript Div., Kansas State Historical Society, Topeka; R. L. Wilson, Manchester, Conn.

Die Redaktion dankt auch für die Mithilfe von Edna May Armold, Librarian, El Reno, Okla.; Manon Atkins, Mary Moran, Oklahoma Historical Society, Oklahoma City; John Bundy, Windham College Library. Putney, Vt.; Lee L. Burtis, California Historical Society, San Francisco; Carol Carefoot, Archivist, Texas State Library and Archives, Austin; Carl Chafin, The Chafin Collection of Western Americana, Tombstone, Ariz.; Pierce Chamberlain, Museum Curator, Loretta Davisson; Ass't Research Librarian, Margaret Bret Harte, Research Librarian, Tom Peterion, Curator of Collections, Jan van Orden, Ass't. Curator, Arizona Historical Society, Tucson; Robert Cunningham, Stillwater, Okla.; Mary K. Dains, State Historical Society of Missouri, Columbia; James H. Davis, Picture Librarian, Opal Harber, Librarian, Western History Dept., Denver Public Library Denver; Ron Donoho, Las Vegas; Elaine G. Dowty. Ass't. Director, Wells Fargo Bank History Room, San Francisco; Faye Duncan, Curator, West of the Pecos Museum, Pecos, Texas; Dr. Gardner P. H. Foley, Baltimore, Stella Foote, Billings, Mont.; Pauline S. Fowler, Director of Archives, Jackson County Historical Society, Independence, Mo.; Suzanne Gallup, Reference Librarian, The Bancroft Library. Berkeley, Kalifornien; Bill Garett, Tombstone, Gene M. Gressley, Director of Rare Books and Special Collections, David Crosson, Research Historian, Western History Research Center, Univ. of Wyoming, Laramie; Frances Gupton, Marjorie Morey, Amon Carter Museum, Fort Worth, Jack D. Haley, Western History Collections, Univ. of Oklahoma, Norman; Charles „Pat" Hall, Wyoming Bicentennial Commission, Cheyenne; Thomas E. Hall Curator, Winchester Gun Museum, New Haven; Archibald Hanna, Curator, Western Americana Collection, Yale University Library, New Haven; Laura Hayes, Viola A. McNealey, Wyoming State Archive and Hist. Dept. Cheyenne; George Henrichs, Exec. Director, Boot Hill Museum, Inc., Dodge City, Kans.; James D. Horan, Little Falls, N. J.; Bill Hunley jr., Bird Cage Theatre, Tombstone; Marjorie Kinney, Dept. Head, Peggy Smith, Virginia Wright. Missouri Valley Room, Kansas City Public Library; Waldo Koop, Wichita, Kans.; Cora Land, Fort Scott, Kans.; Allan MacDougall, E. C. Barker Texas History Center, Univ. of Texas, Austin; Bob McNellis, El Paso; Terry Wm. Mangan, Media Librarian. Colorado State Hist. Society, Denver; Theda Medigovich, Silver Nugget Museum, Tombstone; Harriet C. Meloy, Librarian, Montana Historical Society, Helena; Nyle Miller, Exec, Director, Eugene D. Decker. Archivist, Kansas State Historical Society, Topeka; Arthur L. Olivas, Photographic Archivist, Museum of New Mexico, Santa Fé; Charlotte Palmer, Still Picture Archivist, National Archives, Washington, D.C.; David R. Phillips. Chicago; Richard Pintarich, Portland, Ore.; Kate Plourd, Connecticut State Library, Hartford; Don L. Reynolds, Ass'st. Director, St. Joseph Museum, St. Joseph, Mo.; Professor Gary Roberts, Dept. of Social Sciences, Abraham Baldwin Agricultural College, Tifton, Ga.; S. P. Stevens. San Antonio; Susan M. Thomas, Valdosta, Ga.; Gladys Thompson. Butterfield Library, Westminster, Vt.; Tom Tisdale, Cheyenne, Mr. and Mrs. Ben Traywick, Tombstone, David Walters, Missoula. Mont.; Fred Walters, Research Ass't., Idaho Historical Society, Boise; John Whitlock jr., Library, School of Dental Medicine, Univ. of Pennsylvania, Philadelphia; Oliver Willcox, Staff Photographer. Thomas Gilcrease Institute, Tulsa; Bonnie Wilson, Audio Visual Reference Librarian, Minnesota Historical Society, St. Paul; Robert Wing, Supervisor, Tombstone, Courthouse State Historic Park, Wayne Winters, Tombstone; Jack B. Wymore, Jesse James Bank Museum, Liberty, Mo.; Frederic R. Young, Dodge City. Kans.; Wilbur A. Zink, Appleton City, Mo.

A

Abilene, Kansas, Staatsgewalt, 102, 103, 123, 176, 180
Alexander, William, 163
Allison, Clay, 39, 166, 170, 172–173, *174, 175*
Anderson, Bloody Bill, 56, 59, 62
Angus, W. E. „Red", 212, 216, 222
Apache Kid, *178*
Arkansas, Western District Court, 142, 145, 153, 158, 160, 161. *Siehe auch* Fort Smith
Armstrong, John, 182, 201
Aufgebote, *116–117*
Austin, Texas, Gesetzeshüter, 113, 115, *118*
Averell, Jim, 208, *212*

B

Banden, 52–93; Dalton-, *84–85*; Doolin-, 158, *224–226, 229*; James-, *52–53*, 55–56, 59, 61–62, *63, 66, 67, 68, 69, 70–71*, 72, 73, 75, *78*, 80, 82, 86–87, *88–89*; „Wild Bunch", 73, *90–93*
Banküberfälle: erster in den USA, 55; Sympathie für, 59, 61
Barber, Amos, 218
Bassett, Charles, 107
Bean, Roy, 142, 156
Behan, John, 22, *24*, 25, 27, 30, 32, 33, 34, 106
Billy the Kid, 34, 110, 166, *168*, 170, 181, 182, *183, 184–185*, 186, *187*, 188–190, *192–193*; Briefe, *189*; Kopfgeld, 190, Name, 182–183
Bird Cage Theatre, 17, 23
Black Jack Bill, 37
Blake, Tulsa Jack, *226*
Bligh, D. G., 62, 80
Blue Duck, 155, *162*
Bonney, William H. *Siehe* Billy the Kid
Boswell, Nathaniel Kimball, 101
Bothwell, Albert, 208
Bowman, Mace, 173
Brady, William, 184, 186, 190
Brazelton, Bill, *231*
Bridges, Jack, 109
Brown, Arapahoe, 216
Brown, George, 110
Brown, Henry, 110–113, *114–115*
Buck, Rufus, 154, *164*, Gedicht, *165*
Buffalo Bill, 46, 126
Bullion, Laura, *93*
Bürgerkrieg: Befehl Nr. 11 von Ewing, 59, 60, und Einzelgänger, 166, 169, Guerillabanden im, 53, 56, *58–59*, 60, und Indianer-Territorium, 143, und Pinkerton, 73
Bush, Lew, *126–127*

C

Cahill, Frank „Windy", 183
Calder, Billy, *138*
Caldwell, Kansas, Gesetzeshüter, 109–113
Campbell, John, 101
Canton, Frank M., 208, 210–212, 214, *215*
Carr, T. J., *97*
Cassidy, Butch, 73, *90, 91, 92*, 93, 181
„Cattle Kate", 208, *213*
Centralia, Missouri, Überfall auf, 56
Chacon, Augustine, *179*
Chadwell, Bill, 75, 80
Champion, Nate, 212, *216–217*, 223
Cheeseman, Joe, *94–95*
Cherokee Bill, Schuldspruch, *160*
Cheyenne Club, 207, 208, 209, 223
Chisum, John, 184
Christie, Ned, 153, *157*, 159, 230
Clanton, Ike und Billy, 20; und das Gefecht am O.K. Corral, 15, 22, 25–27, *30, 32*, 33
Clanton, Phineas, 20
Clifton, Dynamite Dick, 116, 117
Cochise County, Staatsgewalt, 25
Cody, William, genannt Buffalo Bill, 46, 126
Coffeyville, Kansas, Bankraub, *84–85*
Colbert, Chunk, 173, *175*
Cold Chuck Johnny, 37
Colt, Samuel, 40, 43
Colt's Patent Fire Arms Manufacturing Company of Hartford, 43, Produktion der Peacemaker, 43, 46
Cooper, Jack, Bittschrift, *211*
Corydon, Iowa, Bankraub, 62–63
Cowboys: und Grenzlandgemeinden, 17, 20, 107, 109; Schwarze Liste, 208, 211
Cravens, Ben, 116, *117*
Cripple Creek, Colorado, *143*
Crittenden, Thomas, 82, 86

D

Dalton, Bob, Emmett und Gratton, 84, *85*, 142, 152, 158
Daniel, Edwin, 68
Dark Alley Jim, 37
De Billier, Frederic O., 206, 219, 223
Deger, Larry, 119–120, 122
Dodge City, Kansas: Cowboys in, 107, 109, Gerichte in, 137, 140; und Frank Loving, 39; und die Mastersons, 118, 119–120, 122, 124–125; und Luke Short, 35, 37
Dolan, J. J., 184, 188
Doolin, Bill, 158, 160–161, 215
Doolin-Bande, 158, 215; getötete Mitglieder, *224–226, 229*
Dudley, Jim, 210–212, 214
Dynamite Sam, 37

E

Earp, James, 16
Earp, Morgan, *16*, 17, 20; und das Gefecht am O.K. Corral, 15, 22, 25–27, *30*, 32–33, 34
Earp, Virgil, *16*, 17, 20, 107; Bericht von, *26*; und das Gefecht am O.K. Corral, 15, 22, 25, 27, *30*, 32–34
Earp, Wyatt, *16–17*, 20, 24, 35, 37, 39, 107, 126, 134; und das Gefecht am O.K. Corral 15, 22, 25–27, *30*, 32, 33, 34; und Luke Short, 35, 37
Einzelgänger, Charakteristik, 166, 169
Eisenbahngesellschaften: im Indianer-Territorium, 143; Polizeigewalt der, 199
Estes, Cole, *228*
Ewing, Thomas, *60*; Befehl Nr. 11, 59, 60

F

Farnsworth, C. H., *98–99*
Fisher, John King, 166, *179*
Flatt, George, 109–110
Flinten-Collins, 37
Ford, Bob, *81, 82, 83*, 86; Bericht über die James-Festnahme, 86
Ford, Charlie, 82
Fort Smith, Arkansas, 145, 149; Gericht, 145, 149–150, 153–155, 157, 161, 163–164; Hinrichtungen, 148, 149, 161, 165
Foster, W. K., *98–99*
Foy, Eddie, Zitat, 107, 122
Fremont, John C., 22, 25

G

Gallatin, Missouri. Bankraub, 62
Garrett, Buck, 223
Garrett, Pat, 189–190, *191*, 192, 201, *The Authentic Life of Billy the Kid, 192–193*
Gefängnisse, *112, 113*, Gefangenenliste, *110–111*
Gekaufte Killer. *Siehe* Revolvermänner, gedungene
Gericht(e), 137, Bezirks-(Bundes), 141, 142, 145, Geschworene, 141: örtliches, 141, 142, 143, 156; Schuldspruch, *160. Siehe auch* Richter; Staatsgewalt
Gerichtsgebäude, *136–137*, 142, 149
Gesetzeshüter, 95, 101–103, 106–107, 109–113, 115, 118–120, 122, 124–125, 158, 160–161, 181, 223; Bezahlung, 201; Charakteristik, 95, 102, 106; im Indianer-Territorium, 142, 143, 145, 150, 152 153; Korruption, 106, 150, 152; Plaketten, *100*, 160; Rangers, 103; Richtlinien, *152*; Sheriffs, 103, 106; Town Marshals, 95, 102, 103, 106–107; U.S. (Federal) Marshals, 95, 103, 106, 204
Gewehre, *50–51*; American Arms, *51*; Henry, *50–51*; Remington, *51*; Winchester, *50–51*
Glick, George Washington, 37
Glücksspiel, *131, 134*; Geräte, *130–131*; und Gesetzeshüter, 16–17, 101–102
Gosper, John, Bericht, 25
Grenzlandgemeinden, 15–16, 34; Gerichte, 137; Saloons, 15, *126–135*; Staatsgewalt, 101–102
Guthrie, Oklahoma: Bewohner, *202–203*; Gesetzeshüter, *104–105, 108–109*; Verbrecher getötet in, *224–225*

H

Hahnenkampf, *20–21*
Hansford, John, 139–140
Hardin, John Wesley, 166, 170, 175, *176*, 179, 180, 182; Begnadigung, 177; Ehefrau, 180, 182
Harrison, Benjamin, 218–219
Hartman, L. C., *97*
Helena, Montana, Gefängnis, *113*
Henkersrichter. *Siehe* Parker, Isaac Charles
Hesse, Fred, 206
Hickok, Wild Bill (James Butler) 37–38, 39, 102, 107, 123, 176, 180
Holliday, John „Doc", 17, *27*, 107 und das Gefecht am O.K. Corral, 15, 22, 25, 27, *30*, 32, 33, 34; und Luke Short, 35, 37
Horn, Tom, 201, 204, *207*
Horner, Joe, *Siehe* Canton, Frank
Houston, Temple, *144*
Howland, Bob, 198
Hutchinson, Billy und Lottie, 23

I

Indianer: die Fünf Zivilisierten Stämme, 142 143, 157, Verkehrs-Vertrag (Intercourse Act), 142
Indianer-Territorium: Errichtung, 142; Justiz, 142, 143, 145, 150, 151, 152–153, 157–158, 161–164, 204–205; Übergriffe auf, 142 143, 145, 153, 157
Irvine, William, 201, 206, 214, 223

J

Jackson, Charles, 139
James, Frank und Jesse, 34, 39, 46, *52–53, 54*, 56, *57*, 62, *70–71*, 72, 80, *81, 82, 87, 88–89*, 142, 155; Banküberfälle, 55, 56, 61–63, 72, 75, 78,

80; ausgesetzte Belohnung, 2, 4; Ehe und Familie, 72, 82, 86; Ende der Banditenlaufbahn, 86–87; als Guerillas, 56, 58, 59, 62; auf dem Jahrmarkt von Kansas City, 63; Postkutschen-Überfälle, 56, *69*, Sympathien für, 59, 61, 62, 63; Verbrechensliste, 56; Zugüberfälle, 56, 63, 66–67, 68, 72, 82
Johnson, Frank Terney, Gemälde, 10–11
Johnson, Turkey Creek Jack, 39
Johnson-County-Krieg, 197, 206, 208–210, 212, 214, 215, 216, 217, 218–219, 222–223; Skizze des Kampffelds, *218*
Jones, W. C., *108–109*

K

Kelley, James „Dog", 119–120, 122, 125
Kilpatrick, Ben, *93*
Koerner, W. H. D., Gemälde, 12–13

L

Ladd, Jack, 72
Lawrence, Kansas, Überfall, 56, *58–59*
Leadville, Colorado, Hinrichtung, *146–147*
Leslie, Buckskin Frank, *178*
Lexington, Missouri, Bankraub, 61
Liberty, Missouri, Bankraub, 55
Liddil, Dick, 82
Life and Times of Jesse and Frank James, *68*, *69*
Lincoln-County-Krieg, 183–184, 186, 188
Longbaugh, Harry. *Siehe* Sundance Kid
Longley, Bill, 169, 170, *172*; Zitate, 169, 170, 172
Loving, Cock-Eyed Frank, 39
Lull, Louis, 68
Lund, Alfred, 116, *117*

M

McCarty, Bill und Fred, *227*
McCluskie, 38
McGregg, Buck, 116, *117*
McLaury, Tom und Frank, 20, 22, und das Gefecht am O.K. Corral, 15, 22, 26–27, *30*, *32*, 33
McSween, Alexander, 183–184, 186
Madsen, Chris, 160
Maledon, George, 149, 155, *161*
Marshall, John, *96*
Mason, Joe, *97*
Masterson, Bat (Bartholomew), 35, 37, 107, 118–119, 120, *121*, 122, 124–125, 134, 144; und Luke Short, 35, 37; Spesenvergütung, *122*, Zitate, 7, 38, 95, 106, 113, 118, 124, 125
Masterson, Ed, 118, 119, *120*, 122, 124–125
Masterson, Jim, 107, 118, 119, *120*, 125
Mather, Dave, 34–35
Maxwell, Pete, 190
Meagher, Michael, 110
Medicine Lodge, Kansas, Bankraub, 111–112
Miller, Clell, 75, 78
Miller, Jim, *170–171*
Mimms, Zee, 72, 82
„Moderatoren", 139
Montana, Viehzüchtervereinigung von, 204–206
Moonlight, Tom, 37
Moore, Bill, *178*
Mörder, gedungene. *Siehe* Revolvermänner, gedungene
Morton, William, 184, 186
Mossman, Burt, Zitat, 103
Munition, 38, 40, *45*

N

Newcomb, Bitter Creek, *224–225*
Newton, Kansas, Schießerei, 38
Nix, Evett, 158, 160, 215
Northern Wyoming Farmers and Stock Growers Association, *208*
Northfield, Minnesota, *76–77*; Bankraub, 75, *78*, 80; Bewohner, *76–77*, 78, *79*

O

O.K. Corral, Gefecht am, 15, 27, 30, 32–33; Hintergründe, 17, 20, 22, 25–26; Nachwirkungen, 33–34; Skizze, *30*; Zeitungsbericht, *31*
Oklahoma, Territorium von, Gründung, 157
„Oklahoma, Wächter von", 160
Outlaws of the Border, *66*, *67*
Overland Stage Line, 199

P

Parker, Isaac Charles, 145 *148*, 149–150, 152–153, 155, 157, 158, 161, 163, 164, 215
Parker, Robert Le Roy. *Siehe* Cassidy, Butch
Penrose, Charles, 209; Zitat, 209–210
Pierce, Charlie, *224–225*
Pinkerton, Allan, 63, 66, *73*; Dynastie, 73
Pinkerton National Detective Agency, 63, 66, 67–69, 72, 73, 75, 80, 93, 181, 182, 201
Pitts, Charlie, 75, 78, 80
Pizanthia, Joe, 197
Place, Etta, *93*
Powder, Krieg am. *Siehe* Johnson-County-Krieg
Prostitution, 22, 23
Pulaski, Texas, Justiz, 139

Q

Quantrill, William Clarke, 56, 58, 59
Quartzite, Arizona, Duell, *166–167*

R

Ralston, Annie, 72, 82
Rancher, Kämpfe der reichen, gegen Kleinsiedler und Kleinrancher, 199, 204, 206. *Siehe auch* Johnson-County-Krieg
Ray, Nick, 212, 223
Rechtsanwälte, 141, 143, 144; und Richter Parker, 163
Reed, J. Warren, 163, 164
„Regulatoren", 139, 186
Revolver, 38, *40–49*; Barns, *49*; Colt, 38, *40*, *41*, *42*, *43*, *44*, *46*, *48*, *49*; Deringer, 48, *49*; Double-Action-, 46; Reid, *48*; Remington, *41*, 46, 47, 48, *49*; Single-Action-, 38, 40, *42–43*, *48*; Smith & Wesson, *45*, *46*, *47*, *48*; Spies, *49*; Starr, *41*; Taschenformat-, 40, *48–49*
Revolverhelden: Charakteristik, 15, 34–35, 37–39, 166, 169, 198–199, 215. Im Tode photographiert, *224–231*; Training, 38–39. *Siehe auch* Einzelgänger; Gesetzeshüter; Revolvermänner, gedungene
Revolvermänner, gedungene, 198–199, 201, 204, 205–206, 208–210, 212, 214, 215, 216, 218–219, *220–221*, 222–223; Bezahlung, 201
Richards, W. A., 201
Richardson, Levi, 39
Richmond, Missouri, Bankraub, 61
Richter, 137, 139–142, 145, 149–150, 152, 153, 155, 156, 157, 161, 163–164; Bezirks-, 141, 142, 145; Charakteristik, 140, 141, 142; örtlicher, 141, 142, 143, 156
Rinder: Brandzeichen, *210*; Verluste, 206
Rinderdiebe. *Siehe* Viehdiebe
Ringo, John, 35
Ruffner, George, *102*
Russell, Charles M., Gemälde, *6–9*, *Zeichnung*, *184*, *185*
Russellville, Kentucky, Bankraub, 61–62

S

Saloons, 15, *126–135*
Samuel, Zerelda, 56, 62, 67–68, 72, *74*
Schaefer, Jacob „The Wizard", 133
Schrotflinten, 40, 50, *51*
Selman, John, *179*, 182
Shelbyville, Texas, Justiz, 140–141
Shepherd, George, 61–62
Shinn, Lloyd, 120
Shirley, Myra Belle. *Siehe* Starr, Bell
Short, Luke, 35, 37
Siringo, Charles Angelo, *181*
Six-Toed Pete, 37
Sklaven: nach der Befreiung, 170; von Indianern gehalten, 143
Smith, Bill, 111–112
Smith, Tom, 209, 210, 214, 223
Soldaten, Schießereien, *35*
Söldner. *Siehe* Revolvermänner, gedungene
Spence, Pete, 22, 34
Spicer, Wells, Zitate, 17, 33
Staatsgewalt: am Ende des 19. Jahrhunderts, 225; Gerichtssystem, 137, 139–145, 149–150, 151, 152–153, 155, 157, 161, 163–164; inoffizielle, durch Bürger ausgeübte, *36–37*, 101, 112, 139, 140, 170, 173, 194; Polizeisystem, 101–103, 106–107, 109–113, 115, 118–120, 122, 124–125, 142, 145, 150, 152–153, 158, 160–161. *Siehe auch* Gesetzeshüter; Vigilanten
Stanley, Henry M., 38
Starr, Belle, 69, 155, *162*; Grabmal, *163*
Starr, Henry, 53, 163, *178*; Zitat, 163
Starr, Sam, 69, 155
Stilwell, Frank, 22, 34
Stinking Springs, New Mexico, 189
Story, William, 145
„Strangler", 205
Stuart, Granville, 204–205
Sundance Kid, 73, *92*, *93*
Sutton, Mike, 120

T

TA-Ranch, Kampf bei der, 214, 216, *218–219*
Teschemacher, Hubert, 206, 222
Texas: Justiz, 139–141, 142, 156; Polizei, 170
Texas Kid, 212, 223
Thomas, Heck, *154*, 158, 160–161
Thompson, Ben, 113, 115, *118*, 179
Thompson, Billy, 179
Thompson, T., *97*
Three Fingered Dave, 37
Tilghman, Bill, 34, 160
Tolbert, Paden, *158–159*
Tombstone, Arizona, 16–17, *18–19*, *20–21*, 22, *28–29*, *30*, 32, 33, 34, Bericht über Ordnungshüter, 25, Gerichtsgebäude, *136–137*: Theater, *23*. *Siehe auch* O.K. Corral
Tucker, G. R., 223
Tunstall, John, 183–184
Twain, Mark, Zitate 48, 141

U

Upson, Ashmun, 192

V

Verbrechen: Arten, 107, *Liste,* 110–111; Rechtsprechung. 141–142
Viehdiebe, *14*, 15, 20, 22, 101, 103; und Vigilanten, 194, 199, 201, 204–205, 206, 208
„Viehinspektoren", 201. *Siehe auch* Vigilanten
Viehzüchter, Kampf der, gegen Viehdiebe. *Siehe* Johnson-County-Krieg
Viehzüchtervereinigungen, 198, 201, 204–206, 208–210
Vigilanten, 101, 102, 139, 194, 197, *198, 199,* 201, 204–206, 208–210, 212, 214, 216, 218–219, 222–223; Bekanntmachung, *196*, 197; Bündnis mit Polizei, 197–198; Motive, 197, 198, 206: Todesrate. 194. *Siehe auch* Revolvermänner, gedungene

W

Waffen, 38, *40–51*; Umgang mit 38–39
Wallace, Lew, *188*, 189, 190
Ward, E. F., Gemälde, *Einband*
Watson, Ella, 208, *213*
Webb, Charles, 180, 182
„Weidedetektive", 201. *Siehe auch* Revolvermänner, gedungene; Vigilanten
Wesley, John, 111–112
West, Dick, *229*
Wheeler, Ben, 111–113, *114–115*
Whicher, John W., 67–68
Wild Bunch, *90–93*, 181
Williamson, Robert M., „Three-Legged Willie", 140–141
Wister, Owen, 205, 206; Zitat, 205–206
Wolcott, Frank, 206, 210, 214, 219, 222
Wyoming Stock Growers Association (W.S.G.A.), 201, 208, 209, 210, 214, 222. *Siehe auch* Johnson-County-Krieg

Y

Younger, Bob, 63, 69, 72, 75, *79*, 80, 84
Younger, Cole, 61, *63*, 64, 69, 72, 75, 78, *79*, 80, 84, 155
Younger, Jim, *63*, 64, 68–69, 72, 75, *79*, 80, 84
Younger, John, 64, 68–69, 84
Yreka, Kalifornien, *194–195*

Z

Zogbaum, Rufus, Zeichnung, *199*